结构化面试高分一本通

◎ 许可 李培营 著

清华大学出版社
北京

内 容 简 介

本书由面试教研、辅导一线的老师根据自身教研感悟和大量考生实际经验教训总结编写而成,具有针对性和指导性。本书从实际和考生需求出发,注重面试解题技巧、思维启发和拓展的训练,能够真正实现个性化答题,走出套路化培训误区。

本书有三个显著特点:新颖性,全新的解题思路、全新的编写体例,让读者耳目一新,面试训练效果事半功倍;通俗化,本书语言通俗易懂,语言风格诙谐幽默,能让读者有快乐学习的感受,在轻松环境中快速提高面试能力;互动性,读者在阅读学习本书过程中的疑问,可以联系作者进行答疑(作者新浪微博:@许大可 xk)。

本书适用于备战面试的考生、面试教学辅导教师及对面试感兴趣的读者。

图书在版编目(CIP)数据

结构化面试高分一本通/许可,李培营著. —北京:清华大学出版社,2016(2025.3重印)
ISBN 978-7-302-41945-7

Ⅰ. ①结… Ⅱ. ①许… ②李… Ⅲ. ①公务员-招聘-考试-中国-自学参考资料 Ⅳ. ①D630.3

中国版本图书馆 CIP 数据核字(2015)第 263232 号

责任编辑:王剑乔
封面设计:刘　键
责任校对:刘　静
责任印制:杨　艳

出版发行:清华大学出版社
　　　　　网　　　址:https://www.tup.com.cn,https://www.wqxuetang.com
　　　　　地　　　址:北京清华大学学研大厦 A 座　　　　邮　　编:100084
　　　　　社 总 机:010-83470000　　　　　　　　　　　邮　　购:010-62786544
　　　　　投稿与读者服务:010-62776969,c-service@tup.tsinghua.edu.cn
　　　　　质量反馈:010-62772015,zhiliang@tup.tsinghua.edu.cn
印 装 者:涿州市般润文化传播有限公司
经　　销:全国新华书店
开　　本:185mm×260mm　　　　印　　张:17.25　　　字　　数:353千字
版　　次:2016 年 3 月第 1 版　　　　　　　　　　印　　次:2025 年 3 月第 14 次印刷
定　　价:59.00 元

产品编号:064112-05

　　教师都希望自己的学生能够出类拔萃,这是"师"之常情。我在教学中常常思考的,也是如何让自己的学员在考场上"征服"他人,包括考官和其他考生。

　　到底什么样的训练体系最有效?是不是一定要进行基础语言训练?到底是破题重要还是长相、说话流畅重要?考官最看重考生的哪些方面?应该是"流畅"给"内容"让步,还是"内容"给"流畅"让步?……这一系列问题是教与学的参与者都应审慎思考并认真解决的问题。但是,在现实中却有如下因素限制了这些问题的解决。

　　第一,学员求知若渴,心急如焚,但不一定能遇到好老师。"千里马常有,而伯乐不常有"的问题在面试培训领域比较突出。我甚至见过一些没有半点儿实践经验和对面试未做过认真研究的"老师"堂而皇之地以"培训名师"自居。作为同行,我实在为这个行业的门槛过低与鱼目混珠现象之泛滥而备感焦虑。这焦虑有二:一是信息不对称,而广大考生过于依赖大众传播、广告来作为自己几乎是唯一的信息获取方式。这就难以区分孰真孰假,其结果自然是乱象横生。而这一问题却广泛存在于我国培训界。由于我国教育产业起步较晚,职业培训仍处于发展的前期阶段,整体并不成熟,但市场潜力又很大,使得培训业成了投资热门之一。那么,"发展不成熟+行业火热"就很容易乱象丛生。二是体验感较差导致的信任危机。好比酒家吹嘘自己的酒是好酒,但品之却不怎么好,不挨骂才怪——甚至使人再也不相信有所谓好酒存世。所以,平心而论,学员在面试培训中能遇到的好老师是极少的,因此,常常导致学员在参加完"名师"的培训后深感失望。

　　第二,面试的准备期比较短,加剧了功利化心态。如果一次筛选、招考包括笔试、面试环节,而这个程序又是制度化的、可预期的,那么,参与者就可以很早开始复习准备了。但有谁是一开始就在复习准备面试呢?除非没有笔试环节。我经常见到一些考公务员的学员,其笔试备考复习时间竟长达两年,也就是说,如果是大学生考生,从大二就开始专门备考了(国考在大四第一学期末)。比较一下,面试的备考时间就显得很紧张。例如,在各省组织的公务员、事业单位招考中,有些省的招考部门(或说有计划的)把面试考试的日期定在笔试成绩公布后四天左右进行(如内蒙古、浙江等,多地曾出现过这样的安排)。时间短,又要出成绩,那就逼着大家剑走偏锋,出奇招、怪招。考试结果的影响之巨大往往导致选拔本身的异化,但又必须如此选拔——这样的两难问题我们并不陌生。于是,有人跑去整容,有人找所谓的"考官"进行内部指导,有人背了"高、大、上"的好句子几百条……慌乱之中,往往更摸不着头脑,更不得章法。

好老师可能分身乏术,但是书籍却可以随时分享。这便是常年研究和讲授面试课程的老师很有必要写出面试备考经验分享给大家的意义所在。从事面试培训和研究工作八年来,我对上述问题的思考没有停止过。学员们的无数次索求和时间的推移,也使我觉得写一本全新思路的面试辅导书的紧迫性。原因有二:一是市面上的面试辅导书几乎个个是"大部头",高、大、厚的一本书活生生像字典,但有用的东西并不多。考生光是看完这一部"大著作"都要花上好几周时间,其学习效率自然很勉强。二是作为行业内的一员,深感有必要、有责任把在教学研究中的有用成果浓缩成一本不会成为"鸡肋"的书。因此,本书具有以下两个特点。

第一,书中讲的全是我们(这里讲"我们",是因为我和李培营老师的同事、学员,以及清华大学出版社的编辑的意见建议,对于我们的教学研究和本书的成书帮助巨大)在教学实践中的经验总结,不会受到其他无关因素的影响。这是指:没有和不熟悉的作者合编,不会出现思路上的分歧,使本书内容上能够保持高度一致,训练方法更具有系统性,并且书中内容精练有用。

第二,我们努力使本书的语言风格通俗化,避免生硬的教科书感。说得高端一些,是在追求"学术散文"的风格。读这本书时,若配上本人的照片,就好像我们在面对面聊天,聊面试备考方法,若有必要,还可以漫谈开去,共同启迪发散思路、陶冶情操,这样既亲切又实在。大家不要小看或对我们这里讲的"启迪发散"有偏见,这是我们面试破题能力中的一个重要方面。比如给你一个杯子,让你展开联想,能不能想到至少五个分论点?①作为容器,有容乃大,可以讲度量、胸怀、眼界;②杯子要干净、敞亮,可以讲做人的道理;③我们说一杯咖啡、一杯茶、一杯饮料等,可以讲角色意识,敢当幕后,愿作嫁衣;④在前一点的基础上,可以讲内容与形式的关系;⑤杯子是人们生活的必需品,可从"必需品"入题,讲我们和我们的服务如何成为人们的必需品,以及作为必需品所应履行的职责有哪些。这就是发散思维的强大之处。但如果这种思路展开的脉络被视为"满嘴跑火车""瞎扯",那就混同了"有的放矢"与"无的放矢"。关于这种思路的展开,也将是本书要教给大家的重点内容之一。

另外,书中有相同的题目在不同章节出现,但其分析方法不同,请考生注意。

总之,如果我们只是在书中抱怨面试备考的难度有多么大,质量上乘的辅导书又多么少,而不努力解决问题,那这本书就真成了"裹脚布"了。接下来,我们就来开启面试高手的修炼旅程。

本书成书过程中,王丰、韩晓增、白龙三位老师给予了重要支持,贡献了自己宝贵的教学经验,特此鸣谢!

作 者
2023.5

目 录

公职人员面试

公职人员面试是由国家机关用人部门精心设计,通过多种方法,在特定场景下面对面地科学测评应试者的基本素质、实际技能、发展潜力及其与拟录用职位的匹配性,展现应试者各方面素质,并为公职人员聘用提供重要依据的考试。

当前的公职人员面试均采用结构化面试,结构化面试是指命题、实施、结果、评定等环节均按事先制定的标准化程序进行的面试。普遍采取这种形式主要基于四个方面的考量:第一,内容与形式固定,便于操作;第二,保证面试过程的高效进行;第三,限制主观不确定性因素,增加其过程的可信度与透明度,有利于公平性;第四,形式规范,适用面广泛。

当前常见的结构化面试形式主要有"面谈法"和"无领导小组讨论"。

"面谈法"是考官与考生面对面直接问答交谈,是最常见的公职人员面试形式。考查时,考生按照抽签顺序进入面试考场答题,题目为 2~5 道不等,答题时间为 8~25 分钟不等,有地区差别。按照题目类型的不同,面谈法中的常见面试题分为:①自我认知题(如:谈谈你最喜欢的一本书)。②人际关系处理题(如:单位同科室的小张总是对你冷言冷语,甚至还在背后说你坏话,你怎么办?)。③计划、组织、协调题(如:单位要组织一次低碳宣传活动,领导把工作交给你来组织,你会怎么开展工作?)。④应急应变题(如:居民楼突发大火,现场混乱,你作为社区负责人,该怎么办?)。⑤综合分析题(如:食品安全问题是近年来的社会热点,你怎么看?)。⑥材料题(让考生先阅读一段材料,然后回答问题,这些问题均属于前述的几种类型——除了自我认知——该题型在材料题中很罕见。国考面试中较多出现的"视频题"在本质上也属于材料题)。⑦演讲题(如:请以"责任"为题,做一个 2 分钟的演讲)。⑧拓展题型:情景模拟、临场联想等。

"无领导小组讨论"是采用不指定身份的方式对考生进行集体面试,考生根据给定话题进行小组内限时讨论,考官观察讨论过程,来检测考生的组织协调能力、口头表达能力、辩论能力、说服能力、情绪稳定性、处理人际关系的技巧、非言语沟通能力(如面部表情、身体姿势、语调、语速和手势等)等方面的能力、素质和个性特点是否达到拟任岗位的相关要求,由此来综合评价考生之间的优劣,进行测评筛选。"面谈法"和"无领导小组讨论"的具体讲解参见本书第四讲。

从考生在面试考场整体性表现的角度，我们把考生在面试中的总体表现分为"内容"和"形式"两个维度。内容就是考生在答题时从口中表述出来的所有信息。形式就是考生除了对题目进行作答以外的所有有声、无声的行为表现。面试要拿高分，内容和形式必须两手抓，两手都要硬，哪一个成为短板都不行。本书的目标很单纯，就是给你一套真正能够帮助自己蜕化升级的面试全方位备考指导体系，让你的面试内容有亮点、形式更精彩。

从头开始

现实中,很多考生的审题视角、立场都颇有问题——公务员、事业单位招考的应试者,作为一名欲成为国家公职人员的青年,看问题不能从社会公共视角出发,却停留在自己的"一洼之地",以自己为圆心并以自己的一己之见为半径画一个圆——然后"坐井观天"。我们总觉得很多考生的首要问题是重新打基础,即真正构架起理性、辩证、全面分析问题、解决问题的逻辑框架,这就得"洗脑"。保守一些,就叫作"从头开始"。

为了开好这个"头",我们在本讲中主要探讨题眼、可说性和题目认知能力三个方面。

一、题眼

面试答题不是"侃大山",不能漫无边际地任意发挥。那么,答题的内容就有着内在的规定性,这个内在的规定性左右着我们答题内容的发展方向、思维展开的脉络和话语所及的范围。我们认为,这种内在的规定性就是"题眼",就是要弄明白每道题的考点,思考"这道题要考什么→它要我们说什么→出题人希望我们说什么"这个问题链。简单的题目,题眼很明显;较难的题目,题眼是隐藏的;还有一些题目,有几个题眼,考生要选择是都讲还是选择性地讲(这就涉及"可说性"这一概念)。题眼的重要性就在于,其类似于一道题目信息中的主要矛盾,抓住了题目的题眼,就抓住了出题人和考官的心思。抓住题眼主要靠的是综合分析能力。我们通过下列例题来理解"题眼",讲述如何抓题眼。

例 1 不倒翁永远不倒,但却不能前进一步。对此你怎么理解?

这道题是典型的偏正结构,前半句并不是题目重点,题眼在后半句,考生应该从"不能前进一步"入手进行提炼。如果考生抓题眼抓偏了,把论述的重点放在前半句,就会变成对"不倒翁"机理的阐述,进而展开来讲不倒翁不倒给我们的启示,诸如:基础要扎实,要低调沉稳,有深厚的群众基础等。这样讲下去,只是在次要矛盾层面绕来绕去。所以,此题要讲的重点,一是不僵化、不故步自封,要创新;二是不能为了求稳,担心吃苦碰壁、遭遇挫折而不敢尝试、不敢前进,要不怕困难与艰险,不怕荆棘,敢想敢干。这个重点,和我们当前全面深化改革的大背景、大话题是很契合的。

例2 请问古代中国人是如何保护鸟类的？

这个问题让考生摸不着头脑,而且表面上的考点"保护鸟类"其实是假题眼。对于正常专业背景的普通考生来说,怎么可能知道古代中国人是如何保护鸟类的呢？所以这种"怪胎"题目的题眼和"鸟"没有关系,其考查的是诚信。知之为知之,不知为不知。考生应该实事求是,开门见山地向考官来个"缴枪不杀",即表明自己的态度:"考生不清楚古代中国人是如何保护鸟类的。"然后,可以试图去联想或者推敲,即作一个探究式的推理:"但我推测一下,古代中国人可能会有以下方式来保护鸟类……"

当一道题真的在考查考生的诚信素养,而考生没有能够及时发现这一伏笔时,如在本题中一开场就大谈特谈:"我认为古代中国人是这样保护鸟类的:第一,……"其肤浅立显,其得分危矣。

例3 漫画题。

抓偏本题题眼的考生,基本都是被乞丐那句话给误导了,就会把话题引向当前的大学生就业难、收入低的问题,这是只见树木、不见森林的做法。这只是乞丐的一句感想,一句自我扬扬得意的对比,所以"大学生"角色在本题中只是一个配角。可惜的是,大量的考生会把配角当主角。那么,我们从乞丐入手分析,一定还要结合漫画中的诸多信息。综合漫画中的细节我们会发现,这位乞丐貌似年富力强,也不残疾。这就不难推出当前的一个常见现象:职业乞丐。职业乞丐问题涉及民生、社会管理、就业、民政救助等多个方面,所以这道题的抓题眼和展开分析都有一定难度。可以说,是一道考生区分度较大的题目。

二、可说性

1. 说什么

看到一道题,感觉没什么话可讲,或者觉得这道题怎么能是个问题呢,这就涉及我们在本节中要阐述的"可说性"问题。"可说性"在题目呈现上有两种情况:一是指题目表面看来平淡无奇,没什么明确指向,但是蕴含深刻的内涵,需要考生深入挖掘;二是指考题出现了工作生活场景与考试场景的二元分离现象，即在工作、生活中这也许不算是个问题，或者我们不会去计较和多想这个问题。典型的需要借助"可说性"挖掘来回答的面试题都是有难度的题目，会造成考生手足无措，不知从何讲起。

"可说性"设计就像是给一道题目的作答进行图示设计，要把题目回答得有亮点、有深度，使我们的回答与题目有高度关联性。不然，就会出现答出来的内容很不错，但和题目联系不紧密。下面我们通过例题来探讨"可说性"的挖掘。

例 你的领导在向上级汇报工作的时候，把你的成绩说成他的功劳，你会怎么做？

对于普通考生（主要指没有面试经验的应届考生），此题有两点注意事项：第一，人性假设问题。考生会认为你的领导可能是故意，也可能是无意。纠结就这样开始了，如果是故意，领导无视我，我该怎么办？如果是无意，我该怎么提醒领导呢？第二，此类题不能停留、徘徊在题目表面，要提炼出主旨关键词，再对这个（这些）关键词进行"炒作"，即展开来阐述。

我们在和很多考生交流这道题时，让大家感到困惑的是，在实际工作中真出现了如题所述这个问题，一般都是"隐忍"（考生原话），也就是说，这个问题就不是个问题。当其不存在。如果大家都有这样的困惑，那么这道题就更有必要按照"可说性"思路去"提炼"出主旨关键词来"炒作"了。

从题面来看，有两处很明显的关键词是绕不过去的，需要我们阐述一番："领导"和"成绩、功劳"。这两个词，我们推荐大家先讲"成绩、功劳"：在单位中，如果没有同事的配合、帮助，没有领导的组织指挥协调，我们很难取得成绩。因此，在工作中取得的成绩是属于集体的、大家的。然后，对"领导"一词进行界定、展开：领导是一个单位的总代表、首长，对单位的全局工作进行计划、指挥、统筹、调度。一个单位的工作绩效和风气都和领导角色的发挥密切相关，无论是单位做出成绩还是出现失误，都与"领导"角色分不开。因此，成绩、功劳也好，过错也好，都有领导因素在里面。

上述内容是对两个很明显的关键词进行展开，还有一处关键词也需要界定阐述，即"你"——当事人本人。自己有什么好说呢？在这里就类似于"表态"，即考生需要在答此题的末尾向考官表个态，讲自己：我作为一个年轻人，应该在工作中虚心学习、踏踏实实、埋头苦干，树立正确的政绩观、功劳观，尽快提升自己的工作水平（能力），把心思都集中在工作上才对。

至此，这道题的三个关键词：领导、成绩（功劳）、你，就一一回应完毕。当把这几个关键词回应完毕时，题目其实也就作答完毕了。这种抓住，或说提炼出重要关键词来界定、阐述的思路，就是"可说性"思路的体现。

2. 怎么说

"可说性"塑造，是很多考生最大的心理障碍。他们一般认为，看到题目之后只能靠感觉反映出某句话，而不知如何延伸和扩展，像"茶壶里煮饺子"，而在表达过程中也只能干瘪无力地甩出一个或几个观点，毫无论证丰满性可言。其实，这与题目的挖掘和联想能力不够有关。要解决这种"肚大口小"的问题，首先要有必要的联想能力，能够通过联想能力来拓展语言，唯有如此，答题过程方能游刃有余，有话可讲、有话会讲。下面介绍两种常见的联想方法，即角色联想法和寓意联想法。

（1）角色联想法

角色联想法是根据题干信息中所赋予的身份信息展开联想或根据角色提示信息进行联想。这一联想法，需要有对于题干角色信息的敏感度和相关度（针对性），当看到相关信息时，能够快速整合出角色相关内容，以此来作为破题和语言延展的手段。当然，这一联想法的运用需要对于题干中的角色信息能够感同身受（也就是进入题目情景，能够换位思考），而且需要注意的是这一方法运用并非适合于所有题目（任何方法的运用都不是万能的，必须灵活掌握）。题型示例如下。

例 1　乔布斯说过：拥有初学者的心态是非常了不起的。你怎么看？

大部分考生在面对此题时，都能够想到初学的起码态度，即谦虚求教，从而围绕这一点喋喋不休，反复阐述。这里特别提醒的是，往往在答题环节，脑海中闪现的最从容和最直接的观点和内容一般都属于大众观点（自己能想到，别人也都能想到），这样题目答出来会让考官失去兴趣和听觉美感。所以，从破解题目观点角度，需要从题目中所提"初学者"角色进行深度挖掘和联想。

对"初学者"的角色定位与信息挖掘，不仅可以联想到谦虚的态度，还应该联想到作为初学者应有的敢于尝试和冒险的心态（"初生牛犊不怕虎"的勇气和冲动），敢于接受新鲜事物的渴望（求知若渴）以及因涉足新领域而产生的极大热情和对未来不变的信念。这些观点内容的展现，都是从"初学者"的正常心态描述联想而来，若答题者能够深谙"初学者"角色，就破解思路来说，答出漂亮的内容是轻而易举之事。

题目来源于生活，是对生活经历的总结。此题的观点信息基本都是从生活中初学经历得来。但是，此题的破题方向和观点指向还有更深层次体现，即保持这种初学经历心态的重要性和启示。换句话说，来源于生活的题目还要回归生活，也要高于生活。这也是在利用角色联想法时需要特别留意之处。

角色联想法的运用不单单在角色提示信息中体现，而且会在角色指定性信息中体现。角色指定性信息，就是在题干信息中赋予答题者一定角色，而这一角色指定会暗含些许答题内容。利用这一指定角色身份，以及将这一角色应用的实践优势和资源优势发挥出来，运用到答题环节中，这样能答出题目中比较"接地气"的内容，一方面丰富答题内容，另一方面能够拔高答题情怀，吸引考官。

例 2　某地图书馆建成后，来图书馆的人越来越多，出现了资金缺口，该区管委会想要把图书馆从免费变成收费。例如你是图书馆的管理人员，想通过劝说让他们加大投入，不要收费。你如何劝说？请现场模拟一下。

本题从考查形式来讲，属于情景模拟题。但是在破题过程中，很多考生的答题内容只是就题论题，会谈及免费变成收费的弊端以及所引发的群众反映，还能谈及出现资金缺口的"开源"措施,发出加大投入的请求。这些内容基本能够支撑起此题的主题框架,但是如果能够注意到题干中所赋予的"图书馆管理人员"身份,可能会谈出更为合理合情的内容,使答题更加言之有物。

图书馆管理人员,有一线的工作所见和感受,这是此题中需要挖掘的内容。因此,可以着重从图书馆管理实践角度论述在管理成本上的缩减,比如来图书馆的人"主人翁"意识比较强,都能够自觉保护好所读书籍,也能够维护好周围环境和卫生,而且还有很多人希望能够为图书馆的正常运行尽一份责任,参与到义务管理中来,充当图书馆志愿服务人员。这是从"节流"角度来进行劝说,更贴切、更实在、更有说服力。

对于以上论述内容,是根据"图书馆管理人员"角色联想引申而来,若缺失了这部分联想,单纯请求管委会领导加大投入,体现不出作为这一角色的观察视角,只能自说自话,说服力不够。所以,在题目中把握指定性角色信息的运用会让考生"脑洞大开",会让考官感觉到务实性和实践操作性。

(2)寓意联想法

寓意联想法是根据题干信息中所蕴含的具有特定含义的关键词信息进行联想拓展,以此来丰富语言内容,从而提升答题深度的方法。这一联想法,需要对于联想对象所隐含的内容方向有提前储备和运用,并结合所从事职业或向往职业所具特点及工作要领进行场景性想象延伸,即按照公务员的价值观念和应有的做事原则进行拓展和联想。下面我们依然以题说话。

例1 老子的思想中心是无为、不争、寡欲、善为下,谈谈你对"善为下"的理解。

"善为下"的界定,很多人会第一时间反映出"谦虚""低调"的意思指向,从而以此作为答题的题眼进行阐述。如果仅仅认识到这一层面,虽然能支撑起部分答题内容,但是总会围绕做人和人际关系处理方面来答题,缺乏新鲜内容注入,内容雷同度非常高。

"善为下"中的"下"是核心内容,"善"是次核心内容,此题的亮点就在于对"下"的界定。我们可以结合公职人员工作的特点进行深层寓意联想。对于公职队伍来讲,"下"很容易联想到"基层"和"群众"。结合这一特定主体和特定工作环境,对"下"进行联想就很容易想到群众路线教育实践活动的意义所在、基层工作的着力点所在以及关注民生等问题。换个角度分析,也可以得到作为公职人员在待人接物方面应该放下身段、重视细节,在工作中要有钻劲等内容的挖掘。

上述内容都归因于"下"一词的联想,在把握住关键词的基础上能够深入联想得出更为深层的答题内容,这就是寓意联想法的运用。

例2 鸡蛋从外面打破是食物,从里面打破是生命。谈谈你的理解。

从题目本身来看,讲述了日常生活中所见的极其平常的自然现象,但是在平常的自然现象背后蕴含着深刻的人生哲学道理。对于其体现的人生哲学道理,需要对自然现象描述中的关键信息进行挖掘和联想。由"鸡蛋"可以联想到"人"或"自我";"外面打破"可以联想到外在力量的压迫,能够对应的外在力量可以联想到压力、挫折和竞争;"里面打破"指其内在孕育、成长到"破壳而出"的过程,自身能力提升和观念、心态的调整。

"食物"和"生命"的寓意指向则确定了本题的侧重点,"食物"即沦为弱者,很容易想到丛林法则中"弱肉"一方,这是我们不想看到的结果,尤其对于生命价值和自我价值实现来说。"生命"则寓意欣欣向荣的生命力,成长和自我实现的价值取向。在对比过程中,我们分析论证的重心应该放在后者的实现过程,即如何实现生命价值和意义。

在对侧重信息和寓意信息进行挖掘后,还要将其关系统一起来。拿本题来说,在注重了自身能力提升之后,还要增强抗压能力,以及"大无畏"精神体现。这样统一起来,能够将观点描述的内涵信息全面把握和阐述。

例3 红杉树可以长到 90 米高,但它们的根只有三到四米,在森林里它们的根系盘根错节,相互交错,能够抵御狂风。谈谈你的理解。

从破题角度来说,大多数人拿到题目之后,都大谈特谈团结的重要性,团队精神的可贵之处。其实这道题目中可以深入挖掘联想的内容特别多,在此题中对于寓意联想方法的运用体现得淋漓尽致。本题的内容挖掘主要源自于"根"一词的联想,可以从多个方面对其进行思考。

首先,"根系盘根错节"的联想不仅仅停留在"团结就是力量"的层面,更应该联想其"盘根错节"并非是随便盘错在一起,而是有其内在的自然生长规律和结构合理性。由此,引申出"团结"结果的由来需要靠团队内部合理的制度建设和内在的文化建设,也就是说每一条"根"都能够按照既定的安排和制度来"生长",这样产生集体的合力,最终体现"团结"的力量性。

其次,"根"即基础、根基。由此联想到作为公职人员,作为党和政府的根基,都在于人民群众之中,进而阐述"群众路线"。再结合其"盘根错节"的特征,可以联想到在做群众工作时要能够与群众打成一片、团结一致等内容。

最后,"90 米"与"根只有三到四米"的寓意信息挖掘出来,也有可说性。一方面,可以重点描述个体在团队中的发展,不能仅凭团队的力量,而忽视自我根基的壮大。从此出发,可以思考个体要在团队中努力发展自己,必须跟上团队发展的节奏和步伐,否则,个体在一个团队中必然会出现薄弱环节,出现"短板",最终可能会影响到团队发展的长远性。另一方面,"90 米"高的树可不多见,这么高的树的象征意义是什么?就是个体的茁壮成长,取得成功,而个体成功之后,不能忘记他一直汲取营养的社会、集体,所以要回馈社会、感恩社会。

以上寓意联想法的运用,最重要的在于对于寓意信息的储备和挖掘,并能够旁征博引,充分论证,这一能力考验着无数的考生,同时也考验着诸多教师的教学思路。这样的教学思路拓展,能够有效开拓考生备考时的发散性思维。

三、题目认知能力

题目认知能力的培养，是考生从认识题目到答好题目的必备环节。对于题目的认知能力，并非简单认知题型，而是能够从各个层面来认知题目本身。在教学环节中，我们经常跟学生分享的话是"所有的答案都来源于题目本身""欠缺的只是能够认知题目的慧眼"。在题目认知能力中，最重要的能力就是题目观察能力，即审题能力。

1. 题目观察（审题）能力

审题能力，即搜集有效信息的能力。在教学实践中，很多学生对于审题出现若即若离的感觉，貌似把握了些许信息，但是对于题干有效信息的把握难以到位或者对于有效信息的把握会出现偏差，最终导致答题"草草了事""文不对题"。由此可见，审题能力对于准确、快速地组织语言，精确地击中题目内涵，起着非常重要的作用。我们通过题目来了解审题能力的精要所在。

例1 一首题为《挫折》的诗写道："没有你的衬托，再美的胜利，也不完美。"你如何理解这首诗？

在审题环节，很多考生可谓"一叶障目"。当看到题目时，只强求自己快速思考和整理内容，而忽视了全面性。犹如此题，有很多学生只把握住了引号所引内容，只关注"你"存在的重要性，随即描述人际关系的重要性，以及团结同事、与他人配合分享的重要性。如果这样展开论述，意味着答题方向已经离题"万里"。

题干信息中的"题眼"，也就是所述主题，为"挫折"，后面引述内容中的"你"指的便是挫折。如果审题环节敷衍了事，看见一词便欲罢不能，乱说一通，结果必然是破题偏差，虽说理充分，也难以挽回败局。而审题能力欠缺是多数考生的"通病"，面试考场内外比比皆是，需引起重视。

例2 你和一个平常关系不好且不如你的同事被领导安排一起完成一项任务，你会怎么做？

本题从描述层面来说，有并列成分存在其中，"且"字联系前后，同时指出两个维度的话题，即"平常关系不好"和"不如你"。而在教学实践中，多数考生只能把握其中"平常关系不好"的解决路径，也就是大谈特谈如何拉近同事关系，如何沟通以至深入了解，而对于"不如你"的信息却无动于衷，置之不理。这是在审题全面性上出现了偏差。

审题需要全面把握，切忌盲人摸象，只窥一隅。在教学中，本题出现的另一个审题遗漏信息在于"一起完成一项任务"，这与普通的工作场景描述存在不同，不仅要谈普通工作场景中的同事关系维护，更要谈在这次任务过程中的沟通和分工协作。再结合"不如你"的信息，只能是找到各自所拥有的优势，按照优势进行分工，一方面提高工作效率，另一方面还能在协作中其乐融融，换来彼此的了解和关系改善。

此题的场景信息嫁接和人际关系处理能力结合在一起，如果将其分离，这样的答题必然会散乱无边,只能想到哪说到哪,缺乏主线。像这样的审题偏差比较多见,下面再举一例。

例 3 领导安排你和两位同事完成一项调查,这两位同事刚入单位不太熟悉业务,但是学历都比你高,你怎么处理?

此题的审题偏差与上题如出一辙。教学实践中,很多考生只关注到两位同事的优劣势,而忽视了"领导安排你和两位同事完成一项调查"这一前提性信息,从而只谈如何让同事熟悉业务,自己怎么向他们学习理论知识等内容,而不涉及在调查中如何运用各自的优势,也不谈及调查工作的相关内容,出现了答题偏差性,归根结底是审题出了问题。换一个维度看,如果用题型分析法,这等于是把一道人际关系与计划组织协调的融合题答成了人际关系题,丢了另一半题。

对于"调查工作"的场景性前提限定,和参与人员自身优势、局限结合起来,着重谈在调查工作中如何发挥各自优势而各司其职,完美分工协作,如何在完成此项调查任务的同时将互相的学习沟通蕴含其中,才是此题答题方向的正道。

例 4 成都女交警胡玲在长达 28 分钟的时间里,在被拦住的奥拓车前敬礼并要求车主出示驾照,但车主纠缠不肯。女交警微笑着耐心劝说,向其敬礼达 13 次,司机最后认罚。胡玲因此在网络迅速走红,并得名——"温柔一刀"。针对胡玲的"温柔一刀",谈谈你的看法。

从题目来看,此题内容较多,描述比较细致,在教学中,很多学生只能够把握住"温柔"一词,由此展开对于执法方式恰当性的论述,即柔性执法、人性化执法的可取性,进而无其他内容可说。这是题干信息挖掘浅显所致。如果能够全面把握,就会发现在题干信息中,"一刀"指向的是执法结果的严肃性,能够做到严格执法,体现执法人员对于法律、法规的维护。所以,"温柔一刀"体现的是执法方式和执法结果的结合。

然而,仅仅把握住了胡玲"温柔一刀"还不能体现本题的深层内容。继续回顾题干信息,"长达 28 分钟的时间"和"敬礼达 13 次"体现出执法过程的艰难和执法过程中司机不配合执法的状态,这只是一个缩影,如果放大(放进社会)来考量,就会产生一系列问题。试想,如果每个执法人员都需要花费这么长的时间和精力去执法,那么我们整个社会的执法成本有多大,需要多少执法人员的参与?如果每一位司机或者被执法者都不予配合执法,那么我们整个社会的正常秩序如何维护?这些问题,如果能够从体现社会责任感的角度来分析,当放大到社会层面来进行思考时,题目认知和答题的深度也就能够体现出来了。

这就是审题环节应该注重和把握的地方,也是题目深度分析的来源。但是从面试高分的要求来讲,仅仅说审题能力还不够,还要有对于社会事件的认知储备。所以,在锻炼审题能力时,需要借助于一定的社会认知储备来激发,这样反复训练,必然能够使你成为一个审题高手和答题高手。

2. 题型整合能力

题目的整合能力,就是整合有用且有说服力的信息能力。经常会有人说,面试题目那么多,我怎么能够掌握。其实,很多人是被出题形式的多样性吓到了。当研究了一定量的面试题目之后,就会发现,很多题目都是"朝花夕拾",会重复某个答题逻辑和答题内容。当我们面临自己熟悉而且易于驾驭的内容时,都比较轻松和自信。所以,具备了题型整合能力之后,在答题时就会驾轻就熟,举重若轻,实现答题环节中的"软着陆"。

题型整合能力的培养,需要对于题型特别熟悉,而且对于讲过、见过、练过的题目进行分类总结,并能流畅作答。功夫在平时,方能运用自如。但是,需要特别注意的是,在进行题型整合时,不能死搬硬套,而要结合具体题目作具体性调整来重塑答题内容,体现答题内容的"嫁接性",而非"移植性"。

例 1 两村村民为争一口处于村界的水井,正在发生冲突。作为乡镇领导,你该如何处理?

例 2 农村在修公路时因为赔偿问题发生纠纷,群众闹事,作为村主任,你怎么办?

以上两题虽然场景设置不同,但是答题逻辑如出一辙,都是在遇到了冲突或闹事等公共性事件时的处理能力考查。在这些公共事件的处理过程中具有相通性,只需要把处理例1中的过程迁移到例2中即可。但是,需要在处理细节上作相应情景化调整,比如,在赶到现场后的劝说时,例1着重讲"水井"冲突背后的缺水问题,并对于村民的心急情绪表示理解,同时强调今天来就是要给乡亲们解决这一问题,来以此抓住村民心理;而例2则要讲修路时出现赔偿问题,对群众闹事的情绪化表示理解,自己一定会帮助村民维护大家的利益,以此来拉近与群众的距离。再比如,在善后处理过程中,例1着重讲述如何从根本上解决村民用水紧张问题,短期可以紧急调水,长期来说可以在当地兴修水利,满足长久的用水需求;而例2则着重描述如何避免因政策不清导致群众闹事情况以及如何避免在赔偿中出现赔偿纠纷,可以讲及时公开补偿政策,做到政策公开的及时性和宣传的广泛性,还可以讲在落实赔偿政策时要做好监管工作,保证足额赔偿到群众手中。

在答题中,需要具备答题内容的"嫁接性",这样准备面试答题才能以点带面,提高备考效率。

例 3 "跑跑吧"现在已成了流行语,你要晋升,朋友建议你跑跑吧,孩子要进学校,朋友建议你跑跑吧,竞争个人荣誉,朋友建议你跑跑吧。对于这种现象你怎么看?

例 4 现在很多人办事都托熟人、找关系,比如去医院看病、孩子上学、公司信贷等都是如此,对于这类"潜规则"现象,你怎么看?

以上两题的描述手法虽然不一致,但是所述社会现象实质是一样的,都讲的是当前社会中所存在的"潜规则"现象。只要对于"潜规则"现象有一定认知,能够提及其制度因素影响,尔后讲述"制度公平"的重要性和实现路径,营造公平正义的社会环境,人们树立"规则意识",让"明规则战胜潜规则"等内容都能够切中题意。

这里主要是让大家看到出题人在出题倾向上存在同质性,所以不要畏惧"新"题。一道"新"题的出现,只是表现形式上的不同而已。在面对"新"题时不要慌张,在脑海中去想象之前接触过具有相同意思表达的题目内容,必然能够从容应对,泰然处之,博得考官认可。从心态上来讲,把所有即将出的题目都看作我们练过和接触过的,就会适度减轻见题后的紧张感。

3. 题目想象能力

题目想象能力,对于破题环节来说相当重要。很多时候,我们感觉答题的方向性把握不好,重要的是对题目的想象能力不够,表现在答题中,就会让听者感觉答题者是一个"单向度"思考的人,对于一些实质性问题而不敢谈及。题目想象能力,直白来说,就是如何界定题干信息中包含的概念,若界定清晰,界定科学合理,必然答题过程就不会乱,甚至回答出比较出彩和新颖的内容。

在日常生活中我们对于一些概念的界定会随波逐流,甚至会出现无所适从的感觉。我们要成为公务员,就应该有正确的价值观,其中最重要的便是对于一些概念的理解上。下面我们利用一些题目来说明题目想象能力的要领。

例 1　现代人都抱怨时间紧张,如果遇到时间紧张的情况,你会怎么处理?

题干信息表述中,核心的问题是"时间紧张",这比较容易看到,但是在界定"时间紧张"时,大多数人往往会归因于自己,会去挖掘主观方面的原因并进行分析,比如,时间利用不合理、工作和生活中的计划性不够、方法不当等因素。但是,我们更应该将"时间紧张"问题放在整个社会中来进行分析,这样就会发现,"时间紧张"基本是现代人的通病,这与社会发展的客观环境有着不可分割的联系性,比如,社会节奏快、生活和工作压力大、社会竞争激烈等因素都能够挖掘出来,甚至与城市化发展过程都有联系,一些在大城市工作的人有很多时间会浪费在家与工作单位之间,也是造成"时间紧张"的一方面原因。

所以,当我们对于题干信息进行了清晰界定之后,会发现答题中答出一些精彩内容和深度分析的内容并非难事。

例 2　朋友说考公务员就是为了当官,你怎么解释?

在面对这样一道题目时,很多考生"幼稚"的一面就会表现出来,而且会让人感觉答题时会刻意回避一些问题,不敢直面问题。大多数人回答此题,会屡屡向自己的朋友解释,自己并非为了当官而考公务员,说一些冠冕堂皇的说辞,会给人假大空的感觉。

对于"当官"这个信息的界定是这道题的题眼,也是能够答好本题的前提。我们必须清楚,"当官"并非坏事,而把"当官"当成坏事来看待,就成为肤浅且流于形式的答题方向。"当官"不是坏事,而在"当官"过程中有"官本位"思想,认为"当官"高高在上,可以谋取私利等思想和做法才是错误的。其实,"当官"也是好事,"莫道一官无用,地方全靠一官","当官"责任重大,能够造福一方,这也是"当官"的价值所在。另外,"当官"重在当什么样的官,如果是焦裕禄、杨善洲式的官员,则是每一位公职人员都应该向往和追求的。所以,在与朋友解释的过程中,可以说自己考公务员就是要成为官员,然后加以界定分析,再说明、体现出自己的职业理想和人生价值,这样的解释过程会更为自然和清晰,答题效果更好。

例3 某学校专门设两个男生班级,旨在增加男生阳刚之气,给他们看电影,讲励志故事,特制服装。对于此班级的设置,你有什么看法?

在对这个班级设置的看法上,主要取决于"阳刚之气"的界定,界定清楚之后,答题时就能够对这个现象说出深刻的见解。阳刚之气,并非指外在形式,并非是"型男""装酷",而指的是有责任感、能有担当的气质。这样界定清楚之后,就会看到看电影、讲故事、特制服装等措施仅仅能够达到浅显的表面的"阳刚之气",而真正的"阳刚之气"需要从价值观念、做事风格等方面进行引导和规范。

题目想象能力培养,对于答题思路的深化过程有着非常重要的基础性作用,这个能力需要考生首先具备正确的价值观定位,有了这个定位,才能对于题干信息作科学的界定和发散。形象地说,这种界定能力就像一把衡量的标尺,能以此来对一些社会现象进行标准刻度的把握和认识。

4. 题型构造能力

题型构造能力,主要指在讲述答案过程中遵循怎样的答题逻辑,达到逻辑清晰、脉络明了的要求。我们答题需要有清晰的层次感,这样能够让考官听起来舒服、自然,赢得考官的认可。很多考生答题时会出现"一团乱麻"的现象,从听者角度会增加不适感,这样即使内容比较丰富也不一定能获得高分。所以,在构造答题内容时,应该有预先的准备和想法。

在题型构造过程中,重要的一环在于开头,俗话说"好的开头是成功的一半",答题过程也是如此。很多考生会感觉如果开头开好了,后面怎么答怎么顺畅,若开头开不好,总感觉如何答都不那么舒服。所以对于题目答题开头的一些方法和技巧我们会在后续章节中详细论述。在此,重点说明如何编排答题结构。

例1 有的人百忙之中忙不到点子上,效率低下,如果与这样的人共事,你会怎样做?

题目本身有两个问题,前面讲有的人出现的这种工作中的问题,是一种现象描述,尔后是怎样与这样的人共事。所以在答题时,不能囫囵吞枣,应该全面到位。

首先,应该分析出现"百忙之中忙不到点子上"效率低下的可能原因。忙,值得肯定,重点在于忙不到点子上的问题。原因可能是工作中缺乏计划性或者对于计划执行不到位,也可能是在做事过程中方式方法不到位,分不清轻重缓急,抓不住主要矛盾,并且方法死板不够灵活,还可能是因为自身工作能力不足。这是属于对现象分析的内容。

其次,要说明与这样的人共事的做法。在共事中,重要的是找到对方效率低下的具体原因。接下来再分情况说明,不同的原因,如何应对。若计划性不强,应该共同制订计划,划分工作内容,并设定工作完成时限,以此来增强对方工作计划性和计划执行的能力;若工作方式方法不到位,那么在共事中,与对方分享好的工作方法,以期达到创新工作思路、改进工作方式方法,从而提高效率的目的;若工作能力存在问题,首先要让对方树立信心，然后帮助其提升工作能力，从理论和实践层面来提供思路；若同事总是抓不住主要矛盾，就要一起进行分析，按照轻重缓急排序，学会统筹分析方法，按照工作任务的重要性、紧迫性建立工作任务表格，细化管理。

最后，题目的指向性就是能够"变劣为优"，既能共同提高效率，又能互相学习，还能收获好的人际关系。

以上答题结构编排分为三部分，这是根据题干信息快速设定的答题结构，在答题时，能够让听者感觉清晰准确。

例 2　单位有人钻空子谋利益，有人怕事不举报。如果你到了该单位，你会怎么办？

从题目结构上来看，本题与上题的结构类似，大体都分为两部分，一部分是单位出现"钻空子谋利益""怕事不举报"的现象，另一部分是自己到了单位怎么办的操作层面。所以，在答题结构上，也可以参照例1。

其一，单位出现"钻空子谋利益""怕事不举报"的现象，可以从两方面来分析原因。一是从钻空子谋利益者自身素质、思想观念和不举报人集体责任感、荣誉感等角度分析；二是从单位制度层面分析，"空子"即单位制度漏洞，客观上给钻空子者提供了可乘之机，怕事不举报也说明制度上对于举报人保护制度的落实还不到位。到此，对于单位所出现的现象分析已经就位。

其二，自己到了单位的针对性措施。必须得有调查，"没有调查就没有发言权"，对于单位内部这一现象存在的真实性以及存在这一现象的具体制度漏洞和证据材料进行搜集整理，确保调查结果的真实性和严密性。

其三，对于掌握的相关材料和证据必须上报领导和纪检部门，并配合其处理过程。

通过本讲的讲授，考生在看到题目时脑海中必须将大体的答题脉络和结构形成大致轮廓，在此基础上逐渐梳理清楚。之后才能在答题中体现逻辑性和层次性，最终才能达到"取悦考官"的目的。

破题六大技法

抓住一道面试题的核心主旨，点出考官最期望的亮点，把一道题的内涵充分挖掘，称为"破题"。破题需要方法，本讲将介绍几个常用解题、破题技法。这些破题技法，除了帮助大家在第一时间建立起答题框架，使得作答有条理性，增强逻辑性之外，还可以启迪大家继续沿着"可说性"思路展开思考。在我们的教学实践中，该部分的权重对考生破题的帮助要大于其他知识点。

技法一：属性分析法

属性分析法一般是在综合分析题以及带有综合分析性质的融合题中使用，可以作为分析原因或给出对策的框架结构、思路提示或者一个分论点的总起句，主要有四个层面：①思想观念层面；②制度监管层面；③投入层面；④技术层面。其中，前三个层面最为常用，"技术层面"一般是视情况选择使用。我们通过例题来给大家介绍这一技法的使用方法。

例1 单位存在着不节约的现象，总有人下班离开办公室时不关灯。你怎么办？

建议考生不要纠结于题面的"怎么办"或者"怎么看"来构架答案。这种融合了人际关系、综合分析的融合题，既要讲自己怎么看，也要讲自己怎么办。用属性分析法来作为立论框架，就很巧妙地把"怎么看"与"怎么办"结合起来：第一，从思想观念层面来看，这一现象确实反映出单位部分同事存在着不注重节约、文明自律意识不强的问题，这与我们当前倡导的厉行节约、反对浪费和可持续发展都是相悖的，也有损单位形象，会造成不好的社会影响。所以应该在单位加强这方面的宣传引导和教育，也可以张贴提醒标语做出提示。第二，从制度监管层面来看，说明我们的办公室管理制度不够细化、健全，或者落实不到位。同时，为了在单位以此为契机，更好地倡导环保节约，可以出台激励制度，可以进行环保节约先进办公室、个人的评选。第三，从技术层面来看，当前节能环保的技术手段日益增多，可以向单位领导请示，对办公室照明设备进行技术升级换代，使用智能感应节能灯，无须开关，进行智能控制。

此题的作答中，我们把"投入层面"省去了，用抓主要矛盾的思路只讲了其他三个层面。

另外，此题在结尾，还可以加入带有"自我认知"成分的表态界定：总之，我自己一定会从自身做起，把这些细节做好。

我很不赞同一些培训机构和老师让考生讲一些"万金油"话语，此题中已经清晰说明："单位存在着不节约的现象"，这就是既定事实，就是不节约。考生就不要从情节假设的思路出发，去讲"同事是不是工作繁忙一时疏忽而忘记关灯"等，就算讲也应一句带过，千万不要展开来。我们要尊重这种题目给我们给定的前提条件。如果此题中没有前半句里的"存在着不节约的现象"，那我们就可以展开更加开放的讨论，比如：为什么同事们缺乏责任心、人浮于事等。

例2 雾霾已成为社会热点话题，谈谈你对雾霾严重现象的看法。

作为一道综合分析题，从完整细节的角度来讲，此题可以遵循"表态→分析原因→给出对策"的链条来作答。所以，我们应该先表态，讲一讲自己对这个事情（现象）的总体看法，体现出自己的总的立场。我们可以说，雾霾话题确实很热，网络上也出现了许多调侃桥段，也有知名媒体人录制专题节目引发关注。热，是因为雾霾影响面很大，不仅对公众健康造成影响，也对生产生活正常秩序，如交通安全、生产安全等带来不利影响。它不仅是环境问题，也是经济问题、民生问题，值得我们深思并积极治理。

接下来，我们遇到一个选择题：属性分析法既可以用来讲原因，也可以讲对策，我们可以选择用属性分析法兼顾"原因"和"对策"，也可以差别化处理，即只使用属性分析法讲其中一个。如果是这样，我推荐大家使用属性分析法讲对策。

造成雾霾的原因主要有：工业企业排污（尤其是重化工业排放）、机动车尾气排放和气象因素影响等。此题的原因分析不建议大家作为讨论重点，因为雾霾的真正成因既是个专业问题，也是个有争议的话题。所以，我们把重点放在对策建议上，这时，属性分析法介入：第一，从思想观念层面来看，要在全社会层面大力宣传引导，树立防治雾霾人人有责的意识，倡导绿色出行、低碳生活，让"建设美丽中国"成为每个公民的美好愿景。第二，在制度监管层面，应该以新环保法的实施为契机，健全和完善我国的环保法律体系，狠抓环保治理，严惩非法排污排放，提高违法成本。把环保指标纳入政府政绩考核指标体系中。第三，从投入层面来看，加大雾霾治理力度，不仅是相关企业投入，还要社会投入、政府投入，形成合力。要大力发展公共交通，倡导绿色出行、低碳出行。继续开展植树造林工程。第四，技术手段很关键，高污染、高排放、高耗能的落后产能要淘汰，那么从微观层面来讲，相关工业企业要进行技术改造升级，对排污排放进行治理；从宏观层面来讲，我国要积极转变经济发展方式，推动产业结构优化升级，大力发展高新技术产业和第三产业。因此，防治雾霾是个社会系统工程，要常抓不懈，可能还伴随着刮骨疗毒的阵痛，也考验我们在发展道路上的自省。

例3 某地禁止春节期间燃放烟花爆竹，有人赞成，说雾霾已很严重；有人反对，说这是传统文化，你怎么看？

这两种观点都有道理，况且我们也不能拿"雾霾"和"传统文化民俗"来直接比较，所以不应该简单地二选一处理。既然不能二选一,那么我们能不能二者兼顾?完全可以。从社会常识来说,就连很早以前禁放烟花的城市,近年来也把"一刀切"的完全禁止调整为规定时间、规定地点燃放的弹性、适度开放政策。同时,这道题的纠结点不就是烟花爆竹会产生污染吗!所以,若能在对策层面把这个问题解决就不必为此纠结了。因此我们在对策层面可以这样讲:第一,在思想观念层面,我们可以在全社会层面大力宣传,引导公众文明燃放,理性适度燃放。第二,在制度监管层面,可以出台烟花爆竹燃放规定,确定燃放时间、区域,并严格落实,由公安部门、街道、城管等单位部门分工督察。也可以发动志愿者队伍来进行监督、宣传工作。第三,在技术层面,通过技术革新,开发并推广环保型烟花爆竹。这样,燃放烟花爆竹既能增加节日气氛,也不会给大气带来污染。

此题的重点不在于分析题干中的观点各自说得有道理或者没道理,关键在于解决核心问题。简单的一个"技术手段"就可以"四两拨千斤"地把一系列的纠结顷刻间化解——这种"核武器"式的对策手段本身就是一个答题亮点,我很推荐大家在答题中使用该手法。

例 4 醉驾入刑后,仍有驾驶员心存侥幸,酒驾引起的交通事故也时有发生。你怎么看这个问题?

本题的回答并不因为报考职位是否为交警而不同。首先来表态,阐述一下自己对这个问题的总体观点:酒驾醉驾危害巨大,可能涉嫌危险驾驶,对公众(他人)的生命健康和社会秩序构成严重威胁,需要引起我们的高度重视,严肃对待。

表态之后,接着分析原因。之所以有驾驶员心存侥幸,我认为有以下几个方面的原因:第一,个别驾驶员的安全意识、法律观念不强,道德自律差,不能严于律己,遵纪守法。第二,现实中的执法不严等执法漏洞的存在使一些驾驶员企图"托关系"以逃避法律惩罚。第三,执法难度大。我国机动车保有量直线上升,一线城市的机动车存量都超过百万辆,而有限的警力使酒驾查处很难实现全覆盖检查。这就增加了一些驾驶员的侥幸心理。

对策部分引入属性分析法:第一,在思想观念层面,要加大教育宣传和引导的力度,提高驾驶人员的法律自觉。要加强驾校对学员的安全教育。第二,在制度监管层面,要加强执法执勤检查,保持对酒驾的严查高压态势。提高违法成本,加大处罚力度。第三,在技术层面,一方面是引导代驾行业健康发展;另一方面是推动技术进步,可以借鉴外国经验,可对机动车加装酒精检测设备,使酒驾者无法驾驶、启动汽车,或者大力发展机动车无人驾驶技术,有效避免人为危害(此处可以列举奔驰、谷歌等企业已经研发生产的无人驾驶汽车)。

技法二:主体角色分析法

主体角色分析法,简称主体分析法,该技法需要我们注意两个方面:①题干中的显在主体与潜在主体。显在主体是指题干中指名道姓的、明确涉及的当事人(主体);潜在主体就是该事件应该涉及、但是题干中并未清晰、明确地指出来的主体,这就需要我们在答题过程中讲出来。②主体责任定位,即每个主体各自该做什么,有的是各司其职,有的是工作中要涉及的对象,需要去沟通联系。回答问题时,考生如果能够把牵涉其中的主要主体分析到,就能凸显考生的社会认知和综合分析能力。

譬如,题目涉及"微博"话题,就应该想到围绕微博的三个主要主体:网民、网络运营商、监管部门。作为网民,要能够自律,坚持文明上网发言发帖,要有判断力和正确立场,既不制造流言飞语、不煽动网络谣言,也能够积极主动地去制止这些不文明行为。作为网络运营商,要能够加强自身内部监管,不断完善和健全网站内部规范,第一时间对网站上出现的非法信息、不文明信息进行核实、处理。作为监管部门,要把监管的触角及时延伸至网络空间,不留制度空白、监管真空地带,规范和引导网络行为,共同构建和谐文明的网络文化环境。

同样和"互联网"有关,如果是"网购"话题,涉及的主要主体就拓展为四个:消费者、商家、网络运营商和监管部门。作为消费者,要提升自我保护意识,积极维护自身合法权益,同时,做到理性、适度消费。作为商家,要守法、诚信经营,注重企业或商家的社会责任。作为网络运营商,要加强自身内部监管,不能对平台上的卖家任其"肆意妄为",要有内部激励和惩戒机制,也要注重自己的社会责任、法律责任。作为监管部门,对于"网购",主要涉及工商行政管理部门、税务部门、质检部门,要加强电子商务监管,及时到位的监管恰恰是在推进我国电子商务、互联网经济甚至市场经济的健康发展。

我们通过例题来进一步了解主体分析法在答题实战中的应用。

例1　有群众来到单位大吵大闹,说你侵犯了他的权益,你怎么办?

此题有应急性质,所以我们首先要处理应急情况,即群众情绪激动"大吵大闹"。考生往往会说:我会安抚这位群众的情绪,请他坐下(请他到会议室坐下),给他倒水(茶)……这种说法,一来显得很"套路化",二来是很虚很空的。你如何安抚一位情绪激动的群众?这是此类应急题的重点、难点所在,是需要考生具体、生动地答出来的,可以成为亮点。可惜的是,很多考生把这类安抚过程一句带过,潦草对待。何况,这道题的安抚不同于其他题目,还需要我们挖掘潜在主体来一同接待这位群众,那就是"同事"。

"同事"作为我们挖掘出来的第一个潜在主体,在本题中不可或缺,这与实际工作有关。群众指名道姓地讲是你侵犯了他的权益,所以你们两个人都是当事人,你作为其中一个当事人去跟进甚至判断你到底是否侵犯了群众的权益,这在程序上是说不通的。再者,他对你针锋相对,你们需要一个第三者、调停人。于情、于理、于法规流程,都不应该是你自己去和这位群众来沟通解决此事。所以,应该是你和同事一起接待这位群众到办公室或会议室,为了安抚他的情绪,你可以现场给考官模拟你要给群众说的话:"您放心,您反映的问题我们一定会认真核实,一定会维护您的合法权益,您现在这么激动也很难把事情的经过说清楚,您先平静下来,我们把来龙去脉搞清楚。如果是我的过错,我一定承担责任,我们单位(工作中)有相应的制度,您放心吧。"

"领导"是这道题要挖掘出来的第二个潜在主体,就是在这个问题沟通好,解决完毕之后向领导汇报(毕竟有人在单位大吵大闹了,你难道打算把领导瞒过去吗?)。

此题要答得圆满,只靠主体分析法还不够,还需要使用后述的"分情况"技法,请大家留意本章后述相关内容。

例2 城管执法易引发矛盾,时常有恶性事件见诸报端,引起社会广泛关注,你怎么看这一现象?

开篇的表态我们可以说:的确,相关事件频频见诸报端,应该引起我们的重视和反思,该如何有效解决城市治理相关难题,这是一个重大课题。

很多考生可能会误会,认为此题的主题分析法就是从"城管""商贩"这两个主体展开讨论,讲一讲城管部门如何做到人性化,做到文明执法,提升工作人员职业素养;再讲一讲商贩也要守法经营,配合城市管理等。这样答题,还是没有跳出原有套路,而且从知识点本身——城管执法问题来说,类似你追我躲的"猫鼠游戏"并没有从根本上解决。因此,该题的主体分析法需要我们把视角放得更人、更宏观,看到这种社会现象的来龙去脉和社会涉及面。大家试想,某地段有商贩聚集,这就反映了该区域的群众有购物需要,有对市场的需要。这与商贩要依靠经营来谋生以满足自己和家庭生存发展的需要共同构成了这一现象的逻辑前提。那么,这个现象的标本兼治就需要从解决好这个前提入手才行。一方面,要考虑商贩们的生存发展,另一方面是群众的现实便利需要,这就需要我们引出"城管"以外的其他部门了。首先,城市规划和建设部门,在城市规划建设过程中就要长远规划、科学规划,要以人为本,考虑群众的便利与生活需要,在居民区、公共场所(如医院、学校、写字楼等)周边要配套市场设施。其次,市场有了,就需要工商行政管理部门的依法监管,做好市场管理。如果商贩售卖食品,就涉及食品安全工作,相关部门又会跟进监管。因为是合法市场场所,环卫部门则跟进做好卫生环境的服务管理……可见,城管执法中的难题要从根本上解决、和谐地解决,单靠城管部门是不够的,其实是一个社会系统工程,需要多部门联动,考验的是一个城市的社会综合治理水平和综合服务管理能力。

上述思路,是把城管执法这个现象从执法语境中提升到社会宏观视角来看待,唯有如此,我们才能更加深刻地认识到:为什么商贩叫苦,城管也叫苦?那是因为商贩也好、城管部门也好,都是在为一些城市的滞后的、不科学的公共管理、公共服务能力与管理服务方式埋单。

例3 一匹马走得慢,其他的马走得快,于是主人把慢马所驮的物品分给快马去驮,结果有很多快马效仿慢马,导致整个行进速度都慢了下来。你怎么看待这种现象?

我们提炼主体:主人,快马,慢马。逐个展开。

主人:作为统筹指挥协调者,作为一个团队的领导、管理者,其工作方式方法出现问题,主要在于职责分工和激励机制方面出现问题。在职责分工上,主人没有按照快马、慢马的具体情况、特长来安排任务。在激励机制上,对行进速度快也就是工作业绩出色的快马采取了反向激励:增加任务,加大负担。这就会挫伤快马的积极性,甚至导致劣币驱逐良币,谁也不愿意表现出色了。

快马:快马就好比团队中的骨干,是工作能力最出色的一批人,他们应该有角色意识,要有担当精神,能者多劳。快马要帮助慢马共同进步提高。

慢马:团队中的"慢马"一定要认识到自身的问题,不能消极、消沉,而应该加强学习,提升工作能力,要向快马学习取经,早日成为"快马"。

技法三:关键词分析法

关键词分析法在面试答题中是常用的,并且在自我认知、人际关系、应急应变、综合分析题目中可以广泛使用,其特点是:简单、高效、易掌握。使用关键词分析法,一般情况下,是从前往后对题干中的关键词进行分析,分析的内容可以是界定、展开阐述、讨论、解决等。只有一个例外,就是个别关键词优先原则,即个别关键词需要首先来阐述回应而不论其在题干出现的先后顺序。最常见的关键词优先就是"领导批评"。而回应领导批评的推荐句式是:"我会虚心接受领导的批评,会改正错误,完善方案,保证把工作完成好/保证今后工作不再出现类似失误。"

在考场的高压力环境下,很多考生会紧张到思维短路,一下子想不起来曾经准备好的解题框架和思路。这个时候,我个人极力推荐关键词分析法,它可以极其质朴的方式,毫无培训套路痕迹的方式,高针对性地解题答题。我们来通过几个例子感受一下关键词分析法的妙用。

例1　你的工作很琐碎,压力很大,而领导看不到这些琐碎的工作,还不断给你增加新任务,使你的压力更大,你该怎么办?

首先提炼题干中的关键词:琐碎、压力大、领导看不到、增加新任务压力更大。我们依次对这四个关键词进行分析阐述即可。

"琐碎"(这个词带有一定的负面感情色彩,所以首先要排除这种负面情绪):基础工作都比较具体细致,涉及方方面面。一方面,我们是党和国家大政方针、法律法规的具体落实者和执行者;另一方面,我们的工作直接面对群众,既是群众利益的捍卫者、维护者,又要把群众的意见和呼声传达给上级部门。因此,基层公职人员的工作看起来细小,但关系重大。群众利益无小事,工作中的不认真、小小懈怠,就可能导致群众利益受损,就可能损害政府形象。所以,再细小的事情也要严谨、认真地对待。

"压力大"(养成正面回应题干信息的好习惯):①的确,工作任务繁重、工作难度大,会使我们在工作中感到压力。工作搞不好,既有来自领导和同事的压力,也有来自工作对象、群众的压力。②要正确对待压力,正所谓"有压力才有动力",我会用压力来鞭策自己,促使自己努力解决工作中的难题。③我会积极缓释和化解压力,通过向老同志请教,自己加班加点多摸索,提高工作效率,改进工作方式方法,把问题解决掉。

"领导看不到"：一方面，我们做工作不是做表面工作，不是只为做给领导看，不能有形式主义作风。另一方面，工作中要做好上下级之间的及时有效沟通。作为下属，要把领导安排的工作的进展情况向领导沟通汇报，以便领导部署全局工作时作为决策参考。

"增加新任务压力更大"（注意其中体现出来的"两步阶梯式"思路）：首先，我会按照轻重缓急来统筹安排一下，争取提高效率、加班加点完成。其次，如果实在是任务量超过我的工作能力，本着对单位工作负责任的原则，我会向领导请示，请求增派同事来协助我一起完成。

本题甚至可以忽略"结尾"，即最后一个关键词分析结束即告本题作答完毕。

例 2　有人抱怨："当一名公职人员是个苦差事，快走一步有越位之嫌，慢行一步则有不尽职之累。"请你用"主攻手""二传手"和"后卫"三个球类术语及其关系，说明如何才能把握好公职人员个人的角色定位问题。

从前往后抓关键词，我们可以依次提炼出以下关键词：苦差事、快与慢（越位）、三个球类术语。

"苦差事"（与上题中的"琐碎"类似，有负面情绪，要排除）：我认为公职工作不是苦差事。公职人员从事社会公共服务和公共管理工作，对社会的和谐稳定和健康发展是不可或缺的，是社会有机体良性运转的重要构成部件。这项工作庄重、高尚、有责任心，能够成为其中光荣的一员，在为社会做贡献的过程中实现个人价值，是我长期以来的职业理想。即使工作中有辛苦、有牺牲，但若能换来群众的满意，我认为也是值得的。

"快与慢（越位）"（不要把快与慢仅仅视作"速度"层面的概念，要进行概念延伸，可以对"快"和"慢"进行提炼来"自定义"，为我所用）：我认为要辩证地看待工作中的"快"与"慢"，要把"快"理解为工作中的紧迫感，树立危机意识。有一句话说得好："干部具有紧迫感，群众才有幸福感。"涉及公共利益的、群众利益的工作就要快做，想在前、做在前，一丝懈怠、缓慢要不得。绝不能有不思进取、混日子的错误态度。但也要注意"慢"的合理性和必要性，辩证地理解"慢"。一些群众工作需要"润物细无声"式地展开，就像习近平总书记强调的，"做实际工作，情商更重要"，有些工作在方式方法上好比吃盐，天天都得吃，但不能急于一顿都吃完。所以，工作中要注意岗位职责，做到"不越位，不缺位，关键时刻能补位"。

"三个球类术语"（要联系工作实际来谈"主攻手""二传手"和"后卫"，既可以联系公职人员这一宏观概念，也可以联系你报考的具体工作谈）：①当我独立完成一项工作或是作为一个团队的骨干时，就要发挥好"主攻手"的作用，以优异的成绩证明自己的能力，迎接各种挑战。②我们在工作中需要与同事之间相互配合、帮助，同时，我们既代表着、维护着群众的利益，也要把群众的意见和呼声汇报给上级部门和领导，在这两个维度里，我们都在扮演"二传手"角色，要发挥好这种桥梁、纽带作用。③我们每个人都应时时刻刻积极维护国家利益、社会公共利益和群众利益，这就是在扮演"后卫"角色，当好捍卫者，坚守防线。（报考警察、司法系统的考生，可以在"后卫"的阐述中结合维护社会公平正义来增加亮点。）

此题的结尾也是可有可无，如果要有结尾，可以根据题干的问法，讲自己如果能够被录取，今后一定会把握好公职人员个人的角色定位，兢兢业业。怎样判断是否有必要讲"结尾"？主要是看在使用关键词分析法的过程中，阐述界定分析得是否已经很到位，篇幅已经够长。如果该说的话基本都说了，那就不必再啰唆了，直接讲"第×题回答完毕"即可。

例3 习近平总书记在"五四"青年节讲话中说："青年朋友们，人的一生只有一次青春。现在，青春是用来奋斗的；将来，青春是用来回忆的。"谈谈在工作岗位中如何度过你的青春。

习近平总书记的讲话对我们肯定是极有启发和影响的，所以要表态：习近平总书记的话对广大青年提出了更高的期望，对我很有启发。

然后抓关键词："五四"青年节，只有一次青春，用来奋斗，用来回忆。

"五四"青年节：在"五四"青年节发出对广大青年的号召，是希望我们传承"五四"精神，有社会担当，看到自己的历史责任、社会责任，推动国家进步、强盛。

只有一次青春：要珍惜年华，珍惜时光，珍惜机会。

用来奋斗：书写奋斗的青春，就是要为理想、为事业拼搏，敢闯敢干，要开拓进取。

用来回忆：要书写无悔人生，要让一生过得有意义，回首人生时不因为虚度年华而懊悔。

为了润色，可以列举我国核潜艇之父黄旭华或两弹元勋们的事迹，他们的青春隐姓埋名，他们的青春默默奉献，他们的青春几十年如一日的钻研，但这样的青春是伟大的。

例4 你在单位表现优秀，但是一位同事不如你，爱表现，还在领导面前说你坏话，你怎么办？

人际关系题常使用关键词法，这一点在后述第四讲中的"人际关系题"中还会详细介绍。我们抓此题的关键词：表现优秀，不如你，爱表现，说你坏话。

表现优秀：我在单位中表现优秀，这是应该的，要用优异的工作成绩来回报组织和领导的信任，我会努力使自己不断做出新的成绩。

不如你：这需要辩证来看，一方面，同事不如我，我应该帮助同事，一起进步提高，把我的工作经验、方法分享给大家；另一方面，"三人行，必有我师焉"，每个人都有自己的特长，尺有所短、寸有所长，我不能骄傲，要谦虚，要发现和学习同事身上的优点。

爱表现：我认为爱表现是一个人的性格使然，有的人性格开朗张扬，行事高调，这本身并没有孰好孰坏之分。不过要注意不能搞形式主义，把什么工作都做成表面文章。

说你坏话：同事对我有意见，我要从自身反思，本着有则改之、无则加勉的态度对待批评意见。我会加强与该同事的沟通交流来消除误会的。领导统筹单位全局工作，着眼全局，我相信领导是清楚我的为人和工作能力的。

例5　人生如同一首《忐忑》,虽然没有文字却跌宕起伏。谈谈你的看法。

既要抓关键词,也要注意关键词的重要性排序,哪些是核心关键词,哪些是次要关键词。"跌宕起伏"是核心关键词,"没有文字"是次核心。

先回应"跌宕起伏":讲面对顺境、逆境,处在高峰、低谷时我们的心态与应对。工作生活难免会遇到各种情况,我们怎样坚持自己的信仰和理想,奋斗不息,不被困难和挫折打倒是至关重要的。处在高峰时,要居安思危,树立忧患意识,不能骄傲自满,不思进取;处在低谷时,要燃烧斗志,寻找问题的解决方法,寻找突破口,步步为营向前走。

没有文字:象征默默无闻,埋头苦干,比如中国核潜艇之父黄旭华的感人事迹,这些奋斗在国防科技一线的科技工作者十几年如一日,隐姓埋名,连家人都不知道他在做什么。历史是人民书写的,但是很多人的名字写不进历史。我们都是这个社会的小小螺丝钉,雷锋讲的"螺丝钉"精神具有持久的生命力。我们要能够在平凡的岗位上坚守,争取做出不平凡的业绩。

技法四：AB 式框架法

AB 式框架法广泛应用于综合分析题中的观点(言辞)分析题,其优点在于答题框架非常清晰明了,能够给考官以考生逻辑性好、回答有条理的印象。什么题目适合使用该方法呢?就是看题干结构,是否明显有前后两句对仗式的结构特点。如果有,就可以在表态之后引入该框架法。AB 式框架法根据题干信息的复杂程度,有以下三种形式。

(1)基本 AB 式框架法：讲 A、讲 B、A+B;

(2)完整 AB 式框架法：讲 A、讲 B、有 A 无 B/A 对 B 的意义、有 B 无 A/B 对 A 的意义、A+B;

(3)复式 AB 式框架法：讲 A(讲 A 中的 a、b)、讲 B(讲 B 中的 a、b)、A+B。

可见,这种框架法在表态之后,就按照三段论式的进路来阐述,最后总结。总结时,既可以就题论题谈,也可以联系报考职位来谈。下面,我们通过例题来介绍使用方法。

例1　有的人说我们的工作要让百姓无话可说,有的人说我们的工作要让百姓畅所欲言,你怎么看?

此题的题干结构简单,应使用第 1 种或第 2 种框架法。在第 1 种、第 2 种这两种框架法中的取舍,主要是看 A 与 B 之间是否有明显的相互关系,包括相互影响、相互为前提、相互为条件等关系。如果没有明显的相互密切关系,就按照第 1 种基本式来梳理答案。

表态:这两句话都是有道理的,需要我们从中提取对工作具有指导性的启示。

讲 A:"要让百姓无话可说",是指要对工作精益求精,高标准、严要求,尽职尽责切实维护好群众利益,履行使命,提升群众对我们工作的满意度。

讲 B:"工作要让百姓畅所欲言",是指我们的工作要接受老百姓的监督和批评,多倾听群众意见,开门纳谏,要把群众意见纳入政府决策中来,推进政府决策的科学化、民主化、合理化。为此,我们需要畅通群众意见表达渠道,完善和健全群众意见表达与反馈机制,保障群众的知情权、参与权、监督权。

A＋B：总之,就是要贯彻、践行群众路线,推进服务型政府建设,切实提升群众的幸福感。

例2　某著名高校校长说：方向比努力更重要。谈谈你的看法。

题干中的"方向"与"努力"构成了AB式结构,同时,这两个概念之间是有密切关系的,有明显的相互作用关系,所以本题适合采用第2种：完整AB式框架法。

表态：(这句话是清华大学校长对毕业生讲的,阐述的是职业生涯规划的问题。但是如果考生不知道这个背景,就按照常规思路作答即可。)这位校长的话是有道理的,但我认为还是要全面、辩证地来理解。

讲A："方向"就是我们的奋斗目标,给予我们前进的推动力。要有坚定的方向,就需要有坚定的理想信念,就要坚持自己的立场。方向就是我们航行中的灯塔,指引我们前进。

讲B："努力"就是在迈向奋斗目标过程中付出的实际行动,是通向成功彼岸的步步脚印,迈上成功大门的步步阶梯。

有A无B/A对B的意义：如果只有方向而没有努力,那我们的目标就无法实现,成为空中楼阁,成为一句空谈。对于年轻人来说,空有方向而不付出行动去努力,可能会导致眼高手低、好高骛远,导致浮躁、不踏实。

有B无A/B对A的意义：如果只知努力,而没有正确方向,做事情就会事倍功半,还可能会迷失自己,甚至误入歧途。

A＋B：因此,方向与努力是有机统一的整体,不可分割。习近平总书记说过："空谈误国,实干兴邦。"我们既要有坚定的奋斗目标,也要付诸实际行动,做到知行合一。我的目标现在已经很明确了,就是要立志成为一名优秀的公职人员(可以举出具体人物模范,比如可以讲："成为像沈浩、杨善洲同志那样的优秀公职人员"。),所以对我来说,现在要做的就是踏踏实实,一步一个脚印地努力。

例3　冰心奶奶说："知足知不足,作为不作为",你怎么理解？

通过句子结构分析,我们把"知足知不足"作为A,把"作为不作为"作为B,但又会看到A中可分为"知足"和"知不足"两方面,B中又可分为"作为"和"不作为"两方面。所以这道题适合使用第3种框架：复式AB式框架法。

表态：(要从说这句话的人、内容性上判断我们的立场、总观点是支持,还是要辩证看待。这部分内容请大家参见本书第四讲对"观点分析题"的讲解。)冰心奶奶的这句话很有哲理,对我有很大启发。

讲A："知足知不足"就是要我们处理好"知足"与"知不足"的关系,知足,就是要懂得珍惜,能够知足常乐。比如,我这次能够被录取,就会非常知足,一定会珍惜我所热爱的工作,兢兢业业奉献,以优异的工作成绩来回报组织对我的信任。但我同时也会知不足,因为我的目标是成为一名优秀的公职人员,我离这一目标还有很大差距,这种不知足就会鞭策我努力提升自己的工作能力,按照一名优秀公职人员的标准来严格要求自己,在德、能、勤、绩、廉五个方面全面提升自己。

讲B:"作为不作为"就是要我们处理好"作为"与"不作为"的关系,就是要有所为、有所不为。有所为,就是要做好自己的本职工作,完成好自己的岗位职责,积极工作;工作之外,凡是对群众、社会、国家有益的事情要多做、积极地做。有所不为,就是要遵纪守法,遵守单位规章和组织纪律,加强自律,违背社会公德、职业道德、家庭美德的事情坚决不为;同时,要与一切丑恶、违法行为做斗争。

A+B:总之,就是在今后的工作和学习中,学会珍惜,把握好自己的角色定位,加强自身修养,不断完善自我、提升自我。

技法五:分情况法

哲学上讲"具体问题具体分析",面试题中很多问题的解决也需要我们缜密规划,分清条理,逐个分析解决,这是分情况法的逻辑前提。该方法规范运用于人际关系题和应急应变题目。这两类题目往往会出现很棘手或是错综复杂的难题,如果不借助分情况法,"眉毛胡子一把抓"式答题,就容易导致"一锅粥"式的含混不清,自己越答越乱,考官越听越累。

使用分情况法,需要注意两点:①按事件发展的常规逻辑分情况;②并不是所有的情况都要阐述,例如,在人际关系题中,不过多进行"人性恶"的假设;在应急应变题中,不把情况设想成自己无法挽回、无力回天的地步。

具体的使用方法,我们通过例题讲解来体会。

例1 有群众突然到单位大吵大闹,说你侵犯了他的权益,你怎么办?

这道题在"技法二:主体角色分析法"中示例过,请在之前技法二对此题的讲解基础上,再来看用分情况法进行的重要补充。

此题的分情况法源自群众反映你侵犯了他的权益一事是否属实,也由此我们提醒大家凡是在题目中见到"有人反映""群众反映"等字眼时都要有调查核实的意识,这也是对工作负责、正确的工作方法的体现。所以,在详细了解群众的问题之后,我们就引入分情况法:第一,如果核实之后,群众反映的问题的确存在,我一定会向他真诚道歉,并按照相关规定进行赔偿。我要做深刻的检讨、反思,查找工作中的不足,承担应该承担的责任,尽量减小或挽回群众的损失。第二,如果核实之后,我没有侵犯他的权益,是误会,就及时把情况解释清楚,消除误会,并在以后工作中注意更加细致、周密,不要留下误会。

上述两种情况虽然并没有穷尽现实中可能出现的所有情况,但我们在答题中只讲这两种情况。我曾经听一位女考生答道:"如果该群众还是无理取闹,我就叫保安……"听得我"伤心不已",为什么?因为在她的冷冰冰的回答中,把自己与群众置于对立面,树立了一个"刁民"的形象,从侧面反映出其官僚气息,这不符合我们服务型政府建设对于公职人员的要求。就算是真的"刁民",我们也要春风化雨,文明礼貌接待,解释清楚政策法规,循循善诱。

例2 你正在单位会议上做报告,突然有同事站起来指出你的报告与工作小组研究结果不符。这时你怎么办?

相比上一题,本题需要使用两次分情况法。做报告被人打断,而且矛头是指向自己的,这个时候我到底该怎么办?是继续做报告还是别的?就要使用分情况法:我会和这位同事沟通,可否让我把报告做完,再研究讨论他所反映的问题。如果他同意,我就先把报告做完;如果他不同意,我就请示会议主持人或在场领导,请求做出指示。

不论是继续做报告还是先讨论核实,都有一个绕不过去的问题,那就是他反映的问题是否为真,这就需要第二次使用分情况法:研究核实之后,第一,如果真的是我的报告与小组研究结果不符,我首先要向单位、向大家致歉,承认自己工作中存在疏漏,或者查找疏漏出在哪里,要在今后的工作中严谨细心;第二,如果是误会,那就做好沟通,消除误会,对同事给自己的工作提出意见要表示感谢,也要正确认识,都是为了把工作搞好。

本书后述的题型讲解部分会有更多的分情况法的使用。

技法六:触本深入法

触本深入法主要在综合分析题中的社会现象/问题类题目的分析中使用,如其直白的名称一样,此方法直接指向答题亮点,进行高大上的分析,或说是入木三分的精辟。使用时注意,此法应出现在对问题的分析部分,或是答题的后半程。

我们来看这样两道题。

例1 每年春运都会出现"一票难求",对此有群众理解,有群众抱怨。你怎么看这个问题?

例2 一些大学生毕业后宁愿留在一线大城市里当"蚁族",也不愿返回家乡或是去基层地区发展。你怎么看这个现象?

上述两道题看似风马牛不相及,但使用触本深入法来揭示其本质原因时,却殊途同归:此问题/现象产生的深层次原因,就是我国客观国情——生产力发展不平衡,地区差距、城乡差距的现实存在。正因为认识到这一根本原因,我们在回答上述两道题时就会出现更加理性的结论。

第1题:春运期间"一票难求"现象还会持续,因为我们不可能按照春运期间的峰值来进行铁路建设,此问题只能努力缓解,很难消除。我们要通过大力推进铁路建设、公共交通建设来进一步满足人民群众的出行需要;也要通过城镇化建设,推进公共服务均等化,缩小地区差距、城乡差距。

第2题:正因为这种现实国情的客观存在,所以对这些做法要理解,不能过分苛求。只有通过发展经济,统筹城乡发展,推进新型城镇化建设,做到公共服务均等化,才能治本。

触本深入法之外的部分,例如,第1题中的原因分析、铁路部门本身的一些对策建议以及此类题答题框架的展开,第2题中涉及的大学生、教育部门、基层地区政府等角色的分析,以及该题的答题框架等,都将在本书后述题型介绍中完整阐述。

我们来看两道围绕同一主题关键词的题目。

例3 "看病难,看病贵"问题,你怎么看?

例4 "医患矛盾"成为近年来的社会热点,你怎么看?

上述题目引入触本深入法,就是要分析其共同的深层内因:我国医疗卫生事业发展水平不高,医疗资源投入不足,医疗卫生保障的相关制度尚不健全。

再看下面三道题,也是围绕同一主题关键词的题目。

例5 有的中小学收取高昂的"择校费",你怎么看?

例6 社会上热炒"学区房",家长们对学区房也是趋之若鹜。你怎么看?

例7 漫画题。

这三道题的触本深入引出的根本原因,就是我国教育资源,尤其是优质教育资源的不足。上述三道题目只是这一根本问题的不同表现而已。抓住了根本原因,我们才能谈及"标本兼治",才能抓住核心。

理性而坦率地讲,触本深入法的确需要考生储备大量社科、时政热点知识,该技法是六大技法中最难以一蹴而就掌握的,需要辅之以较为系统的社会热点学习。

开篇六法

"好的开始,是成功的一半"。在面试答题中,醒目、精彩的开篇不仅能让考官眼前一亮,增加对你的好感,甚至引发共鸣和高度认可,也可以增加我们答题的信心,帮助我们展现更好的临场状态。所以,这个"第一印象"十分重要。本讲为大家介绍六种特色鲜明、不落俗套的开篇切入答题方式。

一、自我定位切入法

自我定位切入法在本质上类似于答题一开始的表态,首先对自己进行定位阐述,根据题目涉及的话题,开场就给考官介绍自己的为人、报考初衷、工作态度、价值观、人生观、事业观等对应信息,让自己在面试中占据主动。

例1 在单位,有个人来找你大吵大闹,说你侵犯了他的权利,你怎么办?

自我定位:作为一名公职人员,要维护群众利益,为人民服务,我在工作中一定会严格要求自己,不会让自己出现有违职责的情况。群众来单位情绪激动地反映问题,我一定要高度重视,认真严谨地对待。

例2 存放会议资料的U盘发生故障,你怎么办?

自我定位:我在平时的工作、生活中还是比较细心的,像类似的重要资料应该都会做备份,以防万一。(之后可采用分情况法:对U盘故障的技术处理如数据恢复、资料是否可以口述等分情况来解决。)

例3 你被录取后要被派往基层工作锻炼两年,而家人都不愿意你去,你怎么做?

自我定位:作为一个年轻人,基层锻炼的经历对我来说是弥足珍贵的。我的激情需要在基层工作中去释放,我的缺点需要在基层工作中去纠正,我的能力需要在基层的广阔实践天地中去提高。所以,我一定会珍惜基层工作锻炼的机会,扎根和服务于基层。

在后续的答题中,只需要沿着开篇的话题指向顺理成章地说下去即可。这种自我定位给后面的答题铺设了安全的立论和展开的基础。

二、意义表述切入法

这里的意义表述,是指首先把题干中的事件、工作的意义讲出来,体现对这一问题的认识是否到位,对其重要性、必要性是否认识到位。该方法常用于计划组织协调题目,可以作为该类题的表态方法使用。

例 1　单位要进行一次危房调查,上级要求由你来负责组织,你怎么开展工作?

意义表述:危房调查事关民生和公共安全,事关群众生命财产安全,掌握相关真实数据意义重大。我一定会严谨认真地组织这次调查,为上级提供翔实、准确的数据。

例 2　单位要组织一次职工篮球比赛,领导把工作交给你负责,请问你怎么组织?

意义表述:职工篮球比赛能够丰富单位同事们的文体生活,提升团结协作意识和集体荣誉感,也有利于身心健康,很有意义。我会认真负责地组织这次活动,服务职工、办出特色。

三、数据引用切入法

作为立志于成为国家公职人员,从事社会公共管理与公共服务的考生,对社会热点、时政热点以及应知、应会的社科知识的掌握是必须的,也是职业属性的要求。因此,在答题中应当不失时机地向考官证明这一点,让考官看到你是关心国家、社会的,通过引用数据来凸显自己对该问题的了解之深入。这个问题到底重要与否、当前是否极具紧迫性,数据就能很好地证明。

数据引用切入法在考场上起到的差异化效果极其明显,因为从实践层面来看,只有极少数考生才能在答题中引出精确数据作为论据。我们给大家推荐十类常见数据,这些数据都是面试中的常见热点问题所涉及的。不过,由于数据本身是动态变化的,大家届时需要再行查出其最新数据为宜。

(1)关于餐桌浪费:我国每年浪费的粮食相当于两亿人的口粮,价值约 2000 亿元,相当于黑龙江省全年的粮食产量。

(2)关于吸烟:我国的吸烟人口和直接受二手烟影响的人口达 10 亿。国内每年有 120 万人死于吸烟导致的各种疾病。

(3)交通事故:我国交通事故发生率高于发达国家,每年死亡人数约 6 万,我国城市每万辆车死亡率是美国的 17.8 倍。其中,平均每天有 5 人在因酒驾所致的道路交通事故中死亡。

(4)互联网:截至 2023 年,我国网民规模超 10 亿。

(5)快递业:凭借最近 10 年的超高速增长,中国快递业务量已经牢牢占据世界第一的位置,2020 年,我国快递业务量 833.6 亿件。在行业的科技创新、模式创新等方面,中国快递企业也处于世界领先的水平。与发达国家尤其是美国相比,当前中国快递业最大的短板在于国际化经营程度。

(6)机动车:2020 年,全国机动车保有量达 3.72 亿辆,其中,汽车 2.81 亿辆,机动车驾驶人达 4.56 亿人。全国 70 个城市汽车保有量超过 100 万辆。

(7)医疗:我国每千人口病床数 6.3 张,已超高收入国家标准。我国每年近 2.5 万人死于传染病。我国慢性病患者人群高达 3 亿。

(8)留守儿童:据国家民政部数据,全国共有农村留守儿童 697 万人。(全国农村留守儿童总体数量减少,主要原因是近年来脱贫攻坚、新型城镇化建设、乡村振兴战略等重大决策部署推进实施,各地大力推动返乡创业就业、就业扶贫、随迁子女就地入学等工作,为从源头上减少儿童留守现象提供了有力的政策支持。各地还紧紧抓住家庭监护主体责任这个"牛鼻子",加强对父母的宣传引导,部分父母或父母一方为了孩子也主动返乡,与子女共同生活,进一步减少了儿童留守现象。)

(9)老龄化:我国 60 岁以上老龄人口已达 2.8 亿,占总人口的 18%,已经是世界上老龄人口最多的国家。

例 1 禁烟令出台后,仍有不少人在公共场所吸烟。你有什么对策建议?

数据引用:据统计,我国的烟民和受二手烟影响的人数已超过 10 亿;国内每年有 120 万人死于吸烟导致的各种疾病。吸烟危害巨大且已成为科学共识,公共场所禁烟是对全社会负责。

例 2 现在酒驾的检查和打击力度很大,但是仍有少数驾驶人员心存侥幸,酒驾及酒驾引发的事故时有发生。你怎么看?

数据引用:据统计,我国平均每天有 5 人在因酒驾所致的道路交通事故中死亡。这个数目是刺痛人心的。酒驾带来的可能是家庭的破碎、自己遭受法律制裁,对社会危害很大,所以应该引起全社会的关注。

四、解释主题切入法

解释主题切入法也叫作"主题阐释切入法",是对题干中的核心关键词进行解释说明,阐述其概念、意义影响等基本信息,在这之后再结合实际展开答题的一种作答思路。常运用于演讲题和综合分析题。

例 1 结合基层实际工作,以"奉献"为主题,做一个 2 分钟的演讲。

解释主题:奉献是一种爱,是满怀感情地对自己热爱的事业、对社会、对他人的不求回报的无偿服务和全身心付出。奉献是社会主义核心价值观中最随处可见的身边人、身边事,它就是焦裕禄、李素丽、杨善洲,就是沈浩、龚全珍、胡佩兰等好人、好干部所坚持做的事。

例 2 所谓"三十而立",很多人三十岁时就已有所成就。但在公职人员队伍中,三十岁可能还只是普通干部,你怎么看?

解释主题:《论语》中讲的"三十而立"是指一个人在三十岁左右时,应当具备健全独立的人格,有明确的奋斗目标,有正确的"三观"(世界观、人生观、价值观)并能够践行。并不是简单的挣多少钱、当多大的官。

五、关键信息切入法

提炼题干中的关键词、关键信息,然后依次对这些关键词进行阐述、界定和引申展开。大家可以和前两讲中的"关键词分析法"结合起来学习理解。

例 1 有人抱怨:"当一名公职人员是个苦差事,快走一步有越位之嫌,慢行一步则有不尽职之累。"请你用"主攻手""二传手"和"后卫"三个球类术语及其关系,说明如何才能把握好公职人员个人的角色定位问题。

例 2 你的工作很琐碎,压力很大,而领导看不到这些琐碎的工作,还不断给你增加新任务,你的压力更大,该怎么办?

这两道题是在前述章节中讲"关键词分析法"时给大家举的例子,我们分别从题干中提取的关键信息有:例 1 是"苦差事"(是不是苦差事),"快""慢"(工作态度和节奏),"主攻手""二传手""后卫";例 2 是"琐碎"(是不是琐碎),"压力大"(是否存在压力,怎样缓释压力),"看不到"(是不是做给领导看的),"增加任务,压力更大"(继续扛下去把自己累死也完不成,还是有效沟通,量力而行?)。提炼完毕后,开篇答题就分别以对"苦差事"和"琐碎"的分析开始作答,每个关键词前面可以安排"第一""第二"或"首先""其次"这样的逻辑序号来凸显条理性即可。内容上的具体展开,详见前述"关键词分析法"部分。

例 3 领导安排由你负责一项工作,并安排一位老同志协助你。可是这位老同志不和你沟通工作,表现冷淡,你怎么办?

这道题的关键词有三处:领导安排我负责,老同志,不沟通、冷淡。几乎每个关键词都可以作为开篇切入之用。我们分别来看每一种开篇切入的具体方法。

领导安排我负责:领导安排我负责这项工作,是对我能力的信任,我一定会认真负责地把工作高质量完成好。

老同志:老同志工作能力强,工作经验丰富,我一定要在合作共事的过程中多向老同志学习,要尊重老同志。

不沟通、冷淡:在工作中,出现了同事对我的冷淡、不沟通,我首先应该从自己身上找原因,反思是不是自己在工作中的具体方式方法不妥当;或是和这位同事有误会,沟通不畅;也有可能是同事最近遇到什么事情,情绪和状态不太好,这就更需要我们的关心和帮助。

六、开门见山切入法

有的题目我们的确需要表态,以阐明自己的总体立场、态度;有的题目要铺垫,要逐步推进,层层剥开。但是有的题目则不适合,需要我们开门见山,直截了当,常见于自我认知题。

例 1 金钱、权力、地位,请给这三个词排序并说明理由。

开门见山:我的排序是权力、金钱、地位。我这样排序的理由是:第一……

例 2 请用三个词描述你此时的心情。

开门见山:我的三个词是激动、自信、憧憬。之所以激动,是因为我现在离自己的职业理想很接近……之所以讲自信,是因为我认为自己能做好这份工作……之所以讲憧憬,是我希望自己能够在日后成长为一名优秀的公职人员……

七、名言警句切入法

引用古今名言警句、诗词,包括领导人讲话开篇,在理论高度上能够高屋建瓴,在剖析深度上能够入木三分,在论述效果上能够气势恢宏,能够增强考生的表达渲染力度。该方法不限题型,在开篇及总结收尾时使用效果颇佳。但切忌张冠李戴、生硬搭配,出现考生所引用的名言与题意"风马牛不相及"的情况。

例 1 单位同事老王和老刘经常因工作发生争吵,令其他同事感到尴尬。领导安排你负责一个项目,让老王和老刘协助你,你怎么有效组织协调他们?

开篇:正所谓"横看成岭侧成峰,远近高低各不同",每个人的专业背景不同,工作方法、工作经验和能力不同,对待工作有不同的看法是正常的。

例 2 有村民反映村办企业排污污染了村庄环境,领导让你组织人员前去调查,你怎么开展调查工作?

开篇:总书记强调:"绿水青山就是金山银山""我们要像保护眼睛一样保护好生态环境"。

常见题型： 套路已死

和考官一起交流时，经常能够听到这样的调侃："他一张嘴，我就知道他有没有培训过。"正因为如此，培训方和接受培训的考生都知道要防止模板化答题，要防止套路化答题，于是，市面上也就出现了所谓"反套路化培训"等概念。我建议大家要理性看待"套路"的问题，一方面，僵化、死板的答题套路在内容性上确实缺乏生命力，让考官有味同嚼蜡的感觉。另一方面，不要把通用逻辑框架视作要抵制的"套路"，比如一个负面的社会现象分析，我们要阐明自己的立场、观点，然后分析原因，再提出对策来解决，最后总结，这四个步骤是我们的常规分析框架，是放之四海而皆准的分析框架，不能够把这个框架也打入"冷宫"。所以，我们教授大家要用逻辑来搭建一道题的框架，不要迷信套路或紧抓套路不放手。我们应本着"套路已死"的精神，要追求"武功在神不在形"，手中无剑胜有剑的境界，把精力放在核心主旨的把握、内容性亮点的挖掘和答题流畅度上。

另外，当前面试题目的一大趋势就是题型融合（混合）越来越多，一道题，不再是单纯的自我认知，它可能是自我认知和综合分析的融合。一道看似是应急应变型题目，可能融合了人际关系、计划组织协调题的成分。融合题的高频出现，使得"套路"更加式微，更加靠不住。当然，冰冻三尺非一日之寒，我们要一步步来，先把经典题型摸透贯通了，在此基础上再谈如何对付融合题。

所以大家在阅读学习本讲时，会发现本书中对各题型的介绍大相径庭于其他面试教辅书籍。要说我们无套路，那是因为我们要忘记套路；要说我们有套路，也是更胜一筹、高精尖的全新套路。

第一节　面　谈　法

一、自我认知题

完整的表述是"自我认知与拟任职位匹配"。自我认知类题目，是通过询问考生的基本信息、某种观点或对自己的认识，考查考生的基本素质、对自身认识是否深刻，以及求职动机是否和拟任职位相符合、体现出各种素质是否与职位相匹配。

自我认知题是所有面试考试题目的元题型,经典的自我认知题是很多衍生题目的"母题"。自我认知题往往最通俗易懂,一般不存在会令考生无话可说的情况,但在所有基本题型中,它也是最难答好的。自我认知题恰恰印证了面试辅导中的一句经典示训:越简单的题才越难回答。这是因为自我认知题的题目本身看起来很普通,所问的又是关于我们自身的基本情况,大家都能侃侃而谈。但是考生大都是从自己的立场出发,回答无设计,内容无亮点,便从俗了。很多面试题目有自己的出题背景和逻辑,比如:你的座右铭是什么?此题看似简单,但其背后的逻辑酝酿与深度是很多考生未能触及的。首先,一个有着明确奋斗目标、坚定理想信念,日常中又能够自律的人,往往都有自己的座右铭。其次,一个人的座右铭体现着这个人的世界观、人生追求,彰显其与其他人的不同。最后,这条座右铭对这个人产生了怎样的影响,如何激励、约束他/她,是否知行合一?举这个题的例子,并不仅仅是要说明一道题背后有多么丰富的立意,还要提醒大家注意:不要只顾自己对这道题的思维逻辑进路,要力争去探索出题人的立意,思考出题人出此题在于考查什么,还有没有别的良苦用心。

(一)解题技法

我们能够理解考生对"套路"的依赖心理,但现实是,自我认知题和人际关系题是没有通用答题套路的,也就是说,没有一个固定的答题框架模板可以在自我认知题的领域内"放之四海而皆准"。所以,考生在自我认知题目作答中需要储备多种技法以应对,可能是"黄金句",或是"关键词法",或者有特殊的一类题可以用到某种固定框架……下面通过技法介绍与例题解析相结合的方式给大家讲述该类题的作答思路。

1. 自我认知黄金句

A句:公职人员从事社会公共服务和公共管理,对社会的和谐稳定和健康发展是不可或缺的,是社会有机体良性运转的重要构成部件。这项工作庄重、高尚、有责任心,能够成为其中光荣的一员,在为社会做贡献的过程中实现个人价值,是我长期以来的职业理想。

该句用以阐明来意,作为回答"我为什么报考公职人员"这一问题的答案核心部分,也可作为对"公职人员工作"的界定来使用。简称"自黄A"。考试实践中可以结合所报考岗位对开头进行具体化,例如"国税岗位"可以讲,国税工作为国聚财,关乎国计民生,关系到经济社会健康发展,意义重大。"乡镇政府岗位"可以讲,基层工作一方面是国家各项方针政策的具体落实者、实施者,又直接面向群众工作,是群众意见的倾听者、收集者,基层工作上传下达,工作具体细致却又代表政府形象与公信力,意义重大。

警察岗A句:人民警察的职责是维护社会和谐与稳定、彰显社会正义、保障群众安居乐业,对于社会健康稳定与和谐发展具有重要作用,不可或缺。人民警察听党指挥、服务人民,既是社会稳定的坚强保障,也是为群众排忧解难的贴心人,所以警察这一职业是一项高尚、庄严、有责任心的工作,能成为其中的光荣一员,是我一直以来的职业理想,能够让我在为社会做出贡献的过程中实现个人价值。

铁路公安岗位的考生要在一开始谈一下铁路公安的工作意义:铁路公安工作维护铁

路运输安全和铁路沿线社会治安,保障广大旅客的人身财产安全,关乎国家经济社会大动脉的畅通,意义重大。

B句：……因此,我一定会以一名优秀公职人员的标准来严格要求自己,在德、能、勤、绩、廉五个方面全面提高,成为像沈浩、杨善洲、廖俊波同志那样的好公仆。(在答题结尾使用,简称"自黄 B"。)

警察岗 B句：……因此,我一定会以一名优秀人民警察的标准来严格要求自己,践行对党忠诚、服务人民、执法公正、纪律严明的总要求,在德、能、勤、绩、廉五个方面全面发展,以自身实际行动践行"立警为公、执法为民"的宗旨。

C句：经济社会快速发展,外部环境变化日新月异,这就给我们的工作不断提出了新的和更高的要求,我们只有与时俱进,不断提升工作水平和业务能力,才能符合社会和岗位的要求,否则就要落后,甚至被淘汰。(凡是题目中涉及自己要不懈努力提升工作能力的,涉及工作中有压力、有挑战的,都可以引用这句话,简称"自黄 C"。)

2. 自我认知五要素

自我认知就是对自己的认识、自我剖析,对自己的优势和劣势有清醒的认识。如果题目让我们介绍自己,我们从哪些方面来介绍? 我向考官展示自己的哪些方面? 我有哪些优点,以何种框架向考官介绍? 这就需要用到"自我认知五要素"。

(1) 职业理想

回答"你为什么报考""你有哪些优势"时,都涉及你的职业理想。我报考是我在追求自己的职业理想,我的职业理想就是成为一名优秀的公职人员,因为公职人员的工作很有意义,然后引入"自黄 A"。我的优势里最大的、排第一位的一定是我最热爱这个岗位/职业,因为只有热爱了,才能在今后的工作中把爱一行干一行和干一行爱一行结合起来,兢兢业业,无私奉献;才会在遇到各种挫折、困境的时候不放弃;也才会在工作中不断努力提升自己的能力以更好地完成工作任务,力求出色表现。所以,重点是"我热爱这个职业/职位",这是五要素中的第一位,并且高度契合公职人员要以工作为重、事业为先的理念。

(2) 理论素养

"三百六十行,行行出状元"。各行各业都有自己行业所对应的专业知识,而公职人员从事社会公共服务与公共管理,涉及的知识门类更多、更宽广,这就需要公职人员要具有扎实的基本功和专业理论素养,还要尽可能多地广泛涉猎,追求知识宽度。对于应届考生,主要是谈自己如何重视大学学业以及取得的成果;对于社会考生,就要谈自己过去的所有学习(包括大学学习和毕业后的自主学习、培训等)如何使自己积淀了一定的知识储备。然后讲这些理论素养对于搞好工作的重要性。

(3) 工作经验与能力

应届考生虽无正式工作的经验,但毕竟有社会实践、假期打工,以及学生社团、班干部等经历,也是有工作经验的,也形成了一定的工作能力基础;社会考生则是讲自己工作这么长时间以来,自己工作经验的积累和工作能力的锻炼、提升。这里需要大家提炼出一些关键词,如锻炼提升了自己计划、组织、协调、沟通等方面的能力,但是更加重要的、必须讲出来的关键词是：职业素养、组织纪律性、执行力、团队精神。

（4）性格特质

性格特质与职位匹配性、工作绩效等是有内在联系的，考"文秘"的考生，我们都希望他能够细心、缜密；考"警察"的考生，我们都希望他果敢、敏锐、有正义感；考"法官""检察官"等法律工作者的考生，我们都希望他有正义感、严谨、公正；考"乡镇科员"的考生，因为涉及群众工作，需要经常面对群众，我们都希望他能够热情、开朗、大方。所以，大家在讲自己的性格特质时，要和报考职位结合起来，设想要搞好所报考的工作需要什么样的状态和性格。

（5）身体条件

"身体是革命的本钱"，好的身体条件对搞好工作当然有利。试想一位身材瘦小，看起来身体羸弱的小伙子考警察，考官心里能放心吗？所以，凡是考警察、考公安部门的考生，以及报考职位会有野外调研、科考等内容的考生，应该介绍自己的身体健康，身体条件非常好，这对于搞好工作是有利的。其他岗位的考生，该点可以省略。

现在，大家应该知道如何向考官介绍自己的优势了。那么，对应地，如果问及我们的"缺点/劣势"呢？怎样说自己的缺点，也是有技巧、有讲究的。首先，"金无足赤，人无完人"，不能说自己没有缺点。其次，不能说虚假的、无聊的逻辑：我的缺点就是"做事太力求完美""对自己太苛刻""大事无巨细"等，这会让考官极其反感。我们给大家推荐两个安全的缺点：第一，对于所报考职位的直接经验不足，或自己的工作经验很缺乏。第二，由于年轻，难免会急躁、浮躁，做事情有时会草率。但是大家不可把缺点介绍完就了事了，这就太简单了。难道要对这些缺点听之任之吗？所以缺点介绍完一定要跟进我们的措施，讲自己已经认识到这些问题，会在今后的工作生活中多加注意，努力改善的，要虚心，戒骄戒躁，多向前辈同事请教、学习等。也就是说，你可以有错，但不能任性不改。之所以推荐这两条缺点，也在于它们是可以改正的，也是考官可以理解和同情作为一个年轻人而容易出现的问题。这些缺点不具有"致命伤"，什么是"致命伤"的缺点呢？比如，你考调解部门的，说自己内向，不善于沟通；你考文秘的，说自己粗心马虎等。

还有一点要提醒考生，当自我认知题问及或此题涉及你为什么要报考时，不能只说一些高大上的、拔得很高的话语，比如只讲"自黄 A"是不够的。因为"自黄 A"是纯理性的，很高调的。还得接地气，加入感性的、自我的、"小我"的想法，可以允许大家有自己的实际考虑。比如，在讲完这就是我的职业理想之后，可以说"我报考家乡的岗位，也是考虑到离父母近一些。他们年纪大了，需要人照顾，我想把工作做好的同时把家庭兼顾好"。

（二）例题解析

例 1　你的座右铭是什么？

"座右铭"不仅仅是只有题目问到我们时才向考官介绍，而应该在很多自我认知题目中作为强调自身价值观、人生观、世界观等情况时的有效论据，用以加强语气、坚定立场。好的座右铭本身就是亮点。所以，每位考生都应该给自己确定一个座右铭。一般的座右铭来源主要有：①名人名言，如蒲松龄的"有志者、事竟成，破釜沉舟，百二秦关终属楚；苦心人，天不负，卧薪尝胆，三千越甲可吞吴"（这要比简单地说"有志者事竟成"要好许多）；

鲁迅的"不满足是向上的车轮"等。②自我创制的座右铭，如"永远都要给自己挑毛病""用理想当闹钟，用实干换幸福"等，其优点是更真实、更生动、更显示出一位考生的自我思考、自我鞭策和积极进取的上进心。

该类题可采取如下框架作答：①阐述；②要求我怎么做；③过去的作用；④总结、未来的作用。

具体展开就是，首先阐述自己的座右铭及其出处、由来。这里需要考生做得比较细致，如果是名言警句式的座右铭，就要把该句话出自哪里、怎么成为了自己的座右铭的说清楚。其次，这句座右铭要求我在做人做事中怎样做，要说清楚，这实质上是结合实际对座右铭的意蕴的展开。再次，我的座右铭过去对我的激励、鞭策，帮助我发生了什么样的改变、取得了哪些成绩。最后，我的座右铭作为我的行为信条和规范，将在以后的工作生活中发挥什么样的作用。

本题的框架在诸如"谈谈你最喜欢的一本书""谈谈你最喜欢的一部电影/电视剧"等题目中可以通用。谈谈你最喜欢的一本书，首先肯定读书对我帮助很大，讲出该书书名，最好要把作者、出版社讲全，最起码要讲到作者，并简要概括这本书的大致内容；其次，书中的道理启示我在工作生活学习中应该怎样做；再次，介绍本书对我在过去生活、工作中的帮助；最后，可引用习近平总书记的话"要多读书、读好书、善读书"，今后加强学习，充实提升自我。谈谈你最喜欢的一部电影/电视剧，如法炮制即可。需要大家注意的是，一定要对标的有所选择，要对答案进行设计，书应该是真正的好书，电影/电视剧必须是符合社会主义核心价值观的、有正能量的优秀作品，什么清宫剧、神话剧、武侠剧之类的例子就不要举了。报考教师、乡镇基层政府、警察等部分岗位比较容易举例子，因为我国的确有大量反映这一类题材的影视作品，如《美丽的大脚》《一个都不能少》《焦裕禄》《杨善洲》《马向阳下乡记》《草帽警察》等。

例2　×××这个职业工作压力大（有时甚至还有一定的风险性），你为什么还要报考？

此类题推荐使用关键词技法。我们提炼到的关键词有：压力大、风险性、报考。依次对关键词进行界定阐述即可。

第一，对于压力大，的确，基层工作直接面对群众，如果我们工作中不尽职尽责，出现失误，就有可能损害群众利益或公共利益。同时，工作中如果任务繁重、工作难度大，会使我们感到有压力（公安类岗位在阐述时讲：要和犯罪分子做斗争，维护社会秩序和群众人身财产安全，随时都要面对各种棘手复杂的问题，压力大）。工作搞不好，既有来自领导和同事的压力，也有来自工作对象、群众的压力。"有压力才有动力"，我会用压力来鞭策自己，积极缓释和化解压力，通过向老同志请教，自己加班加点多摸索，提高工作效率，改进工作方式方法，把问题解决掉。

第二，对于风险性，这个职业随时都要面对各种突发事件，需要我们冲锋在第一线，有风险性，但也正因为风险性而凸显了这份工作的光荣、责任重大，更加吸引我。面对风险性，我们就要在思想上保持高度重视，不放松、不懈怠；在工作中，提高工作水平，未雨绸缪，提升处置各类突发高风险事件的能力，完善处突机制，才能不怕风险、降低风险。

第三，我之所以坚定地报考，是因为这就是我的职业理想。引入"自黄 A"（或其警察版）。

例 3 我们每个人都可能犯错误，请谈一下自己在学习（或工作）中所犯的错误和遭受的失败。

这类题的答题框架类似于第 1 题，可以采用三段论式框架：①阐述介绍；②我吸取到的教训和反思总结；③对今后的启示和我的决心。

对于这类题的态度和内容设计，我们有两点建议：第一，不要在此类题上钻牛角尖，这种题目很难拉开考生之间的差距。绝大多数考生，既没有什么壮举经历，也没有抓捕或放走了犯罪分子，甚至和社会还没有怎么接触过，所以，大家身上发生过的事情在考官或别人眼中其实都是小事，很难让人产生高度共鸣、潸然泪下。所以要求稳不求奇。第二，不要自杀式答题，就是在讲犯的错误或遭受的失败时把自己全盘否定了。比如，自己做过明显有悖于公职人员行为规范或法律、法规的事情；自己智商严重堪忧的事情，高考复读了许多年，英语四六级或公务员考了多次，等等。

这类题的答案设计需要对考生进行分类，应届考生当然是讲自己大学生涯中的经历，讲自己组织一个活动失败了；社会考生要讲自己刚刚参加工作时的经历，讲自己在组织活动或是调研中的错误。因为，这两种设计都是要让考官能够想到"情有可原"，从而不致否定你。试想，一个大学生或者是一个刚参加工作的年轻人，没有多少实际经验，出现错误是可以理解的。在具体的细节设计上，大家可以设定为由于某个细节考虑不周（考虑不周是因为自己缺乏相关经验，比如天气、设备、沟通等因素造成活动进行得不顺利，甚至不欢而散，或者是调研数据不全面而导致分析不科学、不客观。

然后，介绍自己是如何反思总结，如何改正和完善的，以及对于自己今后的工作的帮助。

例 4 请结合你所报考的职位，谈一谈对"奉献""忧患意识""信念"及"诚信"的理解。

本讲开篇就给大家介绍了当前面试题目的一大趋势就是融合，此题即为自我认知与综合分析题的融合，大家要高度重视这类题，其出现频率很高。可以按照四步框架法来搭建答案、梳理逻辑：①阐述界定；②要求我/我们怎么做；③举例；④结尾。

以"信念"为例：首先，信念是行为的基础，是个体动机目标与其整体长远目标的统一，没有信念的人就不会有意志，更不会有积极主动性的行为。信念是一种心理动能，其行为上的作用在于通过士气激发人们潜在的精力、体力、智力和其他各种能力，以实现信念所指向的目标。作为警察，社会健康稳定、社会公平正义（作为法律工作者，公平正义、法治）就是他的信念，作为党员，共产主义就是我们的理想信念。其次，我们要有坚定的理想信念，这就要求我们要加强理想信念教育，不断加强自己的政治理论学习，提升政治理论素养，能够在大是大非问题上明辨方向，面对诱惑毫不动摇，复杂局势下审时度势、坚定信心。再次，正如我党的好干部焦裕禄同志，他用自己的实际行动塑造了一个优秀共产党员和优秀县委书记的光辉形象,铸就了亲民爱民、艰苦奋斗、科学求实、迎难而上、无私奉献的焦裕禄精神。而支撑着他的,正是他坚定的信念。最后,习近平总书记说过,理想信念是共产党人的"钙"。我会向众多优秀榜样学习,坚定自己的理想信念,引入"自黄 B"。

以"诚信"为例:①诚信是一个道德范畴,是公民的第二个"身份证",是日常行为的诚实和正式交流的信用的合称。即为人处世真诚、老实、讲信誉,言必信,行必果,一诺千金。"人而无信,不知其可也",诚信对于一个人立足社会非常重要。诚信对于社会和国家也很重要,社会和谐有序有赖于诚信社会的构建,"国无德不兴",大国要讲诚信,诚信对于一个国家的国际形象和影响力都是非常重要的。②在工作中,就是要按照建设"诚信政府"的要求,求真务实,实事求是,对待群众、同事、上下级都要讲诚信。政府还要做好政府信息公开,落实各项法律、法规和承诺给群众的惠民政策、民生工程。③可以举出秦国商鞅变法采取的"立木为信"确立政府权威,提升政府公信力的正面例子,再列举周幽王为得褒姒一笑,烽火戏诸侯,最后亡国亡身的反面例子,形成鲜明的正反对照。还可以列举陈氏兄弟春节前发放农民工工资、理发店老板得知自己罹患绝症之后退还会员卡等感人故事。也可举"毒奶粉""毒胶囊"等反面例子。关于诚信的事例不胜枚举,大家选取典型的来举即可。④总之,诚信作为社会主义核心价值观的重要内容,要成为我们每个人的行为规范,成为全社会共同信奉的道德标尺。我自己会在工作生活中从我做起,诚实守信。

例 5　你为什么报考这个职位?并请谈一谈你报考该职位的优势和劣势。

此题正好用来帮助我们熟悉本节所学内容,熟悉技法的使用。第一问,为什么报考,按照大我(自黄 A)＋小我(现实考虑)的组合来回答。第二问,优势使用"自我认知五要素";劣势使用我们推荐的"经验不足"和"年轻浮躁"来讲即可。

例 6　你被录取后,要被派到基层工作几年,能适应城乡的工作、生活环境的差异吗?

这类题采用关键词分析法为宜。提炼出关键词:被录取、基层、差异。其中最核心的关键词是"基层",届时要集中火力,详细论述。

被录取:能够有幸被录取,自己的职业理想能够实现,我会非常高兴,一定会珍惜工作,埋头苦干,以自己的实际行动回报组织的信任和领导的期许。

基层:作为年轻人,缺点和不足必然不少,基层的锻炼机会对我是弥足珍贵的,我一定会利用去基层锻炼学习的机会,在基层广阔实践天地中好好锤炼自己,努力提升工作能力,学习工作方法,锻炼自己的意志品质,更重要的是,培养提升自己对基层、对社会的认知,学习群众工作方法。在去基层之前,我会认真做功课,了解基层的风土人情和其他必要知识,以便于工作的开展。去了基层之后,我会扎根那里,服从领导,融入基层单位,向基层的领导、同事和群众虚心学习。

差异:差异是客观存在的,但是要从三个方面来看待。第一,这种环境、条件作为外在客观存在,我必须首先去适应它,艰苦的条件更能激发我们的斗志。我小的时候(经常)在农村生活,对农村和基层是充满感情的。第二,随着我国城镇化建设、城乡统筹发展、公共服务均等化的推进,城乡差距正在缩小。第三,我自己正投身这种差异缩小的建设中,本身就是很有意义的。

例 7 请用三个词语来描述你此刻的心情。

在具有强大压力的面试考场氛围中,考生的心情当然是十分紧张、忐忑万分,所以这种题必然也需要我们提前设计、预先谋划,否则,临场发挥就容易凌乱,或者给出的三个词是近义词(比如:紧张、激动)等不完美设计。我们给大家推荐三个词,而重点是看这三个词背后分别代表的三道小题,从而进一步体会面试备考的一大现象:多练题,就有"熟读唐诗三百首,不会作诗也会吟"的效果,在做一道新题时会感觉到自己以前答的题的内容在新题中可以使用。我们来看看效果。

我的三个词语是:激动、自信、憧憬。第一,激动。来到考场,看到几位考官,我心情非常激动,因为我离自己的职业理想很接近。我的职业理想就是成为一名优秀的公职人员(接下来,引入一道自我认知题的答案:你为什么报考公职人员?)……第二,自信。我觉得自己能够胜任工作(引入一道自我认知题的答案:你有哪些优势?)……第三,憧憬(引入一道自我认知题的答案:如果你被录取,怎样搞好工作/有什么计划?)……

此题可以选择性地加结尾(即可有可无):如果我能够被录取,一定……(＋"自黄 B")

例 8 请用三个词语来概括描述你自己。

这三个词语应该是以或直接,或婉转的方式来夸你自己,但是选取什么样的词来夸呢?我们建议从自我认知五要素中找思路,因为自我认知五要素直接对应着"职位匹配性"这一面试考查的关键。比如,有正义感、上进心、热情——这三个词是如何对应自我认知五要素的呢?有正义感,对应着职业理想,讲报考意愿、择业观;上进心,对应着理论素养,讲自己的学习;热情,对应着性格特质,讲热情服务和群众工作。

例 9 你怎么安排自己的业余时间?

一说到业余时间,考生要么忘记了这是在公职人员面试考场,讲自己在业余时间各种玩、各种小资;要么就虚假,而这道题考生的最大错误就是太假、太功利。说自己业余时间忙工作。犯这些错误的原因有二:一是没有提前设计,临场瞎想,容易出纰漏;二是出现了"睫在眼前犹不见"的情况,忽视了真实生活到底是怎样的,因为真实生活自在自然,却也容易被视而不见。

本题可以首先表态,谈谈自己对"业余时间"的看法和定位:有人说,人的成功往往取决于晚上 8 点到 10 点。这说明业余时间对于我们的重要性。

对业余时间的展开参考以下三个方面,并作为答题的主体框架使用:①学习充电,包括未完成的工作,谈学习时可以讲自己喜欢看书,并列举最近正在阅读的书籍;②陪家人,讲陪父母说话、散步、看电视等,力求真实性;③兴趣爱好、文体娱乐活动。

如果是领导岗位遴选,此题的回答要作调整,习近平总书记说过,领导干部要夙夜在公。作为领导，就要看到自己肩上更大、更重的责任。业余时间也应该多想着工作，并且着重要强调这一点。习近平总书记还说过，领导干部要多读书、读好书、善读书。业余时间还应该多学习充电，提高领导能力水平（可使用"自黄C"）。

例10　你讨厌什么样的人/领导？

这也是一道极易出现"自杀式"答题的题目，而且犯错的考生往往浑然不觉。大家阅读到这里时，不妨暂停，自己先试答一下，你讨厌什么样的人和你讨厌什么样的领导？

这道题的题眼在"讨厌"二字上，答好答坏均系于此。为什么有人会答出自己讨厌自私的人，讨厌懦弱的人，讨厌不关心下属的领导，讨厌太严厉的领导？因为这些人把"讨厌"用生活化的方式理解了，这时该词的用法就等同于"我讨厌吃西瓜""我讨厌吃辣椒"中的"讨厌"了。这与本题是不符的。面试题中的用语注重严肃严谨，讨厌就是讨厌，是讨厌的本意——要有性质上的足够错误和立场上的鲜明划分。试想，一个自私的人、懦弱的人，我们应该做的是什么？是去帮助他、理解他，让他能够不自私、不懦弱，对这样的人就要用"讨厌"一词，我们自己是不是也有些"讨厌"呢？再看领导，领导不关心下属或是领导过于严厉，这是错误吗？不是，这是领导的方式、特点，并不具备性质上的严重对错。因此，用到"讨厌"，这个对象就得足够坏。所以，我们应该讨厌什么样的人呢？违反社会公德的人、违法乱纪的人、没有职业道德的人。我们应该讨厌什么样的领导呢？贪污腐败的、损公肥私的、背离人民的领导。

本题启示我们，理解面试题中的词语时，不能拿生活中对该词的不规范使用或是词义延伸转化来套用在作答中。

例11　你喜欢什么样的领导？

受上道题的触动，是不是这道题就不敢随便喜欢了？但这道题与上道题的注意事项、作答思路是不太一样的，并不是雷区，不必谨小慎微。因为我们不可以随意讨厌，但可以广泛喜欢，可以喜欢"习大大"、喜欢冰激凌、喜欢吃辣椒，等等。此题的作答并不在于防止踩雷、防止自杀式答题，而在于你到底喜欢什么样的领导。因为我们一下子会涌现出很多答案，我喜欢关心下属的领导，喜欢能力强的领导，喜欢大刀阔斧的领导，喜欢有干劲的领导……该选哪个呢？——这是大家容易出现的问题。

既然喜欢这么多，何不来个总括式的方案，把这些都囊括进来呢？于是，我们可以说：我喜欢德才兼备的领导，或者说：我喜欢焦裕禄/杨善洲式的领导。这样一来，我们就解决了想说很多话的问题，因为德才兼备可以展开讲很多，焦裕禄/杨善洲式的领导可以展开讲很多。所以，此题的重点是框架设计问题。

自我认知题就为大家介绍到这里，做个小结：不要自以为是地把自己身上的鸡毛蒜皮小事讲成哄考官睡觉的流水账。要抓重点，注重提炼。抓重点的"重点"是从考官的视角出发的，不是从考生的视角出发的，所以不要简单地自以为是。

二、人际关系题

人际关系题是设置一个人际关系环境,请考生解决人际关系方面的实际问题、困难和挫折,考查考生处理人际关系的能力、积极沟通的意识等。通过考生所回答的各种观点、态度和具体措施,能够体现出考生的人生观、价值观等为人处世方面的综合素养。

(一)解题技法

1. 角色分析法

角色分析法是人际关系题最常用的分析技法,一方面,类似于前述的"主体分析法",要分析出题目涉及的主体角色有哪些,注意题目中的显在角色并挖掘出潜在角色;另一方面,题目中的每一个角色,如领导、同事(尤其是老同志)、群众,要分析他们每个角色的职责、属性,该怎么做,如何与之沟通等,实质上是一种角色定位分析。

人际关系题常见角色与对应话术和关键词如下。

(1)群众:民为帮本,本固帮宁;群众路线(党的根本工作方法);想群众之所想,急群众之所急,解群众之所难;做好群众工作,态度情感是基础,方式方法是关键;群众利益无小事;党的根本宗旨是全心全意为人民服务;权为民所用,情为民所系,利为民所谋;要坚持以人民为中心,坚持人民至上。

(2)领导:工作能力强,工作经验丰富,统筹单位全局工作,应尊重领导,服从领导,向领导学习;应不断提升自己的执行力和工作能力,配合好领导工作,保质保量完成领导交待的各项工作。

(3)领导批评:虚心接受领导批评,认真反思改正,查找不足,努力把工作做好,不辜负领导的期望,要认识到领导对我们高标准、严要求,有利于我们的成长。

(4)同事:同事之间应互相配合、互相帮助,要积极沟通,紧密团结协作,良性竞争,共同进步。

(5)同事矛盾:正所谓"横看成岭侧成峰,远近高低各不同",每个人的专业背景不同,工作方法、工作经验和能力不同,对待工作有不同的看法是正常的;应理解、包容、换位思考;积极主动沟通,消除误会。

(6)老同志:工作能力强,工作经验丰富,是我们年轻人学习的榜样;在工作中,要尊重老同志,自己多跑腿,多做事,多虚心听取老同志的意见。

2. 负面问题分析法

人际关系题目中出现负面问题、结果,一般有三类:第一类,我出了问题;第二类,我和别人出了问题;第三类,别人出了问题。

(1)不论是哪一类,只要有负面问题,首先从自身寻找原因,进行自我反省,树立"有则改之,无则加勉"的积极态度。反思两个方面:我的人际关系处理经验缺乏,沟通不畅;我的工作方式或能力不足。

(2)我和别人(题中多见为同事)出现负面问题:①可能是只关注于工作,忽视了关心同事和搞好人际关系。②可能是自己与同事之间因为缺乏沟通交流而有误会。③有的争吵只是因为工作上的分歧,是为了工作,但以后会注意说话沟通的分寸与技巧的。

④同事的反对、批评建议是为了我的工作更加完善,是为了大局,所以要充分地交换意见、讨论,达成共识。

（3）别人出了问题：①要考虑到可能是同事个人或家里有事情/困难发生,这就更加需要他人的关心与帮助。②要换位思考,理解他那样说、那样做的原因,充分沟通以妥善解决。

出现负面问题的解决方案如下。

方案一 { 说：积极沟通、解释,消除误会、化解矛盾,促成共识。
做：行胜于言；以实际行动证明自己的为人和工作能力；
邀请对方一起参加文体活动或者谈心,增进了解。

方案二 { 工作中：积极沟通、注意团结,多利用工作中的配合协作机会,
增进了解、化解矛盾；工作上意见有分歧时,要换位思考。
工作之余：邀请对方一起散散步、聊聊天,增进了解；也可以一起打打球、
爬爬山,化解交流障碍。

注意：方案一与方案二是用了不同视角谈问题,相当于是一种内容的两种展开形式,因此答题时二选一使用,不必画蛇添足,全部使用。

3. 工作四分法

把工作解构为：工作能力、工作态度、工作方式方法、工作经验。经过了这样细致深入的分解,我们在分析问题时就能够阐述得更加严谨、全面,各种情况的考量会较为周全。工作没有做好,要分析是能力不够,是态度不够认真、端正,还是方式方法不对,或是经验缺乏,这样一步步分析,对该问题的阐述和分析已经展开得相当多了。

4. 服务三分法

原理同上,把服务解构为：服务意识、服务态度、服务能力/水平。比如,政府部门及工作人员把办事流程主动公开公示,为来办事的群众设置休息大厅,这都属于服务意识；能否热情大方、耐心细致地给群众解释说明政策法规,这是服务态度；细节做得怎么样,流程设计科学与否,互联网上的政府信息公开专栏建设得怎么样,这都是服务能力与水平。

5. "阳光心态"原则

"阳光心态"原则要求考生一以贯之地坚持人性善、积极健康、向上、乐观的态度来面对题中的各类负面问题。具体地讲,一方面,就是除非题干中用肯定句式明确说明某个人不好,否则,领导、同事、老同志、群众等角色都是好的,防止出现阴暗面,即把领导、同事和群众说成有坏心眼、小心眼,从而故意为难你、刁难你。另一方面,对于问题的发展方面,要坚持积极发展的心态,一般不作"无力回天"式的假设。

因为要树立"阳光心态",所以我们要包容对方、关怀对方,要换位思考。说得直白些,就是要让自己"伟大"起来,你在与对方相处过程中的种种细节性体贴、让步、慷慨,会

在无形中把你升上道德高地。

6. 人际关系黄金句

习总书记曾引用"事成于和睦,力生于团结"来强调民族团结一家亲。在一个单位中也是如此。

A句:良好的人际关系对于工作的开展是有促进作用的;反之,人际关系不和谐,就会对单位工作的开展产生阻碍作用。(简称"人黄A")

B句:马克思主义基本原理告诉我们,人的根本属性是社会属性。著名作家海明威也曾说:"每个人都不是一座孤岛"。我们应该主动融入社会、融入集体,要树立集体主义,把握好自己的角色定位。(简称"人黄B")

C句(结尾句):路遥知马力,日久见人心。相信通过我真诚的努力,领导和同事一定能够了解我的为人和工作能力,我会与同事们融为一个和谐而有战斗力的团队的。(简称"人黄C")

7. 人际关系题总原则

人际关系题的总原则(或说最高原则)是工作第一原则。人际关系从属于工作,一切以有利于全局工作为目标。为了全局工作的顺利开展和大局,甚至需要我们坚持原则,牺牲人际关系。比如,领导安排你去做违法的事情,同事拉你一起钻空子损公肥私,等等。

(二)例题解析

由于人际关系题比自我认知题的出现频率高,加之人际关系题没有通用的套路,需要各种解题技法配合使用,我们在这里多设置了几道例题解析,以使大家多见识一些类型的人际关系题,储备答题思路。

例1 如果你被录取了,你的工作能力较强,工作成绩比较突出,得到领导的肯定,但是同事们却越来越孤立你,你该怎么办?

关键词法是人际关系题的最常用解题技法。我们抓关键词:被录取、能力高成绩突出、肯定、孤立你,依次回应、分析关键词。

被录取:能有幸被录取,一定会全身心投入工作,踏实工作,做出成绩来完成职责、回报组织的信任。

能力高成绩突出:这是我应该做的,但是我要明白,没有领导的指挥、同事的配合帮助,我是做不出成绩的,这个成绩应该是集体的、大家的。

肯定:领导的肯定,这是对我的极大鼓励,我会更加激励自己,努力工作。也要戒骄戒躁,不自满。

孤立你:首先我会从自身找原因,反思自己是不是在与同事的人际关系处理中有失当的情况,是否是自己只关注于工作,太想证明和表现自己而冷落疏远了同事。不管是什么原因导致的隔阂,我认为都应该通过积极沟通来解决。因为,……(+"人黄A")。

我会积极主动地与同事多交流沟通，融入团队工作，在工作中与大家互相帮助，交流经验；工作之余加强交往，可以通过进行一些共同的业余爱好加强了解，增进同事间的友谊。

例 2　有一个同事对你非常热心，经常帮你的忙，但是由于他的帮忙，常常使你的工作陷入困境。你怎么办？

抓关键词：非常热心帮我的忙，陷入困境。

非常热心帮我的忙：首先我要表示感谢。但也要反思，同事经常帮我的忙，是不是看到我工作中存在失误；或是这项工作同事以前从事过，有经验心得。

陷入困境：对于工作陷入困境，要认真分析原因，是不是同事对我的工作提出了思路建议，我在具体实施中出现了失误，是不是我死板、教条地照搬，未做到"授之以渔"的领悟。经过深入分析，就能够知道我还是同事方面的问题，或者是我们两个人配合出了问题。总之，在今后的工作中要做好本职工作，提升自己的工作能力，要注意和同事之间的职责划分，重视权属意识。每个人都有自己的职责范围、岗位分工，要提高自己胜任工作的能力。

例 3　你新进入单位，大家彼此都不熟悉，你作为一个资格最浅的人，如何让大家熟悉你？

抓关键词：新进入单位，不熟悉，资格最浅。

新进入单位：新到单位，我首先要尽快熟悉单位的规章制度、业务流程、岗位职责，学习和了解单位的文化。通过加强学习，使自己尽快符合岗位对我在理论、技能等方面的要求，尽快胜任工作。在做好本职工作的同时，真诚、友善、礼貌地对待同事，虚心向同事学习，形成良好的同事关系。

不熟悉：我新来，同事和我不熟悉，我要让自己尽快融入团队，要积极主动地和前辈同事多请教、交流，可以向同事作自我介绍，真诚待人，让同事了解到一个真实的我。

资格最浅：作为新人，经验缺乏，工作能力有待迅速提高，在各方面都是"生手"，一定要秉持一颗谦虚好学、积极上进的心，向领导和同事多请教、取经；自己也要多做功课，多承担工作，尽快锻炼自己。

总之，要把握好自己的角色，沉下心，踏踏实实工作，……（+"人黄 C"）。

例 4　到了新单位，发现同事关系都不太好，你怎么办？

这道题有雷区！大家要注意到两个问题：①你作为新人，对单位情况还不是很了解，发现大家关系都不太好的时候不能草率下结论，要认真观察和思考。②很多人会马上说自己如何发挥桥梁、纽带作用，促进同事间的友谊等。试想，你作为一个新人，和谁都不怎么熟悉，泛泛之交可能还都谈不上呢，你怎么去发挥润滑剂作用？谁理你？所以，本题一方面要使用关键词法，同时，要采用两步阶梯式答题进路。

第一，到新单位，首先是做好本职工作，熟悉单位内部规章制度，学习了解单位文化，学习掌握本岗位所要求的相关知识、技能。同时，真诚友善地对待每一位同事，和大家搞好关系,既不传播八卦消息、空穴来风,也不拉帮结派、搞小团体。

第二,对发现的这一问题不能草率,因为自己是新人,对很多情况还不了解,有可能只是我的一隅之见。待我融入单位,和大家都熟悉之后,我会积极主动地发挥自己的作用,当同事关系的润滑剂,当良好沟通的桥梁、协调者。请同事们一起参加业余活动,在工作中可向领导建议把在平时沟通较少的同事组成工作组,以加强沟通。……(+"人黄A"),希望通过大家的一致努力,能够促进单位内部人际关系的和谐。

笔者提示:此题从高阶答法的角度审视,具有题型融合成分,融合了综合分析的成分,这部分可以在结尾部分附加进去。当然,值得我们注意的是,一个单位内部如果出现大范围的人际关系问题,就要在单位制度和文化上找原因了。

例 5 领导安排你和部门一个老同志一起完成某项工作,老同志不和你沟通工作情况,导致你的工作没有完成好,受到领导批评,你怎么办?

关键词法上场,提炼关键词:老同志,一起完成,不沟通,领导批评。我们在第二讲中的关键词技法部分强调过,"领导批评"这个关键词要提前回应,其他的可以依旧。

领导批评:我会虚心接受领导批评,一定会认真反思、积极改正,完成好这项工作。

老同志:老同志工作能力强,工作经验丰富,我会多向老同志学习。

一起完成:和老同志一起完成工作,我会尊重老同志,多听他的意见,遇事多和老同志商量沟通,达成共识。在工作分工中,我会多承担具体执行方面的工作。

不沟通:首先要反思是不是自己工作中存在问题,引起老同志的不愉快;也要反思是不是人际关系处理中出现问题,产生了误会;考虑老同志是不是个人、家庭有什么事情,这就需要我更加关心与帮助。我作为一个年轻人,在和老同志搭档中,当然应该是我多跑腿,多主动和老同志沟通,怎么能等老同志和我沟通呢?

例 6 你在工作中经常帮助同事小李,领导批评你,你怎么处理?

考生遇到此题的第一反应是惊讶,其次才开始分析原因。助人为乐不好吗?为什么要批评我?而本题的破题钥匙全在原因分析中,找到了原因,跟进措施并不难。同时,借助关键词法,首先回应"领导批评",并在与领导的沟通中可以了解领导生气的原因,然后分析"我帮助小李"。

建议从以下四个方面思考原因:第一,是不是我耽误了自己的本职工作,进而影响单位全局工作的开展。第二,是不是导致了小李对我的依赖,不利于小李主观能动性的发挥,影响了小李自身工作能力的提升,没有注意"授之以渔"。第三,反思自己是不是帮了倒忙,自己本身对于小李的帮助在方式和内容上存在失误。第四,是不是在单位忽视了与其他同事的沟通、配合,有搞小团体的嫌疑。

改进:第一,要做好自己的本职工作,这是第一位的,要不断提升自己的工作能力。第二,工作中也要与同事互相帮助,但要把握度,要注意职权范围、权属意识。第三,要和单位的同事都处理好关系,加强交流。

例 7 有一位同事经常在背后说你坏话。他生病了,领导让你去医院照顾他。你打算怎么做？

此题有一种非常规答法，推荐给大家。之所以带着大家避开常规路线，是因为常规解法在这道题中既无必要，也不见得有效。见到"背后说你坏话"，我们都会想到积极沟通，消除误会。但是这道题的情境设置很特殊——医院住院中。试想，一个人生病住院，估计也不是小病，他躺在病床上，这是人生低谷啊！这时候，你在旁边跟他说："你以前说过我坏话，我们之间有误会……"估计两三下就结束他的人生了（气也气死了）。我们反其道而行之，不要就"说坏话"一事进行任何沟通，压根儿不提。只做一件事：让他看看一个他之前在背后说过坏话的人是怎样无微不至地在照顾他即可。因为他一定在生病住院这样一个"患难见真情"的环境里彻底被你感化，消除一切成见。所以，此题只需要作答以下三点：

第一，同事生病，即使领导没有安排我去医院照顾，我也要去探望慰问的。我去医院后，会带去领导和同事的问候、关心，并且会把同事的康复情况及时向领导汇报。

第二，我希望我的悉心照料能帮助他早日康复。我会咨询医护人员应该在饮食起居上注意哪些事项，和他多沟通，让他心情舒畅，积极配合治疗。

第三，同事生病住院期间，不适合沟通关于"误会"的话题，我就和他聊一些别的话题，我相信，……（＋"人黄C"，但结尾要修改：路遥知马力，日久见人心。相信通过我的努力，他一定会了解我的为人，我和同事之间一定会消除误会，建立真诚的友谊。希望他早日康复）。

例 8　同科室的老张最近总是迟到早退，同事都睁一只眼闭一只眼。你会怎么做？

此题在具体内容上要用到主体分析法、分情况法、关键词法的组合；在答题框架上要用到 AB 式框架法，即以逗号为界，前后两部分分别为 A、B。

讲 A：（分情况）要看老张是否因为个人、家里遇到了什么困难，如果是这样，就需要我们帮助他。我也要分担一些老张的工作。如果是由于老张工作态度上出了问题，是为了逃避工作，或者工作懈怠，我觉得我应该和老张沟通。一方面，我对自己以实际行动来影响同事；另一方面，找机会和老张聊一下，可以委婉地说，每个人都是在完成自己分内的工作，团队的工作相互衔接，老张迟到早退耽误工作，也对其他同事造成了影响，而且老张的行为本身也会给单位造成不良的影响，领导过问之下，我们也没有办法交代。

讲 B：同事们可能是出于对老同志的尊重，碍于面子没有讲出来，选择睁一只眼闭一只眼。但是，任由这种情况发生，说明单位风气或制度有问题，应该加强制度建设和落实，完善考勤考核制度，加强组织纪律性的要求。

A＋B：总之，要帮助同事，帮助同事改正错误也是极大的帮助。我们要以工作为重，加强团结，不必回避问题，善于开展批评与自我批评的团队才是健康而充满战斗力的。

例 9　小刘是你的朋友，很有才华，但是在其单位不受重用，找你来诉苦，你怎么做？

此题是"工作四分法"的具体实践者，而且恰好与题干中的关键词对应匹配。我们抓一下关键词：有才华，不受重用，来诉苦。结合工作四分法来展开：

他很有才华,说明他的能力基础是过硬的,有较好的工作能力或职业素养。不受重用,说明他的能力、价值都还没有充分体现出来,需要我们一起分析原因;或者是领导正在观察和考验他,这就更需要他埋头苦干,做出成绩来证明自己。而找我来诉苦,说明他非常希望在单位被重用,这其实说明他的工作态度是积极的,否则,不受重用又有什么可苦恼的呢?我们已经使用了工作四分法中的能力、态度,那么问题就出在剩下的两个了:工作方式方法、工作经验。小刘可能是在工作中工作方法需要完善,探索更加适合的工作思路;同时,需要像单位同事请教取经,学习工作经验,让自己更多地熟悉了解单位工作流程与制度。此题的结尾要从简:相信通过我们的分析、改进,有小刘的积极努力和单位同事的帮助作保证,他一定能够胜任工作的。

例 10 最近单位工作繁忙,领导却要你参加歌唱比赛。为准备歌唱比赛,你占用了很多工作时间,你的同事近期工作负担也比较重,意见很大,私下议论你讨好领导,不务正业,从而对你表现冷漠。你怎么办?

本题是人际关系题、计划组织协调题的融合题。解答好此题,除了看到题型融合特征外,还要坚持"阳光心态"。后者是指,不要出现最终放弃参加歌唱比赛的决定,而应该两手抓、两手都要硬。一方面,对于唱歌,自己要与备战歌唱比赛的同事沟通协调,能否利用业余时间练习排练,或者自己下班后继续工作,加班加点。另一方面,对于工作和同事负担比较重,自己一定要与同事一起分担,对于同事对我的误会,我要以实际行动和真诚积极的沟通消除大家的误会。总之,本题在最后总结既要和同事们一起把工作完成好,又要好好准备歌唱比赛为单位争得荣誉。

例 11 假如你现在是单位中层干部,但上升空间不大了,现在有个符合你专业和兴趣的新岗位,但是需要从基层干起,你会选择哪一个?请说明理由。

很多考生会出现一边倒的选择,即打算重新从基层做起,这种选择并不是不对,但是太没有新意,考场上的雷同度过高。为什么大家不选择继续在单位当中层呢?因为"上升空间不大"刺激了诸位的神经。这一刺激带来的更大的弊端有二:一是大家忽视了自己作为一位"中层",应有的担当与责任;二是你的事业观可能有瑕疵,且不说是中层,即使是基层,你都干了这么长时间了,能不能干一行爱一行,能不能具有职业忠诚度?

选择本身没有错与对、好与不好,优劣都是相比较得出的。为了"专业和兴趣"去基层,还是为了"责任"与"单位需要"继续工作,哪个更优,全在于我们如何从中提炼出"可说性"关键词并阐述分析之。

例 12 你的领导很赏识你,现在有一个下基层锻炼的机会,你想下基层去锻炼,但是你的领导不同意,你怎么跟领导沟通此事?

此题不能只考虑自己的想法,只想着自己打算去锻炼、提高、充电,要体现出"换位思考",能够为领导着想,领导为什么不同意?领导不同意是有很多原因的,但是题目给了我们明示:领导很赏识你。所以在分析时,一方面要想到去锻炼也是为了更好地提高自己,在以后更好地完成领导安排的工作;另一方面要想到领导好不容易培养出一个得力的下属,各方面配合都很默契,也习惯了我这位下属,不论是工作的信任度还是情感上都有些不舍。比如某部队培养出一个好兵,别人要挖走,领导都是不舍的。再者,也有可能是单位人手比较紧缺。只有通过换位思考,理解领导的做法,才能有效沟通,最终让领导放行。

此题还可以修改为情景模拟题:你的领导很赏识你,现在有一个下基层锻炼的机会,你想下基层去锻炼,但是你的领导不同意,你怎么跟领导沟通此事?请把考官当成你的领导,现场模拟。情景模拟题的具体思路请大家参见本讲后述部分,有专门介绍。此处重在提醒考生注意,近年来面试题中的大部分情景模拟题都是设计在人际关系情境下的。

例 13 新到单位,领导给你安排的都是你不喜欢的工作,你怎么办?

这是一道人际关系和自我认知的融合题,要采用关键词法。提炼关键词:新到单位、安排、不喜欢。

新到单位:要先对工作和单位全面了解熟悉,做好本职工作,熟悉单位内部规章制度,学习了解单位文化,学习掌握本岗位所要求的相关知识、技能,让自己尽快融入团队,胜任工作。

安排:领导安排的工作我首先要服从,注重执行力,认真完成领导布置的工作任务。

不喜欢:对于不喜欢,我认为要从以下三个方面来看待。第一,不能用自己的好恶来看待工作,要有职业素养,注重执行力。第二,是不是工作很简单,没有挑战性?这也是不对的,老子说过:"天下大事,必作于细;天下难事,必作于易。"不能看不起简单的、基础的工作,我新到单位,对单位的很多情况还不够了解,也许领导是为了让我熟悉工作才安排了这项工作。每一种工作都是对自己的锻炼。第三,是不是由于我不适应这项工作,做起来不顺手、有难度,这就更应该迎难而上,从工作方法上去寻求突破,把问题解决。

著名画家达芬奇小时候练基本功时一遍遍地画鸡蛋,齐白石大师学篆刻时磨石头的故事都告诉我们基本功的重要性。总之,要干一行爱一行,培养自己的职业兴趣,在工作中体味人生的意义和价值。

例 14 你和小王互换了单位,老领导念旧经常叫小王来处理事情,而不给你分配工作,你会怎么办?

这道题的题眼在于"念旧""不给你分配工作",可通过以下三个方面来回应分析。

第一,要理解老领导的这种做法,毕竟长期的配合已经形成很多习惯,习惯的改变需要一个过渡期。

第二,在理解老领导的做法的同时,也要反思自己是否存在不足,所以老领导不放心,或是领导对我不了解,不清楚我的工作能力。所以我一定要尽快熟悉新的工作,提升工作能力,以实际行动让领导了解我的为人和工作水平,尽快信任我。

第三,领导很器重小王,喜欢叫小王办事,说明小王工作能力确实高,我要向小王虚心学习,提高自己。

例 15 领导安排你和同事小王各自拟订一项工作方案,在你拟好工作方案正打算呈交领导时,得知小王的方案刚刚获得领导批准,但是他的方案和你的方案相同,你怎么办?

这道题想考什么?此题带给考生的第一感觉是迷惑,这个迷惑需要用敏锐的问题意识、积极的反思意识来化解。第一,我和小王在同一单位,领导交给的工作任务是相同的,所以方案相同是可以理解的。第二,也是更重要的一点,这也反映出自己的工作思路、工作效率、创新能力等方面还有待提升,在今后的工作方式方法、效率上要提高和改进。经过这一番分析反思,我还是要把自己的方案呈交领导,但如果时间来得及,可以尽快在原有基础上努力改进一下。

例16　你去下属单位实习,觉得领导工作方法死板,处理问题的方式不对,你怎么办?

分析这种问题,不能见坑就跳,引爆雷区。这道题的雷区在哪里?

领导是怎样当上领导的?领导看问题和安排工作的视角是怎样的?我又是什么角色?我觉得领导的工作方法死板,就真的死板吗?会不会是自己的狭隘之见,是不是我没有结合基层实际来看问题?这些问题必须思考,不能简单地就认为领导出了问题。所以此题需要引入"分情况法",但答题框架的具体展开可以套用关键词法。抓关键词:下属单位实习,觉得领导死板不对。

下属单位实习:我去下属单位实习,一定会珍惜这样的锻炼机会,虚心学习锻炼,提升自己的工作能力。

觉得领导死板不对:下属单位有具体的基层环境和办事流程,很多问题需要具体问题具体分析,很多工作的开展还需要把握好原则性与灵活性。我在下属单位的工作经验还不足,不能武断,要对发现的"问题"深入思考,很多问题还需要调研、分析、论证,不能草率地自以为是。领导统筹单位全局工作,从大局出发,所采用的工作方法、处理问题的方式都是要和基层实际情况相结合的。如果我经过严谨认真的分析,真的发现是有问题的,我会把我的意见建议、完整的问题分析以书面的形式呈报领导审阅。

例17　你和小张关系一直很好,但有一次因为你工作的失误连累了小张,小张因此疏远了你,并且你听说小张在领导面前说你坏话,你该怎么办?

采用关键词法,抓关键词:失误连累,疏远,听说,说你坏话。

失误连累:我的工作失误连累了小张,我一定要向小张真诚道歉,同时,深刻地反思自己的问题。我会认真总结,查找导致失误的原因所在,改进工作,提升我的工作能力,确保以后不再出现类似问题。

疏远:我能够理解小张,确实是我不对,我会积极、主动、耐心地与小张沟通,请求原谅。我们以前关系一直很好,相信小张能够原谅我。

听说:我觉得在处理人际关系问题时,不能道听途说,问题的化解和误会的消除要靠积极沟通和坦诚相待。

说你坏话:"坏话"要本着"有则改之,无则加勉"的态度辩证看待,若是我真的存在问题,应虚心改正;若是误会,就想办法化解。一来要包容小张,二来要相信领导会客观公正地处理。

例 18 单位现在很忙,人员不够,领导从别的组调过来一位新同事和你一起工作,但该同事爱发牢骚,总是在领导和同事面前表现出对你的不满,你怎么做?

此题看起来信息量不少,也很棘手,要捋清楚思路还得用关键词法。抓关键词:从别的组调过来,爱发牢骚,对你不满。

从别的组调过来:有可能是对新的工作内容、环境不适应,或者对这一工作调动有情绪。

爱发牢骚:第一,反思是不是自己的问题,是自己工作方法、方式有问题,与该同事的配合出了问题,还是同事认为我的工作能力不足。第二,对于同事来说,爱发牢骚可能只是一种个人性格习惯问题,有的人可能平时习惯于言语上的情感宣泄;也可能是面对工作中的难题有压力,不知所措;……(综合"从别的组调过来"分析出来的不适应等情况)。

对你不满:对新同事要包容、理解,做好自我反思,同时,积极沟通,消除误会。(引入"人黄 C",但做适当调整)路遥知马力,日久见人心。相信通过我真诚的努力,一定能够化解和同事的误会,帮助他胜任工作,找到工作中的兴趣点,一起把工作搞好。

三、计划组织协调题

计划组织协调题,是设置一项活动、调查或专门工作,请考生完成计划、组织、协调类任务,考查考生处理实际问题的能力、思维的严密性、深刻性等。常见有活动、会议、宣传、调查四大类,是面试常考题型,要求考生重点掌握。计划组织协调题常常与人际关系题、应急应变题一起以融合题型出现,需要大家注意。

(一)解题技法

1. 答题原则

(1)细节决定成败。计划组织协调题的亮点并不只需要我们追求答题结构完整,考虑整个工作组织安排的宏观全景图示,还在于设身处地的细节性考虑,即情境化思考分析这道题,让自己真实地处在计划、负责这件事/任务中。离开情境化,是不可能作答好计划组织协调题的。

(2)答题要有表态。组织或领导安排给你一个任务,你的心理活动是什么样的,这就是表态。表态分为两种:传统表态法和目的意义表态法。领导安排给你一项工作,你认为这是领导对你的信任,你一定要保质保量完成,不辜负领导,这就是传统表态法。领导安排给你一项工作,你看到了这项工作的意义、重要性,于是决定认真负责地做好,这是目的意义表态法。表态,作为一个答题环节,它不必然出现在答题一开始,在作答末尾出现也是可以的。在表态时,采用传统表态法、目的意义表态法,或是两种一起讲,都是可以的。

2. 活动类题目答题框架

(1)逻辑链条:计划准备、实施、总结。

（2）各阶段重点如下。

计划阶段：时间、地点/场地、人数（规模）、是否成立工作组并进行分工、材料准备、设备、经费、是否涉及媒体协调、是否需要车辆、是否需要应急预案（备案）等。以上方案报领导审批。

实施阶段：是否需要发文通知、提前检查设备、材料分发、领导嘉宾接送、领导讲话、活动主持、参与者发言、是否涉及后勤保障、活动记录（文字、影像形式）等。

总结阶段：宣传报道（分单位内、外）、活动记录的保存、活动总结。

结尾：以上方案形成计划书向领导汇报，请领导审阅。

3. 会议类题目答题框架

（1）逻辑链条：计划准备、实施、总结。

（2）各阶段重点如下。

计划阶段：主题是否已明确、时间、地点/场地、人数（规模）、是否需要组建会务组、是否需要分工进行、经费、材料准备（做功课）、设备、是否涉及媒体协调、是否需要车辆、是否需要应急预案（备案）等。以上方案报领导审批。

实施阶段：是否需要发文通知、提前检查设备、分发材料、领导嘉宾接送、领导讲话、会议主持、与会者发言、是否涉及后勤保障协调、做好会议记录/纪要等。

总结阶段：宣传报道（分单位内、外）、会议记录/纪要的保存、会议总结等。

结尾：以上方案形成计划书向领导汇报，请领导审阅。

（备注：如果是组织专题学习，可采用"两讲一谈"框架：两讲，即专家从理论层面讲、领导结合单位实际讲具体要求；一谈，即与会同事们座谈学习心得和体会，撰写学习笔记进行交流。）

4. 宣传类题目答题框架

（1）逻辑链条：计划准备、实施、总结。

（2）各阶段重点如下。

宣传题表态：目的意义表态＋宣传题表态后缀。（为了让这次宣传活动起到实效，避免形式主义走过场，我会着重从以下几个方面开展工作。）

计划阶段：时间、地点/场地、是否需要成立工作组及分工、材料准备、设备、经费、是否涉及媒体协调、拟采用的宣传手段。以上方案报领导审批。

实施阶段：相关单位或部门协调、是否涉及后勤保障等。

总结阶段：宣传报道（分单位内、外）、活动总结。

（3）**常用宣传方式**：海报、手册、签名活动、网络（包括微博）、媒体、广播、座谈会、现场咨询、演讲比赛、辩论赛、编排节目、当事人现身说法、短信群发、征集短信、征文、公交车地铁等广告、走访入户宣传、观看主题宣传片、知识竞赛、DIY展览等。根据题目指出的宣传工作类别，选择针对性、恰当的方式。

（4）宣传题目答题亮点细节来源：①题目设置的语境，场景的情境化；②题目为你设定的权限，你的角色所能调动的资源；③互联网思维，能够结合线上线上渠道。

5. 调查类题目答题框架

（1）逻辑链条：计划准备、实施、总结。

（2）各阶段重点如下。

计划阶段：是否成立调查组及分工、调查对象分析（在哪里、材料准备）、调查哪些数据、拟采用的调查方法（入户、问卷、网络、实地、电话、抽样、检测）等。以上方案报领导审批。

实施阶段：明察或暗访、涉及的相关单位部门协调沟通、数据的统计整理分析。

总结阶段：形成调查报告。

（3）调查类题表态后缀：调研题的表态较前三种更为复杂，在结构上采用"目的意义表态法＋调查题表态后缀"的形式。调查题表态后缀的句式：提供翔实、准确的调查数据交由有关部门/领导，以作决策参考。

（4）调查类题目关键词：为了增强和体现考生对于"调查"这一核心任务的主旨明确性，要在作答调查类题目时突出以下关键词：调查组、调查方法、调查数据（分析）、调查问卷、调查对象等。调查题考查考生获取信息的能力，所以要通过你的具体行动来判断你的获取信息的手段与能力。

（二）例题解析

例 1 你所在的部门要举办党的十八届四中全会精神学习讲座，领导把这次讲座的组织工作交给你来办，请你详细说明你的实施方案。

表态：（采用目的意义法）党的十八届四中全会提出全面推进依法治国，是国家发展中的大事，深入学习全会精神非常重要，我会认真负责地把讲座组织好。

计划阶段：此题中，主题已经明确，无须赘言。因为是所在部门的学习讲座，所以讲座时间可以根据部门工作特点来安排，可以集中在周内的一个上午进行；地点可以安排在单位会议室。人数为我部门所有同事。由于会议规模小，只是部门内部，所以不需要组建会务组，我和两三位同事就可以组织好。因为是一种理论学习讲座，所以此题的材料准备要下一番功夫，自己要做功课，要自己首先学习了解全会和全会精神，并以此来准备学习讲座所需的材料。根据前述内容，本题不涉及媒体协调，是否需要车辆要视是否邀请专家来讲授而定。那么是否需要专家呢？考生要注意涉及的话题是否具有专业性。此题的讲授人应该有专家，也要有领导。专家从理论专业的角度谈，领导从我单位具体贯彻角度谈。根据我们梳理出来的这些思路，大家来组织计划阶段的工作，并且将方案报领导审批。

实施阶段：提前做好讲座通知，和邀请的专家沟通好时间，讲座开始前提前检查好会场设备，分发学习材料（学习材料也可以和专家沟通，询问专家是否也有要分发给大家的学习资料）。做好会议主持，确保讲座顺利进行，要安排同事做好讲座记录（包括文字、影像形式的）。

总结阶段：将此次学习活动以通讯稿的形式在单位网站、宣传栏进行宣传报道，扩大学习影响力。可以要求同事们撰写学习心得。做好讲座记录的保存，对本次学习活动做好总结。

这里提醒大家：所有的计划组织协调题的答题重点都在计划阶段，在计划阶段就要把自己的全盘规划呈现给考官，让考官在脑海中能够有画面感；另外，题目的结尾都要力求简洁。

例2 某市拟实行阶梯电价调整，领导把召开电价调整听证会的组织工作交给你，请你谈一谈组织工作中需注意的重点内容有哪些。

从审题的角度看，第一，要注意到"重点内容"四个字，这就说明此题作答不需要注重框架完整性，而要挑重点说，甚至还需要讲清楚为什么我挑出来说的这几点是重点。所以，用目的意义表态法表态（电价调整不仅关系到百姓生活和企业生产成本，更涉及经济社会发展的方方面面，关系重大。召开听证会，能够收集各方意见，有利于推进公共决策的科学化、民主化、合理化。我一定会认真负责地把听证会组织好）。之后，按照分论点的答题方式作答，把自己认为的重点内容有条理地用"第一、第二……"带出来即可。第二，要对"听证会"有足够了解才可以，因为听证会有其制式程序和要求，我们不能自己设计出来一套"创新"的听证会模式。因此，我们推荐两个重点内容：

第一，与会单位代表、相关人员的邀请、确定。听证会需要该事件的利益攸关方都参加，所以涉及用电户（居民、企事业单位）、电力企业、供电局、物价部门、发展和改革委员会、该领域研究学者专家等众多方面；第二，会议流程、主持人、记录等组织环节中的重点事项要落实好，流程设计要科学合理，发言时间等细节要有明确规定。

例3 单位进行慰问职工活动，由你负责。但在活动开展过程中，有人反映发放的慰问品已经变质。你如何处理？

本题在审题环节要注意两点：第一，此题系计划组织协调题和应急应变题的融合，这一特点既规定了题目答题框架，也规定了目的意义表态法表态时要综合"慰问"和"变质"两个关键词；第二，注意"有人反映"这四个字，所以需要核实，这就需要我们引入"分情况法"，分为两种可能情况。

表态：慰问职工，让职工感受到单位关怀是一件非常有意义的活动，但如果真出现变质问题，会极大地影响本次活动的效果，使好事实事大打折扣。因此，我一定会及时、认真、严肃地处理此事。

分情况法：有人反映慰问品变质，必须进行调查核实，为保险起见，可以暂停慰问品发放活动。要把慰问品送到权威检测机构检测鉴定，出具科学、客观的检测报告。如果检测结果证明并没有变质，就将检测结果向职工们公示，解释说明情况，消除大家的疑虑。活动继续进行。如果检测结果证明确实变质，要向职工们道歉、说明情况，要立即回收已发放的慰问品，防止误用误食，并且排查是否已经有人食用，是否出现不适。然后调查原因，如果是采购的慰问品本身为假冒伪劣产品，立即报警；如果是我们在保管存放阶段出现问题，要进行问责整改，检讨工作中的失误。考虑到职工们会心有余悸，就不再采取发放慰问品的形式，可以发放慰问金。

例4 领导安排你组织一次关于辖区内"入园难、入园贵"问题的调研,你会怎么做?

目的意义表态＋调查题表态后缀:"入园难、入园贵"已经成为社会热点话题,既造成适龄儿童接受学前教育不便,也给广大家庭带来负担。这次调研意义重大,我一定会认真负责地组织好调研工作,为领导提供翔实、准确的调查数据,以作决策参考。

计划阶段:要做好此次调研的计划,首先,在辖区内开展这项调查,工作量较大,我会组织成立一个调查组,按街道或区域分组分工进行调查。其次,本次调研的对象包括幼儿园和家长,需要对辖区内的幼儿园数据进行掌握,可以从教育部门获取幼儿园信息。最后,调查数据应包括幼儿园的收费、家长所反馈的收费、居民收入水平、教育部门规定的收费标准、辖区内适龄儿童数和幼儿园学位数、幼儿园的分布与周边儿童数配比数据等。数据众多,同时还要注重数据的真实性,应该采用实地入户调查方法。以上方案报领导审批后实施。

实施阶段:为了求得数据的真实性,可以采取明察、暗访结合的方式开展。入户走访调查需要街道、社区的配合,所以要提前协调沟通。对收集到的数据要进行汇总整理和分析。

总结阶段:对收集到的数据进行整理、分析,形成调查报告交由领导。

例5 政府决定在全市范围内开展一次"低碳"宣传活动,上级把组织工作交由你负责,你如何组织?

在审题阶段,"全市范围"的语境界定要看清,因为范围、级别、规模的不同,宣传活动的开展是完全不同的,并不是简单地放大、缩小的关系。我们在单位内部开展"低碳"宣传活动所能调动的资源与政府主导的在全市范围开展的宣传活动是不可同日而语的。所以,题目给了考生很大的发挥空间。当然,从较高水平的答题要求来说,不能简单地一味追求大场面、大气势,在我们讲求"反对浪费,厉行节约"的今天,低碳宣传活动本身应该是低碳的。这就需要考生在细节设计上要有亮点。

在表态环节,要能够把主题"低碳"二字与我们推进生态文明建设、建设美丽中国联系起来,突出理论认识的高度,阐明本次活动的重大意义。在答题重点——内容设计上,可采纳以下几点做法:①利用好大众传媒,借助电视、广播、互联网、纸媒、公共交通工具等平台深入宣传,不仅是宣传意义、重要性,更要宣传知识、技巧,告知公众怎样低碳、如何低碳;②宣传要深入企事业单位、商业场所、学校,并且要有每一性质单位的针对性宣传,比如,工业企业要重点宣传如何减能降耗,机关单位要重点宣传节能节约、无纸化办公等;③推广"无车日",或开展健步走、低碳骑行等活动。

以上思路建议,融入宣传类题目的答题框架作答即可。

例6 为了鼓励某地开发生态农业观光园、兴办家庭农场,领导派你去课题调研,你将如何开展?

表态:开发生态农业观光园、兴办家庭农场,搞特色农业、生态农业、规模经营,对于发展农业经济,促进农民增收意义重大。我会认真严谨地进行此次课题调研,提供科学、客观、全面的调研报告交由领导。

本题主干部分的作答亮点有以下三个方面：一是可以到已经搞得好的地方去取经，去先进地方调研人家的经验；二是了解当前该地区的农业产业发展情况，农民收入水平，当地政府、群众进行开发的意向如何；三是要调研当地是否适合开发，优势是什么，当前的基础设施建设如何，人才储备如何。

例7 你所在部门领导派你参加省里组织的"依法治国"理论培训班，培训回来后领导让你向党组汇报这次培训的内容与精神，你怎么办？

答题思路引导：领导派我去参加培训，我一定认真学习，把理论培训班的课程内容全面深入地学习领会。回来后，自己首先要消化、整理培训内容，研读学习笔记。我会请示领导汇报的重点和具体要求，根据领导的意见，准备材料，制作演示幻灯片等。

例8 群众种的番茄滞销，乡政府要求每位工作人员购买一定数量的番茄，很多人不愿买，因为这件事由你负责，因此很多人对你有意见，你该怎么做？

此题融合了计划组织协调、人际关系、应急应变、综合分析等多种题型，完全单纯地回答某一类具体题型都不妥当。当然，重点要放在计划组织协调上来，按照如下思路来作答：首先，乡政府如此要求，是可以理解的，有人不愿买，也是可以理解的。当前的关键在于解决番茄滞销的问题，其他问题都是次要的。其次，如何解决滞销问题？可通过媒体、互联网向社会发布信息，发动各方力量联系客商，尤其是食品加工企业。

为什么此题作答中，"很多人对你有意见"这样的人际关系成分被我们"漠视"？因为在本题的诸多矛盾中，有个矛盾点是我们工作的核心，那就是群众利益，应一切以群众利益为重。那么为什么在解决途径中，不展开讲如何劝说政府工作人员购买？要知道，一个乡政府总共能有多少工作人员，这个数量对于番茄的滞销量简直是杯水车薪，所以要解决根本性的问题——滞销问题。

例9 政府为鼓励市民低碳出行，准备建公共自行车出租站，由你负责对此进行调研，你将怎样开展工作？

在审题阶段，"低碳"可视为表态提示词，抓住"低碳"，就知道表态往哪里说，升到什么高度。"调研"可视为题型提示词，并注意调查题表态后缀。

表态：鼓励市民低碳出行，建公共自行车出租站，既能方便市民，又能节能降耗，有利于资源节约型和环境友好型社会建设，意义重大，我一定会认真负责，把调研工作搞好，为领导提供翔实、准确的调研数据，以作决策参考。

接下来按照计划、实施、总结的三步骤展开，提示大家在讲到调研工作主干部分时不能丢掉以下几点：①群众意见；②站点设置要考虑与现有公交系统的换乘对接；③站点分布（可用地图标注）、数量、计费方式，管理和运营模式；④可以向先进地区学习经验，如杭州；⑤预算。

例10 社区的临时停车位很少，但是车辆很多，并且外来车辆也在此停放，这引起了居民之间的纠纷和矛盾。如果你是社区负责人，你会怎么办？

这是与社会现实联系很紧密的一道题，是计划组织协调题与综合分析题的融合。那我们正好就用社会现实来表态：当前，私家车日益增多，机动车保有量持续上升，有车难停已成为客观情况。作为社会负责人，我会积极协调，争取妥善解决。

因为有融合题成分，所以接下来的答题主干部分重在讲述你的对策措施：要了解社区车辆与车位数量之间的缺口。然后，按照当前与长期的解决思路来推进工作。当前，要首先满足社区居民的停车需要，安排专人负责引导、指挥、监督车辆停放，积极调解纠纷、化解矛盾。一方面，提高闲置空间使用率以增设车位；另一方面，联系附近单位、停车场或闲置场地，沟通协商停车事宜。从长远看，要继续拓展社区空间，建设立体停车场，完善停车等服务工作。

例 11 社区计划组织一个慰问活动，访问帮助几位老人。现在需要你作为活动组织者在志愿者招募大会上发言，你会说些什么？

发言内容是什么，这与场合、目的有关，本题类似于倡议书内容，那就要讲这件事的意义、讲我们主要做什么。所以这道题并不需要搬用计划组织协调题的框架。

倡议书式的框架如下。

(1) 这次活动的意义。①社会意义。我国已进入老龄化社会，老龄人口 2.12 亿，居世界第一。但我们是未富先老的老龄化，养老保障事业欠账多，发展缓慢、水平低。这就需要我们政府部门、社会组织多关爱老人，帮助他们。"老吾老以及人之老"，今天我们关爱老人，也就是关爱几十年以后的自己。②从我们自身来讲，参加志愿者活动对我们的锻炼、提高是很有帮助的，一方面，投身社会公益事业能够升华我们的人生，履行我们的社会义务；另一方面，老人们生活阅历、经验丰富，我们在帮助老人的同时，可以向他们学习，从他们的人生经历中取经。

(2) 本次活动的内容是访问帮助社区的几位老人，我们要陪他们谈天，做家务，打扫卫生，了解他们的需求和困难，并及时解决。

(3) 最后，希望大家积极参与本次活动，感谢大家！

这道题也可以是一道情景模拟题，但是内容框架与本题一致。

例 12 教育局准备在"六一"儿童节前开展一次关爱山区留守儿童的活动，你作为教育局的工作人员，会怎么组织这次活动？

使用活动类题目框架如下。

表态：我国有约 600 万留守儿童，他们的成长、教育问题引起了全社会的关注。关爱山区留守儿童活动很有意义，我一定会认真负责，把这次活动组织好。

计划阶段：凡事预则立，我会拟订一个详细方案。第一，时间选在"六一"儿童节前的周末进行，这样不会影响到孩子们上学，也有利于我们组织社会力量和爱心人士。第二，联系各乡镇，对本地区的留守儿童情况进行摸底，选定活动开展的几个地点，如学校、村子。第三，参加人员以教育局领导、工作人员为主，广泛邀请社会爱心人士、慈善机构、企业参加，以体现社会关爱。报名统计好后对人员进行分组，每一组负责 1～2 个活动地点。第四，准备赠送孩子们的礼物，但不能仅仅单向度的、推己及人地送文具、送书包、送衣物,还要了解孩子们的需求,比如,他们是不是希望和父母视频聊天,我们是否筹资为学校计算机房接宽带,让孩子们能定期地与家长视频。第五,预算经费。第六,与媒体协调,做好社会面的宣传报道。以上方案报领导审批。

实施阶段:提前与村、学校做好沟通;对参加活动的车辆编号;如果募集到社会捐赠,要对善款的使用详细记录并公开公示;对活动全程做好记录(文字、影像形式)等。

总结阶段:爱心活动要有社会宣传,通过媒体、网络扩大社会影响力,传递正能量。同时,在单位网站、内部宣传栏宣传。做好活动记录的保存和活动总结工作。

例 13 禽流感传播,大家人心惶惶,有小区居民反映有四只鸟死了,领导让去调查,你怎么调查?

这种调查题需要考生有相关的知识来填充调查的内容,这里指的相关知识类似于综合分析题的谈对策。所以答此类题的亮点不在于框架完整,而在于调查什么、怎么调查的细节阐述。

"禽流感"和"人心惶惶"可以用来表态:防控禽流感非常重要,群众有一定的恐慌也需要我们及时查明情况,要及时回应群众关切,我一定会认真负责地尽快调查清楚,为领导提供翔实、准确的调查数据。接下来的调查,应围绕"四只鸟"展开,大家要注意以下环节:①隔离。为安全起见,对现场进行保护,拉警戒线,不要让人和其他宠物、动物靠近。采取安全措施后,将鸟的尸体封装,对现场进行消毒处理。②来源问题。这四只鸟来自哪里?是野生的还是哪户人家家养的?如果是家养的,还要看他们家里还有没有鸟。③检测。要对鸟进行病毒、死因检测,要送到权威检测机构。然后分情况,是安全的或是不安全的。注意这道题只是让去调查,并不是处理,所以检测后的分情况不能展开讲,否则就超出了本题范围。最后,形成调查报告交由领导。

四、应急处理

应急处理类题目是公务员面试中的常见题型,重在考查考生处理各种突发事件的能力,通常把考生放在一个非常态、艰难的环境下,要求考生迅速做出反应,找到解决问题的合理方法。应急处理能力是公职人员所必须具备的基本能力之一,其重要性不言而喻。

针对"应急处理"类题目,我们根据各种题型考查点的不同,将所有题目分为"日常工作"和"公共事件"两大类。"日常工作"型题目主要是从题中角色的日常工作入手,考查考生在日常工作中的应急应变能力,出现频率非常高。对于这类题目,我们应该坚持具体情况具体分析,善于分类假设,在答题过程中要注意原则性和灵活性的结合。"公共事件"型题目是指能引起社会普遍关心并引发议论以及社会波动的事件。从理论和答题内容而言,与"日常工作"型题目有所区别,应注意体现应急性,如不在现场,首先要做的就是赶赴现场。因此,我们在"应急管理"中主要依据题目类型的不同,分为"日常工作""公共事件"两类,具体加以讲解。

（一）解答应急处理题目应把握的重要原则

需要强调的是，以下几点原则并不是在答题过程中直接讲出来，而是作为一种指导思想，指导答题思路和内容指向。在教学实践中，很多考生会将这几点原则抽出来作为答题内容，如若这样，一方面显示出答题内容空泛，另一方面也体现出对于工作实际缺乏灵活性和务实性。

1. 权属意识

权属意识，直白来讲，就是题设角色的职责范围以及由此决定的工作内容。权属意识，可以从政府部门的职责划分说起，在日常工作中，每个部门都有其具体职责范围，比如，交通管理部门负责交通正常秩序维护等相关工作，公安部门负责正常治安秩序维护以及相关案件的调查处理等工作，消防部门负责救火、救援等相关工作。若在工作中超出了职责范围，就会出现越权、越位的现象，从现实角度来说，就会扰乱正常的工作秩序。所以，我们在答题过程中要把握好题设中的角色，并能够明确此角色在工作中所应该担负的职责。而对于那些不属于自己职责范围的事情，只能要求相关部门工作人员予以相应配合。

2. 群众利益优先

群众利益优先，这是我们在答题中常见常用的原则。在遇到紧急情况时，我们作为公职人员，最先想到的必须是群众利益。在遇到几件事情同时出现时，涉及群众利益的问题一定要优先考虑，这也是我们所说的分清轻重缓急的具体体现之一。

3. 先公后私

先公后私，对于公职人员来说，这是必须做到的。我们在答题中，也必须体现出这一点。我们做事情，尤其是在工作场景中，必须时刻保持"公心"。如果在单位工作中遇到了需要处理的私事，一定要处理完工作或者下班之后再去处理私事。即使遇到了比较大的私事，也应该按照单位的规章制度，将工作交接好，得到领导同意后再去处理。先公后私，还体现在我们工作中任何事情都应该秉公处理，不能掺杂任何私心，这是我们必须坚持的原则。

4. 换位思考

在应急类题目中，必然很多时候会涉及沟通。在沟通中我们必须追求沟通的有效性，而要实现沟通有效性，我们必须学会换位思考，能够站在对方的立场来想问题，并思考说什么样的话才能够说服对方，以达到预期的效果。在教学实践中，很多考生答题都会直接说出自己的预期，比如说"我会安抚这位群众的情绪""待他平静下来之后"等，这些都是自我预期，这样答题类似于"孙悟空拔毛变身"的过程，"咒语式"答题，无实际沟通过程，会使人听起来感觉不切实际，缺乏具体化的过程描述。而要达到有具体操作层面的预期争取过程，就必须结合换位思考的沟通原则来细化。

5. 资源整合利用

在处理应急事件时,我们总会遇到同时面对多件事情要处理的情况,在面对此情景时,很多考生会把自己变成"超人",总想倾一己之力,解决所有问题。每个人的精力都是有限的,若能够一人掌控局势,需要团队干什么,需要同事干什么。所以,我们要有种能够将资源调动起来的能力,这里所讲的资源既有人力资源又有实物资源,将这些能力调动起来之后,一方面能够就事论事处理好所面对的紧急事件,另一方面也能够体现出自己在实际工作中的管理协调能力,一举两得。

6. 事后反思总结

之所以会出现应急处理问题,就是因为在以前工作中,或者人为疏忽或者其他客观因素考虑不周所致。所以,在解决完应急场面后,"秀"完应急处理能力,应该将事后反思总结提起来,找到造成这个棘手问题的原因,以后工作中避免类似情景出现。要谨记"干了再想"工作思路的重要性。

(二)公共事件类应急题目解题思路

1. 分类

(1)事故类。如火灾、爆炸等。

(2)事件类。如群体性事件等。

(3)哄抢。

2. 解题要领

第一步:迅速采取行动,以此体现应急性。例如:第一时间赶往现场、抢救生命、保护国家和人民财产安全。并且在赶往现场过程中,要有了解现场、调动资源等辅助性措施,做到统筹安排,有条不紊。

第二步:现场操控,主持局势,善用假设和场景想象,层层设置条件,逐层解决。在此步骤中,要体现出沟通能力(如劝说现场群众)、组织协调能力(如各个问题的逐一击破)、现场想象能力等。

第三步:现场处理之后的反思总结。

事故类答题框架:①第一时间赶到现场,进行现场控制(核心重点),安抚群众,与群众沟通;②原因调查,善后处理,追责,公布处理结果;③反思,今后工作应注意哪些问题。

事件类答题框架:①第一时间赶到现场,进行现场控制,安抚群众,与群众沟通(核心重点,要分析并指出群众的核心关注点是什么),做出限时答复承诺;②解决问题,并在此过程中与群众保持沟通,如有需要,除向当事群众外,还可向社会公布调查和处理结果;③反思,今后工作应注意哪些问题。

3. 例题解析

例 1 农村在修公路时因为赔偿问题发生纠纷，群众闹事，你作为村主任，应该怎么办？

题干信息设定了一个紧急的事件场景，发生纠纷，群众闹事，有可能会因此引发大型冲突事件。但是在答题过程中，我们不需要在开头点出此事的严重性，因为应急事件的发生，首先必须尽快将紧急性体现出来。另外，题干角色设定是村主任，在劝说村民的过程中，一定要将群众放在首位，也要能够让群众感觉到"村主任"是与群众站在一起的，能够尽自己所能维护好群众利益。

（1）第一时间赶往现场，随身携带扩音设备，在赶往现场途中，通过手机等通信设备向现场人员了解事态发展情况，并要求在场人员尽可能保持现场局势不再扩大。之后，根据现场反馈，可以请求当地派出所支援，到达现场维持秩序，控制局势。

（2）到达现场后，通过随身所带的扩音设备，向正在闹事的群众进行喊话（若考生临场发挥能力较强，喊话内容可以进行现场模拟）。首先，向村民说明农村修公路的意义所在，对于农村发展、村民出行方便、带动村里经济发展的重要性——阐述，并说明这是村民都能看在眼里、感受得到的，也是众望所归，共同期待的。其次，向村民说明修路赔偿的程序、政策、标准等问题，而且要说明在修路赔偿中最大可能地考虑了群众的利益，也在严格执行赔偿政策和标准。现在出现了问题，能够理解村民的心情和所为。但是，更重要的是向村民说明，如果闹事，发生纠纷，必然会影响到正常的生产、生活秩序，还会有人因此事扩大而承担相应的法律责任，这是得不偿失的，也是自己不希望看到的。最后，向村民表示，对于此次出现的问题肯定会重视，并会认真听取村民意见，请求村民代表留下详细说明问题，并共同研究应对此次赔偿问题的调整方案，并承诺保护村民的利益，给村民一个满意的答复。

（3）事后，对此次事件发生的原因进行反思，对于赔偿政策的落实要做好督促，并且要及时公开赔偿政策，以免引起类似事件。另外，应该加强对于村民法律意识方面的宣传引导，增强法制意识，引导村民通过正确的途径来解决问题，不能莽撞行事，以此为契机加强村风建设。

例 2 你管理的地区有居民楼发生燃气/煤气爆炸，引起火灾，你该怎么处理？

（1）第一时间赶往现场，在赶往现场途中打电话给第一线工作人员了解火灾情况和伤亡情况。

（2）现场控制，场景想象，假设矛盾。大火，由消防队、公安干警到当地救火并维持秩序，交警保证道路畅通。伤亡人员，由医护人员立刻赶往现场急救。通知伤亡人员家属，说明正在抢救，不必过分担心，请他们赶快过来。同时疏散周围的住户，以免发生二次爆炸，尽最大可能地保护群众利益，要求围观群众远离事故现场。派专人与媒体接洽，在安全的前提下允许媒体到现场报道，并主动发布事故处理的信息。做好善后工作。

（3）事后调查事故原因，针对原因采取预防性措施。如个人操作不当，要加强相关安全知识的宣传和安全操作方面的培训；如设备有问题，要对辖区内的设备进行检修或更换。

例3 有一个村子附近发生交通事故,车上水果散落一地,附近的村民进行哄抢,有人反映到村委会,你作为村主任助理应如何处理?追问:如果其他村群众也赶来围观哄抢,你怎么处理?(拓展:作为现场执勤交警,你怎么处理?)

题干角色设定为村主任助理,应当特别注意权属意识的框定。教学实践中,不乏学生将现场处理重心放在交通事故处理以及交通秩序维护上来,那就偏离了"村主任助理"的职责范围,村主任助理在此场景中,最重要、最核心的任务是去劝说和制止哄抢水果的村民。若在劝说和制止过程中场面难以控制,一定要有调动资源协助的意识和能力体现,比如公安机关的介入。而在追问环节,其他村群众的哄抢行为,应该由相应村的村干部出面进行劝说和制止。另外,在现场劝说和制止村民哄抢行为中,更要体现出换位思考,也就是能够站在村民角度考虑如何劝说、以什么样的语言表达能够说服他们停止哄抢,并尽可能地引导村民帮助车主挽回损失。

(1)我会立即赶到事故现场,同时向村主任报告情况。到现场后,视现场情况采取措施。如果哄抢的人数不多,可以控制,会马上进行制止和劝说。如果哄抢的人数比较多,场面难以控制,则会马上报警,请求当地公安机关的协助。

(2)先请村民停止哄抢。跟村民说清楚,哄抢车祸车辆是违法行为,请大家立即把拿到的东西放下,如果大家不放下,警方调查清楚后,一定会追究大家的责任,村民就会为自己的行为付出代价。然后对村民晓之以理、动之以情。发生交通事故是很大的不幸,已经给车主造成了损失,大家再哄抢水果就是雪上加霜,会给车主造成更大的损失。相信大家这样做是没有经过多考虑,一时冲动的行为。现在请大家换位思考一下,如果我们是车主,面对此番此景肯定也会觉得心灰意冷。对于这种情况,向车主伸出援助之手,帮助他把东西收拾好,这才是我们应该做的,并发出倡议,指定地点,让村民将捡到的水果进行集中。另外,提醒村民,路上过往的车辆比较多,在路上哄抢也不安全,会危及大家的自身安全,请大家立即散开。

(3)事后将该事件的处理情况向村主任以及村委会成员进行汇报,并建议在今后的工作中加强对本村村民的法制与道德观念教育,避免此类事件再次发生。

题干信息拓展中,若题设角色为执勤交警,则工作的重心应该放在如何处理交通事故现场、维护正常交通秩序以及对于交通事故相关方的调查和追责上,而对于村民出现的哄抢行为,则应联系当地村委会成员或当地公安机关对其进行处理。事后应该反思如何尽可能避免交通事故发生,怎么提升司机安全驾驶意识,如何完善交通事故多发地段警示牌等相关设施完善等内容。

例4 某地发生了重大的煤矿事故,但是你的领导出差在外地,领导让你去处理,你会怎么做?

(1)第一时间赶往事故现场,并向领导汇报,根据领导指示做出相应安排。同时,联系专业救援团队,火速赶往事发地,动员一切力量抢救生命。

(2)到达现场后,控制现场局势。配合救援团队展开救援,对于伤亡人员进行妥善安置,安排人员通知伤亡人员家属,并告知他们正在加强救援,请他们赶往现场,耐心等候消息,并安抚家属情绪,承诺一定要对事故发生的原因进行调查,并给予家属合理的经济补偿。及时控制煤矿负责人以及事故可能相关责任人,以备配合调查事故发生原因及追责。安排专门人员与媒体进行接洽,并通过媒体向社会公开救援情况,也会向媒体表示,一定会将事故发生原因及时调查并及时公布调查和处理结果。在整个现场处理过程中,及时向领导汇报进展情况。

(3) 事后,对事故发生的经过和原因进行认真反思,并形成工作报告,在工作报告中说明以后工作中如何加强对于当地煤矿安全生产过程的监督工作,严把安全关。若事故因个人操作不当引发,那么应该加强对于从业人员安全意识方面的培训;若事故因设备故障或老化引发,那么应该督促煤矿生产单位及时更新设备等。

例5 南京长江大桥下有一条运送石灰的船,在行船过程中意外和桥下的柱子发生了碰撞,石灰翻撒入江中,造成了一定污染,但是污染程度并不严重。可是,此事在人民群众中散播得很快,谣传江水污染特别严重,导致人们纷纷抢水储藏。你认为市政府应采取何种措施进行应对?

这是一道典型公共事件应急处理题目。应急重点在于如何处理谣言散布行为,对于造成的群众恐慌现象应该予以重视。通过权威机构深入调查取样,对于水质检测作全面、及时分析,并将检测数据、检测报告通过官方媒体向社会及时公布,用真相及时消除谣言造成的影响。还应该在江水中设置连续检测装置,及时跟踪水质变化情况,并将实时数据和结果进行及时公开。事后,作为政府部门应该反思群众为何存在习惯性质疑,这关系到政府公信力的构建,必须高度重视,以政府实际作为来防止"塔西佗陷阱"的出现。

(三)日常工作类应急题目解题思路

1. 考察重点

考生的统筹能力、协调能力。

2. 答题框架

(1) 接待,安抚情绪,倾听记录;

(2) 调查核实,分情况解决问题;

(3) 事后总结反思。

3. 例题解析

例1 你是某单位的工作人员,有一个群众说有事要跟你们领导谈,见不到领导他就不走,而此时领导又在外地开会,临走时嘱咐过没有重大事件不要找他,这时你怎么处理这件事?

在解答题目时,一定要秉持"群众利益优先"原则,将群众利益放在首位。对于安抚情绪环节要有具体细节描述,这不仅体现工作场景,更重要的是能够体现自己在待人接物方面的务实性和灵活性。另外,一定要结合"分情况"解题方法来对待群众所面临的难题,以此来体现自己做事周到细致的一面。

(1)我要首先询问了解这位群众反映的问题有多严重。如果非常严重,就联系领导处理。如果是一般事务,我也会秉着"群众利益无小事"的原则做好接待工作。我会热情地迎接这位群众,比如请他到会客室,给他倒一杯茶,表示理解他的心情,一定尽力帮助他解决问题。

(2)在他情绪平静下来之后,我会耐心跟他沟通,进一步详细问明、记录他要反映的问题,以及他所提出的要求。如果他的问题在我职权范围内,我可以当场提出解决方案,和他讨论。如果在同事的职权范围内,可以带着他找同事一同解决。如果必须领导拍板,应该明确告诉他领导在外地开会,多等也没有用,请他先回去,领导一回来,我就会向领导第一时间反映情况,并和这位群众互留联系方式,取得他的信任。将相关问题整理成文案,领导回来后及时汇报,请领导批示处理。

(3)在事后及时反思,为什么群众非要找领导反映问题?这里有两个需要思考的地方:其一,可能是群众不知道自己所要解决的问题应该找谁,这就应该反思群众对于单位的办事流程及职责划分不明晰,以后工作中单位应该加强对于工作的公示公开,还要加强对于群众办事过程的引导过程,比如可以通过单位指示牌设置、微信平台等网络手段对于办事群众进行引导;其二,可能是群众认为,找到领导自己的问题会受到重视,能够及时解决,由此,我们应该反思,我们在工作中对于群众问题是否能够做到"马上就办",从而提高自身办事效率,以获得群众对于单位的信任。

本题需要强调的是,在反思环节一定要找准出现问题的地方,并结合换位思考的解题思路来进行深入思考和挖掘,不能抛开题设实际而自说自话,说一些无关紧要或不关痛痒的话题。如果这样答题,所讲内容就会不切实际,出现套路化严重的嫌疑。

例2 领导在异地出差返回,你托一个朋友去机场送他,但是领导在飞机起飞前给你发短信说你的朋友没有去送他,你怎么办?

尽快给那个朋友打电话,问明没有去送领导的原因。然后尽快给领导打电话,向领导诚恳道歉,说明朋友没有去的原因,主动承担责任,寻求领导的谅解。如果领导手机信号不通了,先上网查询领导飞机的班次、落地时间,主动到机场去接领导,弥补自己的过错。在去机场途中发送短信,向领导道歉,做出解释,并说明已经来接领导。当面再次向领导道歉,说明今后会特别注意反思,各项安排落到实处,避免重蹈覆辙。

本题需要注意的是,在开篇环节应该先给谁打电话,这是沟通有效性的体现。教学实践中,有很多考生,尤其是"涉世未深"的应届毕业生,会选择先给领导打电话道歉,这是莽撞之举。试想,如果先给领导打电话,电话接通,领导必然会问及朋友未能送自己的原因何在,这时就会使自己陷入尴尬而不知所措。所以,应该注意在沟通环节中做到有备无患,能够将沟通内容和沟通细节思考到位。另外,还应该注意,虽然题干中没有体现出自己工作的失误，但是这是隐含其中的意思表达。朋友是自己联系的，应该能够将此事敲定，中间出现了问题，一定是自己在工作中存在不细致、沟通不到位的情况，所以应该有针对性反思，工作中应该注重细节，谨防出现类似失误。

例 3　你到下属地区视察，临走前有几名群众要求向你反映问题，投诉该地区房屋拆迁过程中存在违法现象，旧房被拆没有得到应有的补偿。但你急着赶往别处参加特别重要的领导会议，你怎么办？

（1）群众利益无小事，对于群众所反映问题必须高度重视，因为这可能真的存在严重违法违纪问题，这关系到党和政府的形象，关乎群众切身利益。我会立即邀请这几位群众在前往会场的路上反映问题。如果他们不同意，先给会务组打电话，说明自己遇到的问题，可能会迟到，请他们调整自己的发言顺序。然后认真听这些群众所反映的问题，并做好记录，保存好他们所能提供的相关线索或相关证据，最后留下他们的联系方式，并向他们承诺一定会对其所反映的问题进行认真核实调查。之后，去参加会议。

（2）会议结束返回之后，对于群众所反映的问题组织专门的调查小组，彻查在房屋拆迁过程中是否存在违法现象。并将调查过程、结果和相关证据在互联网上进行公示，在当地发布公告。如果确实存在违法现象，勒令地方政府补齐所有补偿欠款，并将相关责任人移交司法机关，进入法律程序。如果不存在违法现象，那么是群众对于拆迁过程以及拆迁补偿政策等相关问题存在不理解或误会之处，应该及时向该地区进行拆迁的群众公开相关政策法规，再次公开旧房拆迁补偿标准，以此来消除群众存在的不理解或误会，并通过单位网站、微博等平台畅通群众反馈渠道，及时解答群众对于相关问题的反馈意见。

（3）处理完这件事情之后，要进行事后反思。今后工作中一方面要加强对于拆迁过程以及其他政策落实过程的监管力度，保证在政策落实中不出现类似违法事件发生，同时要完善群众监督体系，畅通民意表达渠道，及时听取群众意见和反馈意见；另一方面，要做好政务公开工作，及时做好信息公开，注意政策公开公示的时效性，避免因信息不对称而使群众产生对于政策落实的误会。

例 4　你作为窗口单位的工作人员，一天早晨工作时发现打印机坏了，而来办事的群众认为你不想工作，你会怎么做？

（1）出现这种情况，耽误了群众的宝贵时间，我会首先打电话联系单位维修部门，请求他们尽快过来检修打印机。之后向来办事的群众表示道歉，并且向群众说明自己已经联系了维修人员，他们会及时解决这一问题，请大家耐心等待，并且请求同事帮忙引导群众在休息区域等候。

（2）可以利用维修时间，对于来办事的群众所要办理事项进行询问，对于办事所需资料进行梳理和检查，以方便在打印机修好之后尽快完成群众所办理事项，为后续工作做好准备，也能够为群众提供方便，节省等待时间。如果办事群众中有比较紧急的办理事项，可以临时借用其他窗口工作人员打印机先行办理。我也可以和群众沟通，如果其愿意,可以先去办理自己的其他事务,待我办好之后致电给他通知来取或者我抽时间送去。

(3)处理完这件事情之后,认真进行反思,防止以后工作中出现类似事件。一方面,在今后工作中要利用下班时间,对于工作所需设备进行检查维护,保证第二天工作能够顺利进行;另一方面,工作中要严格要求自己,始终以热情的态度接待每一位办事群众,要用自己良好的服务态度换取群众的信任和认可,群众认为我不想工作的状况就不会再次出现。

本题需要注意三个问题:第一,在开篇的应对策略上。教学实践中,很多考生暴露出缺乏与他人沟通的经验,只忙于向群众解释自己并非不想工作,而忽视自己应对突发状况的职责所在,出现了本末倒置的状况,同时,这样做也不利于与群众间的沟通,甚至会激化矛盾,得不偿失。在与群众沟通过程中,应该采取恰当的做事顺序,以此来体现自己处理问题的"情商",联系维修部门的举动,这是群众看在眼里的,已经拿实际行动安抚了群众的一些情绪,接下来再道歉解释,都有理有据,群众也易于接受。第二,在打印机维修的时间段。教学实践中,多数考生会将这段时间忽视,这体现出对于事件发生的场景想象能力不够,时间利用率不高,也体现出做事态度不够细致。若能够将这段时间利用起来,对群众办事过程起到辅助性作用,一方面体现出自己做事的灵活性和主动性,另一方面也能够缓和群众"认为自己不想工作"的负面情绪,这就是实际工作中"情商"的体现。第三,在最后的反思环节。很多时候,我们只关注到打印机已坏的事实,而不注重群众对我们工作态度的反映。这是在审题全面性上还存在偏差,审题要全面,反思也就能全面,若能够回头审视自身的工作态度和工作热情问题,能够体现出自己在工作中的自我约束性,也是聪明之举。

例5 单位召开了一个专家座谈会,会上单位领导与一位专家发生激烈争辩,专家愤然离场,作为座谈会的组织者,你会怎么做?

(1)遇到这种情况,应该示意会议主持人及时休会,借此机会与会人员都可以缓和一下自己的情绪,并维持好会场秩序。

(2)自己作为组织者,应该与单位领导进行沟通,向领导了解在座谈会过程中发生问题的原因,并安抚领导情绪。请求同事与离场专家进行沟通,安抚其情绪,并劝说这位专家能够回到会场,继续参与座谈。在沟通过程中应该向大家说明,我们开座谈会就是要进行辩论,摆明自己的观点,出现观点上的分歧实属正常,但是大家出发点都是好的,都是为了工作,为了推进座谈会实质性效果,而且每个人都有自己的性格特点,应该本着相互尊重的原则,注意自己发表观点和辩论过程中的表达方式。在沟通过程中,可以根据会程安排,看讨论问题的归属,如果涉及特别棘手的问题,争辩僵持不下,短时间内难有定论,还可能会激化会场矛盾,应该及时调整会程,对于此问题先行跳过,进入下一议题,对于这一主题另择时间或等大家情绪缓和之后再行讨论。若只是因为双方争辩过程言辞过于激烈所致,那么可以请求主持人在继续讨论环节缓和会场秩序,化解双方紧张激烈情绪之后,再进行讨论。

（3）之后，做好这次座谈会的总结反思，是否自己在组织过程或者会程安排上存在不足之处，在以后的工作中应该合理安排会议进程。

本题需要强调的有两点：第一，题设信息的角色是座谈会的组织者，而非主持人，所以在答题中应该体现组织者的身份信息；第二，能够意识到出现这样的激烈争辩，有人离场，应该及时中断会议进程，及时调整。

例6 单位表彰先进个人，具体由你负责先进材料的审核，结果有人反映某个受表彰的人材料有问题，你该怎么办？

（1）负责先进材料审核，应该本着公平公正的原则，将先进材料进行认真把关。有人反映某人材料有问题，必须予以重视，组织相关工作人员对材料进行再次审核，而且此次审核要更加慎重、仔细。

（2）经过再次审核之后，如果此人材料确实存在问题，那么应该将有问题的内容进行整理，向领导汇报，根据领导要求，做出下一步的工作安排，并向领导承认自己工作中所存在的问题，保证以后会吸取教训。如果此人材料没有问题，那么一定是反映人对于我们的工作存在误会，应该将审核材料向其公开，说明并不存在问题，消除误会，并感谢他对我们工作提出的意见和建议，还要欢迎他继续对我们的工作一如既往地进行监督。

（3）事后进行反思，一方面在以后工作中更加谨慎认真，避免出现审核有问题情况的类似事件发生；另一方面能够及时公开审核结果，避免误会现象出现，还要主动接受意见和建议。

本题需特别注意的是自己所负责的是审核材料，而不是对于整个事件的处理过程。在教学实践中，总有人把处理结果也进行描述，比如取消受表彰人的资格等，这就是权属意识认识不到位所致，一定要注意根据题干角色设定来限定自己的职权范围。另外，对待反映问题的人一定要表示感谢，不管有无问题，这都是对于我们工作的关注和监督，应该正确对待反映问题的人。

例7 有几位情绪激动的小学生家长到教育局投诉，称领导的孩子坐豪华校车，而他们的孩子坐的是有安全隐患的校车。你作为教育局的工作人员，会如何处理此事？

（1）首先，我要安抚这几位家长的情绪，告知他们我们一定认真严肃地调查此事，核实情况，一定保证孩子们的安全。

（2）要调查核实两个情况，一是校车有没有安全隐患，二是是否存在区别对待区别乘车的问题。在调查之后，根据调查结果分情况应对。如果家长反映不属实，需要解释说明，消除误会，并说明调查结果，向大家说明校车分配的流程。如果安全隐患确实存在，则需要消除安全隐患并对所有校车配备和使用情况进行大检查，并问责管理者，并将处理结果向社会进行公开。如果区别对待情况属实，要理性看待此情况，校车的档次有高有低，如果是刻意人为安排的区别乘坐，应立即叫停、改变这种做法，还可以对校车的路线进行定期互换，如果是重合路线，应该随机安排校车，以此来消除区别对待情况。

（3）将此次事件处理过程以及调查发现的问题形成工作汇报，向领导汇报，并向领导建议加强校车安全问题的相关制度完善,还要加强对于校车配备情况的监管,定期对于校车使用情况进行随机检查,以此保证校车安全以及校车使用的公平性。

本题的重点在于,对家长反映的问题要进行调查才能确定事实。家长所反映的问题有两个方面,一是校车安全隐患问题,二是校车使用过程的区别对待。这两个问题需要一一化解和处理。

五、综合分析

综合分析类题目主要是考查考生对于社会现象、社会背景、名言警句、哲理故事等的认识理解和综合分析能力,同时还考查考生对自我社会经验、学习工作的综合运用能力。考查形式主要是通过给出一种社会现象、一幅漫画、一段故事或一种言论,要求考生针对题干谈自己的看法和理解。

综合分析类题目涉及面较广,其答题要求有一定的深度和广度,所以对很多社会经历不足的考生而言具有较大的难度。针对"认识社会"类题目,我们根据题目所涉及的问题及观点,以及出题形式将其分为三大类,即社会现象问题类、观点分析类和寓言哲理类。这三类题目的答题思路和解题框架存在不同之处,我们将针对每一类题目进行详细讲解。

在作答综合分析题目时,应该注重自身的立场,而不能随心所欲地答题,比如在作答很多负面社会问题时,很多人会夹杂着一种不合时宜的"草根思维"或"韩寒思维",这是不应该出现的。同时,我们还应该清楚地认识到任何社会问题的出现都不可能是单方面原因所致,而是由各种因素共同作用的结果。另外,作答社会现象问题应该突出自己的思维清晰度,要把握住出题的思路和方向,用清晰的逻辑框架将自己所思所想分条逐句地展现给考官,这样能够让考官跟着你的思路去思考和想象。

综合分析题的社会问题类题目,是问题导向,以"问题"为线索,其展开主要是两大动作:"分析"和"解决"。这类问题重在分析能力的培养,善于将问题从不同侧面、不同角度、不同主体、不同维度进行阐述,形象地说,就是能够把问题"拆分"合理,并逐一应对。当分析问题全面深入透彻之后,"解决"问题的能力就自然而然出现了。

(一)社会现象、问题

社会现象、问题类(含漫画类)从出题方向上来说大致可以分为三类:正面现象、负面现象和争议类现象。从这三类出题方向来看,出题频率最高的是负面现象和争议类题目。以下是对于此三类题目的思路点拨。

首先,使用目的或意义表态法开头或给出自己的总体观点(单刀直入式开头)。对于一些争议类题目可以选取适当的关键词分析切入题目进行阐释(曲线答题式开头)。

其次,在分析负面现象时,分析问题的原因一般涉及以下三个层面。第一层面:意识层面(包含意识观念、教育、素质等);第二层面:制度、法律层面(包含制度漏洞、监督、问责、考核机制、政出多门、权责不明、法律空白、法制不健全、渠道不畅通等）；第三层面：技术层面（包含检测技术、技术类手段创新等）。尔后，要根据分析得出的原因给出相应的对策，以此来保证认识问题的完整性。

再次，对于正面现象的分析，则要站得更高，看得更远。对于做得好的，先要予以肯定，尔后思考和论述怎样落实和如何能够做到更好，以此来体现自己的真知灼见和思维深度。

最后，思考此类题目的出题背景，答出亮点和升华。常用升华词语或热词：构建和谐社会、"两型"社会、服务型政府、"美丽中国"等。

1. 正面现象

例1　南方某高校在迎新生横幅上打出："做一个明媚的女子，不倾国，不倾城，以优雅姿势去摸爬滚打。""做一个丰盈的男子，不虚化，不浮躁，以先锋之姿去奋斗拼搏。"对此你怎么看？

破题可以结合关键词分析与主体分析。题干信息中的关键词包括"高校""迎新生横幅""摸爬滚打""奋斗拼搏"。"迎新生横幅"是题干中最核心的关键词，从这个关键词我们可以联想到这个迎新生横幅从形式上有所创新，与之前那些千篇一律的"迎新生横幅"（欢迎××级新生入学）大不相同，用这种新颖的表现形式来欢迎新生，能够让新生在入学一刻感受到不同的校园文化，而且能够让他们记忆深刻，深入内心。这一关键词还可以从内容上进行分析，其内容当中充满了"正能量"，结合"摸爬滚打""奋斗拼搏"的关键词信息，我们看到学校对于入校新生所提出的具体要求，要让他们树立拼搏精神，能够踏实肯干，务实进取，让这些大一新生树立正确的人生观、价值观，充分提升自身知识水平和综合素质，注重内涵发展，而对于外在条件和社会风气要有明确的立场和态度，这是一种对学生负责，体现大学教育理念的可贵之处。这是对正面现象的论述，然而，对于正面现象的论述还应该深入探析，找到正面现象背后所体现出来的隐忧和值得反思的地方。

从高校教育发展角度分析，"迎新生横幅"所体现的内容只能是其高校教育的口号，这样的口号和目标能否实现，考验着高校的教学实践和日常管理，也对学校的师资水平和管理模式等相关方面提出了更高的要求。高校在育人层面应该更多予以创新，完善相关制度、注重优质师资引入等，来实现这一育人目标。

在教学实践中，对于这一问题的认识，很多考生会手足无措，只关注这个横幅内容，纠结于"男子"和"女子"本身来想问题，这样答题只能只见一隅，不见泰山，换句话说，认识问题的格局太小。在我们面对社会现象问题时，既要微观又要宏观，一定要体现出自己认识问题的高度，否则只能在答题中变成"小女人""小男人"，这不符合作为一个有责任感的社会人应有的观察视角。所以，我们应对问题时，一定要有"大格局"。

例2　为了推进文化大繁荣大发展，很多地方兴办"国学馆""文化礼堂"，你怎么看？

很多地方，尤其是农村地区兴办"国学馆""文化礼堂"的做法，为当地群众提供了"精神家园"，是美丽乡村"凝魂聚气"的地方。利用这样的平台，整合了各种文化资源，建成一个集思想道德、文体娱乐、知识普及于一体的农村文化综合体。从活动形式上来说，不仅有单纯的文化娱乐，还有理论政策宣讲、乡风文明弘扬、文明礼仪教化、文化知识传授等内容涵盖，是极大可能实现"精神富有"在广大农村地区落地生根的具体载体。这也是农村公共文化服务的主平台。群众参与过程获益匪浅，在这里当地群众可以得到各种实用技能、科学知识、法律常识、健康生活等教育培训，让群众能够掌握与自己生活息息相关的各种技能和知识，对于当地群众自身综合素质的提升起到了重要作用。

从社会发展层面来说，这些公共文化服务平台的建成，促进了公共文化事业发展，为社会文化建设推进过程开了好头，是推进文化大繁荣大发展政策落实的具体体现。所以，这样的平台不仅要在形式上存在，还应该根据群众需求不断完善和丰富，以更为丰富、多样、有效的形式持续下去。当地政府部门应该大力扶持，组织好、实现好文化服务的多样化发展模式，使其更好地落实下去。同时，像这样好的探索基层文化发展的模式更应该大范围推广和扩散，使更多的基层群众能够活跃在文化繁荣发展的大环境之中。

教学实践中，很多学生对于"国学馆""文化礼堂"的平台缺乏了解，对于社会关注度不够，只能就字面意思进行推断其意义所在，其实这些文化平台是广大农村地区探索文化发展的一个缩影，对于新农村建设、社会文化建设推进有着不可比拟的作用。对于社会现象产生的社会背景关注，是答好社会现象分析题的重要前提。

例3　现在很多官员都有微博并且拥有众多粉丝，请就官员开微博现象谈谈你的看法。

政府官员开通微博，主动"触网"，倾听民意，与民交流，从"听领导说"走向"听百姓说"，这一态度转变本身就体现出官员"公仆意识"的增强，可谓是一种民主新气象。官员通过微博，有机会及时与民众交流观点、看法，在促进官民双方换位思考、互相体谅方面，有着明显的作用。而且，官员开微博，可以利用微博的快捷性及时公开政府相关信息，是政府政务公开的一个重要窗口。

但是，在政府官员开微博的过程中，政务微博"死博""沉博"的现象也普遍存在，管理滞后，长期处于休眠状态，"不作为"或者消极怠慢导致"微博问政"形同虚设。应鼓励政府机构、领导干部开设官方微博，建议对政务微博建立一整套的管理、维护、培训、考评机制。如设立"微博发言人""微博管理员"等职务，及时关注民生民意，对微博平台上的留言做出反应、回馈。用科学合理的制度化规定来约束官员开微博行为，保证此项举措能够切实起到应有的作用。

再者，从官员自身来讲，官员开微博必须说真话、讲事实。官员应注意到自己的职务身份，说话须严谨细致，在微博互动中应以事实为依据，与群众进行交流，不能在不知事实或违背事实的情况下交流，否则会使群众失去对官员的信任。

2. 负面现象

例1　对地沟油问题，你有什么看法？

地沟油是我国食品安全领域老生常谈的问题，其危害性也逐渐引起了社会广泛关注,这一问题属于负面现象问题。对于地沟油问题可以按照层次分析法来分析其原因并提出相应解决对策。

从思想意识层面来说,地沟油问题之所以存在,是因为不法商家形成了地沟油方面的利益链条,而且他们缺乏社会责任感,利欲熏心,一心追求经济利益,而不顾及群众的身体健康。从而要加强对于商家的引导,增强他们的社会责任感,在追求经济利益的同时能够考虑到社会公共利益。

从制度、法律层面来说,对于打击地沟油问题的法律体系不够完善,缺乏相应的法律依据,这给不法商家留下了可乘之机。另外,政府执法部门对于地沟油问题的监管力度不够,而且对于地沟油的检测方法缺乏技术支撑,给监管带来了相应的难度。另外,在管理上是一种松散的、放任的管理模式,这样松散的管理模式也给地沟油问题的出现创造了空间。所以,我们应该不断完善法律体系,为打击地沟油问题提供相应法律依据,做到有法可依。同时,应该加大对于地沟油等食品安全领域的监管力度,提高违法成本,将先进的检测技术应用于地沟油监管过程中,通过检测环节先进技术的运用,能够提高监管效率。再者,在对于地沟油的管理模式上应给予创新,政府部门负责,对于地沟油能够做到统一回收、统一管理,堵住其流入市场的缺口。

从技术层面来说,我们对于地沟油的循环利用能力还不足,若能够利用技术手段进行处理,实现循环利用,变废为宝,是重要的替代能源之一。"垃圾是放错地方的资源",所以,我们应该加大技术投入,将地沟油转化为资源、能源,在这方面我们已经取得了一定成果,比如 2015 年 3 月地沟油作为航空新燃料已经投入使用,但是我们还需要继续加大技术投入,拓展地沟油作为新能源的应用空间,将其应用性进一步扩大。

对于地沟油的认识,我们应该更多地站在政府和社会角度来进行分析,在教学实践中,有很多学生只能将其限定在"家用"环节中,大谈特谈如何辨别地沟油,如何购买到质量高的、正规的食用油。如果这样答题,体现出的就是对于问题认识的"小格局"。

例 2　现在网民比较关注一些热点新闻,但是一些新闻有结论,一些没结论,网友戏称这些没有结论的新闻为"烂尾新闻"。对于这些烂尾新闻,你怎么看？

"烂尾新闻"大多是公众瞩目的公共事件,对于媒体所曝光的这些公共事件,政府部门有的回应不见事情本质,有的回答趋于程序化,甚至有的事件直接没有了回应。这些公共事件的发生和处理结果都牵动着公众的心,而政府部门的"冷处理"或"不处理",会严重伤害到公众的情感,也会影响到政府的公信力。

"烂尾新闻"首先可以从政府服务意识和责任意识,以及政绩观方面来找原因。有些公共事件出现后,政府部门用"拖字诀"来应对,将热点新闻拖成旧闻,以此来降低关注度。也有些公共事件发生后,政府部门虽然"第一时间"回应,但是不涉及事件发生的本质,对于事件处理结果也没有后续公开。这些问题都体现了相关部门以及相关责任人在处理这类公共事件时缺乏相应的责任意识和服务意识,甚至在政绩观方面奉行"多说多错,不说不错"的法门,以此来逃避责任、转移责任。因此,我们应该加强政府相关部门的责任意识培养,树立正确的服务理念和政绩观念。要做到取信于民,就不要漠视民意,而是要积极回应民意,做到信息公开。习近平总书记曾经强调:"干部就要有担当,有多大担当才能干多大事业,尽多大责任才会有多大成就。不能只想当官不想干事,只想揽权不想担责,只想出彩不想出力。"这句话道出了破解"烂尾新闻"的核心思路:面对舆论,尤其是官员必须有担当、敢担当,做到"心中有党、心中有民、心中有责、心中有戒"。

"烂尾新闻"出现,也与相关制度的不完善有关。"烂尾新闻"的出现,主要体现了我们的公共事件信息公开制度、通报制度和追责机制不健全。防止"烂尾新闻"是社会治理能力现代化的体现,需要政府完善公共事件调查处理全程信息公开和信息通报制度,更需要严格的责任追究制度,以"权利清单"和"责任清单"来细化权力归属和责任归属,形成一套完备的制度体系。对于发生的公共事件,要追责相关部门及相关当事人,这样形成强有力的制度约束力,才能推进公共事件处理的及时和公开到位,实现社会的公平公正。

"烂尾新闻"出现也与一些媒体热衷于炒作新闻,但对于一个事件、新闻的持续性关注不够,社会责任感不强等相关。媒体应该体现对于公共事件发生和处理的持续性关注,以事实为依据,从"追踪"到"追责",真正体现媒体的舆论责任。

防止"烂尾新闻"出现应该从多方面进行反思和思考,并进行相应调整和完善才能有所改变。这是我们全面推进政治体制改革的重要环节。任何社会现象出现都不是单方面原因所致,解决途径也并不是唯一的,所以,在分析这一现象过程中,要借鉴层次分析和主体分析两种方法,不能完全归责于政府部门,因为新闻媒体的舆论责任也要有所挖掘。在教学实践中,很多考生能认识到政府部门是主要的原因主体,但是在分析过程中,难以触及"责任缺失"的根本层面;也有考生只认识到政府责任,而对于新闻媒体的责任却只字未提,以此来批评政府的"不作为""懒政"思维,也是破题逻辑的偏差和方法运用不到位的体现,值得我们注意和思考。

例3 美国一个调查组织调查显示,中国80%以上的人都觉得自己被大材小用,对这个问题你怎么看?

题干信息中所讲的"觉得自己被大材小用"现象,可以从两个方面来进行分析,一方面是从人的角度,可能是因为自己在评价自身时不够准确,不能清晰定位,出现了好高骛远、眼高手低的现象,反映出很多人在做事过程中浮躁、不自知等行为。由此可以得到启发,我们,作为年轻人,应该脚踏实地,以一种务实的态度来面对生活和事业。能够做"大池中的小鱼",也能够做"小池中的大鱼",要有理想,但不是空想,应该在实现理想的过程中注重自身能力的培养和提升。另一方面,是从社会发展的角度,"大材小用"现象可能与社会的人才选拔制度相关,没有能够将合适的人放到合适的位置上。由此,我们应该注重人才选拔制度的完善和改革,提供更多的实现自身价值的机会和平台,让每个人能够共同享有人生出彩的机会,共同享有梦想成真的机会,营造一种机会公平的社会环境。只有这样,我们才能做到人尽其才,共同推动社会的进步,最终实现"中国梦"。

本题的答题一定要注意格局要提升，要能够体现社会层面对于人才的使用价值，这恰恰是在教学实践中很多考生所遗漏的地方。很多考生只能从个人层面分析问题，而不能立足于社会发展角度来分析。本题还有一个值得我们注意的地方，即"美国调查组织调查"，很多人看到美国就会怀疑调查结果的科学性，而且进一步将其放大为答题内容，从而探讨调查的问题。这属于破题偏差，题干的调查只是一个背景信息，不必过多分析这一内容，可以通过"关键词切入法"将其利用，可以讲"这一调查结果值得我们注意，也需要我们进行思考，它反映出……"来切入答题。

例 4　农村留守儿童越来越多，他们常年不能与家人团聚，你怎么看这个问题？

近年来，随着城市化进程的推进，农民工进城成为社会潮流，由此催生了农村土地上的留守儿童这一特殊群体。据统计，全国留守儿童人数约为 6100 万，占全部农村儿童总数的 30% 左右，几乎平均每 4 个农村儿童中就有一个留守儿童。这些留守儿童正处于成长发育的关键时期，却无法充分享受到父母的关爱和引导，过早体会到生活的辛酸和压力，而临人身安全、身心健康、接受教育等多方面的隐忧，使得留守儿童成为社会广泛关注的社会问题。

教育学家蒙台梭利说："童年构成了人一生中最重要的部分。"从小就缺乏安全感，缺乏父母关爱的留守儿童，在成长的过程中，这种孤独感很可能会伴随他的一生。而要想妥善解决好这一社会问题，首先必须真实了解和全面掌握他们的所思、所想、所需、所盼。唯有"找准问题把准脉"，才能做到"对症下药"，铲除病根。

留守儿童问题上升为社会问题的原因，主要可以从农村地区教育发展落后、缺乏父母陪伴等方面来寻找，但是更为根本的原因在于我国发展现状，即长期存在的城乡二元结构以及相关的制度所致。所以要缓解留守儿童现状，必须从社会发展的多个角度推进，多措并举，方能有所改观。

首先，政府发挥主导作用，通过媒体等社会渠道，广泛宣传留守儿童问题，以此引起社会的广泛关注，给予他们更多的关心和关爱，动员广泛的社会力量参与到关爱留守儿童的行列中来。而且形成长期长效的留守儿童工作机制，形成对于留守儿童的持续性、广泛性关爱，构建起留守儿童政府主导、家庭监护、社会帮扶、亲情关护的社会网络。比如，政府部门主导，可以通过社会渠道，定期举办"一对一"家庭帮扶行动，以此来弥补亲情缺失问题。还可以通过视频录制、亲情寄语等形式，将留守儿童父母对于孩子的亲情关怀通过这些技术网络手段进行传递。再比如，铁路部门曾经推出留守儿童"托运"服务，为留守儿童利用假期与父母在一起提供方便。这些都是一些有效的应对留守儿童亲情缺失问题的措施，必须予以坚持和推广。

其次，加大对于农村教育的投入力度。留守儿童最大的问题是教育问题，在父母亲情教育缺失的情况下，留守儿童的身心健康成长牵动人心。所以，必须通过农村教育的发展，通过学校教育来形成对于留守儿童正确价值观、人生观、世界观的正确引导，使他们能够健康成长。对于留守儿童教育问题，重点要加强对于留守儿童心理疏导、生活关注等方面的投入力度。

最后,从根本上来说,要打破城乡二元结构,以此来创造公平的社会教育环境。要打破城乡二元结构,必须统筹城乡发展,打破户籍制度所存在的壁垒,让进城务工人员家庭能够在为城市发展做出贡献的同时享受到城市平等待遇,将其子女能够带在身边,提供进城入学的可能。另外,应该大力发展农村经济,通过政策引导,为广大农村居民提供更多的就近务工机会,让他们在保障基本生活的前提下,能够更多关注家庭尤其是子女成长。

对于留守儿童这一社会问题,必须从政府、社会、教育等多个角度进行把握,倾全社会之力予以关注和解决,才能慢慢得到缓解。

对于留守儿童问题的认识和分析,应该放眼社会,不能仅仅关注其问题,更多应该思考如何调动广泛社会资源进行解决。另外,对于社会问题的解决,我们应该考虑到要解决这一问题必须找到其发生根源,并通过制度措施的调整来实现解决的目的。

例5 怎么看待"啃老"现象?

随着我们经济水平的不断提高,生活条件不断改善,物质生活极大丰富,很多老人能够在经济上给予子女更多的支援,从而为这一现象的出现提供了前提条件。

"啃老"现象存在,是由主客观因素共同影响所致。一方面,当前社会上的一些年轻人缺乏自强、自立的精神,在面对生活实际时,往往只想依赖家庭的资助,不去自我奋斗,自己争取,长此以往,形成一种普遍的"等、靠、要"的社会风气。再加上,家庭教育中家长对于子女的溺爱严重,唯恐子女受委屈,慷慨解囊,以示关爱,更助长了这些年轻人的"傍老""啃老"情绪。另一方面,当前社会竞争压力大,生活成本高,尤其是很多年轻人走出校园步入社会之后,就面临着就业的压力、成家立业的人生大事,而高房价、高物价等生活成本的提高,让他们感到无助,只能向父母求助。再加上,当前我国的社会保障体系不健全,对年轻人的社会保障力度和水平都有限,这也加剧了"啃老"现象的发生。

"啃老"现象,在当前社会具有相当的普遍性,已经成为备受瞩目的社会问题。我们在看待"啃老"现象时,应该理性、全面、客观地看待,不能一味苛责"啃老族",而应该从社会、家庭和年轻人等多个层面进行分析,并找到解决问题的途径。

首先,年轻人应该树立自立自强意识,学会承担责任,承受压力,并用自己勤劳的双手去创造美好生活,这样的人生更有意义。从意识层面,摒弃"傍老""啃老"想法,要意识到"啃老"只能让自己成为"温室中的花朵"。"少年强则国强",年轻人应该明确自己人生的方向和责任,这就需要社会给予年轻人正确的价值观引导,让他们能够担当起社会发展和自我价值实现的重任。

其次,家庭教育环节。家长对于子女的爱,应该以更为恰当合理的方式体现,不能一味地满足子女经济生活上的需要,更多地应该从精神层面培养子女战胜困难、面对生活的信心和勇气,给他们鼓舞,摆脱"溺爱"的教育方式。

最后,从社会角度来说,我们应该完善相关的制度体系,比如社会保障制度的完善、最低工资标准制度等,通过制度手段来保障年轻人最基本的生活,以此来缓解"啃老"现象。另外,还应该积极地利用宏观调控手段,来控制房价、物价等关系到他们基本生活的方方面面,以此来降低年轻人生活成本的压力。

总之,青年人的发展关系着国家的发展,对于"啃老"现象必须要重视,并通过社会各方的共同努力,能够使年轻人摆脱"啃老"。

对于"啃老"等社会问题的认识,很多考生会用"小格局"来答题,只看到"啃老"的本体,而不注重其作为社会问题存在的深层背景和社会原因,只强调了主观而未谈及客观,这样答题就会认识浅显,答题深度不够。所以,在认识很多社会问题时应深入社会层面,这样更为深刻、全面。

3. 争议类现象

争议类题目,是当前面试考试中的主要测查题型,在答题思路上可以借鉴"初衷与做法剥离法"来解题。在看待问题时,要将题干信息所描述的合理部分和不合理部分进行分离,并且对于合理与不合理进行说理性描述分析。当然,看待问题依然要能够深入浅出,既要看到表面所具有的问题,也要看到导致问题的社会背景和深层原因。

例 1　武汉实验外国语学校小学部近日进行入学测试,学生家长也必须参加考试,家长成绩将纳入考试总分。该小学一负责人称,这样是为了让家长与学校一起搞好孩子的教育,让家长掌握正确的教育方法。你怎么看"亲子同考"这种现象?

从题干信息可以看到,负责人所称"亲子同考"的做法,是想通过这种方式让家长与学校一起搞好孩子的教育,让家长能够掌握正确的教育方法,这一目标具有合理性,是一种对孩子负责的态度,也是尊重教育规律,将学校教育与家庭教育结合起来,能够弥补学校教育可能存在的不足,值得肯定。但是,在具体做法上,我们看到,家长必须参加考试,而且将家长分数纳入考试总分,作为入学测试的一部分,这会影响到起码的教育公平。因为家长的受教育程度以及对于知识掌握的水平都存在差异,可能会出现:学生分数高,而由于家长考试成绩的差异,影响到入学分数,从而影响到入学成绩的排名,甚至会影响到学生的入学资格。这无形之中,有假借"亲子同考"做法设置门槛的嫌疑,会破坏教育公平的环境。从教育公平的破坏,我们还应该想到这种做法对于孩子带来的影响,这种不公平的存在,势必会对孩子的幼小心灵带来冲击,会让他们在看待问题时产生认知偏差,甚至会影响到他们正确价值观的形成,这背离了我们教育的初衷。另外,这种入学测试,以分数取人的现象,根本原因在于"应试教育"背景。

这种"亲子同考"现象可以继续存在,但是必须有明确的方向,要注重对于家长正确教育方法的引导,学校可以通过定期开展家长培训等互动模式,引导家长注重家庭教育,而不是将家长的分数纳入考试成绩。如果要家长参与考试,也只能作为一个参考分数,而且考试内容应该以教育理念和教育方法的考量为主,以此来体现教育公平,也体现对教育基本规律的遵从。要想杜绝此类现象所带来的负面影响,从根本上来说,必须大力推行素质教育,更加注重人的全面发展,不能紧盯着成绩不放,还要完善我们的教育评价体系,以多元化的方式来衡量,真正体现"因材施教"的教育方向,最大可能地挖掘孩子的潜力,这才是教育应有的意义所在。

例2　有地方政府把"孝"纳入领导干部考核指标中,谈谈你对这种做法的认识。

"孝"是中华民族的传统美德,"百善孝为先"是我们几千年来所奉行的道德标准。将"孝"作为制度标准,在中国政治制度发展史上也有据可循,举孝廉制度是最典型的标准。现在很多地方将"孝"纳入领导干部考核标准,有其合理之处,一方面是能够延续我们的传统美德,使历史传统的优秀成分得到弘扬;另一方面,能够以此来约束领导干部的行为,做好示范带头作用,能够形成良好的社会风气,这是值得肯定的。

然而,从具体实施角度来说,我们也会产生很多方面的担忧。其一,"孝"本来属于私德领域问题,而作为领导干部考核标准,就会产生在干部考核体系中掺杂"私德"问题,就会产生考评体系中的制度困境。其二,从具体实施角度来说,在干部考核时,可能会有些干部会为了通过考核,获得高指标,而在真正的家庭孝道中弄虚作假,会将"孝"作为工具,甚至会产生家庭成员与其共同应付的情况,这是在实施中难以把握的问题之一。另外,对于"孝"的考核必须借助家庭和社会载体来实施,这一实施过程难免会存在失真现象,会在干部考核过程中产生一些不公现象。其三,"孝"的体现,必须体现个人的真情实感,体现亲情的成分,而如果作为考核标准,用硬性指标加以限定,则会让很多干部行孝道时流于形式,丧失应有的亲情成分。

所以,对于"孝",领导干部应该起到良好的社会示范效应,以身作则,带好头,要增强领导干部的自觉性。另外,"孝"可以作为干部考核的参考指标,不应该作为硬性指标,这样更为合情合理。

例3　《山楂树之恋》热映后,湖北定远县这个小县城也一下子成为全国知名地,定远县也准备改名为山楂县,对于这种情况你怎么看?

将定远县改名为山楂县,有其合理之处,是想通过影视作品的热播效应来提升当地的知名度,以此作为契机,来带动当地旅游业等相关产业发展,还可以借此来招商引资,带动当地经济发展,这值得肯定。

定远县改名,也会出现很多问题,必须予以重视。其一,一个地方的地名都蕴含着其历史文化传统,若改名,势必会使本来蕴含的历史文化传统流失,所以,改名与否,要重点考虑当地历史文化因素。其二,地名更改之后,势必会给地方居民的身份信息、户籍信息以及政府、社会单位的相关信息带来诸多不便,这些信息的更改,无形中会增加行政成本,甚至会造成极大的行政资源浪费。其三,利用影视作品的热播效应来带动当地经济的做法是一种短视行为,只考虑了眼前利益,而没有涉及长远利益。试想,在影视作品的热播效应逐渐淡去之后,当地知名度延续性会受到影响。所以,当地应该利用影视作品热播效应来挖掘当地优势资源,形成特色经济发展模式,比如以此作为契机发展特色旅游业,整合当地优势旅游资源,注重将短期利益与长远利益结合起来,带动当地经济发展的长久有效性发展。其四,从改名程序上来说,要综合群众意见,全面听取群众心声,根据群众意见做出决策调整,能够将群众意见纳入决策体系中来,增强决策的科学化、民主化。其五,这一改名行为体现出当地政府官员可能存在的政绩观偏差,注重地名更改的形式化,而没有将工作重心放在如何提升当地居民的收入水平,如何改善当地居民的生活状况和提升当地群众的幸福感上。所以,应该引导地方政府官员树立正确的政绩观,要为民做实事,担当起为官一任、造福一方的责任。

湖北定远县改名山楂县,是地方更名现象的一个缩影,对于地方更名现象,相关部门应该加强审批力度,以一种严肃的态度来对待。

例 4 某地一些中学教材中删除了"书中自有黄金屋,书中自有颜如玉"等句子,你怎么看待?

教材中删除"书中自有黄金屋,书中自有颜如玉"这些句子,有一定可取之处,这类句子中体现出读书学习的功利性色彩,出于这方面的考量删除这些句子是可以理解的。但是,因为这样的原因删除这些句子,略显草率,而且属于因噎废食的做法。

首先,"书中自有黄金屋,书中自有颜如玉"这些句子都是传统佳句,曾经是激励人们奋进的文化符号,是传统文化的典型代表,如果将其从教材中删去,会影响到传统文化的传承,对于弘扬传统文化起一定阻碍作用。

其次,这些句子虽然现在看来有些功利性色彩,但是都有其特定的社会历史文化背景,若在中学教授过程中向学生说明其特定历史背景,学生也能够分辨清楚,则可以帮助学生树立正确的价值观。所以,直接删去,有些矫枉过正。

最后,教材的编纂以及文章、语句的选取都是一个认真的过程,若学校自作主张删除这些句子,有些草率。在教材编著过程中,应该组织有多年一线教学经验的教师、教育学领域专家、教育主管部门代表等多方共同参与,本着尊重教育规律的原则,充分论证,最终才能确定。

(二) 观点分析题

观点分析题又称为观点言辞分析题或言辞分析题,一般分为一元性和二(多)元性题目。一元性题目是指不能用辩证的、一分为二等解题方式答题的题目,多为国家领导人的言论或讲话。该类题目的作答主要是论述其正确性和如何落实在实际工作中。其他观点、言论多为二元性的题目,要注意分析其合理成分和不合理成分。

对于作答观点分析题来说,很多考生感觉无从下手、空洞无物,然而这正是这类观点分析题作答的方向所在。对于这类题目的作答,一定要从观点出发,能够旁征博引,体现自己思维的广度和深度,将感觉无话可说的简单观点细化为具体事例和自我认知成分来答题,更具生动性和鲜活性,也能够将自己认识问题的能力体现出来。答题整体框架如下。

- 一元化观点题答题框架:表态、阐述+这要求我们怎么做+举例子+总结。
- 二元化观点题答题框架:关键词法、AB式结构法。

例1 习近平总书记说："理想和信念是共产党员的钙。"你怎么看？

这是一元化题目，按照框架梳理作答即可：习近平总书记的这句话对广大党员提出了非常明确的要求，就是要坚定理想信念，坚定立场，提高党性修养。共产党员如果没有理想信念作支撑，"缺钙"，就会"不健康"，会得"软骨病"，不能抵制诱惑，也无法坚守平淡与寂寞，更会缺乏开拓创新、敢于担当的勇气与魄力。所以，一方面，广大党员要自觉加强党性修养，持续保持思想上入党，坚持党的历史、理论、方针政策学习，保持与党中央的高度一致。另一方面，组织要加强对党员的理想信念教育、健全和完善党内监督，强化党的纪律要求。焦裕禄、杨善洲等我党的优秀干部，正是自身树立了坚定的共产主义信仰，心里真真切切地装着使命、装着群众，才谱写了一首首感人的"公仆"赞歌。我作为一名年轻党员，一定要牢记习近平总书记这句话，以一名优秀党员的标准严格要求自己，坚定理想信念，体现党员先进性。

例2 习近平总书记在天津和高校毕业生、失业人员等座谈时，问村干部杨代显"情商重要还是智商重要？"杨代显回答"都重要"。对于智商和情商你怎么看？

这是时政型观点分析题，该类型要求不仅仅要把此题当作观点分析题看待，还需要此题的背景知识，方能答出亮点、答出彩。因为，习近平总书记当时又说道：做实际工作，情商更重要。这一背景知识的有无，对本题的作答影响很大。因此，此题的作答框架应是 AB 型分析法阐述"智商"和"情商"，再引入习近平总书记后来的话用"一元化观念题"的框架重点讲"情商"。

AB 式分析法对"智商""情商"的分别界定可以和工作实际联系起来，"智商"可以界定为工作能力、理论水平等知识技能素养与储备；"情商"可以界定为沟通意识与技巧，人的情感因素、心理调适能力、心态、价值观念对行为选择的影响等。这二者都是我们做工作、做事情不可或缺的，不能有明显短板，而且这二者都涉及先天和后天因素，但都是能够在后天提高改善的。

对习近平总书记的"做实际工作，情商更重要"这句话的理解，要作为本题回答的压轴部分。可以从两个方面展开阐述：第一，做实际工作，沟通和服务的态度、水平、方法、技巧很重要。第二，做实际工作，要带着感情做事，要投入真感情，才能真正融入基层、牢记使命。大家可以举实际工作的例子，也可以举优秀人物的例子（杨善洲、沈浩这样的干部，正是把真感情投入工作中，对群众充满了真感情，才能够在工作中坚持常人不易坚持的，忍受常人不易忍受的）。

例3 李克强总理在回答记者提问时说："改革贵在行动，喊破嗓子不如甩开膀子。"请谈谈你对这句话的理解。

这是时政型观点分析题。如果只是从观点题角度出发，这句话就是"行胜于言"的道理。但是，"改革"二字使此题具有了很明显的时政特质。新政以来，各个领域掀起改革热潮，十八届三中全会以后，"全面深化改革"更是成为重要的时政热点。所以，此题需要双重提炼，既要讲全面深化改革关键期，我们需要的是实际行动，各地要积极贯彻落实中央决策；也要讲知行合一，行胜于言，突出动手实践的重要性。当然，核心还是前者，要围绕改革多讲一讲。从促进我国经济社会全面协调可持续发展、"五位一体"全面协调推进的高度，讲改革的重要性、必要性。在重要战略机遇期，进一步深化改革，梳理好政府和市场的关系，推进农村土地制度改革、户籍制度改革、考试招生制度改革、养老保险制度改革、计划生育政策调整、生态文明制度建设、司法体制改革、反腐败体制机制创新等方面的工作，对国家建设、经济社会健康发展尤为重要。同时，改革就要革除积弊，会触动既得利益，会有种种阻力，就更需要我们以"壮士断腕"的决心和勇气来义无反顾地推进各领域改革，真刀真枪地改革，而不是停留在宣传口号上。这种改革创新是时代要求，是实现中华民族伟大复兴的必然选择。

本题作答还可引出习近平总书记讲的"空谈误国，实干兴邦"这句话，其精神要义是高度契合的。

例4 有位基层领导说："做人要像人，做官不要像官。"你怎么理解这句话？

这是 AB 式框架法，重点在于提炼和对 B 的辩证式处理。讲 A：要注重个人修养，加强个人品德修养和道德自律，遵守社会公德、讲求职业道德，崇尚家庭美德，要树立正确的世界观、人生观、价值观。讲 B："不要像官"是指不要有特权意识，不要有官架子，不能有官僚主义，不能忘记自己也是一名群众、来自群众。

对 B 的辩证式处理：当然，做官也要像官，要明确自己的角色和使命，要忠诚于国家和人民，认真履职。不能有官架子，但要有官样子，要不负群众的寄托，要代表群众的利益。要努力做像焦裕禄、杨善洲式的官员，兢兢业业，夙夜在公。

最后的总结可以把个人的德才兼备、领导干部的德、能、勤、绩、廉简单谈一下，简洁结尾即可。

例5 俗话说：做老实人、说老实话、办老实事。但当前社会和市场竞争都越来越激烈，对此有人说，做人不能太老实，也不能不太老实，对此请谈谈你的看法。

本题有三种答法，如下所述。

（1）如果只提炼出"诚信"，可以围绕"诚信"这一主题使用"界定阐述-要求我们怎么做-举例子-总结"的框架。此处就不赘述了。

（2）把"老实"与"不老实"作为一对概念采用 AB 式框架。亦不再赘述。

（3）总-分-分式的分论点作答法。主要的分论点有：第一，做人要有原则，有自己明确的立场，要讲诚信，不弄虚作假，要守规矩，遵纪守法，做好自己的本分。第二，要树立竞争意识。经济社会快速发展，外部环境变化日新月异（类似于"自黄 C"句式），这就给我们的工作能力不断提出新的要求，优胜劣汰，不进则退，要敢于参与竞争，通过竞争学习充实提高自己。第三，守规矩但不墨守成规、故步自封、思想僵化，也要积极推动创新。第四，在工作方式方法上，要将原则性和灵活性结合起来。

例6 "智慧源自于错误"，这句话你怎么理解？

这句话类似于"失败是成功之母"，看到此题不致无话可说，但问题却由此而来——

越简单的题目越要重视，简单的题大家都能讲很多话，这就逼着我们讲得更好才行。因此，此题尤其考验考生的发散思维能力。发散式的分析适合采用总-分-分的分论点式框架。

第一，错误不会自动转化为智慧，错误也不必然就产生智慧。要从错误中悟出智慧、得出智慧，这要求我们善于总结、反思。失败的确是成功之母，但如果不反思总结，不积累经验教训，失败还会导致下一次失败。第二，自己的错误可以总结出智慧，别人的错误也能总结出智慧。它山之石，可以攻玉。我们要善于借鉴他人经验。第三，出现错误不要气馁，不要一蹶不振，要相信"吃一堑，长一智"。痛定思痛之后，要冷静分析，找出突破口，找到解决问题的方法、途径。第四，智慧也源于成功，不能把"智慧源自于错误"作为我们屡犯错误的借口/托辞。

此题可以列举爱迪生科学实验的艰辛过程。总结时可讲：人非圣贤，孰能无过；知错能改，善莫大焉。自己一定会不断学习，严谨行事，努力避免错误。

例7 干事，不同的人有不同的干法：有人对要干的事，非常专注地干；有的人对要干的事，创造性地干；有人对要干的事，挑大事干。请谈谈你的看法，你平时干事采用什么干法？

此题作答分两部分：第一部分采用 AB 式框架的拓展——ABC 式框架，分别对"非常专注地干""创造性地干""挑大事干"进行分析阐述。第二部分阐述自己干事的干法。

第一部分：讲 A，非常专注地干，就是做事认真负责，全身心投入，就是习总书记讲的"钉钉子精神"，专注之后稳步推进。讲 B，创造性地干，就是要善于思考，要具有开拓精神，在理念思维上能够解放思想，发现新问题、找到新途径、开创新局面。讲 C，挑大事干，就是要抓主要矛盾和矛盾的主要方面、抓重点，有"专啃硬"骨头的干劲。

第二部分：我认为自己平时干事也要从以上三种做法中吸取经验，结合自己工作的内容特点和基层工作实际来分析，视情况来采取相应的干法。基础性、细节性的工作就要专注地干；需要就某方面进行改革创新就要创造性的干；遇到纷繁复杂的一堆事项，就要提高工作的统筹安排能力，按照轻重缓急，先挑大事干。总之，我作为年轻人，更应该埋头苦干，多锻炼自己，多做事、勤做事，对自己高标准、严要求，促进自己快速成长、成熟。

例8 一位知名作家说人生有"四然"：来是偶然，去是必然，尽其当然，顺其自然。谈谈你的理解。

既然出题人都说了是"知名作家"说的话，那我们就将其作为一元化观点题来对待，从积极方面来阐述。题干的四句式结构使得此题在框架上适合采用 AB 式框架的拓展——ABCD 式框架：讲 A、讲 B、讲 C、讲 D、总结。

讲 A：来是偶然，所以我们要珍惜，珍惜生命、珍惜机会。人生只有一次，我们要让此生有意义，就要做正确的事情，做对社会、对国家有贡献的事情，把个人价值和社会价值统一起来。

讲 B：去是必然，所以要豁达、安然地走完这一生，既然是必然的，就要不枉此生，书写精彩人生。

讲 C：尽其当然，就是要尽职尽责，做好自己的本职工作，尽自己的努力为单位、为社会做出更大贡献。做最好的自己，做最好的工作。

讲 D：顺其自然，所以我们要摆正心态，以豁达、乐观的心态面对人生起起落落，以淡泊名利的心态面对物质与利益。同时，顺其自然也指我们能够因势利导，善于利用外部环境和条件，顺势而为之。

总结：所以在今后的工作生活中，要珍惜机遇，认真对待人生，认真对待工作，不浑浑噩噩，我会努力让自己的人生、事业更有意义。

（三）寓言哲理

1. 破解方法

破解寓言哲理题目，我们推荐以下三个方法。

方法一：挖掘要素的象征意义（一般以公职立场所涉及内容为出发点，找出其合理的发散点），以及各要素之间的关系。

方法二：联系当前理论、时政热点。

方法二：主体分析法的运用，从不同主体的角度分析其启示意义。

2. 答题框架

（1）经典框架：表态＋阐述解释＋这要求我们日常怎么做＋举例子＋总结句。这适合于考生们只思考出一个考点的情况。

（2）分论点框架：总分分式，即表态＋分论点。适合于考生思考出若干个考点的情况。

例 1　老木匠准备退休了，他告诉老板，说要离开建筑行业，回家与妻子儿女享受天伦之乐。老板舍不得他的好工人走，问他是否能帮忙再建一座房子，老木匠说可以。但是后来大家都看得出来，他的心已不在工作上，他用的是杂料，出的是粗活。房子建好时，老板把大门的钥匙递给他。"这是你的房子"，他说，"我送给你晚年的礼物"。你怎么看这则故事？

题干所传递的信息需要从几个方面来把握，以此来将其象征意义抽理出来，并加以详尽描述。题干信息主要是从老木匠角度，体现了老木匠在面对工作时没有做到善始善终，在最后工作中缺乏责任心，没有严格要求自己，所造成的"自食其果"的结局。以此得到我们做事的启示。另外，还可以借助主体分析法，从老板的角度抽理出所具有的启示意义。老板一方面没有站在老木匠的角度去思考问题，在管理过程中或平时沟通交流中缺乏换位思考意识。另一方面，老板在管理过程中体现出制度漏洞，老木匠用的是杂料、出的是粗活，若在管理层面以强有力的制度来严格约束每一道工序、每一个步骤，这样的情况就会避免。

在解题过程中，一定要结合题干信息将其所表达的深层寓意，结合自身实际或时政热点进行抽理，也就是说，要具备一定的发散思维。在教学实践中，有个别考生会就这一问题展开多维度发散，甚至会联想到整个房地产市场如何规范的话题，虽然这一话题的描述有些遥远，但是这样的训练方向值得肯定，能够借助发散思维来延展语言内容，也体现了对于认识问题的全面深刻。在面试备考的中间阶段，需要借助这类题目将思维发散能力培养起来，这样的发散能够融会贯通，将之前所接触的语言素材和答题思路整合在这类题目之中，灵活运用，举一反三，这是非常有必要的。很多考生在面对面试题目时，总有一种困惑，即"不是不会答，是想不到"，解决这一困惑的路径，就可以借助这类题目来加强训练。

例2 有个船主，让漆工给船涂漆。漆工涂好船后，顺便将船上的漏洞补好了。过了不久，船主给漆工送了一大笔钱。船主说："这是给船补漏洞的钱。"漆工说："那是顺便补的。"船主说："当我得知我的孩子们驾船出海，我就知道他们回不来了，因为船上有漏洞。现在他们却平安归来，所以我要感谢你！"请谈谈你对这则故事的理解。

本题题干所突出的是漆工的所作所为，给我们带来的正面的启示意义。其一，漆工责任心强，在工作中能够尽职尽责，以一种负责任的态度去面对每一个细节，这是值得我们学习的。其二，漆工最大的优点在于，他能够在发现问题时，积极地解决问题，正是因为他的这一优点，才保住了船主孩子们的生命。在这一点上可以引申到个人和社会层面来描述，即可以谈忧患意识的重要性，能够预见到一个小问题存在的隐忧，并且能够未雨绸缪，防微杜渐。从个人层面来讲，可以谈我们在工作中如何发现问题并及时解决问题、重视细节等内容。从社会层面来讲，可以谈公共事件的防范机制，比如安全预警机制的完善等内容。这些是此题信息集中要表达的意思所在。同时，利用主体分析法，挖掘船主身上可提炼的内容，一方面是他与漆工形成了反差，他知道船上有漏洞而没有及时采取补救措施，险些酿成悲剧。另一方面船主有可贵的感恩意识。

例3 一个杯子中装了水，人们会说它是水；一个杯子中装了油，人们会说它是油；只有当空杯子放在那里时，人们才会说它是杯子。请问你怎么看？

题干中是一个极其简单的生活常识，但是蕴含着深刻的哲学道理，必须能够将这些哲学道理结合实际生活分条细化出来。第一，从杯子的角度来说，杯子身上有清晰的角色定位，能够甘当配角，这可以联想到，在我们实际工作和生活中，那些默默无闻、踏实肯干、不争功、不抢功的人，他们身上有较高的职业素养和职业精神，他们用一己的付出为团队、社会发展做出努力。另外，杯子身上还有值得我们敬仰的奉献精神，在很多时候，他们能够牺牲自我，去维护别人的利益。从这一点可以延伸到，我们作为公职人员，就相当于杯子，身上要具有奉献精神，能够用自己的付出和努力去维护好广大人民群众的利益，这正是我们社会价值的体现。第二，从水、油、杯子结合的角度来看，可以讲内容与形式的结合，进而可以提及我们看待问题的方式方法，要能够做到透过现象看到本质，善于把握事物的本质，认识事物发展的规律。

本题难度较大，主要体现在破题上，但是结合主体分析法，从不同角度进行切入思考，破出比较恰当的观念内容，也是轻而易举之事。在论述过程中，可以结合角色定位和奉献精神，谈及群众路线，维护好、保护好最广大人民群众的利益等内容。在面对此类问题时,还可以结合所学的一些哲学原理来进行分析,将哲学观点运用到答题过程中。

例4 傻瓜＋傻瓜＋智者＝智者,智者＋智者＋智者＝傻瓜。你怎么理解?

题干信息是由两个不同的公式构成,从两个公式结果的对比以及傻瓜和智者的不同象征意义可以得到解题思路。第一个公式中,有一个智者,象征着一个团队中的领导或者核心人物,他们在团队协作中起到主导作用,对于整个团队的发展起着至关重要的作用。傻瓜象征着一个团队中的执行者角色,他们能够默默无闻地配合领导的决策,做到充分的执行,从而提高整个团队的效率。第二个公式中,三个智者组合在一起,最终的结果出乎意料。这说明,在一个团队中,大家都是聪明的人,这样就会各自为政,不懂得配合协作,从而影响到整体效率的推进。由两个公式的对比,可以看出,其一,领导作为团队核心的重要作用,以及领导角色如何能够保证团队协作,体现团队战斗力的领导方法的重要性。其二,可以看出,一个团队中,每个人都应该有清晰的角色定位,认清自己在团队中的作用,确定自己在团队协作中的职责范围,并能够付诸实际行动,实现自我价值的同时,为团队的发展做出自己应有的贡献。其三,反映出一个团队的制度设计非常重要,良好的制度设计能够对团队成员进行合理分工,每个人能够按照既定安排展开工作,以自身行动来维护团队制度的权威性,有效提高了团队的整体效率。

六、材料题

材料题是给定一段材料,考生阅读完材料后回答问题。在实战中,既有考官口述念题的形式,也有考生题本的形式。材料题一般为2～4个问题。很多考生把源自于对“申论”的恐惧带到了材料题,还有“密集文字恐惧症”,对材料题有莫名的畏惧,这大可不必。因为,材料题是典型的“纸老虎”,只是身材魁梧,模样吓人,因为材料题中的问题其实都是本讲前述部分里的常见题型。材料后的问题一般分为两种情况:①材料只是引出话题,给出大背景,后面问题的答案不一定是从材料中得来。②答题要严格依据材料,类似于小申论。大家是幸运的,因为常见考试中的材料题主要是第一种。

所以,材料题是一个大概念,材料题中有人际关系题、计划组织协调题、应急应变题、综合分析题、情景模拟题。申言之,人际关系题与材料题中的人际关系题并无二致,综合分析题与材料题中的综合分析题并无二致……也就是说,并不因为是在材料题中出现,而改变了传统经典题型。相反,正是因为有材料,我们可以从中获得很多信息、素材,会大大降低答题难度。

部分公职人员面试环节采用的视频题本质上也是材料题,只是材料的形式、呈现载体不同,但视频题后面的问题至少有1道题是前述的第二种情况,即答题要严格依据材料。比如,国考面试中的铁路公安岗位有这样一道题,观看完视频后要求考生描述犯罪嫌疑人的体貌特征。此题不仅紧密联系警务工作实际,还必须严格依据材料,答案是从材料中来。

下面我们通过例题分析的形式具体感受一下材料题。

例1　给定材料。

材料一：全国人大代表、杭州市第一人民医院肾内科主任王鸣建议，尽快通过立法，制定有关城市生活垃圾分类处理的法规条例，消除垃圾围城的困境。王鸣代表表示，应该在城市积极推动垃圾分类，例如像生活垃圾中的残菜剩饭、果皮菜叶等，不需要深度处理，可直接堆肥生产有机肥料。对可回收的垃圾再生利用，也能使塑料、玻璃、金属等垃圾资源化。

材料二：杭州即将全面推行生活垃圾分类，2月20日，杭州市城管办宣布，37个小区确定纳入生活垃圾分类试点，3月起逐步推行。首批试点小区8个：建南小区、浙报公寓、新城国际花园、清水公寓、绿园、东芝公寓、金沙曲苑、江滨花园。3月开始，这8个小区居民家里的生活垃圾要分成4类：可回收垃圾、厨房垃圾、其他垃圾、有毒有害垃圾，然后分别投放在楼下相应的垃圾箱里。乍看上去，分类有点复杂，其实不然。在家里，你只要把厨房垃圾和其他垃圾分开就行了，因为，这两类垃圾最多，厨房垃圾专门放一只桶，其他垃圾装在另外的桶。据了解，到今年年底，杭州市40%的区域将推广垃圾分类。

问题

（1）你对杭州市全面推行城市生活垃圾分类怎么看？

（2）领导让你针对本市预试行的垃圾分类处理条例做一个民意调查，你会如何开展？

（3）你作为垃圾分类试点小区工作人员，部分小区居民分类意识不强，不愿意分装投放垃圾，该怎么办？

（4）你怎么看当前很多城市出现的"垃圾围城"现象？

分析

第1题：推进生活垃圾分类是好事，所以直接套用综合分析题中的社会现象类型中好事、正面现象的答题框架：对好的肯定，如何落实、如何更好。"对好的肯定"，讲述其意义，积极影响，这些构成了该题表态内容。"如何落实、如何更好"，是该题的主干内容。推荐思路如下。

我认为这个举措是非常好的，有利于居民生活方式的改变，有利于推广循环利用，推动垃圾处理方式的升级，减少垃圾量，对于生态环境保护、可持续发展具有重要意义。

要强化落实，把实事办好、好事办实。并且把杭州的经验分享推广，在更大范围内实施垃圾分类。从长远看，要以垃圾分类为契机，进一步提升人们的环保、节约、可持续发展的意识，把现代、文明、环保的生活方式内化成公众的习惯，要在全社会范围内改变过去传统的粗放的生产生活方式。

第2题：这是一道"调查"题，不要忘记表态后缀。在答题主干部分的细节中，要注意题干中的关键词对我们的帮助，"本市"，提醒我们要注意这道题的范围很广，所以你一个人的力量是不够的，要成立调查组；"民意调查"，说明需要深入社区、各单位、广场等地点，或以网络问卷的形式，收集群众的意见；"预试行的垃圾分类处理条例"，说明要了解群众对该条例的了解情况、接受程度、有什么顾虑、还有什么建议等。然后，把意见汇总，提交领导。

第 3 题：这是一道计划组织协调题为形（外壳）、综合分析题为神（内核）的题目。所以不是追求计划、实施、总结的有条不紊，而是要追求如何解决问题，核心是对策。具体措施有以下几条：第一，继续加强宣传、引导。新观念的树立需要一个过程，因此思想宣传工作要持久。可以继续在小区的宣传栏作专题介绍，包括重要性、具体做法等知识。第二，激励措施。出台小区奖励激励制度，如，提供垃圾袋，设计新颖、布局合理的垃圾箱以方便居民分类投放，增加扔垃圾这一过程的趣味性、吸引力。第三，我们工作人员要做好表率，以自身行动来影响群众。在结尾部分，作积极表态。

第 4 题：综合分析题中的社会现象/问题类题，负面，所以直接使用"表态、原因、对策、总结"的四段式框架。

"垃圾围城"已成为很多城市的一大难题，给市容市貌和生态环境造成很大影响，必须有效治理。"垃圾围城"其实是现阶段我国经济社会发展中一系列问题的集中反映。

究其原因：第一，随着城市化进程加快，城市拆迁、改造，产生大量建筑垃圾。第二，居民、企业的生产生活方式仍然粗放，垃圾分类未有效推广。第三，我国垃圾处理方式、技术仍然单一、落后。第四，由于"面子""人情"等文化观念，加之相应约束性法律、法规不健全，我国商品的过度包装严重，制造出大量垃圾。

因此，一定要从源头上着手，标本兼治，来破解"垃圾围城"难题。第一，思想观念层面，要在全社会加大宣传、引导和教育力度，让生态文明、美丽中国的美好愿景深入人心，让建设资源节约型、环境友好型社会成为我们共同的目标，推广低碳、简约、理性、绿色的生活方式、消费方式。第二，在制度层面，政府主导，推广垃圾分类，采取垃圾费"按量收费"的阶梯价格调整。第三，技术层面，推动技术进步，提高"变废为宝"的循环利用技术，建设生态发电厂，用垃圾发电，升级垃圾处理技术，改变过去的焚烧、填埋的单一做法。最重要的是，努力转变经济发展方式，推动产业机构优化升级，是我们全社会的生产生活方式由粗放到高效集约、由传统向现代化生产生活方式转变。

习近平总书记说过，我们既要绿水青山，也要金山银山。宁要绿水青山，不要金山银山，而且绿水青山就是金山银山。我们不能一味地追求经济发展而忽视了环境保护，要实现绿色发展、可持续发展。

例 2　给定材料。

今年以来各地政府部门的官方微博更是如雨后春笋般涌现，"织围脖"成了政府部门聆听坊间民意的选择。

"没报？还是你没看？我们接受批评，但不等于接受诽谤。""今晚不知道为什么，火气有点大，请各位原谅。"佛山气象局官方微博如此回应网友的质问。

官方微博风起云涌之时，不少网友却质疑，此举可能盲目跟风、流于形式，希望能真正多为市民办实事。网友的这种担心并非杞人忧天。南京市水利局的官方微博"南京水利"开通至今尚无发表一条微博，粉丝数量寥寥无几，仅有 16 人。甘肃政府新闻办于

1月27日开通微博,粉丝已达12万,但目前微博仅发布了88条。"嘉州微博"及腾讯"微嘉州",是乐山市市中区政府新闻办官方微博。4月18日下午,两个微博发布了第一道菜谱"魔芋烧鹅鸭"。从原料准备到制作流程,菜谱图文并茂做了详细介绍。

网友"新裤子挺合适"质疑天津城管履职不到位,但其官方微博"爱护天津"对此表示沉默,而把重心放在发布城市管理的新闻资讯、城管法规、市容维护、爱园护绿知识等。

有专家指出,目前,政府机构开通微博,更多停留在发布服务信息,官方微博更多的是宣扬自己的战场,还没有真正做好迎接网友"狂轰滥炸"的准备。

"政府官方微博,大多还处于'初级阶段'。"南京市委宣传部网络宣传处处长潘涛认为,官博相当于政府机构的"自媒体",不需要借助传统媒体的"转译",而是直接表述和交流意见,达到无中介传播,这就要求政府机关"要善于表扬和勇于批评自己"。他说,其实政府的工作、会议中有很多与百姓密切相连的有趣话题。政府工作人员要及时关注、倾听民意,根据受众的需求发布微博,既要将政府的工作展示宣传给群众,也要敢于暴露自己的不足并及时纠正,以减少误解和隔阂。

问题

(1)官方微博蔚然成风,但是公众却认为是盲目跟风、流于形式,在作秀。请你结合材料,谈谈看法。

(2)你是某政府官方微博的管理人员,在一次回复网友的帖子中,受到网友的轰击,领导因此批评了你,你怎么办?

(3)你的同事把一道菜的制作从原料准备到制作流程,图文并茂地公布到官方微博上,引发了公众的强烈质疑,作为官方微博的负责人,你怎么办?

分析

第1题:综合分析题,同时"请你结合材料"要求我们从材料中的事例得出原因。而材料中恰好列举了几种不同表现:语言不规范、不文明;"僵尸微博"现象;官博与民众的互动缺失,不正面回应网民质疑;发布与政务工作无关内容,使官方微博娱乐化。这些原因都是从材料中得来的,很像申论的小题。然后谈对策,讲我们该怎么做。大家可从思想观念层面、制度层面、技术层面来谈措施。

思想观念层面主要谈重视,将其视为倾听群众意见、了解民意的重要渠道,坚持群众路线。制度层面主要谈制度、监管。技术层面主要谈加强政府官方微博的管理、操作要规范。

第2题:虚心接受领导批评,表示会积极改正。引发网友"轰击",可能会对单位造成不好的影响,有损单位公信力,所以一定会认真分析、积极应对。

接下来的核心问题是"轰击",其原因是什么?到底是谁的过错,还需要引入分情况法。如果是我的回复不合理,言语不礼貌、不规范,或者回复的内容是错误的,我要向网友道歉,承认错误,并积极改正,消除造成的不利影响。如果我的回复是坚持了原则,符合该事件的制度规定,我就要注意是不是言语表述上没有做到清晰、到位的解释。把情况分析清楚之后,我要向领导汇报该事件的具体情况,让领导知道真相,并请领导做出指示。

第3题:首先表态,引发公众强烈质疑,这对官方微博本身、对单位形象都会造成极大的形象损害,有悖于我们建设服务型政府的要求,必须立即处理,完善管理,杜绝此类事情再次发生。首先,要将菜谱内容删除,公开道歉,并承诺将事件的调查、处理结果公示。其次,询问同事具体原因,是不是操作失误,比如,没有分清是自己的微博还是官方微博。我作为负责人,一方面要检讨自己在微博管理中存在的漏洞,也要对同事的做法提出批评教育。此次事件带给我的反思是深刻的,在今后一定要加强制度化管理,减少人为不当操作影响,要对官方微博的内容发送、消息回复、规范用语、登录发帖等具体方面做出规定,要责任到人。

总之,要发挥官方微博的积极作用,使其作为倾听民意、了解民情、互动沟通的有效平台,成为化解矛盾、政策宣传的便民平台。

例3　给定材料。

材料一:广州市财政局在其网站上发布了《2009年广州市本级部门预算》,114个部门预算均供免费下载,这是广州市首次在网上公开年度"账本"。政府部门到底是如何花钱的? 这些一直被人们认为是"国家秘密"的内容得到了公开。在公布了广州市全部114个政府部门预算后,广州市财政局的网站一度因为蜂拥而至的下载浏览而"瘫痪"了。

广州市财政局局长张杰明接受新华社记者采访时说:"这只是一个开始,明年只要我们的部门预算经过人大会议审议通过,就立刻上网,向社会公开。"

材料二:全国人大代表、全国人大财经委副主任委员、全国人大常委会预算工委主任高强昨日在"两会"新闻中心表示:全国人大今年强力推进预算公开,要求经过人大批准的政府预算都要公开,其中包括国务院各部门预算。

不过他也表示,"我也可以坦率地告诉大家,今年即便公开了,也达不到大家要求的那么细。"高强说,为解决该问题,财经委在审查预算报告中明确提出要求,"在明年向人大报告预算时,要报告政府的基本建设情况和政府行政开支情况"。

问题

(1) 你对政府预算公开怎么看?

(2) 领导要求你把你们部门的预算公开,你怎么做?

(3) 预算公开了以后,群众有许多意见,你怎么处理?

分析

材料只是起到引起"政府预算公开"这个话题的作用,所以材料内容的陈旧不影响我们的分析。这种材料只起到背景话题作用的题型很多见。

第1题:政府预算公开,这是好事情,所以使用正面社会现象题的思路:对好的肯定,如何落实、如何更好。表态可以讲,政府预算公开是落实政府信息公开,打造"阳光政府",建设服务型政府的题中应有之义,有利于社会各方面对政府的监督,同时,这也是政府对纳税人负责的体现。

如何落实、如何更好：各级政府部门应该贯彻落实《中华人民共和国政府信息公开条例》，依法推进信息公开工作。当前要在制度建设上下功夫，一方面是加强监管、问责，严格落实制度；另一方面是继续完善、细化制度。政府预算、经费开支条目的细化、具体化，要有说明，公开的方式、渠道要多元化、要便民，对于经费预算开支使用要有审计、监督和问责，公共财政，取之于民，要用之于民。每一笔经费，应不应该花，怎么花的，花在哪里，都要有严格制度予以规范。

第2题：预算公开工作非常重要，需要严谨细心，我一定认真完成。我会从以下三个方面来进行：第一，准备工作。对我部门的预算情况进行了解，明确本次公开的项目、内容、范围。拟公开方式有单位网站、单位公示栏或政务公开栏。将拟定的公开方案汇报领导。第二，实施。配合网站技术人员，把预算公开的情况说明上传网站，做好公示栏的张贴。第三，总结与后续工作。做好工作总结，注意收集群众和各方反馈的意见，做好回复、解释工作。

第3题：应急应变题，"群众有意见"但没说是哪方面意见，所以要引入分情况法。

首先，要对群众意见进行收集汇总，分析这些意见，把其中的有效意见整理、分类，形成意见汇总表。一方面是做好对群众意见的答复、解释工作，另一方面要将意见向领导汇报。在向群众答复、解释时要注意，如果是批评意见、建设性意见，情况属实的，我一定及时反馈给单位领导，来改正、完善工作；如果是政策咨询类的，就要耐心做好政策制度的解释说明情况。其中，可以把群众关注度高、集中的话题进行统一回复。总之，预算公开之后的群众反馈很重要，一定要重视群众意见，及时答复，发挥好窗口、平台作用。

例4 给定材料。

20世纪60年代初，浙江省诸暨市枫桥镇干部群众创造了"发动和依靠群众，坚持矛盾不上交，就地解决。实现捕人少，治安好"的"枫桥经验"，为此，1963年毛泽东同志就曾亲笔批示"要各地仿效，经过试点，推广去做"。"枫桥经验"由此成为全国政法战线一个脍炙人口的典型。之后，"枫桥经验"得到不断发展，形成了具有鲜明时代特色的"党政动手，依靠群众，预防纠纷，化解矛盾，维护稳定，促进发展"的枫桥新经验，成为新时期专门工作与群众路线相结合的典范。

"枫桥经验"之一："小事不出村，大事不出镇，矛盾不上交，就地化解"。为此，枫桥在各居委会、村，甚至在一些重点企业都建立了相应的调解组织。近年来，枫桥镇共成功调处民间纠纷1000多起，调处成功率达97.2%，其中80%的纠纷在村一级得到了解决。此外，枫桥镇在健全普法工作网络的基础上，每年投入20多万元用于法制宣传教育，并对曾经有过违法行为的人员，坚持"不推一把拉一把，不帮一时帮一世"的原则。

"枫桥经验"之二：帮扶刑满释放人员。五年来，枫桥200多名刑满释放人员中，绝大部分人已成为自食其力的劳动者，改好率达99.15%，有的人成了致富能手，有的人还入了党，当上了村干部。

"枫桥经验"之三：外来务工人员管理新模式。随着经济发展,枫桥镇还针对外来务工人员推出新的管理模式,统一为外来员工解决住房和子女入学等问题,每年还评比"十佳外来优秀青年",授予中高级人才以"荣誉镇民"称号。

问题

(1)结合"枫桥经验",谈一谈你对"群体性事件"的认识。

(2)单位要开展"枫桥经验"学习活动,领导把工作交由你负责,你将怎样开展工作?

(3)假如你是基层工作人员,请谈一谈在工作中怎样和群众搞好关系。

分析

第1题："群体性事件"带有负面色彩,所以谈"认识"时可采用综合分析题中的负面社会现象/问题的框架,按照表态、原因、对策的进路分析。群体性事件影响社会和谐稳定,破坏社会秩序,损害干群关系,需要我们认真对待,妥善解决。究其原因,有以下方面：改革攻坚阶段,市场经济导致利益多元化,社会矛盾增多;基层矛盾的积累、发酵,小的矛盾没有及时化解、梳理;群众诉求表达渠道不畅通,只能通过非理性方式表达;在具体事件中,个别工作人员的态度、处理方式失当,激化矛盾。要学习"枫桥经验",把矛盾化解在萌芽、化解在基层,工作想在前、做在前。

第2题：常规的计划组织协调题。具体框架参考前述计划组织协调题部分,提醒考生注意的是,首先自己要认真学习"枫桥经验",并依此来制订工作计划方案。学习活动的具体形式,可以是专家讲、领导讲、同事讲(谈体会、谈心得),也可以请枫桥的干部来给我们讲,如经费允许还可以派人去枫桥学习。其中,亮点在于结合枫桥经验对我们的工作提出具体改进方案,每个人、每个部门都要结合学习,提出工作改进意见。(本题的学习形式可类似于"深入展开群众路线教育实践活动"的做法)

第3题：首先,树立良好的服务意识、服务态度,要尊重群众,树立向群众学习的心态。其次,在工作的具体方式方法上,要践行群众路线,一是要收集群众意见,接受群众的监督与批评。可通过设立意见箱、公布联系方式、发放便民联系卡、实地入户访问等措施了解民情民意。政策法规的宣传要以群众喜闻乐见的形式开展。二是要做好信息公开公示,利用互联网等信息技术手段,加强与群众的联系,尤其是注重重点工作对象和困难群众的联系。最后,要提升自己的工作能力,提升为人民服务的本领,自己要对工作投入感情,主动学习,并多向老同志请教经验和群众工作方法。习近平总书记强调过,做实际工作,情商更重要。我想,要搞好和群众的关系,就需要这方面的情商,要对群众有感情,才能想群众之所想,急群众之所急。

例5 给定材料。

停车难题,已成为扰乱城市交通秩序的顽症。一种新的停车模式——"错时停车"已在北京、南京、武汉等地实施,但是在近一年的发展中,错时停车并没有如人所愿地解决停车难的问题,而是在实施中频频遇阻。

在车多位少的情况下,车位成为一种有限而稀缺的资源。错时停车能让车位循环利用,既能为相关单位增加收入,也能在一定程度上缓解居民停车难。一方有需,一方可供,这是一项两全其美的事情,完全可以进行市场化运作。

但在目前,因车位所属的社会单位追逐利益最大化,双方在价格协谈、停车管理责任认定、双方的信任等方面遇到了一系列问题,而居民已经习惯了遇到事情就寻求政府部门出面协调解决。其实,社区居民完全可以召集居民会议,或由业主大会共同决定,开展对小区的自我管理,向周边社会单位提出进行错时停车,以市场运作的方式解决停车难题。

问题

(1)错时停车政策执行得有好有坏,对此你有什么看法?

(2)现在政府想向全市推广错时停车这项政策,成立了前期调研小组,你认为什么信息是最重要的,你如何获得这些信息?

(3)你是交通局工作人员,之前和社区合作错时停车问题,处理的效果不好,双方产生矛盾,现在单位派你和社区合作负责此次项目,你怎样落实?

(4)单位接到市政府通知,落实错时停车政策,打算向公众开放本单位多个停车位,这项工作由你负责,你怎么做?

分析

第1题:"有好有坏"指向了综合分析题,"有好"需要我们肯定,"有坏"需要我们分析原因,给出对策,促其变好。所以此题主要是对错时停车当前出现的问题谈看法。

错时停车有利于提高资源使用效率,缓解停车难问题,是一项积极举措。运作过程中出现了问题,需要我们积极解决。分析其原因,主要是利益分配有争议,沟通协商机制不完善,信息不对称,没有做到充分协商,价格监管不到位,法规对责任划分不明确等,最深层原因是城市公共资源紧张。

对策可以从思想观念、制度监管、投入、技术手段(智能化技术手段运用于停车场)等方面谈。

第2题:作答主要注意两大点。第一,以下信息很重要:车位所有方的意见,机动车保有量,车位数量,车位分布,比较紧张的区域。第二,获得信息的方式:实地调研,去车管所了解,进入社区了解,到相关的政府机关、企事业单位去了解。

第3题:首先是搞清楚之前产生矛盾的原因。原因可以用分情况法,结合第1题中我们分析出来的原因谈。要使此次项目顺利进行就必须解决纠纷,而解决纠纷的对策不外乎明确责任,完善纠纷解决的协调机制,订立合理全面的合作协议(合同)。

第4题:主要是谈对策,给大家建议几个重点内容:标识牌、引导牌的设立;管理规定的制定与公示;停车时间;具体车位的安排;有专人负责管理、引导。

七、演讲题

我们对演讲这种形式非常熟悉,但面对面试中的演讲题却觉得异常棘手。因为"演讲"并不是常态化的表达方式与习惯。通俗地讲,演讲就是一种特殊形式的发言,这种发言需要感情饱满亢奋,有固定的句式逻辑(如:多用排比句、反问、设问等手法),是具有明显特征的语言表现形式。公职类考试中常考的演讲题的话题范围较窄,所以我们在备考中可以基本覆盖,能够做好提前准备。

公职人员面试中的四种演讲题类型如下。

(1)职位/岗位联系型。如:请以"职责/诚信铸就公信/公仆"为主题,做一个2分钟的演讲。这类题需要我们在内容设计上和"公职人员"或者和你所报考的具体岗位联系起来,答题框架为:界定阐述→这要求我们做什么→举例子→总结。文字功底好的考生可以不必拘泥于这个框架,大量使用排比句,亦可多举几个例子来加强论据,注意语气上要煽情、强势,追求渲染力。举例一般为公职人员的模范榜样人物,如:焦裕禄、杨善洲、沈浩等典型人物。

(2)弘扬正能量型。如:请以"最美/幸福/奉献"为主题,做一个2分钟的演讲。这类题和第1类极为相似,但是话题不必限制在国家公职人员及其工作履职领域,范围相对来说宽泛了许多,可以从文明、文化、道德、社会风气等层面论述。框架仍然采用"界定阐述→这要求我们做什么→举例子→总结"的四步递进式框架。

(3)开放型。如:请从中国二十四节气中选择一个节气作为主题,做一个2分钟的演讲。"开放"二字在我们的面试领域中一定是相对的,虽然是开放的,但是我们要以场合、价值观要求为前提。在明确了公职人员面试场合和官方意识形态指导下的公职人员价值观这一前提条件之后,我们的话题发展方向就不能信马由缰、无拘无束地展开。必须进行内容设计,而设计的依据就是第一讲中的"可说性"原则。比如此题,有二十四个节气,就说明可以有24种答法,且不说这24种说法都好说不好说,每一节气的名称考生都知道吗?每一种节气名称作为主题的展开,我们都能说下去吗?所以此题要尽量向上述两种题型靠近。从"可说性"设计的角度讲,选择"立春""春分",可以讲我们的工作要带给群众或社会以温暖;选择"惊蛰",可以讲我们要能够抓住机会证明自己的能力。框架可采用前述的四步框架。

(4)串词演讲。如:请你以"纸、铁、录像机、小河"四个词组织一篇简短的演讲。串词演讲或者串词说话题是同一类题,在面试中比较少见,但确实也会出现。有两种作答方法:①用题干给定的词语搭建框架,组织逻辑链条,以这些词语作为主题关键词;②用自己提前设计的框架,把题干给定的词语安排进去,给定的词语只是出现即可,不必成为主要关键词。相比而言,方法①比较难,构思过程很艰难,考生非常被动;方法②比较简单,是以我为主的答题方式。考生如果采用方法②,可以用自己熟悉的主题,配之以前述四步框架法,把题干给定的词语带进去。词语带入是很灵活的,如题中的"纸、铁"这种中性名词,就可以以排比句的方式用比喻手法展开,如:像纸一样的可塑性,可以挥意书写;像铁一样坚硬,不畏困难,宁折不屈。如果给定的词语含有褒义或贬义,就一定要沿着褒义和贬义的语言发展方向,把积极面和消极面提取出来讲一讲。

例题：

（1）皇帝送给皇后一座城堡，皇后不一定高兴；穷人送给妻子一个小小发卡，妻子可能会感动地落泪。请以"幸福是什么"为题，做一个简短演讲。

（2）一只螃蟹很容易就能从笼子里爬出来，但是当很多螃蟹在笼子里时，相互拉拽，谁也爬不出来。根据你的理解，做一个3分钟的演讲。

（3）人生会有很多岔路口，请以"岔路口"为主题，做一个演讲。

八、拓展题型

（一）情景模拟

情景模拟类题目是近几年公务员面试中常用的一种方式，它是通过设置一定的情境，逼真地模拟工作场景，将应试者纳入该环境系统中，要求应试者扮演某一角色并进入角色情境中，去处理各种事务及各种问题和矛盾。它往往规定考生以特定身份回答问题，考查考生的现场控制与计划组织能力。题目设置在于考查考生在面对人际关系处理以及应急处理时能否注重情景效应，是将固有的答题思路转化为沟通形式的灵活性考查方式。但是从近年来的考查形式来看，题目设置形式有所创新，更具时代感、职业匹配性和务实性，是今后设置题目的趋势之一，需要在面试准备中高度重视。

答题原则：①注意角色意识和立场意识，要注意自身发言的合理性，要做到身临其境，将自己真正融入题目设置的角色中，使答题更有感染力、真实性、可行性；②要注重讲话的条理性；③讲话方式要得体，注意礼貌谦和与态度诚恳的结合；④明确自己通过讲话沟通的方式要达到的目标，并选取恰当的处理方式达到目标。

我们来看例题讲解。

例1 雅安赈灾期间，有很多非专业的志愿者前往灾区，造成了道路堵塞，他们的救援物资也是灾区不需要的，而且还发生了志愿者死亡的事件。如果你是工作人员，你准备怎么劝阻？请现场模拟。

对志愿者的劝阻工作，一定要站在志愿者角度，结合整个救援现场的救援进度安排来进行说服。

首先，要对志愿者远道而来参与救灾抢险表示感谢，要说明他们远道而来，已经非常劳累，需要休息整顿，让他们能够在休息之后再参与救援。

其次，要向志愿者说明整个救援工作需要听从统一指挥，现在救灾工作正是专业救援团队介入的阶段，很多志愿者缺乏相关专业的培训，可能会对整个救援现场造成一定干扰，起到反作用。告知志愿者，之前就有志愿者因贸然进入救援现场而死亡的事件发生，我们不想看到这样的事情再度发生。另外，对于志愿者所带的救援物资，在现行救灾阶段还不适用，现阶段需要的是水源和食物，这些物资也是统一调度使用。对于志愿者所带的救援物资会在后续阶段提供给灾区群众，现在会将这些物资进行统一管理，请求志愿者配合我们的工作。

再次，很多志愿者进入救灾现场，造成了一定程度的道路堵塞，影响了救援力量和救灾物资的进入，而且现在正处于进入灾区道路的开辟阶段，志愿者进入会对交通道路的开辟形成影响，尤其是开辟道路所需的工程车辆进入造成阻碍，影响了道路开辟时间的争取。所以，请求大家为了整体的抢险救灾效率，给这些救援力量让出通道，"时间就是生命"，希望得到志愿者的配合。

最后，对于到达的志愿者，我们都进行统一安顿，集中在一起，并且会通过实时报道的方式，将现场救援情况及时传递给大家。另外，在接到上级命令后，会及时安排志愿者们进入救援现场，为救灾工作出力，请求大家的理解和配合。之后，要代表广大的灾区群众向所有志愿者的到来表示感谢。

例2　我市优化公交线路，把某社区门口的公交站点撤销了，社区居民对此很有意见，要到公交管理公司讨一个说法。如果你是公交公司的工作人员，你会如何处理？假设考官就是社区居民，请进行现场模拟。

作为公交公司的工作人员，在与社区居民沟通过程中，一定要代表公交公司，还要体现自己在沟通上的灵活性，采用换位思考，要站在社区居民的角度来思考，说什么样的内容能够说服社区居民，能够让他们接受公交站点的调整。值得注意的是，本题中公交站点的撤销已经成为事实，不能含糊其辞推脱责任，重点是要说明撤销公交站点的合理性和合情性。在教学实践中，很多学生会在答题时讲到，公交站点的撤销没有考虑社区居民的意见，这是对于政策调整过程的不了解，实属"冒天下之大不韪"的答题方式，任何关系到群众切身利益的政策性调整，势必都要进行前期充分的调查论证，才能予以执行。如果对这一常识性内容不了解，在答题时就会出现问题。

在与社区居民沟通过程中，首先，要说明公交线路优化的意义所在，能够提升公交运行速率，为居民提供方便。其次，要说明此次每一个公交站点的设置和撤销都进行了深入的调研，广泛征求了民意，并进行充分论证之后确定下来的。而对于这些社区居民所说的公交站点的撤销也是如此，在这个公交站点的撤销过程中经过了各方意见的综合之后，最终决定取消。一方面，之前这一公交站点的设置存在不合理之处，它位于社区门口，严重干扰了正常的交通秩序，并且具有交通安全隐患，尤其是在上下班高峰期，交通一片混乱，既影响到车辆通行效率，也严重影响到社区居民的出行方便。最终，经过激烈的讨论分析后才决定撤销。再次，在撤销这个公交站点的同时，也重新设置了新的公交站点，虽然比之前的公交点稍有些距离，但是为周边各个社区居民提供了出行方便。之前的公交站点设置，只方便了这个社区居民的出行，周边另外几个社区居民乘坐公交时会走很远的路，有很多社区居民很早就提出了调整建议，这次综合各方意见，平衡了各个社区间的居民利益，综合考量之后，也决定撤销以前的公交站点。请求大家的理解。最后，公交公司此次公交线路的优化，也结合了市政部门的相关便民政策的出台做出了公交站点的调整。市政部门现在正在各个社区周边广泛推广公共自行车服务，以此来解决居民出行"最后一公里"的问题。不日,社区周边就会进行公共自行车租赁点的设置,届时大家将能够享受到这一公共政策带来的实惠和方便。这一补充性措施,会解决大家从社区到公交站点的出行距离难题。若我们在工作中还有什么不足之处,请大家积极提出批评建议,我们会及时关注并采纳。

例3 你所在的中心镇举办村长书记网络信息化培训班,主题为"电子商务进农村",领导临时有事,派你在开班仪式上讲话,假设考官就是培训班学员,请你现场模拟演讲。

在开班仪式上讲话,重在动员培训班学员的学习热情和积极性,能够认识到此次网络信息化培训的意义所在,并且能够将学习到的内容应用到实际工作中,真正起到推动农村发展的实际作用。

首先,代表领导向参与培训的学员表示欢迎,说明自己临时受命讲话。

其次,重点说明此次培训班的重要意义所在,尤其是利用"电子商务进农村"的契机,对村务工作开展、领导能力提升、新农村建设,以及对农村经济发展、农民增收的意义所在。并且说明这是时代发展的趋势,要接受新事物并利用新事物开展工作,要能够结合先进科技手段帮助我们提升工作成绩。

再次,说明此次培训班的时间和课程安排,能够让大家提前准备学习资料和学习内容,必要的可以提前思考实际工作中如何更好地利用电子商务平台,在课上可以与培训老师进行探讨和互动,这样更能够体现此次培训班的价值。

最后,对于培训过程提出具体的纪律要求,要求每一位学员都要认真对待,也希望能够通过此次培训提升学员的实际工作水平,并预祝此次培训班成功。致谢。

例4 你是村委会成员,你们村的土地由政府牵头和企业合作,将农耕地占用种成了景观树,但是这家企业由于经营不善资金出现问题,老板潜逃,没有给农民发放补偿款,农民到村委会讨说法,请你做一个即兴发言。

作为村委会成员,在面对农民时,一定要体现出自己是与农民群众站在一起的,是利益共同体,而不能给人高高在上的感觉。如果体现出居高临下的感觉,那么这样的沟通从一开始就是失败的,既不能说服农民群众,也不利于问题的解决。要能够站在群众的角度,想清楚农民群众最关心的问题是什么,然后娓娓道来,才能体现出沟通的有效性和处事的灵活性。

首先,对于出现这样的问题,向村民表示道歉,承认村委会在工作中存在瑕疵,导致了此次工作的失误,给农民群众的生活带来了不便。

其次,说明村委会对于这一问题所采取的积极应对措施。老板潜逃,已经进入了司法程序,公安机关已经展开了对于潜逃老板的追查,目前已经掌握了老板的基本行踪,很快就会有结果。在潜逃老板归案之后,一定会给大家相应说法。

再次,对于农民补偿款发放不到位的情况,要请求村民理解。向大家说明几套备选方案,比如,若潜逃老板在归案之后不能继续提供补偿款,那么将会与其他企业家取得联系,解决资金问题,也会以此来及时发放给大家补偿款。再比如,可以将所种植的景观树出售,利用销售额给大家发放补偿款。

最后,请村民提出一些解决问题的意见和建议,共同探讨应对此次事件的方案,请求大家能够团结一致,共同应对困难。

例5　老王是你的老领导,以往他对你各方面都进行指导,但是你现在已经做得很好了,老王还是一如既往地指导你。现在你有新的工作思路与他商讨,但是他在大庭广众之下说你翅膀硬了,不听话了,你会怎么与老同事说?**请现场模拟。**

换位思考,老领导能在大庭广众之下批评自己,那说明自己在沟通方式上可能存在不妥之处,也可能是自己新的工作思路还不够成熟,不符合工作的实际。所以,首先一定要向老领导表示道歉,承认自己在此次工作中所存在的不足之处,请求老领导原谅。其次,要跟老领导说明,自己会回头再次认真思考工作思路,并做更为深入细致的调研,在工作思路成熟之后,再与老领导进行沟通探讨,及时听取老领导的建议。再次,要向老领导说明,自己一直对他非常尊重和敬仰,希望他能够不计较自己的过失,帮助自己成长,并对他表示感谢。最后,老领导可能有其他重要的工作要处理,不能耽误他的时间,若有即时的工作任务,请求给予老领导帮助。

例6　有位老人刚搬入其社区,但他时常想念原社区的老邻居,因而闷闷不乐。假如你是该社区的工作人员,领导让你对老人做思想工作,你会如何劝导他?**请现场模拟。**

换位思考,站在老人的角度来讲,新进入社区,对于社区环境都不了解,也不熟悉,与社区内的居民缺少交流,自然会出现闷闷不乐的情况。而自己作为社区的工作人员,就需要对老人多多照顾,多多交流,并能够扩大其在社区的交际圈,以此让老人能够在社区内找到归属感。

首先,询问老人是不是想念老邻居,如果是,可以向老人建议回原社区看看老邻居,缓解苦闷情绪。

其次,向老人询问其兴趣所在,并介绍本社区举办的一些有意义的、针对性的活动,邀请老人参加,并介绍老人认识兴趣相投的社区老人,以此打开老人在本社区交际的缺口。另外,向老人说明,自己作为年轻人,一个人在外工作,看到老人特别亲切,会经常来探望老人,有什么生活上的需要都可以随时联系自己,利用各种可能让老人感觉到家的温暖。

最后,向老人建议,要积极走出去,感受社区环境的温馨,感受社区活动的丰富性,要广交朋友,这样就不会孤单,会感到快乐,相信老人能够逐渐融入社区氛围。

例7　单位决定选派一批年轻干部到偏远山村挂任支部书记职务,但是你刚结婚,妻子不同意你去,让你去跟单位的领导说。假设考官就是你的领导,你会怎么说?**请现场模拟。**

在与领导沟通的过程中,应该注意沟通的有效性和沟通问题的一致性。很多考生面对此题,会出现沟通环节的无趣和矛盾现象。经常会出现的问题是,自己选定了方向,要去山村挂职,那么已然选定了这个方向,再与领导沟通妻子不同意去,就会显得前后矛盾,会体现出态度的不坚决,因为如果自己选定了方向,对于妻子的不同意,就变为与妻子的沟通，而不是与领导的沟通。所以，在选择方向上的恰当性，就成了答好本道题的前提。我们推荐大家所选的方向是尽量两全，即选择去挂职，同时还能够照顾到妻子的情绪。

首先，向领导说明，自己被选派到基层挂职感到非常荣幸，这是一次难得的锻炼机会，自己非常重视这次机会。

其次，向领导说明自身实际情况，自己刚刚结婚，妻子不同意自己去，已经跟妻子进行了深入沟通，了解到妻子是希望能够跟自己在一起，能够照顾到自己，是对自己的关心。而且说明，自己的家人都在老家，也不能照顾到妻子。所以，向领导申请，能不能在这次挂职锻炼中将妻子也带上，而且妻子也对基层生活充满了向往，就当成新婚后的一次具有特殊意义的旅行，希望能够得到领导的同意。

最后，感谢领导的倾听，希望领导能够考虑自己的想法。感谢领导。

例8 你的老同事有不节约的不良习惯，如下班后经常不关灯。若此时你正与这位老同事沟通此事，他却说："我用的是公家的电，与你有什么关系。"你该怎么说？请现场模拟。

注意沟通方式的灵活性与有效性的结合，既然老同事情绪激动，那么就应该避免矛盾激化，否则更不利于接下来的有效沟通。老同事情绪激动，一定会有原因，可能是自己在沟通中的语言表达不够恰当，应该向老同志表示道歉，有说得不正确的地方，请求他谅解。这是切入主题的重要前提。接下来，再说明老同事的不良习惯时，考验考生的沟通能力，既要方法得当，又要沟通有效。可以借助老同事工作认真负责，常常加班，因思考工作问题，出现了忘记关灯的现象，实属正常。但是，也要有合适的提醒，说明自己之前帮助老同事关了好多次灯，如果不关灯可能会影响到单位的形象，会造成群众与我们的距离感。并且说明，我们作为政府部门的工作人员，更应该起到带头模范作用，形成良好的示范效应。尤其是德高望重的老同事，更是大家学习的榜样，希望老同事能够稍加注意。并感谢老同事耐心地倾听。

在教学实践中，有很多考生遇到此类问题时会出现人际沟通上的问题和不足，比如，有考生会直接询问老同事为什么不关灯，这样的沟通方式会激化矛盾，使得沟通双方都陷入尴尬境地，欠妥。也有考生试图回避老同事不关灯的问题，不正面提及问题，这样就会缺乏沟通有效性，最后不了了之，没触及问题本身，也欠妥。

（二）临场发散联想型

有一些面试题目别出心裁，不属于面试基本题型，具有很强的临场发挥特点，考查考生思维的敏捷度、快速反应能力。考生务必要沉着冷静应对，体现出真诚和敏捷的双重要求。此类题型较为少见，不属于面试备考的常见题型。

（1）请你从我们考官席中选择一位考官进行描述和评价。

（2）看右图并展开联想，说说你所想到的。

第二节　无领导小组讨论

一、认识无领导小组讨论

无领导小组讨论是一个能引起争议的话题，作为一种面试考查形式，它已经在一些考试中采用。对于这种对面试者的评价机制，有支持的观点也有反对的观点。支持的观点主要是：它能检测出笔试和面谈法所不能检测出的能力或者素质，能使考生在无意中显示自己各个方面的特点；节省时间，高效；能更清楚地对竞争同一岗位的考生的表现进行同时比较（横向对比），充分表现出个体差异，观察到考生之间的相互作用；考查考生的集体性行为表现，更好地反映考生在竞争压力下的心态调适能力。反对的观点主要是：不公平性，由于考生性格特点不同，无领导小组虽然采取自由讨论，但并不能给所有人以平等的发言机会，因此就不能充分展现每个考生的观点态度和各方面素养。尤其是缺乏社会经验、性格内向的考生，这些考生可能只是由于心理紧张或是性格不张扬，不善于言辞争论，而不能有效发挥。当然，辩证法无处不在，每一种考查形式都不是完美的，没有争议的。所以，还是应重点了解无领导小组讨论的形式和答题技巧。

无领导小组讨论（后面简称"无领导"）的面试过程，首先是考生分组（这与面谈法相同）。按组别进入考场后，考官会讲要求并宣读题目，有的题目会以题本形式每人一份发放。接下来是正式的答题环节，有四个阶段：准备阶段（5～10分钟），独立发言阶段（5分钟以内），自由讨论阶段（40～60分钟），总结陈词阶段（5分钟以内）。在答题阶段，考官只观察和打分，不参与讨论，不与考生互动。

二、题型类别

1. 开放式问题

开放式发问，其答案的范围可以很广宽。主要考查考生思考问题是否全面、是否有针对性，思路是否清晰、是否有新的观点和见解。对考官来讲，这种题容易出，但不容易对考生进行评价，因为此类问题不太容易引起考生之间的争辩，所测查考生的能力范围较为有限。如：你认为什么样的领导是好领导？关于此类问题，考生可以从很多方面，如领导的德与才、人格魅力、才能、亲和力、管理艺术、决策能力等方面来回答，可以列出很多的优良品质。

2. 两难问题

两难问题是让考生在两种各有利弊的答案中选择其中一种。主要考查考生在两难选择环境中的分析能力、说服力等。对于考官而言，不但在编制题目方面比较方便，而且在评价考生方面也比较有效。但是，此种类型的题目需要注意的是两种备选答案都具有同等程度的利弊，不存在其中一个答案比另一个答案有明显的选择性优势。如：你认为以工作为取向的领导是好领导还是以人为取向的领导是好领导？此类问题对考生而言，既通俗易懂，又能够引起充分的辩论。

3. 多项选择问题

多项选择问题是让考生在多种备选答案中选择其中正确或有效或者相对较好的几种，或者是对备选答案的重要性进行排序。主要考查考生分析问题、抓住问题的本质、抓主要矛盾等各方面的能力。如：住房、交通、医疗、教育、物价、治安、环境等因素中，你认为和老百姓生活幸福感关系最为密切的两项是什么？

4. 操作性问题

给出材料、工具或道具，让考生利用所给的材料制造出指定的物体或进行操作。主要考查考生的工作技能、能动性、合作能力以及在一项实际操作任务中所充当的角色特点。重在考查考生的操作能力，情景模拟的程度高，考查考生语言方面的能力则较少。如：医疗卫生系统可设置为现场急救、伤情处理等操作考核。

5. 资源争夺问题

此类问题适用于指定角色的无领导，是让处于同等地位的考生就有限的资源进行分配。要想获得更多的资源，自己必须有理有据，必须能说服他人，所以此类问题能引起考生的充分辩论，有利于考官对考生的评价，对试题的要求较高。如：让考生担当各个分部门的经理并就一定数量的资金进行申请。

三、答题技巧

"知己知彼，百战不殆"，让我们先了解"无领导"过程中，考官是怎样对我们进行评价的。第一，评分点。语言方面评分点：发言主动性；组织协调能力；口头表达能力；辩论说服能力；观点的正确性。非语言方面评分点：面部表情；身体姿势；语调；语速；手势。个性特点评分点：自信心；进取心；责任心；情绪控制；反应灵活。第二，重点考查考生的以下表现：提出观点的内容和质量；有效发言的次数；是否善于提出新的见解和方案；是否敢于发表不同意见，支持或肯定别人的意见；能否在坚持自己正确意见的基础上根据别人的意见完善自己的观点；语言表达能力，分析问题、概括或归纳总结不同意见的能力；当别人的观点与自己的发生矛盾时怎么办；怎样说服别人接受自己的观点；是否善于消除紧张气氛，说服别人，调解争议，创造人人都想发言的气氛；能否引导讨论方向，把众人的意见引向一致；能否倾听别人意见，是否尊重别人；发言的主动性、反应的灵敏性；情绪控制和行为表现。

在"无领导"进行过程中，考生会逐渐分化为观点的倡导者、观点的追随者、观点的补充者等不同角色。要避免陷入别人的逻辑中不能自拔，要能够提出自己独到的见解，并不是最后的结论就是我当初的观点，我的得分就高——这是误区。请大家注意"无领导"中的常见误区：由讨论、探讨发展为辩论再升级为吵架；垄断发言时间；发言重复啰唆；情绪失控；发言太少，不积极；粗暴地打断他人发言；用词偏激尖锐、刻薄；身体动作过多过频繁；表情过于丰富夸张；模仿领导范儿。

如何给考官留下好的印象，获得高分呢？记住正式答题四阶段的注意事项。

（1）准备阶段：应充分利用稿纸，快速形成观点，想清楚论述的内容，然后以关键词的形式写出大致的发言提纲。如果还有时间，可以快速思考如何反驳可能出现的相左观点，储备例子、名言警句。

（2）独立发言阶段：控制语速，不必紧张，不要在意旁人的反应，循序渐进地表达清楚自己的一整套观点，自圆其说、有理有据。尽量充分地利用时间。

（3）自由讨论阶段：①合作为主、竞争为辅，讨论中要特别注意形成良好的讨论氛围和讨论进度，最终目的是形成较为合理、统一、完善的观点，而不是互相排挤。②讨论而非争论，特别注意发言的礼仪，不得粗暴打断他人讲话，不得有不礼貌的神态和手势。无论出现什么情况，切忌情绪波动。两人同时发言时主动让步，特别是男性要让给女性。③有效发言，发言不在多而在精。既要保证一定的发言次数，不被埋没；又要保证发言不冗长、不啰唆，能够说出有内涵的内容，能够在讨论中有实质贡献，言简意赅。④善于倾听、总结和团结他人，以获得他人的信任和支持。要善于和别人结成"意见同盟"。要记录并统计观点在小组内的分布。⑤大局为重、控制进度，时刻认清讨论的局势和进度，适当提醒发言少的同伴发言，提醒情绪失控的队友冷静，维护良好的讨论秩序。时刻注意时间，适当提醒队友加快讨论进度，要在自由讨论阶段推举出总结发言人。⑥服从团队。无领导小组讨论没有标准答案，结论不重要，发现自己不能扭转大家的观点那就主动服从多数观点。

（4）总结陈述阶段，尝试争取做最后发言人。

还要注意以下细节。

（1）发言积极主动。自由讨论阶段开始后，抢先亮出自己，不仅可以给主考官留下较深的印象，而且还有可能引导和左右其他应试者的思想和见解，将他们的注意力吸引到自己的观点上来。

（2）彬彬有礼、落落大方。在"无领导"面试中，自由讨论阶段发言时的"撞车"是很常见的，只要处理得当，在"撞车"时凸显自己的修养，就能为自己加分。同时，要善用微笑、友善的眼神。有理不在声高，谦和礼貌、举止得体才好。

（3）切题发言，切中问题要领，抓住问题实质。自由讨论阶段可能会异常激烈，这很可能会影响到考生对于问题主要方面的讨论，可能会出现话题越扯越远，离题万里，脱离了主战场。要注意能够及时收回来。同时，当小组内成员的讨论已经脱离主战场时，将离题的双方拉回到主题，是加分的良机。

（4）制造论证亮点。要能够旁征博引，引经据典，对当前的社会热点、理论热点、报考岗位高度熟悉，能够结合题目进行论述。

（5）有组织意识。能够细心统计各方观点，控制讨论的节奏和进程，提醒组员时间和话题等,都能够凸显出你的组织意识、大局观。

（6）力争总结陈词。可以毛遂自荐,争取最后表现机会。如果也有人与你有同样的想法,那就用眼神求助你的"盟友";或者立即转移焦点,你和你的最强对手都不要陈词了,推荐全场表现最不好的、发言次数最少的那位组员总结陈词,你可以说:"这位组员整场发言次数少,一直在倾听,对我们全程的讨论应该很清楚,我推荐由他来做总结陈词。"这种话语引导打的是感情牌,对手就不好再争什么,此招比较"腹黑"（玩笑话）。

四、例题分析

例 1 有一艘客轮在海面上失事,部分乘客逃到了一座孤岛上。突然人们发现一艘救生艇漂到孤岛。船上并无他物,而该救生艇只能承载三人。你认为孤岛上的哪些人可以乘救生艇逃生?逃到孤岛上的乘客分别有:受伤的老船长,欠有赌债的年轻水手,北海道女孩,正在调查某案件的退休警察,独臂少年,主持国家重要经济项目的老经济学家,有经验的医生,国际组织的重要官员,怀有身孕的妇女,爱好登山的某酒店大厨。

此题的要点不在于最后选了谁,而在于选这些人的标准。当你要说服组员时,什么武器最有力?这就是标准。在引导话题时,牢牢抓住两点:①选出来的三个人一定要活着找到救援力量。②留下的人得在岛上活下去,要生存。

例 2 假如你是新上任产品的部门经理,需要从《西游记》的师徒四人中选择一位做你的助理。你会选择谁?理由是什么?

看似无厘头,实则充满了组织管理中的种种预设话题,你是注重团队建设,还是注重产品研发,是重"人",还是重"物"……选孙悟空,他是业务骨干,工作能力强,性格耿直,他的优缺点是什么,你怎样管理好他?选猪八戒,他业务能力一般,但是人际关系处理得好,能搞好团队氛围,你怎样管理好他?选沙僧,他业务能力一般,但是为人忠厚老实,认真踏实,任劳任怨,你怎样发挥他的作用?选唐僧,他理论水平高,为人严谨,也做过领导,你怎样和他配合?这其中,"标准"的作用仍然很重要。

例 3 《西游记》中的唐僧师徒四人现在要重走取经路,但是要淘汰一个人,你会选择淘汰谁?

大多数情况下,组员们的最后结论是猪八戒,这就相当没有新意,从一个侧面反映了组员们缺乏创新思维,走了中规中矩的路线。也许有人提出了很个性的见解,但是可惜没有能够说服他人。拿什么说服?还是标准问题。淘汰得有理由,理由就是标准,标准由何而定?由目的来确定。

为什么重走取经路?重在锻炼能力,锻炼队伍,达成团队新目标。对每个角色,都要能够想到淘汰他与否的理由,这样来锻炼发散思维,对提升"无领导"的能力有很大帮助。淘汰唐僧,因为领导不必亲力亲为,可以坐镇后方指挥协调,同时,唐僧是理论水平和信仰立场最优秀的人,他可以不必再磨炼了。淘汰孙悟空,他的业务能力非常高,可以把锻炼的机会让给别人。淘汰猪八戒,这是大众化选择,那么我们反过来,为什么不淘汰猪八戒,因为他太需要锻炼。按照这样的思路不断地推理,再反过来推理,由此练习,辩论能力能够较快提高。

例 4 调研发现吃早饭是个难题,小摊小贩不卫生,居民表示要吃上价格便宜、健康安全的早餐难。政府推出早餐工程,不过效果不好。商家表示政府对于安全要求严格,早餐工程要求品牌面粉,门槛高,要求能开 10 家连锁店的单位才能参与。商家表示只有小本生意才会做这个,能开 10 家连锁店的就不会参与这个工程了,成本高、利润低,所以这个工程基本没有什么作用。有专家认为,政府不应该管,应让市场发挥作用。

任务一:你是否赞同专家的观点,理由是什么?

任务二:按照重要性程度,给出完善早餐供应措施(至少三条,要有先后顺序)。

这几乎是一道综合分析题,在讨论时候既要分析原因,又要提出对策。由于是开放性的问题,的确需要一定的社会常识来帮助我们认识到哪些对策是最重要的。如果缺乏应知应会的社会常识,何以判断题中专家的观点是该支持还是反对?这是个民生工程,涉及食品安全,意义重大,政府怎能不管?政府即使不越俎代庖,直接供应早点,但至少要履行监管职能。

"无领导"的练习要难于面谈法,一方面是考生获得"无领导"题目的难度较大,另一方面是"无领导"需要一个团队来模拟练习,不易实现。所以,掌握"无领导"的技法,了解"无领导"能力提高的途径是首要的。

例题解析： 原来如此答题

例1 2014 年中国消费者全球奢侈品消费达到 1060 亿美元,几近买走全球 46% 的奢侈品。许多国人前所未闻的世界顶级名车、名表、名牌服饰、品牌化妆品正快步进入中国市场,对此,你怎么看?

【思路点拨】 此题需要在现象中看出问题,更需要在问题中辩证地看到所反映的进步或成绩。当然,问题是主要的、根本的,看到这一现象反映了我国居民收入提高等只能是次要的、铺垫性质的答题内容,不可本末倒置。在答题过程中,要明确清晰,让考官听后觉得有条理。之后还要再给出对策措施来针对性地解决这个问题。

【参考解析】 我国奢侈品消费情况从一定程度上反映了我国经济快速发展,居民收入提高。但是,更应该从中看到一系列问题。

第一,贫富差距问题。一方面是奢侈品消费额高;另一方面,由于我国在"十二五"期间调高了贫困人口标准,我国贫困人口将达到 9000 万。贫富差距如不加以扼制,任其扩大,造成社会不公,将会影响社会心态,影响社会团结、稳定,难以实现社会和谐。

第二,奢侈的消费倾向和消费文化并不是健康和理性的生活方式,我国正在倡导建设资源节约型和环境友好型社会,强调发展低碳经济和生活方式。同时,勤俭节约又是中华民族的传统美德,所以应倡导理性消费。

第三,追求奢华反映了一种追求物质享受的心态,使人被物质所役使,这就容易造成精神空虚、价值观混淆。

当前,我国提出扩大内需,就是要扩大大众消费,来刺激经济增长,而奢侈品消费本身的提升空间不大,因此从长远看,要提高大众消费。所以,在倡导理性消费模式的同时,政府应努力缩小贫富差距,增加劳动者的劳动收入,提高劳动所得占国民收入分配的比重,处理好效率与公平的关系,就像十七大报告中所讲的:初次分配和再分配都要处理好效率和公平的关系,再分配更加注重公平。要进一步完善分配制度,让全民共享改革发展成果,真正实现民富国强。

例2 凭着一副好嗓子和几首原汁原味的陕北民歌表演,23 岁的陕北姑娘崔苗四进央视选秀节目"星光大道",并连续蝉联周赛冠军、月赛冠军。但在掌声和鲜花背后,崔苗个人负债 40 多万元,超过 120 万元的总支出让她和助演团队不时面临着被质疑——这样的巨资"造星"到底值不值？此事引起网友的热议,你如何看?

【思路点拨】 和很多面试题一样,这种题目要先给出自己总的态度、观点。现在的面试出题,很少会有单纯地对、错或好、坏的简单判断,大都是需要辩证看待。而此题深挖下去的独特内涵还在于考生是否能够从"崔苗"身上想到自己,自己的理想是怎样的,并且打算怎样奋斗去实现。所以此题的逻辑是:表态→分析→自我启发。

【参考解析】 我认为要全面、理性地分析崔苗的事例,应该看她是为了艺术、梦想还是为了名利。

若是为了艺术梦想,我支持她努力去实现自己的梦想,但在支持的同时我认为应该强调现实地结合自己的情况,把理想和现实结合起来。因为方向比努力更重要。若是这样,政府和社会应出台有力措施,帮助有才华的民间文艺人才,培养一大批优秀的民间文艺工作者,这对于繁荣基层文化建设很重要。

若是为名利,这种倾向是不可取的。"星光大道"本来是为百姓提供展示自己才华的平台,但面对商业化、娱乐化、功利化以及当明星赚大钱的心念的影响,一些人可能就忘记了自己的初衷。因此,我认为我们应该树立正确的人生观、价值观。追求梦想值得赞扬,脚踏实地更重要。

我的理想是成为一名优秀公务员,在为社会、群众服务的过程中实现自己的人生价值。

例3 一位评论员在形容某些基层领导时说:"抽烟,一闻知真伪;喝酒,一抿知高低;麻将,一摸明花点;工作,一问三不知。"对此,你怎么看?

【思路点拨】 此题在题型上属于综合分析题中的言辞观点分析题,首先应对评论员的观点给出自己的态度,然后从"评论员"的描述中提炼出问题。问题有了,接下来就是问题的原因和对策。所以此题的逻辑是:表态→分析原因→提对策→总结展望。

【参考解析】 评论员的形容从一定程度上反映了个别基层领导热衷于休闲娱乐,荒于业务,工作责任心、使命感不强,不能严于律己的问题。作为领导干部,没有能够起到表率作用,不注重自身形象,会有损党和政府形象,持续下去还有可能滋生腐败。

究其原因,一是其个人思想观念懈怠,职业素养不够;二是监督考核等方面的制度不健全。

因此,我们首先应该加强对基层领导干部的思想道德教育,提升其党性修养和工作责任感、使命感。抽烟、喝酒、打麻将虽属于个人爱好,属于私人生活领域,但是领导干部一定要注意自身言行、形象在群众中造成的影响,要养成健康的生活方式,闲暇时更应该思考如何搞好基层工作、如何服务群众。第二,要加强制度建设,用制度来规范、约束各级干部。邓小平说过,"制度好可以使坏人无法任意横行,制度不好可以使好人无法充分做好事,甚至走向反面"。因此,要健全问责机制、领导干部考核机制,让干部群众能对基层领导形成有效监督。同时,机关内部应继续发扬民主生活制度氛围,开展批评与自我批评,及时发现问题。

总之,通过自律与他律,构筑起立体监督网,让执政为民的观念牢固树立在领导干部心中,这样才能真正体现服务型政府的要求。

例 4　怎么理解"没有规矩无以成方圆"?

【思路点拨】　这种简单题目实则属于面试考场上的难题,因为这种题所有的考生都能够讲出三四点,不致把某个考生难住,这就要求我们把简单的题答得更好才行。通常有两个办法:一是把此题的逻辑回答得十分有条理,内容充实,语言流畅;二是回答中要有亮点。从逻辑条理上来说,此题应遵循:阐释→表态(即这句话对我们有没有用、有无启发)→结合实际展开讲(可从国家、单位、个人三个层面讲)→总结。

【参考解析】　这句话本意是说在工程中没有规、矩两样工具就无法把材料加工成方形、圆形以充当有用的部件,引申所指的意思是说人们做事、完成工作要有一定的制度、规则、纪律作为指导和规范,才能保证事情有条有理、顺利完成,且不出差错。这句话非常有道理,说明了在现实工作中规则和制度的重要性,启示我们一定要加强制度建设。

我们做工作总会遇到很多类似的问题要解决,比如什么可以做、什么不能做,按照什么程序做,结果如何评价等,都需要有统一的标准去避免随意和混乱。这不能靠人的主观猜测、想象来决定,而是必须有一套稳定的规则去规范。邓小平曾经强调过:"制度好可以使坏人无法任意横行,制度不好可以使好人无法充分做好事,甚至走向反面。"

从国家层面来看,我们要建设社会主义法治国家,强调依法治国,就需要不断健全各项法律制度,让各项工作有法可依。同时,要加大执法力度,做到有法必依、执法必严、违法必究。

从单位层面来看,一个单位内部需要健全各项制度,才有可能激发员工的工作积极性,营造良性竞争的氛围。因此,团队的建设要强调制度建设,发展的过程中要有一套完善的团队纪律、工作规程,使团队能够赏罚分明、井然有序。

从个人层面来看,个人在团队中也必须遵守制度、按规矩办事,不能率性而为、没有规矩。每个人对规则的执行要公正、严格,只有这样,规则的权威才能树立。

总之,这句话也很符合我个人的价值观。在今后的工作中我会尊重规则、遵守纪律,在保持创新的同时能够严格地遵循制度办事,以自身实际行动维护制度,树立公职人员的良好形象。

例 5　近年来,出现了很多词语嬗变现象,例如以前叫"半老徐娘",现在叫"资深美女"等,谈谈你的看法。

【思路点拨】　这是综合分析题中的社会现象分析题,而且和"语言"有关的分析题近年来较为多见,应引起考生重视。这种题目的内涵很丰富,可以不断深挖以创造亮点。答题框架为:表态→阐述分论点→总结的总-分-总结构。

【参考解析】　对于"半老徐娘"到"资深美女"的词语嬗变,我认为要理性、辩证、全面地看待。具体我有以下三点认识:

第一,对词语嬗变过程中的文化因素遗失的担忧。成语有着丰富的文化内涵,像"半老徐娘"，就有南北朝时期的历史典故在其中。所以应该引起我们对保护母语、保护成语，注重文化传承的重视。第二，"资深美女"带有网络语言的风格，近年来，许多网络语言走入我们的生活，甚至有的被纳入字典，如"给力"一词。这种情况下，一方面要做好对网络语言的引导和规范，另一方面也要理性看待、审慎批判，因为汉语本身也在不断发展变化。过去很多词语现在不使用了，如我们现在说"胡子"，而不说"髯"；一些词语过去没有，现在成为正式的汉语词汇，如"沙发""摩托车""哲学""体育"等外来词。第三，这个词语对于被其所指的人来说，要更文明礼貌，更容易被对方接受，会更有利于沟通交流。

总之，这不是一个单纯的词语本身的现象，它反映了社会文化的发展变化以及这一过程中出现的一些问题。从更深层次看，这就启发我们思考如何看待新生事物，如何看待事物的发展变化，我认为应该在规范严谨的基础上审慎批判，在包容中发展创新。

例6　漫画题。

【思路点拨】　漫画题属于综合分析题，由于漫画题一般都是反映社会现象或问题的，所以除了一开始答题要简单地回应漫画内容之外，其他框架都与普通的文字型综合分析题无异。其答题逻辑为：简单描述漫画内容并直指漫画主旨→问题的原因、影响→对策→总结展望。

【参考解析】　漫画画的是在领奖台上，冠、亚、季军的位置上分别站着官员、厨师、医生，领奖的理由分别是"不贪污""不投毒""不杀人"。它反映的是社会职业道德水平普遍下降的问题。官员不贪污、厨师不投毒、医生不杀人，这都是对官员、厨师、医生职业道德的基本要求。但因为当前官员腐败、医疗卫生事故、食品安全事故频发，以至做到这些已经让人感到满意，说明我们对职业道德评价的标准在降低，进而说明职业道德水平在下降。

出现这种问题的原因是多方面的。我国处于社会主义市场经济高速发展的社会转型期，各种价值观相互激荡，必然出现一些负面社会现象，这也是这个时代的特征之一。相应地，国家各级监督管理部门日常监管不到位，各类企事业单位和基层公务机关注重工作绩效，对工作人员缺乏严格的监督考核，普通群众遇到类似问题也没有及时举报、追究，导致这种现象日益普遍。

从业道德水平下降，不仅会直接影响相关行业的健康发展，而且最终会危及社会的和谐稳定，损害国家的整体发展，应该采取多方面手段进行全面改善。

首先，国家各级监督管理部门必须切实负起责任，对政府机关、医疗、食品餐饮等行业加强监管，抓好源头治理，杜绝违法乱纪现象发生。其次，机关和企事业单位自身也应该自纠自查，加强对工作人员的思想品德教育，改善行业风气。最后，应进一步扩大群众监督，畅通群众意见表达渠道，完善举报监督机制，鼓励群众参与到对这些行业的监督中，让社会监督、新闻媒体监督与人大立法监督、政府行政体系内部监督、党内监督、政协民主监督、司法监督相配合，形成巨大合力。只有这样，社会职业道德水平才能不断提升。

例7 一个贫困村庄培养了500名大学生，但没有一名回去，村庄依然贫困，谈谈你的看法？

【思路点拨】 社会现象分析题，作答逻辑：表态→分析原因、影响→对策→总结展望。我们提示考生，此题有着深厚的国情背景，那就是现实中存在着的城乡差距、地区发展不平衡问题。看到了这些客观国情，就不应该对这些大学生苛刻批判，而是理性地给出今后工作的思路建议，如何尽力改善、扭转这一态势，从而促进农村地区的可持续发展。此题还可以加入"自我认知"成分，谈一谈自己希望去基层服务、去基层建功立业的愿望。

【参考解析】 贫困村庄500名大学生经过培养后再没有返回家乡，这个现象令人痛心，说明了很多问题，需要我们深思。贫困的农村供养大学生不易，作为被家乡送出去的大学生，在接受家乡辛苦奉养、学有所成后，回归故乡、报效乡里应是感恩所在、使命所在，也是乡亲们送他们出去的期盼。

但是，外在内在的原因促使他们不愿回家。第一，是他们社会责任感不够强，没有意识到自己对乡亲父老、家乡发展担负的责任，缺乏主人翁精神，只看重自身前途，看重外部较好的条件、环境，认为返乡之后会英雄无用武之地，忽视了家乡建设需要他们这一事实。第二，也有可能是落后地区吸引人才的措施力度不够，或是吸引人才的政策落实不到位，不能激发广大学子的积极性。第三，从宏观上看，我国城乡差距、地区差距过大，回乡建设的大学生没有良好的舞台施展才能，付出的劳动回报有限，条件艰苦、环境恶劣，也从客观上阻碍了他们回乡发展。这样，就不能草率地对他们进行一味的批评。

贫困地区人才流失是一个严重的社会问题。如果不加以解决，长久存在，将严重影响我国农村地区的发展，不利于城乡统筹和社会的全面进步。针对这个问题，必须采取两方面对策。一方面在培养贫困大学生时不仅要注重能力培养，还要注重道德培养、意识培养，让他们树立起支援家乡建设、回报乡亲父老的使命感。另一方面，要在政策上给予倾斜、照顾，对返回家乡支援家乡建设的大学生，可以采用提高待遇、安排工作、补助其家庭等方式，增加他们返乡的动力。从根本上，还是要大力推进社会主义新农村建设，以城带乡、以工促农，推进城乡统筹，推动公共服务均等化。

综上所述，大学生出外学成不返乡在我国当前经济社会发展的现阶段仍将长期存在,应抱以审慎的批评态度,既不要过分指责,又要采取切实措施加以扭转。随着农村经济的发展、条件的改善,就能够吸引越来越多的人才。

例8 单位的新员工培训,包括企业文化、团队精神、工作流程,你怎么组织?

【思路点拨】 计划组织协调题。该类题的重点在于细节,要以细节取胜,但是不要啰唆地面面俱到,一定要围绕核心细节谈。要让考官能够从你的回答中浮现出该工作展开的具体图像,从而体现真实意境。而且此题要注意的:一是要有表态;二是"企业文化、团队精神、工作流程"要分别有针对性方案,最好不要一概而论。

【参考解析】 新员工培训是一项重要任务,有利于提高单位的工作效率,让新员工更好地互相认识、融入单位。我会周密计划、细致实施,把工作做好。

首先,我会到人事部门要一份需参加培训的新员工的名单,并针对不同的培训内容安排不同的培训形式。企业文化可安排领导介绍、新老员工座谈、发放宣传材料等;团队精神可以采用户外拓展,做游戏、组织竞赛的方式;对于工作流程可以请领导进行讲座,并组织视频观摩、实地参观。以上内容做好计划书之后汇报领导审阅,根据领导意见做出适当修改。

在实施中,我首先安排一个周五上午进行企业工作流程培训,上午九点,邀请某位领导在单位报告厅向新员工介绍单位工作程序,并随堂发放学习材料,大致一个小时。十点到十二点,由人事部门工作同志带领新员工参观各个部门,熟悉流程。下午两点,请另一位领导讲述企业文化,然后邀请三名表现突出的老员工进行事迹报告,再进行新老员工座谈,持续到五点左右。周六上午,要求新员工八点半在单位集合,到市郊某景点参加户外拓展。将新员工随机分组,进行爬山比赛等活动,锻炼团队意识和配合能力。下午三点返回市区解散。

培训完毕,可将本次培训的过程以图片、通讯稿的形式在单位网站、宣传栏进行报道。为了扩大活动的影响,还可以请参加活动的新老员工撰写心得体会,在单位内交流。就本次培训中的经验和未来如何改进做好总结,也供自己今后组织类似活动予以借鉴。

例9 你所在部门要组织一次危房调查,如果要你负责这次调查,你会怎么做?

【思路点拨】 计划组织协调题中的调查类题,开头要表态,表态内容主要是谈这项调查的意义,再申明自己会认真工作。一般的计划组织协调题都可按照总-分-总结构回答。

【参考解析】 危房调查非常重要,涉及人民群众的生命、财产安全,事关社会公共安全,必须当作一项重要任务认真来抓,全面细致严谨地开展调查工作,提供翔实准确的调查数据交由领导或有关部门作决策参考。

首先,寻求城建部门帮助,索取一份本市建筑年代久远的房屋,以及处于地震带和地质环境不稳定地区的房屋资料,圈定一个相对广泛的调查范围。

请专业技术人员对本单位调查人员进行培训,购买必要的测量设备,掌握测定危房的科学方法,制定调查的实施细则。将调查人员分组,各自负责不同的调查区域,并注意分工配合。要实时监督,保证调查按照计划进行,随时沟通各组情况,做好汇总、更新数据,形成一份高质量的调查报告。

例 10 某地苹果质量好,领导让你组织苹果展销会,你会怎么办?

【思路点拨】 计划组织协调题,此题的作答要能够站在较大的视域下统筹规划组织,要认识到自己是具有较多资源可用的,因为题目中已经给定了你的位置。要在展销会的举办中凸显亮点,是赢得高分的内容关键点。逻辑:表态→计划→实施→总结。

【参考解析】 举办苹果展销会,为本地农产品拓展销路,树立品牌,对于增加农民收入、发展农村经济很有意义,我会把这次展销会组织好,力争实现"政府搭台引导,市场主体唱戏当主角"的良性模式。具体会从以下几个方面开展工作:

(1)做好调研。了解当地苹果种植的种类,各种苹果产品的销售情况,当地苹果产品的优势、特色、价格等;了解当地或其他地区之前举办该类型展销会的情况,以借鉴经验。

(2)写好展销会计划,包括举办的时间、地点、展销会组织人员、展馆的布置方案、前期宣传工作、安全保障及后勤服务等相关工作,并将计划呈交领导批准。其中,时间要选在果品成熟期,主展馆可以选在当地展览中心,分展馆甚至可以建立在主产地、果园。

(3)具体实施。深入宣传举办苹果展销会的意义,动员广大果民、专业合作社或以乡镇为单位积极参加展销会;组织工作人员做好展会的对外宣传工作(包括产品宣传资料、宣传片的制作),通过新闻媒体、网络(如微博等新兴平台)对展会做专题报道,突出本地苹果产业的特色和优势;邀请客商并做好工作衔接,做好接待,以优质的产品、一流的服务、诚信的态度取得前来参加展会的各个厂家的信任,使展销会成为沟通厂家与果农的桥梁;展会后勤组根据计划合理安排展位,保障参会期间的用餐和住宿,并做好安全保障工作,确保展会顺利地进行。期间,可以举办具有产品或地方特色的活动,如游园采摘、苹果大王选美竞赛、吃苹果比赛等活动。

(4)做好工作汇报和总结。展会结束后,及时撰写工作汇报和总结,一是向领导汇报本次苹果展销会的完成情况,二是总结本次苹果展销会的经验和教训,为以后开展类似的展销会提供参考。

例 11 有群众反映你部门有违规乱收费的现象,领导让你去调查,你打算如何调查?

【思路点拨】 计划组织协调题中的调查题,答题中应注意调查题的关键词,包括调查方法、数据、范围、对象等。不能空洞地只讲宏观流程。逻辑:表态→计划→实施→总结。

【参考解析】 制定科学、合理的收费标准并严格按规定收费,是每个政府部门正确履行职责、为群众提供标准化服务的要求。对于群众反映的违规乱收费现象,事关我们部门的形象和群众对我们的信任,我一定会认真调查,弄清事实真相,向领导提交翔实准确的调查报告(注意调查题表态后缀的灵活使用)。

首先,我会查阅我们部门的相关收费项目、标准及相关收据,并对照上级部门制定的相关收费标准,了解我们部门的收费标准是否符合国家的政策规定,是否存在越权收费、超标准收费及自立项目收费等现象。

其次,对群众反映的情况进行调查。要深入群众中去,实地了解大家对收费情况的意见,群众反映的违规是违了什么规,乱收费是乱在哪些方面。对于群众反映的问题进行整理和记录,注重证据收集,将调查信息进行整理、分类、统计。

再次,联系我部门负责收费的工作人员了解情况,将群众反映的问题向他们进行反馈,如果我部门的情况符合国家相关的收费规定,并且不存在其他乱收费现象,可能是群众对于我们相关规定不太了解,应该进一步公开我们的收费依据、项目和标准,做好政务公开;如果我们部门确实存在收费违规现象,应当尽快更正、向群众道歉并及时退还相应款项,并请示相关领导对相关的负责人进行教育、处罚。

调查工作结束后,做好总结汇报。在今后的工作中,我们应该更加注意信息的公开和透明,如在公示墙上公开收费项目和标准,或向群众发放政务公开手册,并加强对工作人员的监督和管理,以实际行动践行服务型政府的要求。

例 12 "把别人当别人,把别人当自己,把自己当自己,把自己当别人",谈谈你对这句话的理解。

【思路点拨】 属于综合分析题中的言辞分析题,这种一句话中有几个短句的题目,建议考生每个短句独立分析而不是把整个一句话合起来笼统地分析。我们推荐的方法可以让考生回答得更饱满,也就更符合考官的要求与期望。此题的答题逻辑是:表态(你对这句话的态度)→分论点结合实际地展开(即逐个短句分析)→总结。

【参考解析】 这句话对我有很大的启发,把别人当别人,就是要尊重他人,尊重他人的权利、隐私、空间。把别人当自己,就是要能换位思考,把群众的事情当作自己的事情,想群众之所想,急群众之所急。把自己当自己,就是要清醒地认识自己,了解自己,能够及时发现自己的缺点并加以弥补。把自己当别人,就是要严于律己,克己奉公,不给自己开绿灯,不可越雷池半步。

如果没有尊重他人,会对他人造成伤害;如果没有换位思考,就不能顺利地完成工作并且建立和谐的沟通关系;如果不能清醒地认识自己,就会骄傲自满或者丧失积极性;如果不能严格要求自己,就会放纵自我,误入歧途。

如果有幸进入岗位,我会在德、能、勤、绩、廉五个方面来严格要求自己,让自己成长为一名优秀的公职人员。

例 13 "德不孤,必有邻",谈谈你对这句话的理解。

【思路点拨】 属于综合分析题中的言辞分析题,理想的答题状态是能够说出题目这句话的出处(建议考生在备考阶段多储备一些经典典籍中的名句,常见的有《论语》《孟子》《管子》等),然后联系实际阐述这句话的启示,最后总结。所以这道题的框架是总-分-总,中间的"分"可以从国家层面、单位层面、个人层面来展开讲。

【参考解析】 "德不孤,必有邻"这句话出自《论语》,意思是说:道德修养好的人不会

孤单,一定会有志同道合的人来与他相伴。这句话对我们有很多启示:

第一,从国家层面来看。我们强调要推动和谐世界建设,这就需要我们担负起负责任大国形象,追求国际道德,与邻为善、为邻为伴,奉行和平共处的外交原则,致力于维护世界和平。

第二,从社会层面来看。各类社会组织也都应该讲求道德,追求公德。一个企业,必须要担负起社会责任。备受群众关注的"毒奶粉""毒胶囊"事件,当事企业都是社会责任缺失。可见,一个企业如果失德,就会被淘汰。

第三,从个人层面来看。就要求每个人加强道德修养,对于公职人员来说,就要求广大领导干部加强自身道德的修养。沈浩同志在小岗村担任党委第一书记、村主任等职务时,始终以党和人民的事业为重,用实际行动践行科学发展观,忠诚地履行着一名共产党员的神圣职责,在广大干群心中树立起一面榜样的旗帜。有句话说"为官先为人,立人先立德",作为党员干部,应有德有才,德才兼备,这样才能带领群众共同谋发展,做到执政为民。

德、能、勤、绩、廉,德是排在第一位的,我在今后的工作中,要努力以身作则,加强自身修养,不忘初衷,使自己成长为一名优秀公务员。

例14 有一种说法是"细节决定成败",另一种说法是要"抓重放小",请问你怎么看?

【思路点拨】 这类题目需要注意的是,题干中的两个关键词往往都不是真正的矛盾或对立关系,我们论述的方向一般是分别强调二者的重要性或正确性,再朝着"把二者统一起来"这个目标来讲。因此答题的逻辑框架是总-分-总。

【参考解析】 关于"细节决定成败"与"抓重放小"两种观点,其实并不像字面上看起来的那样矛盾,从本质上讲,这两点是统一的,相辅相成的,若想将一件事做好,这两个方面缺一不可。

一方面,细节决定成败是事物由量变到质变的发展过程。量变无非就是细节的积累导致的事物浅层次的变化,质变就是细节积累达到一定的程度,结果形成深层次的飞跃。若从系统论的角度看,细节决定成败是现代系统论的具体化和形象表述。任何庞大的系统都是由无数有机联系、彼此制约的细节构成的统一整体。我们做一件重要的事,若是忽视细节,将有可能出现"牵一发而动全身"的严重后果,就如"千里之堤,毁于蚁穴"。

另一方面,"抓重放小"这一说法其实就是告知我们在处理一件复杂事物时,要善于抓住主要矛盾和矛盾的主要方面,突出工作重点,分清工作主次和轻重缓急,也就是我们常说的"抓重点带一般"的工作艺术。毛泽东同志在《关于领导方法的若干问题》中指出:"领导人员依照每一具体地区的历史条件和环境条件,统筹全局,正确地决定每一时期的工作重心和工作秩序,并把这种决定坚持地贯彻下去,务必得到一定的结果,这是一种领导艺术。"毛泽东同志的"工作重心"和列宁曾提出的"抓主要链条"是一个意思,就是人们通常比喻的"牵牛鼻子"艺术,即抓住了主要矛盾,就会带动其他矛盾的解决。

总之，二者结合起来看，就是要求我们在判断一件复杂事务时，要着眼重点，善于从全局角度观察问题，而在具体实施时注意细节，并养成注重细节的工作习惯。"抓重放小"是一种工作方式方法，而"细节决定成败"是一种精益求精的态度，二者是统一的，不可或缺。

例15 一位成功人士说："决定你命运的是晚上的8点到10点"，如何看待这句话？

【思路点拨】 属于观点（言辞）分析题，逻辑框架：表态→正确性、合理性分析→辩证式递进→总结。

【参考解析】 这句话说得有一定道理，启示我们：业余时间的利用对人生发展非常重要。爱因斯坦说："人的差异在于业余时间。"如果利用不好业余时间，只沉迷于休闲享乐，不思进取，白白浪费时间，造成情感上、精神上的空虚，长久下去便产生了差距，最终将一事无成。

当然，业余时间的利用不一定只是晚上8点到10点。对于公职人员来说，首先是在工作时间内兢兢业业，站好每一班岗。其次是要在业余时间不断提升自己、充实自己，养成良好的个人习惯，陶冶情操。比如，读书、看报、做运动，都是非常健康的业余安排。

总之，我一定会利用业余时间来提高自身修养，不断提升自己的业务能力和知识储备，这也是学习型社会的必然要求。

例16 低碳经济，有些人认为是应该企业减排，个人无所谓，谈谈你的看法。

【思路点拨】 属于综合分析题，本题带有判断性质，但判断难度较低，考生们都可以站对立场。重点在于分析企业、个人乃至全社会在低碳经济推广过程中的角色和应发挥的作用，此题带有明显的时政题特点。逻辑：表态→分析与对策（阐述分论点）→总结。容易发生的失误就是在答题过程中只讲个人，而忽视了再次强调企业。

【参考解析】 这样的观点是不正确的，没有能够全面认识到发展低碳经济的重要意义和公民个人在这一过程中的重要角色。低碳经济是以低能耗、低污染、低排放为基础的经济模式，是人类社会继农业文明、工业文明之后的又一次重大进步，是国际社会应对人类大量消耗化石能源、大量排放二氧化碳引起全球气候灾害性变化而提出的能源品种新概念，实质是解决提高能源利用效率和清洁能源结构问题，核心是能源技术创新和人类生存发展观念的根本性转变。它对于推动产业转型升级，建设资源节约型和环境友好型社会，深入贯彻落实科学发展观，走可持续发展道路具有重大而深远的意义。

由于工业企业是能源消耗和二氧化碳排放的主要力量，所以应该转变生产经营方式，发展低碳经济，走新型工业化道路，依靠科技，节约资源，减少污染，促进经济和社会的可持续发展。

而个人在低碳经济和低碳社会的发展中同样起着举足轻重的作用，我们的生活方式和消费习惯就会对企业生产经营具有导向作用，同时，我们每个人的行为习惯还会形成社会氛围。所以，我们每个人都应参与到低碳中来，积极倡导适度消费的理念与文化，反对过度消费。例如，无节制地使用塑料袋，不仅直接增加了"白色垃圾"这一污染源，而且还极大地浪费了石油资源,增加了二氧化碳排放量。应认识到低碳经济与应对全球气候变化以及保护人类生存环境之间的密切关系,从而最大限度地减少"一次性消费",提倡资源的循环利用。

总之,发展低碳经济不仅取决于国家的经济战略、技术创新能力以及相应的政策与制度环境,更取决于每一位国民的参与程度,体现在日常生活中的许多细节,低碳经济,人人有责;低碳经济,从我做起。

例 17　你想向考官展示什么?

【思路点拨】　属于自我认知题,看似内容开放,实则不能随性而谈。其内在逻辑是你所报考的职位需要什么样的人,需要具备哪些素质,这些才是你真正应该向考官展示的。所以,此题把你与考官联系起来的纽带是职位,更具体地讲,是职位要求。具体展开的答题框架,可从职业理想、政治理论素养、工作能力与工作经验、理论知识水平、性格特征、身体素质等方面来讲。大家要虚实结合,不能空喊口号,要有具体事例或成绩来佐证你的优点。

【参考解析】　我最想向考官展示的就是一个真实的自我,以及我认为自己适合担任公职人员的一些特点。

我今年刚刚毕业,是一个希望走上社会、有所作为的人。我平时乐观开朗、积极向上,为人正直、乐于助人、责任心强,有很好的团队精神。我专门学习过行政管理学、政治学、电子政务、公共政策分析等课程,理论知识和专业技能比较扎实(可根据实际职位情况进行调整),希望运用这些知识为更多的人提供服务、做点实事。

在大学里,我先后三次获得学校奖学金,两次被评为优秀学生干部,并且是优秀毕业生,曾任学生会组织部部长,参与组织了不少活动。通过这些活动,使我学会了如何在日常事务中沟通协调,如何在面对困难时积极应对,提高了我的组织、沟通、协调能力。虽然在学校学习,也在假期积极参加实习、社会实践,提升了社会认知和动手能力。

报考公职人员也是因为父亲对我的影响。我父亲是一个普通的公职人员,工资不高,还要常常加班工作,家里也照顾得不好,我和妈妈埋怨他,但他仍然一如既往。直到我在学校作为班干部做了很多工作,得到了老师、同学的信任和认可,才慢慢了解父亲工作的意义,了解到自己应该去从事最能够帮助别人并实现个人价值的工作,这也是父亲对我的期望。

所以,我决心报考公务员,用自己的努力为更多的人服务,在踏踏实实做事中实现自己的价值,希望我能够得到这个机会。

例 18　你被录取后,要被派到基层工作几年,能适应工作环境和城乡差异吗?

【思路点拨】　属于自我认知题,此题切忌用大无畏的态度来藐视一些困难,表现出"钢铁"般的无所畏惧;相反,应该正视或说认真对待题目中所讲的现实问题,思考如何理性面对,而不是简单地只会以感性面对。答题逻辑:分三个部分答,分别对应着题目中的三个信息群,即"被录取""去基层""适应环境与差异"。

【参考解析】 若能被录取,我一定会非常珍惜这份理想中的工作,会以饱满的热情投入工作。其实,报考之前我就想过,自己从小就在城市里生活,最缺少的恰恰是基层生活和工作经历,这样的经历对于自己的成长是弥足珍贵的。年轻人身上的缺点和毛躁就需要在基层去磨砺和改正,向群众和基层前辈们学习。同时,基层的工作经验能够加深我对社会的感知,进一步培养和提升自身的工作使命感和责任心。

当然,我从小适应能力还是较好的,身体素质也可以,相信自己能够较快适应基层生活,全身心投入新的工作和生活环境中去。我觉得作为一名公职人员,既然选择了从事社会服务工作,就要能够克服自身困难,全心全意把工作做好。不管在哪里,都要遵照相关制度办事,按工作流程完成本职工作。况且,年轻人拥有在不同环境下的工作经历,拥有不同地区的见闻与见识,无论对自身能力的提高还是对未来前途的发展,都是一笔宝贵的财富。

至于新的环境和城乡差异,我会努力适应,干一行爱一行,我会培养兴趣,爱岗如家。同时,自己会多向同事请教生活工作经验,也通过多打电话等方式让家人放心。

例19 举办一次服务进社区活动,领导让你负责,但你的同事们积极性都不高,你怎么解决?

【思路点拨】 属于计划组织协调和人际关系处理的融合题型,逻辑:表态→分析原因→提对策→总结。

【参考解析】 服务社区、关注民生、促进和谐,这是社区工作的重点,这项工作与群众面对面接触,积极性不高会使活动效果大打折扣,就不能将好事办实、实事办好。我会认真分析、查找原因,努力把工作完成好。

对于积极性不高的问题,第一,我会和同事积极沟通,了解他们的想法,看是否是因为大家没有认识到此项工作的重要性;第二,要从自己身上查找原因,看是否是同事担心我的工作能力不够,不能把此项活动组织好,或是我在和同事的人际关系处理上缺乏经验,出现了问题;第三,要考虑到是否同事近期工作繁忙,在时间和精力上不能保证有效投入。

我会针对以上原因采取应对措施:一方面,整个团队要统一思想,提高认识;另一方面,提高自己的组织能力,加强与同事的沟通和团结,群策群力。可以在工作中多征求大家的意见,充分调动大家的积极性,以饱满的热情投入到为社区服务中去。

例20 你会在什么情况下辞去公务员的工作?

【思路点拨】 属于较为罕见的自我认知题,常见问题是考生"一根筋"地对待此题,即什么时候、什么情况下也不辞职,或者是辞职理由不恰当。有考生说会在自己生病而不能很好地履职时辞职,这就连起码的劳动法常识都不懂了。

【参考解析】 公务员从事社会公共服务与公共管理职能,对于社会的和谐稳定和健康发展意义重大、责任重大,轻易地辞去公务员的工作,在我看来是不负责任的做法。

公务员工作是我的职业理想,若我被录取,我一定会爱岗敬业,来实现我的人生价值。但是，如果出现以下情况，我会辞职：第一，由于我工作上的疏忽或失误，给国家、单位或群众的荣誉、财产、权益造成严重的损害，在承担相应责任后，我会按照相关制度规定引咎辞职。第二，在工作中由于自己的不思进取、荒于业务，导致自己不能胜任工作，不能够符合考核要求，我也会辞职。第三，组织对我另有任用或安排时。

对于前两种情况，我一定不会让其发生，在工作中，我一定会以一名优秀公务员的标准来严格要求自己，在德、能、勤、绩、廉五个方面全面发展。

例 21 你有一个很好的工作设想，你经过实际调查认为这个设想既科学又可行，但你的领导和同事们很固执，你采取什么办法说服他们与你合作？

【思路点拨】 属于人际关系处理与计划组织协调的融合题型，既然有人际关系题的成分，就应坚持人际关系题的解题原则：首先从自己身上找原因。在此题中，虽然题干中说明了自己经过了实际调查认为可行，但领导和同事们很固执，这说明还是自己的工作没做到位，还是有瑕疵存在的。所以此题的破题点之一就是如何让大家认可自己的方案，这需要具体地谈，不能用"耐心沟通"等空泛的词语一句带过。

【参考解析】 在工作中积极地提出建议，也是对工作负责的表现。出现这种情况，难免会感到一丝遗憾，但我不会气馁，更不能心存怨恨。而应该查找自己工作的不足，反思自己工作哪里还不到位、不够细致，思考为什么大家不认可我的方案。

再次认真研究自己方案的可行性，和领导、同事进行沟通，请教清楚不同意我方案的具体原因，并虚心听取他们的完善意见，因为很多时候由于自身阅历、经验不足等原因，我并不能够完全认识到方案存在的问题。

如果方案没有问题，那么根据不同的原因进行说服工作，最主要是能够让大家看到方案成功的希望，可以申请搞试点，或者是分发详细的书面报告。最后要强调的是，没有领导的教育培养，没有同事的配合帮助，不可能有任何的成绩，所以功劳和成绩是属于集体的。

例 22 你怎么看待当前我国大学生自主创业少的问题？

【思路点拨】 属于综合分析题，带有明显时政题特征，需要考生掌握一定的社会热点基础知识。逻辑：表态（是否存在，或你的态度）→原因（为主）→对策（为次）→总结展望。

【参考解析】 的确存在如题所说的这种情况，近年来大学生就业形势一直严峻。自主创业是一种重要的就业方式，为了鼓励大学生自主创业，我国政府、企业和学校都做出了一些努力，但是大学生自主创业的比例依然很少。因为大学生创业过程中面对的阻碍重重。影响大学生自主创业的因素集中表现在大学生创业环境和大学生自身素质两个方面。

首先，从大学生创业环境看，困扰大学生自主创业的因素主要有：

第一，大学生创业的社会环境不尽如人意。当前大学生包括家长的传统就业观念还是根深蒂固，有些父母觉得创业太艰苦了，都希望自己孩子毕业后能有一份稳定、体面的工作,如考公务员或者去事业单位、国有企业工作;不少大学生也认为自主创业是迫不得已才做出的选择,找工作才是第一要务。

第二,大学生创业的政策环境不够完善。我国各级政府虽也陆续推出了一些诸如减免税收、小额信贷等促进自主创业的政策,但整体上还不够完善。这在一定层面上使想创业的青年找不到相关政策,或者对已有的政策手续不太了解。而且很多地方政策只针对本地生源,外地生源不能享受。

第三,大学生创业的市场环境不够成熟。大学生自主创业,启动资金难寻求,民营企业老板不愿投资,大学生创业项目也很难在银行贷到款。全社会在提供就业创业信息和就业创业指导、营造就业创业的舆论环境和文化氛围、整合社会资源为青年就业创业服务等方面还不够规范,相应的服务机构也不健全,在一定程度上影响了服务青年创业的效率和质量。

第四,大学生创业教育仍无法满足大学生的需求。大学生创业能力差,根本原因在于学校创业教育薄弱,教师观念落后导致学生创业意识差。现在学校没有系统的创业教育,只是教创业意识,而没有对大学生创业能力的培养。还有一些学校对于创业学生也不支持,认为他们是不务正业。

其次,从大学生自身素质看,影响大学生自主创业的因素有:

第一,创业精神不足。受传统思想观念影响,毕业的大学生没有做好创业的心理方面的准备,比如缺乏自信、急功近利、不善坚持等。

第二,在熟悉管理、办事程序等方面准备不足。大学生普遍缺少社会阅历和经验,往往找不准项目,对公司不具备完整的管理体系,同时对市场的分析、判断、处理等方面的能力还很欠缺。不少人连开办公司的基本流程都不知道。

第三,创业团队在知识结构、个人气质、社会交往、企业管理等方面互补性不强。

因此,要提升大学生自主创业的热情和成功率,必须解决好上述问题,这样,才能为大学生创业提供一个良好的氛围和环境,为社会铸造一大批精英人才。

例23 假如你是学校一个主管,怎么促进你学校的学生自主创业?

【思路点拨】 时政型综合分析题,注意把握好身份角色要求:主管,在答题中能够调动学校的各项资源来完成工作。要认识到促进学生自主创业不仅要传授知识,还要加强实践、提供支持,并寻求各方面的支持。

【参考解析】 促进学生自主创业有重要意义,不仅有利于大学生就业,而且对于繁荣经济、促进社会进步都有深层次影响,我作为学校的一个主管,一定会高度重视并做好大学生自主创业的各方面工作。

首先,要加强对在校生的创业知识教育。在课程设置中专门安排系统的创业教育课程,培养他们的创业意识,健全他们的创业心理品质,丰富他们的创业综合知识,为提高他们的创业能力打下坚实的基础。

其次,丰富在校生的创业实践。增加学生的见习实践课时,强化课堂创业培训。为了保证不流于形式,创业活动实践要有专门的指导教师并建立健全考核机制。学校要设立专门的机构,拨付专门的经费,来资助学生进行创办企业实践。

最后,为大学生创业提供多方面的支持。学校要在政策支持、制度保障、服务体系等方面夯实服务能力,让学生和老师能够放开手去开拓实践。

我相信通过以上努力,以及地方政府和企业的各方支持和配合,大学生自主创业会发展的越来越好。

例 24 有这样一道数学题:$90\% \times 90\% \times 90\% \times 90\% \times 90\% =$?结果是 **59%**。在人们印象中,不论是工作、还是学习,如果能够达到 **90%**,即便够不上优秀,也算很不错了。然而,5 个 **90%** 的乘积竟然是 **59%**,连"及格线"都达不到,更别说更多的 **90%** 相乘了。对此,你有何启示?

【思路点拨】 以综合分析题型为核心,带有自我认知成分的融合题型。答题时要把绝大部分精力放在综合分析层面,在结尾处可以顺便讲一讲自己的做事态度和方式。此题难点在于破解"90%"与"59%"的关系,并从中提炼出主旨。

【参考解析】 这道数学题给我很大启示,具体有以下几点:

第一,正如古语讲的"失之毫厘,谬以千里"的道理,细节决定成败。做事情要注重哲学上"质量互变关系"原理的运用,注重小小的"量",也就是细节的重要性。一个个不起眼的偏差积累起来就有可能导致全局的失败,使"千里之堤,毁于蚁穴"。所以要在平时的工作中养成对质量精益求精的追求态度。

第二,除了在认识上、态度上严格要求,不能松懈之外,还需要落实到具体的制度上,才能真正保证效果,不出偏差。这就需要在管理中、监管中注重过程管理,把控好每个工作环节的完成质量,绝不能浅尝辄止、有"差不多就行了"的思想。

总之,小小细节和错误的积累会产生乘数效应,造成全局性的影响,这一点对我们的各项工作都是极具指导意义的,我也一定会在今后的工作、生活中更加严谨认真、扎扎实实地做事,不浮躁、不自满。

例 25 农民工小李想要查阅关于土地补偿的红头文件,但查看政府网站时发现内容两年未更新。这种现象被称为"休眠网站",请你谈谈对这种现象的看法。

【思路点拨】 综合分析题型。"休眠网站"是典型的消极类社会现象。解题思路:提出问题(叙述背景、现状)→分析问题(危害、原因)→解决问题(对策)。掌握思路之后,题目也就迎刃而解。但要注意这一切要在肯定"休眠网站"的初衷的基础上进行解答。而原因和对策主要是遵循"观念—制度—操作"三个层面来分析即可。

【参考解析】 政府设立政府网站本来是一种搜集民意、听取民意的新形式,这种形式有利于政府问政于民、问需于民、问计于民,为政府制定决策提供依据,也能改善和提高政府工作人员的工作效率和管理水平,提升政府的执政能力。

但是有一部分网站形同虚设,成为"休眠网站"。这些"休眠网站"在造成网络资源浪费的同时,也会影响网民解决问题的进度和网民参政议政的积极性,使其失去对政府的信任,削弱政府的公信力。

之所以会出现"休眠网站",首先是政府及其政府工作人员对政务信息公开的作用认识不够,为人民服务、以人为本的思想还没建立起来。很多地方政府网站都是应景工程,当初建网站只是受全国倡导"电子政务"的影响,或者为追求政绩而建,所以只要达到上级和媒体关注目的后,就疏于管理了。其次,有关电子政务的立法和机制不健全。再次,人才缺乏,管理水平参差不齐。

为改善这一现象,有如下对策:第一,政府工作人员要摒弃官僚主义作风,树立服务意识和责任意识,充分认识到政府网站是政府信息公开的重要渠道;第二,加快有关电子政务的立法进程,建立政府网站考核机制,对内容长期不更新、服务水平不高的政府网站给予曝光和惩罚;第三,政府相关工作人员要及时提供新的信息和数据,对于网站的维护和工作人员,也要及时地把新的信息发布到网上。

总之,我们要相信,只要政府本着"群众满不满意、高不高兴、答不答应"的原则,为群众办实事、为群众谋福利,推进政府信息公开,就能够赢得群众的满意。

例26　对于当前有些高校开设公务员培训课程等现象,你有何看法?

【思路点拨】　综合分析题＋自我认知题。回答此题的基本方法还是辩证思维。在使用辩证思维时要注意的是,考生虽然告知考官要从不同的方面或者说从正反两方面来看待问题,但是往往对于正方面只是一笔带过,接下来用大量篇幅谈反方面。这种习惯应该得到纠正,既然是正反两个方面,就应该把两个方面都深入地说一说才行,否则很有可能让考官产生误解。就此题而言,我们首先应该对高校的做法给予肯定,为什么肯定,必须给出原因,然后再谈其中存在的问题,最后给出解决办法。

对于此题的更深层次的思考还要注意以下几点:第一,要和高校学生就业相联系。第二,要和高校课程设置相联系。第三,要联系自身,即谈自己"为什么考公务员""凭什么考公务员"。

在此考生一定要记住,尽管有"自我认知题"这样一类题型,但实际上公务员考试面试中的每一道题都是自我认知题,考生应该利用回答每一道题的机会来向考官介绍自己、说明自己,所以考生备考时一定要准备一个充分的自我介绍,在答题时,总会用上的。

【参考解析】　这个现象我已经注意到了,我觉得可以从以下几个方面来分析:

第一,公务员这一职业工作比较稳定,收入相对较高,并且具有一定社会地位,因此近年来高校毕业生中考公务员热持续升温,准备报考公务员的广大学生对获得与公务员考试有关的培训课程的需求相应增加,有些高校开设公务员培训课程就由这一需求所催生。

第二,近年来,高校毕业生就业压力增大,高校有关部门为此千方百计帮助学生提高综合素质,提高就业谋职能力,努力做好学生就业工作。有些高校开设公务员培训课程也是为了做好学生就业工作的一种努力,值得肯定。

第三,在有些高校开设公务员培训课程之前,社会上已经如雨后春笋般出现了许多公务员考试培训机构,但是这些机构教学水平参差、良莠不齐,有些机构很难保证教学质量,导致很多学生花了很多钱去上辅导班,最后却觉得很亏。鉴于此,高校开设公务员培训课程,是为了学生考虑,能够保证教学质量,避免一些学生在报考一些社会辅导机构时上当受骗。

因此,有些高校开设公务员培训课程,有一定的合理性和必要性。不过我们也应看到,这种现象的存在还是有一定问题的:

第一,近年来的报考公务员热并不很正常。虽然高校毕业生踊跃报考公务员有助于为公务员队伍"输入新的血液"、提高公务员队伍的整体素质,但是毕竟有很多学生报考公务员并非真正出于对这份工作的热爱,而可能是盲目跟风、一时冲动、家庭压力甚至是想通过获得公务员的职位来以权谋私。所以有些高校开设公务员培训课程,其目标人群并不全是真正热爱公务员职位的学生。

第二,公务员考试的各科目——行测、申论、面试等,是对学生综合能力的考查,如果学校课程设置合理,学生在读书期间认真学习、积极参加校内外实践活动,则就有完全的能力应对公务员考试,而无须再求助于有关培训,因为公务员考试的各科目都不超出我国对于合格大学毕业生素质的基本要求。因此,从理论上讲,高校开设相关培训课程是多此一举。

综上所述,我觉得高校应做好如下工作:

第一,为满足学生的需求,有针对性地适当开设一些公务员考试培训课程,帮助学生解决考试时可能遇到的重点难点问题,为有志于成为公务员的学生助一臂之力。

第二,在开设公务员考试培训课程的同时,开设与公务员实际工作相关的培训课程,帮助学生及早了解公务员实际工作内容和注意事项,即在开设考试能力培训课程的同时开设工作能力培训课程。

第三,学校更应该做好的是学生的就业指导工作,开设就业指导课程,让学生懂得理性就业,合理规划自己的人生,而不是盲目地都去挤同一座独木桥。

第四,改革基本课程设置,丰富课程种类,把公务员考试培训课程中的内容逐步融入基本大学课程中去,并注意平时对学生综合素质的考查。

第五,学生本身应注意好好利用大学的学习资源丰富完善自己,多多参加校内外实践活动,提高自己的办事能力,让自己成为全方面发展的人才。

就我个人而言,我非常希望能够通过公务员这个职业实现我的人生价值,虽然我所就读的大学并没有开设公务员培训课程,但是我们大学的专业课设置和选修课设置比较合理,通过几年的大学学习,我练就了专业方面扎实的基本功,并且通过选修大量课程,完善了自己的知识结构,这为我能够在笔试中取得良好的成绩打下了坚实的基础。同时,我在读书期间积极参加社会实践活动,提高了自己办事和解决问题的能力,能够很好地与人相处、合作,遇到紧急情况能够冷静面对,积极寻找办法。所以我相信,尽管我没有参加过专门的培训,但是我会在这次考试中取得良好的成绩并且有能力胜任我所报考的岗位。

例 27 你单位新来一位负责文件收发的新同事,你工作很忙,该怎么帮他?

【思路点拨】 人际关系题＋情景应变题。回答此题时应注意这样几点:第一,一定要把自己设身处地放入工作情境之中,这样才能想好要帮助新同事了解哪些工作内容。第二,针对工作中自己工作忙、任务繁重的情况,一般的解决办法有三种,即提高办事效率、自己加班加点、寻求同事帮忙。回答此题时这三种办法都用上了。第三,要学会在答人际关系题时将心比心,即考生作一下角色转换,这样就能够向考官表明自己对于这些问题有更高、更深层次的认识,而自己之所以会采用某种方式来解决题中的问题,往往也就是因为这种角色转换、换位思考。

【参考解析】 文件收发是单位工作中的重要一环,关系到上级精神的传达、信息的发布、公私信件的往来,此项工作意义重大,要求其工作人员细心、认真,具有较强的业务素质和沟通能力。

新同事对于文件收发的业务还很不熟悉,不了解有关办事流程及注意事项,所以我应该积极主动给予帮助,让其尽快成长起来。

我会首先和其谈话,了解其对业务的认识和熟悉程度,帮助其树立对业务的正确态度,认识到自身工作的重要意义。帮助其熟悉工作,我会做到以下几点:第一,介绍单位的组织架构和部门分布情况,让其熟悉单位的办公环境;第二,对其讲解每天文件收发工作的办事流程、注意事项、权责划分等;第三,向其提供本单位各部门、科室、员工联系电话表;第四,提供收发文件工作规章制度文本供其学习。

虽然我的工作很忙,但是我也要尽可能地帮助新同事,我觉得可以这样解决这个矛盾:第一,我可以提高做事效率,然后利用工作间歇时间帮助他;第二,如果帮助其熟悉工作确实会占用我很多时间,我可以选择加班加点来完成工作或者请新同事来帮助我完成工作,在帮助我的过程中,我为其讲解如何做好文件收发工作;第三,毕竟我应该以手头的工作为重,在我没有余力的情况下,我会找其他熟悉文件收发工作的同事来帮助其熟悉工作。

当然,在这位新同事实际工作过程中肯定还会遇到很多新问题、新情况,这是事先给其讲解时考虑不到的,我会鼓励新同事及时反映问题并帮其解决,我一边干一边教,让其一边干一边学,这也会取得很好的效果。再有要鼓励新同事对工作提出建设性的意见和建议,只要是对工作有利并具有实际可操作性的,都要认真及时采纳,这也有利于调动其积极性。

在工作中同事之间互帮互助是很正常也应该提倡的事情,我们每个人在一开始走上工作岗位时都是一个新人,都希望老同事能帮助自己、指导自己,将心比心,我也会积极主动、耐心地对待身边的新同事,在做好自己本职工作的前提下,尽我所能给予帮助,在帮助中互相了解、建立互信、彼此学习、共同进步,为将来更好地合作打下基础。

例 28　单位要组织一次培训，领导把这项工作交给你来做，你怎么开展？

【思路点拨】　计划组织类题目，主要考核考生的计划、组织和协调能力。首先指出此次活动的目的意义，再依据准备组织→协调控制→总结提升三个环节展开。

【参考解析】　单位组织培训能够帮助我们提高工作能力，增强技能，提高业务水平，以更好的状态投入工作，是难得的学习机会，我会认真贯彻领导的意图，把这次培训工作做好。

我根据领导的意见确定培训的主题和内容，确定培训参加人员，我会选择一些有过相关培训经验的人参与组织，请单位有经验的老同志、领导或者相关专家担任主讲工作。培训地点根据参与培训的人数来确定，可以选择单位的大会议室，准备好培训材料、话筒、纸、笔等相关资料，做好预算，形成方案上报领导批准。领导批准后，严格按照方案实施。召开会议落实分工，划分教学组、教务组、设备组、后勤组等工作小组，明确个人工作职责与工作重点，并确定各个工作小组的负责人。通知好培训人员，布置好场地，准备好物资。

在培训阶段，教学人员做好教学工作，会务组做好材料收发、学员签到工作，设备组保障培训期间设备的正常运行，后勤组安排好整个培训团队的食宿事宜。

培训结束后组织一次考核，对培训效果进行检查。培训结束后，向领导汇报培训的实际情况，并写好工作总结。总结自己在本次活动中取得的成绩与不足，不断提升自己的计划组织能力。

例 29　谈谈公务员交友问题。

【思路点拨】　自我认知题型。从交友问题来考查考生其人。此题可以当作一道"观点类"题型来处理。即谈谈"交友很重要"。答题思路就是提出论点→论证→深化（如何交友）→联系到自己。在本题中，因为是人岗匹配类，要特别强调结合自身，即用自身交友情况来论证自己的观点。

【参考解析】　古谚云"蓬生麻中不扶而直，白沙落涅与之俱黑"，这就充分说明了交友的重要性。对于公务员来说，交友更要慎重。

第一，交友非常重要。这是一种巨大的环境作用。

第二，对于公务员而言，交友更加重要。因为公务员身上的责任、权力更大，所处位置更加敏感，更要慎友慎行。反过来，我们也看到，很多落马官员都是因为交友不慎而遗憾终身。

第三，交友的原则如下：①宁缺毋滥。②孔子说，要交三种朋友，友直、友谅、友多闻，我们不妨借鉴。③对于公务员来说，更重要的是要交志同道合的朋友，操守自律的朋友。④对待朋友，也要注意求同存异，不可过于苛刻。

最后，本着"群众路线"的观点，公务员一定要有良好的群众基础，和基层群众建立紧密联系，这就要和群众交知心朋友。

例 30 你新到单位，对单位不了解，领导交给你任务，你没有完成好，领导不信任你了。你怎么办？

【思路点拨】 挫折型人际关系题。首先表态，要有积极的态度。然后弥补损失，承担责任、自我反省、与领导沟通。把握的原则就是有责任感和进取心、自我批评的精神和积极改善工作关系的主动性。承认→反省→沟通。

【参考解析】 领导交给我任务而我却没有完成，我感到非常抱歉，这说明我还需要锻炼，还需要不断提高自己的工作能力和业务水平。特别是领导对我不信任了，我想我应该采取积极措施，以改善目前的状况。

首先，工作没有完成，肯定会对单位造成影响，这时我应该主动承担相应的责任，不回避，不辩解。同时我会积极采取有效措施减少损失，防止损失进一步扩大。

其次，我会做深刻的自我反省，找出自己没有完成的原因。如果是我个人态度的问题导致工作任务没有完成，那么我会积极端正工作态度。如果是因为个人业务不熟练而导致工作未能完成，那么我会努力提高自己的业务能力，向同事请教，向领导求助，向书本求知。我想在今后的工作中一定能够圆满完成领导交办的任务。

最后，我会及时向领导汇报工作，积极做自我批评，请求领导的批评指正和相关处分。同时向领导表明我对工作的态度和今后的工作打算，希望领导给予指教。我想领导是宽宏大量的，对下属是爱护的。只要我积极工作，以后踏实做好领导交办的每件事情，我想领导会重新认识我、信任我的。

总之，作为一名新人，我还需要尽快地熟悉单位情况，熟悉相关的工作流程和办事的方法，同时积极学习有关业务技能。"路遥知马力，日久见人心"。我相信通过我真诚的努力，一定能够使自己更快地融入单位，把以后的工作做得更好。

例 31 有人反映养老院服务态度差，单位让你去调查。在调查时，有记者去养老院采访这件事，你怎么做？

【思路点拨】 这是道应急应变与计划组织协调题的融合题目。如何应对媒体的问题？需要做的是分析正在面对的情况，确定自己此时的任务，找出切实可行的方式方法解决问题。

【参考解析】 在我国进入老龄社会的形势下，如何解决好养老问题至关重要。养老院作为现在主流的养老形式之一，保证其提供良好的养老服务非常关键。现在养老院服务态度差已经引起社会关注，说明问题可能比较严重，必须得到及时切实的解决。在我去调查养老院服务态度差的问题时，有记者采访此事，我一定要严肃对待。

首先，我会和媒体的同志进行沟通，向他们讲明我此行的目的就是要来调查养老院的服务态度问题。我会向他们说明，在调查结果出来之前，我们应该向社会负责、向养老院负责，不作不负责任的报道。因此，请他们能够支持我的工作，等调查结果出来之后再进行相关报道。

其次，我会切实对养老院的服务态度进行调查。在此过程中，我会采用明察和暗访相结合的方式。一方面,我会请媒体同志一起采访养老院相关领导、养老院工作人员,向他们切实了解情况。同时参观养老院,亲身感受养老院的整体环境与服务。另一方面,我也会邀请媒体同志共同向养老院中的老人及其子女亲属了解情况,向他们说明此次调查的目的,让他们卸掉心理负担,真实反映情况。

最后,如果养老院服务态度不好的情况属于误传,那么我将请媒体帮助澄清,让大家扭转这样的认识。相信媒体也对这样的结果感到满意。如果养老院服务态度不好的情况属实,那么我将上报领导,拿出解决意见,责令相关养老院限期进行整改整顿,能够切实地为老人服好务,让老人有一个美好的晚年。此事我也将让媒体如实报道,让大家都认识到养老院服务中存在的不足以及我们一定要将养老院办好的决心。

例 32 社会上对养老有两种观点,一是养老院模式,二是家庭养老,你怎么看?

【思路点拨】 综合分析类。考查考生的综合素质及能力,能否辩证、全面、客观地看待问题。第一,养老问题成为社会关注点的社会背景,以及对于养老问题应该持有的态度表态;第二,养老院模式的优缺点;第三,家庭养老的优缺点;第四,现代社会可行性养老模式的建议。

【参考解析】 "十二五"时期将是我国人口老龄化加速发展期,人口老龄化形势会更加严峻,将呈现老龄化、高龄化、空巢化加速发展的新特征。如何解决养老问题成为我们的当务之急。

如何解决养老问题,最常见的是两种模式:养老院模式与家庭养老模式。

家庭养老是我国传统的养老模式。几千年来"养儿防老"的观念现在也并没有被完全打破。子女是否孝顺与老人能否在家中养老有时会被人等同化。事实上,家庭养老的方式能够祖孙一堂,可以让人享天伦之乐。除了物质上的满足,更能够满足老人心里的渴望,成为心灵的慰藉。但是在现代社会,这种方式受到越来越多的挑战。"421"家庭结构给年轻人增加了极大的压力。作为独生子女的一代,两人负担四个老人的养老差不多成为普遍状态。同时,生活压力、工作压力的增大,生活节奏的加快,都使得年轻人没有精力、也很难拿出大量的时间来陪伴老人,这也让家庭养老这种模式面临着现实困难。所以才有要求子女"常回家看看"的法律出现。

而养老院模式现在虽有了一定的发展,但相对于庞大的社会需求,还显得很不足。养老院模式在一定程度上解决了现代社会家庭养老中精力不足、时间不足等问题。但是,养老院模式也存在着服务质量不过关的情况,如人手不够、服务意识不强、业务素质不过关、硬件条件差等。老人在这里并不能获得充分的照顾。再者,养老院通常因为缺乏人文关怀而被老人排斥。虽然在这里生活能够得到照顾,但是精神上缺乏慰藉。所以不到万不得已,中国的老人宁可独住,也不会选择养老院度过余生。第三,传统的养老观念也是养老院模式发展的阻力。将来,我们把老人送到养老院看成适合不适合、方便不方便,而不是看成孝顺不孝顺的问题,我们的养老观念就进步了。

解决老龄化问题,加快我国养老事业、养老产业(银色产业)发展刻不容缓。而这不是一个部门能够彻底解决的问题,涉及政府、民间,医疗、民政等,更涉及一整套的制度设计。可以从以下几个方面着手:第一,养老保险全面覆盖,并提高保障水平。第二,探索以"购买服务"为主要形式的居家养老模式。即由当地政府委托当地具备资质的专业家政服务公司派员,定点定户上门为残疾、孤寡、空巢及特殊高龄的老人提供专业服务。这可以在一定程度上解决子女无精力、无时间照顾老人的问题。第三,借鉴国外的一些先进经验与模式。例如美国、瑞典等国家,把老人的活动能力分为若干等级。健康的老人可能只是需要有人帮他做一些家务;患有疾病但能够生活自理的老人,需要的主要是医疗服务。这些老人可以住在自己的家里,或者向他们提供老年公寓。只有生活无法自理的老人才需要进入养老机构。再如欧美有专门的老人公寓,这种社区只允许老人入住,其中配备了医疗、餐饮等服务。我国可以充分考虑自身国情,加以借鉴。第四,发展建立"个人、家庭、社区、社会"的多层次养老体系。

只有全社会对养老问题高度重视起来,在政府的宏观把握之下,各种措施多管齐下,才能真正解决我国现在面临的养老问题,也给我国未来的养老制度提供一定的参考借鉴。

例33 单位举办一次会议,临近开会时,有一些同志缺席,你怎么处理?

【思路点拨】 应急应变类。考查对待紧急情况的情绪控制能力和处理问题的有序性。对于突发事件的发生,我们应该快速反应,针对缺席情况做出及时处理,保证会议顺利召开。

【参考解析】 临近开会时,一些同志缺席,作为会议的负责人或者是主持人,必须保持冷静从容、处变不惊的态度予以及时处理,从而保证会议的正常进行。

我会第一时间做出判断:如果缺席的同志是主要领导,在这次会议上将做出重要讲话,我会及时与对方取得联系,看其是否正在途中,如果有突发情况缺席,看看对方有没有合适的人员或是看看能否派其秘书、下属同事代替其前来参加这次会议;如果该缺席的同志比较重要,并且有讲话,但是他的缺席只是暂时的,会在会议的进程中到来,我可以将该同志讲话的顺序作简单的调整,等其到来后再发言;如果缺席的是普通与会同志,我会和同事们立即打电话与这些同志联系,催促其迅速到会。对缺席同志进行记录,事后核实具体情况。

事后,要进行总结反思,为下一次的应急情况提供借鉴。会议之前要做好两次通知,一次是会议通知,一次是会议开始前的通知,保证通知到每个部门、每个人。

例34 你刚到单位,就在言语上得罪了一个老同志,这位老同志工作上不给你指导,还经常在别人面前批评你,你怎么办?

【思路点拨】 人际关系题。因为测查点越来越多,所以考生在作答时思考一定要全面,有了矛盾就要去解决,回避是不能解决问题的。所以,一定要顾及所有矛盾点。

【参考解析】 良好的人际关系是我们做好工作的基础,我刚到单位,在工作的很多方面还有很多不懂的地方,所以可能与老同志有些误会,产生问题的根本原因是我和老同志的沟通不畅。畅通的沟通将不会产生后面的结果,所以要通过有效沟通消除误会。我会在上班时间更加积极地向老同志请教,因为老同志是单位的财富,有丰富的工作经验,而且老同志的一番话远远胜于我盲目工作。在下班时间,和老同志喝茶聊天,增进我们之间的感情,这样也有利于工作的进一步开展,相信也会得到老同志的大力支持。

另外,因为我是刚到单位,很可能是因为我没有尊重老同志特有的工作习惯或工作方法,以后我要更加尊重老同志。老同志平时工作就很繁忙,而我作为一个新人就应该以学习为主,尽量跟上老同志的步伐。老同志经常批评我,我应该虚心接受,对于其中有利于我提高完善自己的要表示真诚的感谢。很多批评源自关心关注,老同志对我的批评是对我的指导,对我工作的快速提高有很大帮助。老同志是我们的前辈,也是我们的老师,我们更应该尊重。

"路遥知马力,日久见人心。"相信通过我真诚的努力,老同志一定能够了解我的为人和工作能力,我们一定能够形成和谐和睦的同事关系。

例35 你进入新单位,认为工作待遇和工作环境不理想,此时另一家单位给你电话邀你面试,你怎么做?

【思路点拨】 自我认知题。考查考生是否进行正确的职业定位,以及适应环境的能力和性格的稳定性。解题思路:阐述自己正确的职业规划→突出自己适应环境的能力。

【参考解析】 首先,就我个人而言,在我身上应该不会出现进入单位后的心理落差。一方面是因为报考之前我已经对职位的相关信息作了深入的了解,但更重要的是,报考这个职位是基于我对公务员这个行业的认识,基于自己对公务员工作的意义和价值取向的认可,同时,结合自身的知识储备和能力素质从而做出的理性、慎重的职业选择。

正是因为我对这份工作的认可和看重,假如自己确实认为工作待遇和工作环境与预期存在一定的差距,就更要充分发挥自己的主观能动性,尽快调整工作中暂时的"不适应"。现实情况多变而复杂,与想象中存在差别属于正常现象,我不会大惊小怪。这样的问题恰恰反映了自己对社会以及生活的认识不够深刻,一直生活在象牙塔里埋头苦学,缺乏对社会的认识和了解。

虽然一个人的价值不能通过工资来衡量,但是工作境遇处于低谷,也侧面说明了我现在为工作做出的贡献还未能发挥出应有的水平,也不能实现自身的价值。一个人想要得到认可和实现价值,首先需要我们自身具备担当的能力和资本。只有不断地努力与付出,才能在逆境中求生存、求发展。

如果另一家单位此时给我打电话邀请我面试,我会婉言谢绝这份邀请。不断地跳槽是不利于一个人的成长和发展的。并且,我的专业、我的实习经历、我的能力和素质都非常适合在公务员的岗位上去得到进一步的历练,达到学以致用的目的,所以我会一如既往地坚持下去,争取在这个岗位上通过自己孜孜不倦的努力实现自己的理想。

例36 你制定了一个绩效考核,领导也同意了,而部分同事反对,你怎么办?

【思路点拨】 表面是人际关系类题,其实融合了工作能力、综合分析等内容的考查。

考生应该首先做到正确看待，将心态放平和，认真分析问题出现的原因，从而寻找到与人沟通、解决问题的有效办法。在这道试题中，"我"制定的绩效考核方案被同事反对，必然有其原因，考生应层层分析原因，提出对策，将此问题予以解决，以达到工作顺利开展、人际关系和谐的目的。

【参考解析】 为了提高员工的工作效率和质量，目前很多单位都是工作中使用绩效考核制度。我单位要制定的绩效考核，同样是为了促进单位的计划目标顺利开展。在领导同意了我制定的绩效考核方案，而部分同事反对的情况下，我会慎重对待此事，力保绩效考核制度在我单位的顺利实施。

部分同事反对，我会认真分析原因，找到可能存在的问题：第一，制定的绩效考核制度，是不是我没有向同事传达清楚，致使同事不了解而部分反对；第二，我会对反对绩效考核的同事进行一个情况调查，看是否是这些同事确实有实际困难，或是的确有更好的建议。

如果是由于我对绩效考核制度在同事中宣传、解答不到位，从而造成的部分同事反对，我会积极上动地跟他们进行有效的信息传递，并使同事尽快了解我制定绩效考核的目的及目标。我相信同事在了解了真实情况后，一定会配合我的工作，同意绩效考核的。

如果真的是绩效考核方案确实存在一些情况，新制定的绩效考核制度会影响这些同事的薪资及对其考评，我也会真实地记录同事的情况，并客观地向领导反映。我相信，经过领导了解后，根据实际单位的情况，我们一定会解决好绩效考核制度实施的问题。

通过此次工作，我会认真总结，并提高我的工作效率和能力。在以后的工作中，如果由我负责工作，我一定会在事前与领导、同事进行有效沟通，再对工作制订好计划，及时向同事征求意见，以确保任务的正常顺利进行。

例37 你新到一个单位，同事对你不是很信任，领导也只是交给你一些琐碎的事情做，请问遇到这种情况你怎么办？

【思路点拨】 人际关系处理题。主要考查考生人际交往的意识和技巧。解题思路：表态→原因→化解→避免。

【参考解析】 我新到一个单位，大家对我还缺乏了解，同事不信任我，领导只交给我琐碎的事情，这一点也是正常的，我会站在同事和领导的角度来思考这件事情，本着平和、宽容的态度去处理。

如果出现题目中这种情况，原因可能有以下几种：第一，自己是新入职人员，对很多事务都不熟悉。领导出于这样的考虑，给我安排一些基础性的事情做，目的是让我尽快熟悉环境和业务；第二，自己对新的工作环境不熟悉，所以无法抓住工作重点，导致无法插手重要的工作；第三，领导和同事不清楚我的能力，希望能够更深刻地了解我，还在考查我，以期决定可以交给我什么样的工作。

在以后的工作中,我会多向领导请教,向同事学习,尽快进入工作状态,加强和同事的沟通交流,充分发挥自己的才能。我相信是金子总会发光的,只要我把自己的本职工作尽职尽责地做好,相信领导和同事可以看到我的努力和进步。

我不会因为这件事情而影响了工作的积极性,我会把这种情况看成一个挑战,督促自己从工作技能、专业领域等方面不断提升自己。在以后的工作中,我会用一名优秀公职人员的标准严格要求自己,使自己的表现让领导、同事、群众满意。

例38 很多人觉得"80后""90后"吃苦耐劳精神不够,你怎么评价?

【思路点拨】 属于综合分析题。把握测评要素:综合分析能力、言语表达能力等。整理答题思路:①简要介绍一下现象本身;②亮明观点,并进行分析论证;③表明个人态度。

【参考解析】 的确,我也听到过类似说法,相关新闻事件也频频见诸报端、网络。对于这种现象,各种各样的评论也众说纷纭:有批评指责的、有恨铁不成钢的、有理性分析的、有反思检讨的。

就我个人来说,我也认同一些"80后""90后"与以前的人相比缺少吃苦耐劳精神。但这是受社会大环境的影响,不能完全归咎于这些青年人。首先,1978年十一届三中全会之后,我国的经济建设飞速发展,人民生活条件很快得到了改善。后来的青少年都没有在艰苦的环境中经受过磨炼,吃苦耐劳的精神欠缺并不奇怪。其次,受计划生育政策的影响,多数家庭都是独生子女,这样父母就将所有的爱投入他们身上。溺爱、娇生惯养的现象比比皆是,不少青少年过着衣来伸手、饭来张口的生活。这样的教育方式,也使"80后""90后"的青年人丧失了培养吃苦耐劳精神的途径。

但我认为,我们年轻人是能够承担起历史责任的。首先,通过教育、引导,我们可以弘扬传承吃苦耐劳的精神品质。其次,年轻人身上的创新意识、进取精神,思想的活跃,也是他们的有力武器。我们身边有很多年轻人艰苦创业的典型事例,他们都在脚踏实地地追求着属于自己的梦想。所以,我认为对这种现象不必过于担忧。

例39 房子是由一石一木垒的,你怎么看?

【思路点拨】 寓言哲理类综合分析题型。可按照这样的思路去解题:寓意→引申→联系实际。

【参考答案】这句话的含义是,一个大的系统的工程也是由一个个小的部分组成的。它告诉我们,做事要重视积累,要踏踏实实、从小事做起,不能好高骛远。

"不积跬步,无以至千里;不积小流,无以成江海。""合抱之木,生于毫末;九层之台,起于垒土。"古人早已经普遍认识到积累的重要性。社会发展了几千年,我们更应该认识到并践行这一点。做事要踏实沉稳,不能急于求成。

现在社会上经常爆出:一举成名""一夜暴富"的新闻,这在青年当中产生了很不好的影响。部分人认为,有时不努力也可以取得成功,助长了青年身上本来就易于出现的浮躁情绪。事实证明,这只会给个人带来苦涩的失败教训。只有踏实做事,认真积累,认真走好自己的每一步,最终才会品尝到成功的甘甜与喜悦。

作为一个青年人,我身上也存在些许的浮躁情绪。但我会自觉地加以克制,时刻告诫自己要踏实沉稳,不急于求成。相信浮躁情绪会慢慢从我身上消散,踏实沉稳最终会成为我的一个重要的工作、生活作风。

例40 近年来旅游人数增多,价格上涨,你对此现象有什么看法?

【思路点拨】 社会现象类。谈一下现象本身→辩证分析两种观点,提出自己的观点→总结概括。

【参考解析】 近年来,随着人民收入水平、生活质量提高和国家休假制度调整,我国各大景区旅游人数爆棚现象频频发生,涨价趋势也逐渐引起了民众的强烈反应,可谓"一石激起千层浪"。

对于景区门票涨价,各方反应不一,有人主张应该涨价,有人认为涨价不合理。主张涨价的人认为门票涨价是因为景区需要维护和维修,缺乏一定的资金,加之在政府拨款有限的情况下,需要通过涨价来充实。认为涨价不合理的人则表示,景区资源应该是属于全体国民共同所有的,不属于任何组织和个人所有,当前景区已经出现严重的趋利化。

这两种观点都有一定道理。我认为,国家应该加强景区门票价格监管,对景区进行性质、类别区分并完善相应的管理制度。作为景区,不应该以涨价来做文章,应该先提高景区的服务质量,才能吸引更多的游客。从更深入的角度看,我国旅游产业发展当前面临着做深做细的要求,正因为很多景区没有延伸产业链,业态单一,所以就只能在门票上做文章,因此要推动旅游产业多元化发展。

总之,我们要客观地分析景区门票涨价这一事件,然后对景区门票涨价的合理性进行论证,如确实需要涨价,也要召开听证会,科学决策。要大力发展我国旅游业,使其成为扩大内需、拉动经济发展的有利引擎。

例41 国家对农民种粮补助力度不断提高,为什么农民还说"拿到手的就那么一点"? 谈谈你的看法。

【思路点拨】 社会现象分析。破题→原因→对策→表态。

【参考解析】 国家粮补是解决"三农"问题的一个重要举措,是我们国家对农民的一项惠民政策。为了鼓励农民多种粮,多产粮,也为了实现我国的"反补"政策,国家对农民的粮食资助力度年年提高。但是农民说"拿到手的就那么一点",对这个问题我有以下看法:

第一,我国是一个农业大国,国家虽然每年都在提高资助力度,但是由于基数太大,所以分摊到每一个人手上的就显得比较少了。第二,我国一些农村经济不断发展,农民的生活和以前相比有了较大的改善,所以国家的补助和他们的期望值存在着一定的差距。第三,也不排除有些地方政府在国家粮补上工作还没有做到位,有个别地方冒领粮食补助、随意调整粮食补助政策、违反国家规定以钱抵粮、随意抵扣各项税费等,使得真正到农民手里的补助变少了。这些虽发生在外省,且是局部、个别地方,但造成的政治影响很坏,伤害了农民对党和政府的感情,也极容易造成国家对粮食部门的不信任、不放心。

对于以上的问题,可以采取以下措施:严肃纪律,严格执行国家有关粮食补助政策规定,不折不扣地贯彻执行。对补助粮款要做到单独建账,专户存储,单独核算,专款专用,严厉禁止粮食补助资金截留、挤占、挪用、虚领、冒领的现象发生。各地要加强对退耕还林粮食供应工作的领导和监督,进一步完善规章制度,严肃工作纪律,自觉接受审计、财政等部门的专项检查。

粮食安全事关国家战略安全,粮食补助涉及农民切身基本利益,各级政府尤其是基层政府及相关部门一定要重在落实,以农民利益为重。

例 42 "限塑令"对人民的生活产生了很多不便,请谈谈你的看法。

【思路点拨】 社会现象类。要站对立场,一方面,不能被"不便"牵着鼻子走,要站在可持续发展的高度,至少也要站在建设资源节约型和环境友好型社会的高度来认识这个问题。当然,也不致对"不便"置之不理,可以讲一些对策。另一方面,要看到"限塑令"是中央的政策,不得反对。解题框架:表态→分析→对策。

【参考解析】 我国自 2008 年 6 月 1 日起正式施行"限塑令",多年来,的确取得了很大的效果。塑料购物袋在为消费者提供便利的同时,由于过量使用及回收处理不到位等原因,也造成了严重的能源资源浪费和环境污染。特别是超薄塑料购物袋容易破损,大多被随意丢弃,成为"白色污染"的主要来源。由于其降解期漫长,对土壤、地下水造成严重污染,所以从保护环境的角度出发,出台"限塑令"本身是有充足依据的。

但我们也要看到,这确实在某种程度上会给广大的商家和消费者带来极大的不便。这就需要我们从观念、措施上来解决。观念层面,我们要改变过去的粗放式的习惯,提倡低碳的生活方式,树立绿色环保理念,多使用循环利用的购物袋。同时,可以通过新材料的研发,寻找塑料购物袋的"替代品",从而既实现环保的目标,又不致给广大人民群众带来不便。再者,环卫部门也要加快推行生活垃圾分类收集和分类处理,科技部门要加大对废塑料处理处置技术研发的支持力度。

包括"限塑令"在内的众多举措,是我们推进生态文明建设、走可持续发展道路的必然要求。我们要把这种意识、行为落实到工作生活的具体细节中去,从我做起。

例 43 有一项由 1300 人参加的关于盗版问题的问卷调查,调查结果显示:61% 的人说会买盗版书,67.8% 的人说对造假行为能忍受。你怎么看?

【思路点拨】 综合分析类题,主要考查考生综合分析问题的能力。考生要注意审题,提问中的"你怎么看"是问你对盗版问题怎么看,而非对这个调查结果怎么看。本题考生可以按照"是什么→为什么→怎么办"的答题思路进行作答。首先,阐述盗版的危害;其次,从经营者、消费者和管理者三个角度分析盗版泛滥的主要原因;最后,采取措施,从法律、经济、行政、舆论四个方面采取措施,积极打击盗版产品,还原正常市场秩序。

【参考解析】 从法律层面上讲,盗版就是一种盗窃,是对作者著作权、出版单位的出版权以及消费者合法权益的严重侵犯,降低了人们创新的积极性。盗版是对知识产权的严重损害,对教育、科技、文化、经济发展都带来不可小觑的负面影响,不利于我国创新型国家建设的推进。

在国家三令五申"打击盗版、支持正版"的政策下,盗版制品仍然屡禁不止,主要有以下几方面的原因:第一,对经营者来说,生产、制作和销售盗版音像制品成本低,利润高。追求利润最大化诱发了投机者瞄准了盗版业。第二,从消费者的角度来说,便宜是他们购买盗版的直接原因,从而拉动了非法的生产经营。第三,从管理者的角度来说,客观上由于执法力量薄弱、执法手段滞后等因素,使得对盗版音像制品的打击不能面面俱到。主观上管理人员认识不到盗版的危害,放松了对盗版的管理。第四,相关机关往往只关注对盗版的打击,而忽略了对正版的扶持。第五,一些管理制度还不够完善,对经营盗版的行为的处罚力度还过于宽松。

打击盗版是一项艰巨的工程,应该常抓不懈。第一,要完善健全相关的法律、法规,加大对盗版的打击和惩处力度。第二,主动引导经营者确立良好的经营作风和合法的利益观,要有职业道德,注重企业的社会责任。第三,利用媒体及形式多样的宣传活动,营造支持正版的良好社会氛围。第四,经营单位应该尽可能减少一些中间环节,降低成本,让利消费者,使正规出版的音像制品价格更合理,最大限度提高正版产品的市场占有率,使盗版产品彻底失去市场。

例44 网上出现一个帖子,你们单位有人穿着制服和群众发生暴力事件,你怎么处理?

【思路点拨】 此题属于应急应变之一般性突发事件,要求考生对于网络上突然出现的问题给予及时应对,以公开公正的原则、以调查为主的方式查明真相,处理问题,维护单位的良好形象和群众的利益。

【参考解析】 第一,现在网络监督作为群众监督的重要形式,发挥着群众喉舌的作用,我们一定要给予重视。面对网上出现单位有人穿着制服和群众发生暴力事件的帖子,如果不能及时处理,会影响到我单位在群众心目中的形象,不利于和谐的党群干群关系的建立。因此,我作为处理事件的负责人一定会认真严肃处理,给群众和单位一个负责任的答复。

第二,我会立即对于帖子所写事件的真实性进行调查,通过与事件中涉及的相关人员进行谈话,听取各方意见,结合监控摄像所拍视频等原始证据,掌握事实真相。如果经过严格的调查,发现帖子中反映的内容不是事实,那么我会澄清误会。更进一步,如果有人蓄意造谣,恶意损害我单位声誉,那么我会根据调查的内容,收集资料形成报告,上报领导,追究相关人员的责任。如果经过调查,发现帖子内容反映的情况属实,就要看是我单位工作人员在处理问题时没能遵守相关制度,与群众产生暴力冲突,还是该工作人员属于正当防卫。如果是工作人员有不当的行为,那么我们会诚恳地向群众道歉,同时追究暴力事件相关人员的责任,维护好群众的利益,并就此事在单位内展开整风教育。整个事件处理后,向上级汇报。

总之,在以后的工作中,要重视舆论监督、群众监督,提升政府部门工作人员的自律性和服务意识,任何时候都要文明执法,注重公职人员形象,任何时候都要将人民群众的利益放在首位。

例 45 谈一件你在工作中积极主动地发挥自己作用的事。

【思路点拨】 自我认知题里的自我经验分析类题目,要求考生从具体的事例出发说明自己的特质和性格。对此,首先需要说明自己会树立正确的人生观、价值观和工作观,保持积极上进的心态。其次,需要用具体典型的事例来说明所获得的成功、经验或教训。这里可分为两种情况,如果是已经有工作经验的考生,可以选取在实际工作中经历的一些成功或失败事例;如果是应届毕业生,主要从大学学习经历中寻找事例,如获得什么证书、参加或组织过什么活动等。最后,需要从自身具体的特质出发,谈自己做事的一些风格,主要是积极方面的,论证自己适合所报考的岗位。

【参考解析】 我在工作(学习)中始终保持着积极主动的态度,因为我觉得只有对工作(学习)充满热情,保持积极上进的心态,才能有所成就。

比如去年 3 月,按照公司总部的部署,人事处决定开展继续解放思想活动。我结合公司质量管理持续改进的要求,认真审视了人事工作现状,详细查找了工作中存在的问题,以提高人事处和分部的人事工作质量以及办事效率为目标,牺牲了我两个周末的休息,从改进工资办理、人员调配业务流程入手,积极帮助分部探索节省人力、节约开支、提高工作效率的工作方法,大胆创新办事流程。如:

一是由面对面审核改进为网上预审核。各分部人事干部办理有关业务时,由人事干部将有关文件材料以电子文件形式报送总部人事处,人事处在网上审核,如果符合要求,告知其尽快将材料报总部;如果发现材料不符合有关规定要求或材料不齐全、不完整,立即在网上一次性告知对方处理意见,让其完善材料后再寄送人事处。避免有时为了修改、补充完善材料,派专人来回跑几趟的麻烦,同时也为各分部节省了开支。

二是由专人报送材料改进为通过特快专递报送材料。由于推行网上预审核,各分部报送的材料按有关规定盖好印章后,可以通过特快专递形式直接寄送人事处,一般 2 天时间即到达。既节省了时间和金钱,也提高了工作效率。

三是由分头办理改进为统一办理。人事处将各分部邮寄来的材料汇总,提出拟办意见,报总部分管领导审批后,由本处承办该项工作的同志统一到人社部门办理有关业务,使原来由各分部人事干部分头办理的业务转变为由人事处统一集中办理。

这种作业流程的改革,既为各分部节约了经费开支,又免去了各分部人事干部来回跑的辛劳,更有效地提高了分部的人力资源利用率,得到总部和分部领导的肯定和同事的一致好评。

"求真务实,开拓创新"是公职人员精神的重要内容,经济社会快速发展,外部环境变化日新月异,这就给我们的工作不断提出新的和更高的要求,我们只有与时俱进,继续发挥自己的主观能动性和创造力,不断提升工作水平和业务能力,才能符合社会和岗位的要求,否则就要落后,甚至被淘汰。(感受"自黄C"的使用)

例 46 有的人说公务员要有激情,有的人说要稳重,结合自己的工作情况说说你的看法。

【思路点拨】 采用 AB 式框架法。本题首先要阐述激情、稳重,激情是讲工作态度,稳重是指工作方法,最终将二者在结合自身的基础上统一在为人民服务的宗旨中去。

【参考解析】 激情是讲工作态度,稳重是指工作方法,公务员作为人民的公仆,对工作要有激情,也有义务以极大的热情投入执政为民的实践中去。同时公务员的工作直接涉及广大民众的切身利益,所以对待工作要依法行政,要认真负责,在这里就需要表现出稳重的性格。激情和稳重看似矛盾,其实二者是辩证统一的,作为一名公务员要将二者统一在为人民服务中去。

结合我自己的工作情况来看,我报考的是政法干警职位,这个职位就要求我在平日的工作中充满激情,精神高度集中,以极佳的状态投入工作。但在处理案件时,就一定要稳重处理,全面考虑。我的职业理想就是要成为一名优秀的人民警察,对警察职业、对警服憧憬的我一定会以极大的激情投入维护社会秩序、保障群众安居乐业的工作中去,还有善于思考的性格也一定会驱使我稳重妥善地处理好每一起案件。

总之,激情是讲工作态度,稳重是指工作方法,我会将二者很好地统一于为人民服务中去。

例 47 孙中山说"要立志做大事,不要立志做大官",谈谈你的想法。

【思路点拨】 综合分析题中的观点(言辞)分析题。考生在回答时一定不能只解释这句话的含义,还应该对这句话进行阐述,说明为什么要立志做大事,不要立志做大官,强调我们年轻人应该怎么做。

【参考解析】 民主革命的先行者孙中山先生的这句名言,已经成为激励有志之士成就事业、实现人生价值的座右铭,也应成为当下年轻人的境界追求,尤其是立志于成为公职人员的年轻人。

做事与做官,是两种不同的世界观、人生观和价值观,存在着本质的区别。

首先,价值取向不同。立志做大事,体现的是执政为民的公仆意识,只要是一心为民,职位越高,对国家和人民的贡献越大;而立志做大官,则是"官本位"思想的表现,以官为业,或光宗耀祖,或弄权谋私,孜孜以求的莫过于做官、做人官,严重的甚至不把人民的利益放在心上。

其次,行为方式不同。立志做大事者,默默奉献,埋头苦干,一心想为人民谋福利;而立志做大官者,长于钻营,天天想着巴结领导,做官重于做事,做事也是表面的,最终还是为了做官。

最后,实际效果不同。做事的干部能给人民群众带来更多实惠;而只求做官的干部只能是图虚名、招实祸,搞一些所谓的"政绩工程",不仅不能为人民谋福利,还可能危害百姓。

中国共产党的宗旨是全心全意为人民服务。我们应该时刻谨记自己的职责,不断提高自身的思想境界和政治觉悟。人生目标设定对了,态度端正了,就能时时处处以一名国家公职人员的标准要求自己,时时事事秉持一颗公正的心,就能跳出个人名利得失的小圈子,踏踏实实地干好本职工作,"立志做大事,而不是做大官",做出自己应有的贡献。

对于我们年轻人来说,更是要不断提高思想觉悟和政治觉悟,"正心修身",胸怀天下,默默奉献,埋头苦干,不断学习进步,立志做大事,争取能为人民群众带来更多的实惠,而不要立志做大官,做不了大事的人也不能做一个好官。

例 48 有人说,一流人才出国留学,二流人才进外企,三流人才考公务员。结合自己实际谈谈看法。

【思路点拨】 本题属于综合分析里的观点分析类,作答此类试题首先得分析观点是否合理,再联系自身谈看法。

【参考解析】 我认为这种说法是不正确的、片面的。学生的成绩有高低之分,能力有强弱之别,一流二流的标准是分数还是能力?再者,我觉得身边有很多很优秀的学子报考了公务员。对于就业问题,每一位学生都有自己的择业自由。而且,作为一名公务员,尤其是一名优秀的公务员,一方面需要拥有全方位的知识、才能,在自己的职位上能够切切实实地解决问题促进发展,全心全意为人民服务;另一方面,则由于公务员工作的特殊性决定了不仅仅要有极高的知识、才能,还要具有交际、沟通、协调等能力。在工作中,要想出色地完成一项工作,在具备能力、知识后,还需要与单位同事进行沟通、协作。充分发挥每个人在其中的作用,尔后才能达到目标。

结合我自己来讲,我在学院成绩排名在前 10%,并在学生组织中担任职务,在成绩、组织、沟通等方面都名列前茅,同时我坚定不移地选择公务员这条道路来实现我的人生价值。我会全心全意为人民服务,努力做一个国家放心、领导信任、群众满意的公务员。

例 49 巴尔扎克说:"事情是时刻改变的,原则是始终不变的。"谈谈你的看法。

【思路点拨】 本题为综合分析里的观点类题型,考查考生对名人观点的认识和理解能力,考生要学会对观点辩证地看待,既看到其合理之处,也要看到其不足。利用 AB 式框架法梳理思路。

【参考解析】 人们常说,"世事无常,唯有变化是永恒的"。生活之中,计划往往没有变化快,体现了事物不断处于运动之中。巴尔扎克的这句话,同样也是说事物的运动之态,但运动背后是有规律的,要把握和善于利用这种规律以指导实践,或是坚定地遵守规律。

第一,在处理工作中的事情时要保持一颗冷静平和的心,这样才能更好地应对不断变化的突发情况。

第二,把握住事物发展的规律,摸清其变化的方向,遇到个人利益和集体利益相冲突时，要坚持原则，讲集体、讲团结，一切以办好事、办实事为出发点。我们在工作中首先就是要认清事情，务必要实事求是。认清实际情况，认清自身实际，对于我们工作的开展都具有先决的指导意义，具体问题具体分析，理论联系实际，都是我们认清事情本质的基本要求，只有这样我们才能将工作落到实处，我们党的理论、路线、方针、政策才能更好地服务人民。

第三，工作之中也要注意原则性和灵活性的统一，因人、因时、因地制宜地调整处理问题的方式方法，站在群众的角度考虑问题。作为一名立志于成为公务员系统的人员来说，要端正好自身的态度，大事讲原则，小事讲风格，努力提高和完善自己。

例 50 单位要你组织一个新闻发布会，当场有记者提出你单位有违规现象，导致现场很混乱，你怎么处理？

【思路点拨】 本题为突发事件处理的应急应变题，在实际工作中，组织会议或者其他活动过程中出现突发事件，这是需要考虑的现实问题，考查考生解决突发事故的能力，需要考生平时要多注意、多思考。

【参考解析】 在新闻发布会上有媒体提出我单位有违规现象，能否处理得当直接关系到本单位的形象和公信力。我一定会冷静、妥善地处理。

首先，稳定发布会现场的秩序。在同事和其他工作人员的协助下安抚该记者的情绪，以便其他人员能够安静下来，希望他能够通过有效的途径反映相关的问题。同时，我会在新闻发布会现场宣布关于刚才记者提出的问题，单位会及时调查并会在第一时间给大家一个交代。保证发布会现场秩序，让会议按照既定计划进行。

其次，发布会进行的同时，我会尽快与该记者进行沟通，了解原因。

如果我们单位无论是工作政策本身还是工作流程都符合相关规定，而是该记者理解有误，我会耐心沟通和讲解，消除该记者的误会，并把调查结果在发布会现场公布，消除不良影响。

如果经调查我单位在制度及工作流程等方面存在问题或某些人员存在违规现象，我首先会代表单位当众道歉，并承诺会尽快解决。同时第一时间上报领导，相信领导一定会严肃处理，追究相关工作人员的责任，对利益受到侵害的人民群众进行合理赔偿。并在事后将事情的真相、调查结果、处理措施告知媒体及群众，真诚向群众道歉。

此次事件解决后，我会认真做好总结，我们在今后的工作中一定要严格按照规章制度办事，切实把人民群众的利益作为一切工作的出发点和落脚点，同时，向领导提出全单位深入学习单位规章制度的建议，提高单位的办事效率和水平。

例 51 在山区有一些民房违规搭建，会影响防洪，依法要予以拆除，但是当地一些居民不同意。假如领导要求你去处理此事，你将如何处理？

【思路点拨】 本题为突发事件处理类试题，解决和群众间的矛盾和冲突，是公务员面试中常出现的题型，经常的出题形式就是"要执行某任务，遇到群众的阻挠"。针对这种题目，一定要注意角色定位，把握政府与群众间关系的处理原则。

【参考解析】 人民的安危重于一切,民房搭建影响了防洪,严重危及整个村的安全,我会积极与村民沟通,及时解决此事。

第一,到村里去了解民房搭建情况,村民搭建房子不易,如要拆除,他们的心情是可以理解的。但是,不能置群众的安危于不顾,我会耐心向居民讲解山区易发洪水、泥石流等灾害,这些违规建筑严重影响防洪,万一出现洪水灾害,不仅仅是部分房子,甚至整个村子都会受到影响,希望村民能够从大局出发认识问题。

第二,我会向上级部门反映现实情况,希望能够给村民提供暂时住房,或者给予部分拆迁补助以解决村民当下的住房困难,从而解决他们的后顾之忧。

第三,村民同意之后,及时地进行有序的拆迁工作。

第四,将村民的搬迁和补偿工作真正落到实处,以防激发后续矛盾。

工作完成之后,向领导汇报工作。并及时总结本次工作中的经验和不足,以便在以后的工作中更加成熟。

例52 一天夜里,作为民警的你正在值班,同时接到两个报案:一是有位老人钥匙丢失,无法进家门;二是有户居民丢失了宠物。两件事情都比较紧急,你怎么办?

【思路点拨】 本题为突发事件处理类试题,考查考生实际处理问题的能力。同时接到两个报案,并且都在很紧急的情况下,考生一定要遵循抓轻重缓急的原则,有条不紊地处理问题。可以适当选择请求同事的协助。

【参考解析】 在工作中同时接到两件都比较紧急的案件常有发生,我会尽快做出行动,保证居民正常的生活和安全。

首先,安抚报案人的紧张情绪。向报案人询问事情的详细情况,并记录备案。因为两件事情都比较紧急,不能相互耽误,为了兼顾,我会请求同事的援助,分头行动。并且留人在办公室值班。

其次,针对老人钥匙丢失的事情,询问老人回想一下看钥匙是忘在了家里还是丢在了外面。如果是丢在了外面,联系其社区居委会帮助看守家门,以防钥匙落入坏人之手造成家中失窃;如果是钥匙落在了家中,询问其儿女是否还有配备的钥匙能够开门;如果没有配备的钥匙,及时联系开锁公司,在小区物业人员确认之后陪同老人到家中开锁。在开锁之后,如果钥匙确实丢在了外面,那么建议老人换一把锁,以免留下安全隐患。

对于宠物丢失的事情,先了解清楚宠物的品种、特征,丢失的时间和地点,如果是名贵犬种价格很高就关系到案件的性质会不会是盗窃等。可以到小区居委会、物业询问是否见到并且查看监控视频,如果没有可以到其宠物常去的地方寻找;如果再找不到,可以通过小区内的宣传栏和广播等方式播报寻物启事,每天询问是否有消息。根据反馈收集到的情况,做好后续工作。

最后,做好相关的工作总结,总结经验,以备在以后处理案件过程中可以借鉴。

例53 你是某单位工作人员,在你出差回来时,发现一位来访人员因为政策问题和你的同事小李正在争吵,此时你会怎么处理?

【思路点拨】 本题为突发事件处理类试题,在公务员面试中,常常会遇到人员来访而发生争执的题目,处理这一类情况也是我们在授课中的一个重点。抓核心要素:来访人员、政策问题、同事、争吵原因。

【参考解析】 作为国家公务人员,我们应该做到权为民所用,情为民所系,利为民所谋,我们不应该和来访群众发生争吵,这样会影响到单位的公信力,损害干群关系。如果我遇到这种情况,会按照以下程序处理。

首先,安抚来访人员和同事的情绪,劝解两人不要激动。并询问来访者所为何事,认真倾听他的意见,必要时可以做记录。

其次,了解详细情况之后,如果我对这项工作不熟悉或者不在我的工作权限之内,我会劝说同事向来访者详细耐心地讲解政策的具体内容,并在一旁做协助工作;如果我对此项工作也比较熟悉,可以征求小李的意见,接手对来访人员的接待工作。

再次,和来访者沟通之后,针对其提出的意见,看是因为来访者对政策的背景和目的不了解而产生了误会,还是因为政策当中确实有考虑不周全的方面。如果是前者,我会再详细地向其阐明原委直至来访人员明白;如果政策当中确有缺陷和漏洞,我会听取来访者的建议,并做出详细记录,告知来访者需要向上级部门和领导反映,之后一定会给出满意的答复。

最后,做好来访者的相关跟踪和其他后续工作。并与同事小李交流学习在接待来访人员工作中的技巧和方法。

例54 上班面临三件事情,如何安排:一是为领导写一份工作方案,下午开会要用;二是有人上访,是自己负责的事情,需要你马上去解释处理;三是同科室小王提了,组织部找你谈话,要求马上过去。

【思路点拨】 本题为突发事件处理类试题,处理这种事件排序题,需要把握一点,分清事情的轻重缓急,注重工作中与同事的配合与协作,切忌一人独揽,得不偿失。

【参考解析】 在日常工作当中经常会遇到很多工作在时间上发生冲突的情况,在解决此类冲突时要注意分清轻重缓急。面对题中所述三件事情,我会做如下安排。

首先,我会接待上访群众,同时向组织部打电话说明情况,并且要为领导准备紧急方案,征求调整一下谈话时间。了解群众上访的原因,我会立即做出解释,并给出群众一个有效的期限,保证将其所反映的问题给予妥善解决。

其次,送走上访群众之后我会抓紧时间为领导准备下午开会要用的工作方案,可以利用中午吃饭休息的时间赶出来。如果群众上访的时间过长,影响了工作方案的准备工作,我会在接待上访群众的同时请求同事的帮助来准备工作方案。

最后,工作方案写完之后,再次打电话给组织部,表示歉意,并重新约定时间谈话。

例55 围绕“忠诚、为民、公正、廉洁”这八个字叙说一段话。

【思路点拨】 本题为政法干警招考时的一道面试题,属于综合分析类试题,考核考生对政法干警核心价值观的理解。

【参考解析】 政法机关开展的政法干警核心价值观教育实践活动中,以"忠诚、为民、公正、廉洁"八个字要求为本质内涵的政法干警核心价值观是司法行政工作思想上的一个"灯塔",行动上的一个"指针"。

司法行政队伍是政法队伍的重要组成部分。政法干警的核心价值观,就是司法行政干警的核心价值观。司法行政系统贯彻落实政法干警核心价值观,就要深刻认识"忠诚、为民、公正、廉洁"八个字要求的本质内涵,回答和解决好"坚持什么""为谁服务""怎样服务""严格自律"四个方面的问题。"忠诚"是政法干警的政治本色,它回答了司法行政干警"坚持什么"的本质问题,就是要求始终确保司法行政工作的正确方向,体现司法行政队伍的政治本色;"为民"是政法干警的根本宗旨,它回答了司法行政干警"为谁服务"的根本问题,就是要求把服务群众作为根本出发点和落脚点,做到为人民执法、为人民服务、让人民满意;"公正"是政法干警的价值追求,它回答了司法行政干警"怎样服务"的核心问题,就是要求坚持公正之心、恪守公正之德、践行公正之举,始终做到公正执法、规范执法、文明服务;"廉洁"是政法干警的基本操守,它回答了司法行政干警"严格自律"的操守问题,就是要求筑牢拒腐防变的思想道德防线,始终做到清正廉明、无私奉献,清清白白做人,干干净净做事。只有这样才符合党和人民对我们政法队伍的基本要求,也是我们政法干警必须自觉坚持的共同价值取向。

例56 以"责任"为主题做三分钟演讲。

【思路点拨】 演讲题,基本考核考生的应变力、语言表达和逻辑思维能力,同时在演讲过程中最好要有具体情节,阐述责任的重要,和你在具体事务中体现出具有很强责任心的表现。

【参考解析】 大家好,今天我演讲的题目是"责任"。

我先讲个故事,武汉市鄱阳街的景明大楼建于1917年,是一座6层楼房。1997年,也就是这座楼度过了漫长80个春秋的一天,突然收到当年的设计事务所从远隔重洋的英国寄来的一份函件。函件告知:景明大楼为本事务所1917年设计,设计年限为80年,现已到期,如再使用为超期服役,敬请业主注意。不要说设计者,就是当时的施工人员恐怕也不在人世了。竟然还有人为它操心,还在守着一份责任、一份承诺。这就是责任,正所谓"责任可以让我们把事情做完整,爱可以让我们把事情做卓越"。

第一,责任无处不在。责任存在于生命的每一个岗位。父母养儿育女,儿女孝敬父母,老师教书育人,学生尊师好学,医生救死扶伤,军人保家卫国。人在社会中生存,就必然要对自己、家庭、集体、祖国承担并履行自己的责任。

第二,责任是一面镜子。这面镜子能照出普通人道德品质的好坏,能照出党员干部思想政治素质的高低。因为,对于党员干部来说,责任意识是领导干部和共产党员必须具备的基本素质,责任意识也是执政意识,提高执政能力必须增强责任意识。否则,没有先进性可言,还会反映出自身思想政治素质的低下。

第三,责任重于泰山。一起起惨痛矿难带来人民生命财产的重大损失,一种种假劣食品导致许多无辜百姓受到伤害，一次次严重污染造成难以挽回的生态灾难。从这些安全事故和重大案件中，人们看到了共同的祸根，这就是责任的缺失。可见，责任是成就事业的必由之路。有了责任心，再危险的工作也能减少风险，再大的困难也可以克服；没有责任心，再安全的岗位也会出现险情，很小的问题也可能酿成大祸。

雷锋同志曾说过："如果你是一滴水，你是否滋润了一寸土地？如果你是一线阳光，你是否照亮了一分黑暗？如果你是一颗粮食，你是否哺育了有用的生命？"让我们在平凡的岗位承担起自己的责任吧。

例 57　如果没有被录用，你怎么办？

【思路点拨】　本题为自我认知与职位匹配类试题，主要考查考生的求职动机和考试心态。

【参考解析】　首先，很感谢各位考官听了我的作答，立志于成为一名公职人员并且为此努力完善自我，提高自我。但可能我今天有一些紧张，没有能够令各位考官满意，得到各位考官的肯定。如果最后没有被录用，我的确感到很遗憾。但是，我会理性地接受这一现实，分析原因，总结教训，绝不气馁，继续努力，不会因为没有被录用而自暴自弃。

我想自己今天没有得到各位考官的肯定，可能是没有展现出一个真实的自己。其次，也可能是我平时的积累还不够，学习方法还有待于改进，理论基础和业务素质也不是那么扎实，在答题过程中缺乏灵活应对。再次，我相信整个面试环节是非常公正公平的，我坚信付出就会有收获，付出过就不会后悔，经过各位考官的提醒，面试考试结束后，我一定总结经验教训，更加注重心理素质的训练，逐渐消除在考场上的过于紧张的情绪。我会继续积累理论知识，多多参加实践锻炼，反思和改进学习方法。

世界上没有一帆风顺的事情，成功的背后总有许多的艰辛，我深知这样的道理，我的理想是成为一名优秀的公务员，为人民办实事，为社会谋发展，实现我一直以来的人生目标和梦想，如果有机会我会继续来参加竞争。

例 58　新领导给你安排的工作，老领导对此很不满意，怎么办？

【思路点拨】　本题是针对两个领导之间的间接矛盾问题的人际关系考查，要灵活，也要积极假设。要注意处理与领导关系的基本原则：服从、沟通、尊敬。

【参考解析】　在工作当中，由于个人工作经历的不同，看问题的角度也存在差异，所以两位领导对于工作的安排也会有各自的见解，这很正常。作为下属我们应当积极与领导沟通，了解领导布置的工作内容，明白领导工作安排的意图，这样才有利于我们工作的开展。

对于新领导安排的工作我会认真熟悉，仔细了解工作内容，耐心分析。经过自己的分析发现矛盾所在。如果是由于老领导不太了解新领导安排的工作内容，才造成了误会，那么我再次向老领导汇报我的工作内容，将一些细节向老领导解释清楚，并恳求老领导对我的工作提出宝贵意见，相信老领导对我的工作安排有更清晰的认识后，也会对我的工作提出建设性意见。如果是新的工作安排确实存在问题，不太利于进一步工作的开展,那么我也会积极向老领导请教,并把这些意见记录下来,并就此与新领导积极沟通,以达成工作安排上的共识,对于我的工作给予更全面具体的安排。

总之,在工作中,我们应当积极听取领导的意见,服从领导的安排,协助好领导的工作。

例 59 根据调查,有 15％的人对现在的邻里关系不满,现在社会邻里之间的沟通了解很少。如果是你,你会怎么处理?

【思路点拨】 本题以人际沟通题目为主干,附加融合了综合分析,即应该有微观＋宏观的视角来解答。既要在微观上,遵循人际沟通态度、原因、化解、避免的答题思路,先表明自己的态度,接着从自身、邻居双方、社区氛围等方面分析一下邻里关系僵化的原因,接着从原因入手找到处理问题的方法,从实地出发解决好相关问题;又要在宏观上讲出当前该类社会现象的背景、原因分析。答题时可以先宏观,再微观。

【参考解析】 俗话说:“远亲不如近邻”,良好的邻里关系有利于自己的生活和构建良好的社区关系。但随着社会的发展、生活节奏的加快、居住环境的变化,邻里之间日渐疏远,人们大多对现在的邻里关系表示不满。因此处在这样的情况下,我一定会理性地看待这个问题,争取通过大家的共同努力,构建一个和谐的邻里关系。

邻里关系出现了问题,身在其中的我们必须要深刻反思一下目前造成邻里关系疏远的原因,做好改善关系的前提工作:首先,我要反思一下自己在邻里关系中是不是有做得不足的地方,是不是平时没有主动和邻居打招呼,邻居遇到了困难是不是没有及时地帮忙等。其次,是不是我和邻居之间的沟通太少,大家相互之间的了解过少,特别现在都是楼房式结构,邻里之间很少走动,有些甚至住了好长时间连邻居的名字都不知道,导致邻里关系的僵化。最后,是不是社区的集体活动太少,大家缺乏沟通和交流的机会,导致大家之间彼此都不熟悉。

针对这样的问题,我一定要用自己的实际行动来化解僵化的邻里关系。首先,我一定要从自身做起,切实地用自身的实际行动去改善现在的邻里关系。如见到邻居要主动地打招呼,在方便时可以经常去邻居家串串门儿,和邻居一起健健身、聊聊天、喝喝茶,增进我们之间的沟通和了解。再比如邻居有了困难要及时地给予帮忙和关心,自己能帮到的,一定要尽自己最大的努力。其次,我认为改善邻里关系不仅要靠自己,还需要大家的共同努力,良好邻里关系的构建需要一个较好的氛围,比如我们社区可以经常举行一些集体活动,如节假日组织小区内的一些小型的晚会、茶话会等,这样才能促进大家之间的相互了解和进一步沟通。再次,一滴水珠可以折射出一个世界,邻里关系的僵化在一定程度上也是整个社会氛围使然,近年来我国经济建设取得了世人瞩目的成就,但人和人之间的关系日渐冷漠,小到街道上随处可见的“问路收费”,大到令人震惊的“小悦悦”事件等,这些事情无不在考问着我们,无不在向我们昭示着日渐漠然的人际关系,因此只有构建一个“人人互帮互助”的社会氛围才能从根本上解决问题。

总之,我们以后一定要从自身做起,从小事做起,热心帮助身边的每一个人,构建良好的邻里关系和人际关系。

例 60 新到单位后不久,领导在公开场合表扬了你,有同事提醒你不要过于张扬,同时还有原来和你私交不错的同事因此冷淡你,你怎么办?

【思路点拨】 本题属于人际关系题目,考查新同事进入工作单位的心态及处理人际矛盾的能力。我们按照矛盾分析法分类查找,分类解决,采用关键词法梳理答案。

【参考解析】 作为一名新人,新到单位不久就受到领导的表扬,是领导对我工作的肯定,我不能因为领导的表扬就沾沾自喜,会继续以积极的心态投入自己的工作中,努力完成领导交给我的工作。

有同事提醒我不要过于张扬,是同事对我的关心和爱护,我会虚心接受,并表达我的谢意,本着"有则改之,无则加勉"的态度耐心接受同事的建议。

而对于有些同事因此而冷淡我,我也会冷静地看待并进行换位思考,查找原因。第一,可能只是我的误解,也许是大家工作繁忙沟通时间少。我以后会在完成自己工作的前提下帮助同事完成一些力所能及的事情,多创造和同事沟通交流的机会,如聊天、运动健身等。第二,可能是因为我受到领导的表扬后有一些骄傲自满的情绪,而忽视了同事的感受。我会在今后的工作中更加谦虚谨慎,多向有经验的同事学习,并在学习中与同事增进了解,不骄不躁地做好自己的本职工作。第三,可能是因为我在工作中不太注意工作方式和方法,让同事对我产生误解。在今后的工作中,我一定会更灵活地运用合适的工作方法与同事合作与沟通,从而与同事建立和谐的工作氛围。

最后,俗话说"独木难成林,百花春满园"。一滴水只有放进大海才能真正实现自身的价值。在工作中只有和同事团结协作,不骄不躁,才能形成合力推动工作顺利开展。(还可分别采用"人黄 A""人黄 B""人黄 C"来结尾。)

例 61 在减轻中小学生课业负担的背景下,有些地方频繁出现"上有政策,下有对策",甚至是顶风作案,加重学生课业负担的现象,你怎么看?

【思路点拨】 社会想象分析题。答题逻辑:意义表态→分析原因(侧重深层原因)→对策提出→总结。此题中交代了"减负"的背景以及"不减负反增负"的事实对立,由此必须分析事实产生的原因,这也是本题的核心之处。

【参考解析】 很多地方出现的不减负反而增加学生负担的做法,其初衷或许是可以理解的,是为了让学生强化知识理解,搞好学习,但这样的做法是不合理、不科学的,仍然是应试教育。其一,中小学生课业负担加重,侵占了他们的休息和娱乐时间,不利于他们身心的健康成长,甚至会扭曲他们的发展;其二,这种做法也暴露了人们对教育存在歪曲的理解,不尊重教育规律,把教育简单地当作知识的堆积,而忽视了对学生身心、综合素养等方面的培养。

很多地方的这种做法主要源于当前教育评价方式。在高考指挥棒的作用下,分数成了评价学生的唯一标准,而以分数为标准形成的最终录取率成了评价学校、教师和教育主管机关的唯一标准。在这种情况下,素质教育、减轻学生负担,相比学校教师、教育主管部门的业绩,只能沦为一句口号,机关和学校都会想方设法用填鸭式教学提高学生分数。

所以,要扭转这种做法,需要全社会的努力。一方面,在家庭教育环节中,家长应该在遵循教育规律的前提下,侧重孩子学习兴趣的培养,而不是一味通过参加各种补习班来提升成绩;另一方面,发挥社会的力量和媒体的宣传引导作用。中央电视台有一则公益广告"关注孩子,不要关住孩子",类似这样的宣传也能够起到一定的作用。

但是,要转变这种状况,最根本的还是在于改变教育制度,改变以分数取人的考核机制,降低中小学教育的难度标准,增强实践教育、素质教育等。相信通过各方面的努力,中小学生课业负担"不减反增"的事实现状一定能够有所好转,真正地实现素质教育。

例62 相亲类电视节目火爆荧屏,受到了社会的强烈关注。有学者批评个别节目宣扬炫富拜金,公然挑战社会的伦理尺度和道德底线;观众质疑个别参与者公然造假,借机炒作。政府也出台相关规定予以管理。你怎么看?

【思路点拨】 社会现象分析题。面对相亲类节目,可能很多人会直接以一种消极的态度来面对,但是存在必然有其合理性,要尽可能站在更高的角度思考其存在的合理性何在。提示大家,当前的面试题目基本为辩证型题目,要全面思考,理性对待,拒绝"愤青"思维。

【参考解析】 对于这个问题,要辩证、全面地看待。

第一,当下"剩男""剩女"人数众多,而电视媒体的快速、大面积传播等特点能帮助他们寻找配偶,这本身是正常的。办这样的节目,根本目的应是相亲交友,为未婚男女打造面对面交流的平台。这种节目的生命力就在于其真实性与有效性。如果偏离相亲节目的本质,借用这个平台以出格言行"搏出位",进行炒作,无疑既会对社会风气形成某种误导,也会使节目的初衷受到歪曲。

第二,荧屏相亲节目出现种种不太合理的现象与对电视节目以收视率为最高标准的评价机制有关。个别电视节目为了提升收视率,获得更多的广告收入,只顾及了娱乐消遣,一味满足电视观众猎奇和窥私的偏好,可以说是没有正确理解节目的本质属性,没有尽到基本的社会责任。如果帮助人们相亲这一活动具有公益性质,则很多电视台则把其打扮成了娱乐节目。

第三,这些现象又与社会价值观的扭曲有关。当代社会一部分人不看重传统的道德修养,而是求新求奇、崇尚名利、爱慕虚荣、好出风头,只要能够出名就不择手段。相亲类节目为他们提供了一个平台来炒作自己、吸引眼球。前段时间出现的某些参与者"宁愿坐在宝马车里哭,也不坐在自行车上笑"的言论必然会对社会的主流价值观形成一定的负面影响。

第四,必须看到这类节目在产生社会影响的同时其可能存在的价值导向作用。主管部门要负起责任,出台严规,严禁节目中会产生恶劣影响的内容,刹住歪风。社会舆论应该发挥监督功能,对其不健康的内容或虚假内幕曝光,用舆论力量促使其改进。栏目主办者也要加强自律,在追求收视率的同时要担负起社会责任,在制作节目的过程中注意发挥正面影响,自觉抵制歪风邪气。

例 63 新《老年法（草案）》出炉,拟规定子女须常回家看望老人,你怎么看这一规定?

【思路点拨】 社会现象分析题。出题背景为当前的"空巢老人"现象,这一现象不是简单的个别现象,而是我们当前的社会问题。要想到这一草案的出炉有其合理的一面,即用一种强制手段促使年轻人关注老人,恪行孝道;但在操作层面确实存在很多现实困境,比如,受假日制度限制,子女时间紧张,更重要的是以法律手段来解决道德范畴的事情值得商榷。我们提示大家,此类社会问题一定要分析全面,不能归谬于某一方,要倾社会之力,共同应对才能有所改善。

【参考解析】 第一,随着社会的日益发展和城市化进程的日益推进,我国的空巢家庭越来越多,很多年轻人在外打拼甚至留在外地居住,老年人在家孤独生活,导致他们生活困难、心里感到失落,急需全社会的关爱,而来自子女的关爱更有着无可替代的功能和意义。

第二,很多年轻人由于种种原因,只注重从物质上给老人提供扶助和赡养,而忽视了他们的精神和情感需求,很少去看望和陪伴他们。

第三,政府作为社会的公共服务和管理机构,对这一问题给予重视、提醒、要求和引导年轻人给予老人更多的关爱,值得肯定。的确有很多问题必须要依靠政府通过制度和法律规范才能得以解决,但是对于这种道德范畴的现象,以法律的形式,采取强制措施予以调控,容易导致法律和道德两方面的困境。一方面法律由于无法得以落实而流于形式,是对法律严肃性的伤害;另一方面年轻人由于客观原因无法回家看望老人有"非法"之嫌,徒增精神压力。即使回家,似乎也成了完成法定义务和责任,失去了亲情本来应有的情感温暖。

第四,年轻人之所以不能及时回家看望老人,一方面固然可能有主观上的疏忽甚至情感上的冷漠,但也不排除有客观上的身不由己,有很多现实的因素,如工作难以脱身、经济难以承受、交通难以成行等直接间接地阻碍了他们回家的脚步,将这一切全部归责于主观的过失,难免有失偏颇。自古就有忠孝难两全的伦理困境,可见,这是一个社会性的难题,需要动员全社会的力量予以解决,而不能一味苛责主观,造成不必要的委屈。

第五,应该通过社会化养老制度的健全,解决"空巢化"背景下老年人的生活问题,以社会的力量化解年轻人"有心无力"的现实困境。另外,通过假日制度改革,给人们更多的闲暇时间,可以使他们在工作之余得以相聚,实现情感的需要。还可以通过收入分配制度的调节或者住房制度的改革,提升年轻人生存的经济能力,创造条件解决两代人异地而居的问题,从根本上解决"无法回家"的难题。

相信通过全社会更加理性务实的努力,这一问题定能得以圆满解决。

例 64 一根链条的强度取决于每一节链条的强度,如果其中一节链条不够结实,整根链条强度就会受到影响,这就是"链条定律"。谈谈你对该定律的理解以及对今后工作的启发。

【思路点拨】 寓言哲理类题目。对于这类题目可挖掘的答题点是非常多的,也就意味着答题的思路有几种。如果能够就某一点深入、全面、透彻地展开分析,且分析精彩到位,可以只抓一点来分析。如果仅对一点的分析力度不够,那就要独辟蹊径,深入挖掘答题点,从广度上进行分析。"链条定律"中可以挖掘的基本点有:细节的重要性、系统的观点等。在这种题目中一定要将题目的内涵务实,用事实来答题,这样才能将题目答活。

【参考解析】 "链条定律"告知我们链条的强度取决于其强度最弱的一节,这给我们很多的启示。

第一,从个人发展角度来讲,我们应该善于认识自己,要认清自身的薄弱之处,并能积极地完善自己,及时弥补自身的不足。只有这样,我们才能实现个人的全面发展进步。同时,我们要积极工作,提升自身的工作能力,不断改进自身的工作方式方法,使自己不成为工作中团队的薄弱环节。

第二,从团队发展建设的角度来讲,我们要求团队的整体发展,就不能在团队中存有薄弱环节,在工作中,我们应该能够发挥自身的主动性,积极帮助团队成员,乐于助人,共同进步,形成良好的工作氛围,这样才能保持整体力量的发展和进步。同时,也告知我们要想取得整体的提升,还应该注重团队中薄弱力量的提升。

第三,对于个人和团队发展如此,对于国家的发展也是如此。国家的发展壮大要考虑综合国力的提升,不能有所偏废。当前我们国家要实现经济建设、政治建设、文化建设、社会建设的四位一体发展,就是一个例子,这是全面、协调、可持续发展的内在要求。

"链条定律"启示我们在今后的工作中,应该积极进取,扬长避短,完善自身,追求全面发展。同时,在工作中更应该以集体荣誉为重,努力配合团队工作,在集体中发挥自己的能力,将工作做好。我相信,通过我的努力,我一定能够成为一名优秀的公职人员。

例 65 "俏也不争春,只把春来报。待到山花烂漫时,它在丛中笑。"结合这句诗词谈谈你对公职人员岗位的理解。

【思路点拨】 观点言辞分析题。答题逻辑为:出处介绍(本意表达)→逐句分析(结合公职人员)→启示意义。本题答题中的注意事项是要入境分析,必须结合公职人员的岗位进行表述。

【参考解析】 这是毛泽东诗词《咏梅》中的著名词句,描写的正是革命战士的意志品质,对当代公职人员也有极好的借鉴意义。

"俏也不争春,只把春来报",说的是公职人员为人要低调谦和,即使自己有什么特长,也要保持谦虚谨慎,不能争强好胜、爱出风头,而是兢兢业业地发挥自己的作用,重做事、轻做声,敏于行、讷于言,真正把本职工作完成好,在工作中干出实绩。

"待到山花烂漫时,它在丛中笑",说的是公职人员要有集体荣誉感和成就感,要把自己当作整个公务机关的一部分,对工作、对单位深刻认同、富有感情,对单位一点一滴的进步能够深切感受、由衷地高兴,能够与集体同乐。

两句话合起来,讲的就是公职人员要加强自身修养,努力提高为人民服务的本领,以公共利益、人民利益为重,以集体利益为重,以集体的成绩为自己的成绩,不突出个人,不争抢功劳,有强烈的集体主义精神。这也是我为人处世的风格。如果我有幸成为公职人员,一定会用心实践这两句诗词中的价值观,争做一名优秀的公职人员。

例66 你组织一批志愿者下乡支教,在欢送仪式上,有志愿者中途悄悄放弃支教离场,你怎么办?

【思路点拨】 融合题型(组织协调＋应急处理)。答题思路:意义表态→处理突发事件(处理矛盾,一一化解)→反思总结。本题中一定要注意自身的角色定位,是作为组织者,要体现出来自身以大局为重的基本素养并能够采取适当的方式方法处理所遇到的紧急情况。

【参考解析】 志愿者下乡支教不仅是帮助我国农村的教育事业,同样也是志愿者自我价值的一种实现,对支教者自身的锻炼和思想觉悟的提高都有很大帮助。我作为这次支教活动的组织者,一定本着认真负责的态度组织好支教活动,同时面对中途离场的情况,我也一定会及时恰当地处理。

在遇到志愿者中途悄悄离场、放弃支教,尤其是在欢送仪式这个正式的场合上,我一定要保持冷静的头脑,不可过急过激。要特别关注现场其他志愿者的情绪,万不可让这种情绪扩展开来,避免因个别人的行为影响他人。确保整个欢送仪式的正常进行。

接着,我会在安排好仪式后续工作后主动找到离场的志愿者,详细了解他们离场的原因。

如果他们是因自身身体原因,突感不适或者是家中有紧急事务不得不放弃支教活动,我会表示理解。并立刻召集候补人员,确保人员的完整。

如果他们认为对本次活动的意义不理解,我会主动向他们进行讲解,并耐心劝说,将带他们重新回到支教的队伍中来。

如果是他们担心条件艰苦而退却,我会向他们解释,条件艰苦是相对的,但是我们的活动组织是尽可能保证大家的基本需求。同时,下乡支教也是磨炼人意志的很好途径。我想解除他们的心理负担,带他们返回队伍。然后,我会返回仪式现场,并安排一个讲话。重新透彻、深入地将支教活动的意义、支教活动安排和保障向各位志愿者讲清楚,解除他们的心理负担。

在结束欢送仪式后,我会尽量和各位志愿者进行交流沟通,和他们进行轻松愉快的谈话。这不仅能为志愿者解除自身问题,也能让我及时了解到他们的状况。而且,我会在以后的支教活动中多注意自己的工作方式和方法,让整个活动能够顺利地进行。

此外,我还要反省自己,看自己在哪些问题上做得不够到位、不够全面、不够具体。多总结,相信自己能更好地完成以后的任务。

志愿者是崇高的,到乡下支教更是我们所推崇的。做好在志愿者中的协调组织工作,充分将他们的积极、热情调动起来,才能让志愿者在支教的过程中得到成长与快乐,也让我们更多的孩子得到知识阳光的沐浴。

例67 你是单位的新员工,老同事总是说现在的年轻人娇生惯养,这让你很尴尬,同时,老同事对你不信任,不让你独立完成工作。你怎么做?

【思路点拨】 融合题型(人际关系+自我认知+综合分析)。融合题型是现在的考试趋势,所以应该加以重视。首先,应当承认在当前社会中确实有些年轻人存在问题,但是自己作为年轻人并非如此。其次,作为新员工,肯定对工作不熟悉、不了解,缺乏独立应对工作的经验,老同事的不信任是可以理解的,这是阳光心态的体现。最后,也是最关键的部分,就是自我表态要到位,进入单位最重要的是要将工作做好,工作第一,并且在工作中注意人际沟通的能力,要用实际行动来证明自己工作能力的同时吸取别人的经验。

【参考解析】 作为新员工,首要的就是尽快熟悉单位制度,熟悉本职岗位,使自己尽快胜任工作,融入团队。老同事不信任我,是因为我是年轻的新员工,但我不是娇生惯养的年轻人。我必须以实际行动证明我能够吃苦耐劳,有能力独立完成工作。

首先,我要摆正心态,认真完成领导和老同事交代的任务和自己的本职工作。用工作效果和成绩来证明自己能够吃苦,乐于学习。

其次,作为年轻人我应该在工作和生活中多与老同事沟通交流,学习他们的工作经验,分享自己的工作心得,让老同事了解我、信任我,化解误会。

最后,我会不断提高工作能力,在工作中不怕吃苦、不怕麻烦,勇于承担繁重的任务,尝试独立完成任务,改变老同志对年轻人的看法。

我作为年轻的新员工,在工作中容易有拈轻怕重、眼高手低的问题。老同事正是对我寄予了期望才对我要求严格,他们对我提出的批评我要认真接受改正,将年轻人阳光积极的一面展现给他们,也要展现出新一代年轻人能吃苦、善学习的精神面貌,赢得老同事的肯定。路遥知马力,日久见人心。我相信通过我真诚的努力,领导和同事一定能够了解我的为人和我的工作能力。

例68 单位新来一位领导,对科室不熟悉,工作做不好,影响了单位的工作效率,你怎么办?

【思路点拨】 人际关系题。答题思路:意义表态→原因分析→积极应对→总结提升。

【参考解析】 新领导在工作上暂时没有做出成绩,影响了工作效率,是由于对科室不熟悉,对同事不了解。我们应该努力做好沟通了解工作,让新领导更快地了解熟悉我们单位。

第一,作为科室的一员,我没有帮助新领导尽快地认识同事,熟悉工作环境和流程,这是我的失职。我应该向新领导表示歉意,尽快组织会议或活动让新领导熟悉我们科室。

第二,我们科室应该以多种方式帮助新领导熟悉工作。比如:组织科室同事进行工作汇报,向领导介绍过去的工作成绩和未来的工作设想,同时请他就我们的工作提出指导性意见等。

第三,除了帮助领导尽快熟悉工作上的事务,同时还应该帮助领导尽快地熟悉全单位的同事,这方面可以通过举办集体活动、会议讨论等形式展开,让同事与领导之间充分沟通,以便形成一个融洽的团队氛围。和谐融洽的工作氛围有助于工作效率的提升。

在工作中,我们不仅要向领导学习、尊重领导,还要注重与领导的沟通交流。这样可以使工作机制畅通,让领导了解我们的工作进展情况,能够更好地指示下一步工作的开展;同时,也有利于同事关系的融洽,形成良好的工作氛围。相信通过我们的共同努力,在单位的良好工作氛围的烘托下,我们一定能够提升工作效率,将工作做好。

例69 在发生火灾时,有一种蚂蚁会滚成一团,逃出危险,这对你有什么启示?

【思路点拨】 寓言哲理分析题。答题思路:表态→启示分析→结合自身。此题重在挖掘故事的深层含义,能够把握题目的关键信息并展开讨论。

【参考解析】 蚂蚁在火灾中抱成一团逃生,给我们以深刻的启示。从群体看,蚂蚁在危急时刻能够互相协作,紧密团结,拯救群体,这是一种集体凝聚的力量,说明只要一个集体团结协作,就可以发挥非凡的能量,做出惊人的成绩。从个体看,每个蚂蚁在关键时刻都能够遵照群体的利益自动抱合在一起,即便在大火中丧生也不四散逃跑,也象征了一种集体主义的奉献精神。

蚂蚁虽小,其意义却很大。它给我们以下几方面重要的启示:一是一个集体无论工作还是学习都必须构建起团结协作、互相帮助的氛围,成员间要互相信任、爱护,在危急时刻能够凝聚力量,往往会比单个人分散行动更有力量,能够克服困难、突破难关。这就需要团队的管理者在日常生活中善于管理沟通,善于组织起整个团队,形成良好的团队氛围。二是作为一个团队的成员,要有大公无私的奉献精神,要懂得团队的利益高于个人利益,随时准备好为团队利益牺牲小我、成全大我。这两个要素相辅相成,是一个团队理想的目标。三是团队要有应对危机的快速反应机制,在面对困难和危险的时刻能够从容应对,在没有危机的时刻也要做好应对危机的准备,这样能够避免很多错误和灾难。

这个道理特别适用于我们的公务员队伍。公务员是一个组织纪律性很强的职业,一方面需要和同事团结协作发挥出集体的力量,认真服从领导完成本职工作;另一方面需要有为单位、为群众献身的精神,不能过分计较个人利弊得失。只有抱有这样的心态,踏实认真地完成自己的工作,一个公务员才能真正做到让领导放心、同事信任、群众满意,才能真正实现自己的价值。同时,要加强团队或组织内部的制度建设,完善应急预案,在面对困难与威胁时能够有快速反应能力,减少群众的损失,这也是我们公务员队伍所应该具备的素质。

例70 有些城市流动人口特别多,管理难度大,流动人员引发很多酗酒、抢劫等犯罪事件,领导让你组织关于这个事件的调查,你怎么开展?

【思路点拨】 融合题型(组织协调+综合分析)。意义表态→计划→实施→总结反思。

【参考解析】 城市的流动人口,一方面为当地的经济建设注入了生机和活力,另一方面流动人口的无序流动给社会治安管理增加了难度。流动人口问题现在已成为涉及社会发展、管理和服务的综合问题。此次对于流动人口与犯罪事件问题的调查,对于打击犯罪、维护社会治安、保障流动人口的合法权益、加强和改进流动人口管理工作有着重要意义,我将会全力以赴,本着科学、严谨、求实的态度,为领导提供翔实、准确的调查数据。

首先拟订一份关于此次调查的详细方案。确定此次调查的时间、范围、目的和流程;确定调查组组成人员;确定完成此次调查需要的配合政府部门、媒体以及群众;统计流动人口的数量及犯罪嫌疑人所占比例;统计流动人口在本地的生活状况。

具体来说,要在调查中注意以下信息收集和情况了解:第一,寻求公安部门的配合,调查犯罪事件的发生地、时间和犯罪嫌疑人,了解犯罪行为发生的原因;了解、统计犯罪事件发生当时的一些情况;在本地尤其是流动人口聚居区,通过网络调查问卷、走访等形式向流动人口、附近居民特别是房屋出租者了解流动人口聚居区的治安状况,以及附近发生的犯罪事件的犯罪主体、受害人群及事发原因。通过多方调查,统计犯罪事件的多发地段、时间和犯罪原因,以及流动人口在犯罪嫌疑人中所占比例。第二,通过流动人口信息系统和信息平台调查统计流动人口的数量及信息;统计流动人口中犯罪嫌疑人和犯罪分子所占比例。统计参与犯罪的统计人口的年龄、工作、犯罪原因等信息。第三,调查流动人口的生活状况。

在实施阶段,要注意做好与相关部门,如公安部门、街道办、社区的沟通协调,求得他们的大力配合。调查组分组、分工开展工作。

完成此次调查后,将统计出的犯罪事件的多发地段、时间、原因及流动人口所占比例的数据上报给领导。

例71 为了打击滥用食品添加剂的行为,市政府多个部门成立联合小组,你作为牵头单位的联络员,准备怎么做好服务工作?

【思路点拨】 计划组织协调。此类问题一定要将工作的细节性凸显出来,通过细节来体现工作的创新之处和亮点。要注意"联络员"角色,而不是如何组织这次工作。否则就跑题了。

【参考解析】 食品添加剂的安全使用是十分重要的,滥用食品添加剂会对人体造成损害,为了保护消费者的合法权益,保证食品安全,维护食品市场的安全和稳定,成立联合小组,打击滥用食品添加剂的行为具有十分重要的意义。作为联络员,我要树立牢固的服务意识,保证各部门的信息畅通和信息共享,确保各部门的积极配合,使联合小组的工作有效开展。

为确保联合小组的工作能够顺利开展和进行,我要做好以下工作。

第一，建立联络员情况表。明确各部门分管领导和联络员的联系方式，包括电话、邮箱和 QQ 等；建立多渠道的沟通方式，如建立食品安全联络员公共邮箱、微博、微信和 QQ 群，方便各联络员及时发布信息，保障信息的畅通。

第二，确定联络员的职责，明确联络员上报工作情况的时间、内容。如要求每半个月进行书面总结，包括监管工作动态、典型案件情况，采取的有效措施。

第三，定期与各单位联络员联系或召开联络员会议，对阶段性的工作进行部署，明确各单位的阶段性的工作任务、目标；同时，定期听取其他各部门的阶段性的工作总结，及时、准确地整理并向领导汇报。

作为牵头单位的联络员，应当保证联合小组各部门之间的信息及时、有效、准确地传达，保证各部门顺畅地沟通，才能保证打击滥用食品添加剂的工作顺利、有效地开展，进而使食品添加剂在生产、流通等各个环节得到有效的监管，保证老百姓吃得放心。

例 72 单位在互联网上进行政务公开工作，你已报领导签字并公开，但是有群众举报说数据有错误，领导让你负责此事，你怎么办？

【思路点拨】 融合题型（组织协调＋应急处理）。——应对，化解矛盾，注重实效性。

【参考解析】 政务公开是新形势下建设服务型政府、阳光型政府的必然举措，单位在互联网上进行政务公开有利于社会各界对单位的工作进行监督，有利于促进工作的顺利开展，意义重大。但是在我负责工作的过程中出现了群众举报数据有误的情况，不管该情况是否属实，都表明我在具体工作细节的处理方面存在一些失误。我会冷静处理，绝不能让群众因为这种情况而质疑我们单位政务公开的相关工作。

首先，认真对待群众的举报，详细了解和记录具体情况，同时找到相关部门进行数据的核实。如果数据确实有误，我会立刻向群众道歉并发布更正声明，及时对数据进行纠正；如果经过反复核实后发现发布的相关数据其实无误，只是群众理解有误，我会及时加以解释、说明补充，争取让群众充分理解。同时，将处理结果上报领导，听取领导的指示和安排。

其次，事情处理完之后要进行反思和总结。工作中出现失误说明我还不够细心、在方法上有需要提高的地方，要多向有经验的同事请教学习，积极听取他们的意见。同时向领导承认自己在工作上的失误，请求领导批评和帮助，以便自己更有效地开展工作。在今后的工作中，我一定要细致认真，以免因为自己的失误而影响单位工作的开展。

例 73 现在，有些大学生宁愿"蜗居"一线城市当"蚁族"，也不愿意到二三线城市谋发展，你怎么看待这种现象？

【思路点拨】 社会现象分析题。表态→原因分析→对策提出→总结升华。

【参考解析】 这种现象在当前社会中是存在的，要引起我们的重视。造成这种现象的原因是多方面的。

首先，我国有句古话叫"人往高处走，水往低处流"，一线城市被看作一种"高处"。城市的规模大、繁华程度高，基础设施建设和公共服务水平都要优于二三线城市。一线城市的教育、医疗、养老及娱乐等各项事业发展都比较健全,工作环境较好,薪资水平较高,吸引了大批大学毕业生;加之,一线城市的就业机会多,有更多与大学生专业对口的工作而且发展空间比较大,更让大学生栖身一线城市以图长远的发展。这种地区发展差距的现实存在,导致了许多大学生"蜗居"一线城市。其次,即使当"蚁族"也要留在大都市,还有一个很重要的因素,那就是大都市竞争环境比中小城市更加公平。在大城市固然也有暗箱操作、"走后门"等不公平现象,但相较而言,由于大城市的分工细致,各行业专业化程度较高,舆论监督的环境以及居民整体权利意识优于中小城市,其竞争环境相对公平一些。虽说金子在哪里都能发光,但可能很多人觉得在大城市里显然更容易发光。再次,择业观与"面子"思维的影响。很多人会认为留在大城市就是比留在小城市有面子,这种攀比思想最终使一些大学生挣扎在城市边缘"蜗居",寻找崛起的机会。最后,最根本的原因是我国地区之间生产力发展水平不平衡,地区巨大差异的客观存在、客观国情。

虽然不能苛责"蚁族",但是,这种现象如果长期存在,会造成一系列的问题,会使二三线城市因缺乏优秀人才而发展后劲不足。所以,我们应该努力改变这样的现状:首先,从大学生就业角度来看,大学生应该转变就业观念,增强服务意识和责任意识,去二三线城市寻求广阔的发展空间,要意识到二三线城市更需要新鲜血液的注入,把到基层去视为一种社会责任,增强使命感。其次,教育、人事等相关部门应该提供更多政策支持。制定相关的大学生二三线城市就业的优惠政策,促进大学生就业的同时,鼓励大学生下基层、赴西部,支援各基层地区建设。最后,要从根本上解决大学生"蜗居"一线城市的问题,必须从根本上缩小城乡差距,尤其在二三线城市的发展过程中,完善相关的社会保障制度,控制大学生在这些城市的基本生活成本,推动公共服务均等化。同时,应该激活各方面的用人机制,提供公平的竞争环境,创造更多的就业机会。

相信随着经济社会的发展,大学生大量"蜗居"的现象只是一个阶段性产物。要创造公平、公正的社会环境,让大学生们去施展才华,追逐自己的梦想。

例74 某地政府将每月的一日定为"能源日"。规定当天所有行政机关单位公务员上班、出行使用自行车。该政策得到很多公务员的积极响应。你对这个现象有什么看法?

【思路点拨】 社会现象分析题。对考生看待问题的方式进行考查,一定要注意思考的全面性和答题内容的具体性。答题思路:破题表态,提出观点→分析论证,论述观点→联系实际,升华观点。

【参考解析】 某地政府从节约能源的角度出发,把一月中的某日规定为"能源日",其出发点是很好的,从一定程度上彰显了该地政府贯彻可持续发展,积极打造"低碳"社会的决心。但是我们需要辩证地看待这个问题。

首先,"能源日"的制定,是建设资源节约型社会的一个重要体现,是政府从自身做起,自我加强规范的行为,为整个社会起到了一个很好的榜样与带头作用。其出发点是很好的。

　　其次，检验一个政策是否科学，关键看它是否具有可行性与操作性。既要符合当地实际情况，又要维护人民群众的利益。"能源日"的制定也是如此。不使用汽车，而改用自行车，这无疑在政府处理某些公务事项时带来了诸多不便。同时，该项政策也不太适应老同事的实际情况。

　　再次，虽然该项政策得到了很多公务员的积极响应，并付诸实践，这是值得肯定的。但是，这种节约能源的方式是否从思想上被接受，需要时间的检验。

　　最后，节约能源应从工作生活的一点一滴做起，而不是机械地定为某种形式。借助骑自行车这种形式，是为了让更多的人从中感受到节约能源的实质，树立节约的新风尚。

　　要让"能源日"骑车上班、出行能形成一个良好的风气并贯彻执行下去，而非作秀。也要考虑实际情况，制定行政办公中特殊事情的处理办法，不可被"能源日"桎梏了工作的开展。同时，还可在实际工作中寻找更多的细节来响应"能源日"的宗旨，让节约资源从不同角度得到落实。那么，"能源日"这项政策一定能深得民心，收效显著。

　　例75　大学生"回炉"上技校，你怎么看？

　　【思路点拨】　社会现象分析题。这类题目考查的是考生对社会现象的看法，也就是考查考生的社会认知能力。在回答这类题目时考生首先需要知道题目中的社会现象的所指。然后考生要逐步深入解答，分析这种社会现象出现的原因、体现的社会背景；评判该现象的影响，是好的还是坏的，如果是好的方面该如何去弘扬，如果是坏的该怎么纠正；在谈自己的看法时要结合自身实际。

　　【参考解析】　我认为这种现象反映出当代大学生就业观念的转变，从这一点来看我认为这是值得赞许的，但另一方面也凸显出一个比较严重的社会问题，就是大学生就业难的问题。

　　随着高校的一再扩招，大学生批量生产，每年的毕业生多达几百万，而国内能够提供的就业岗位远远不能满足这个数字，很多学生毕业即面临着失业。同时，部分高校的专业设置也不符合市场的需要，培养出来的人才难以符合市场的要求，这无疑加剧了大学生的就业压力。

　　与此相反的是，市场对于技工的需求日益增加，高层次、高技术技工的待遇一再提升，因此，大学生"回炉"上技校，也就有了存在的合理性。

　　作为政府，有责任也有义务解决好就业这一重大的民生问题。第一，高校的专业设置要科学，人才培养要和社会需求对接，社会需要什么样的人才，我们就培养什么样的人才，专业对口。第二，大力发展职业教育，投入资金，引导和鼓励学生就读技工学校，分流一部分学生，减少高校的毕业生数量。第三，大力发展经济，提供更多的就业机会，大力开发公益性就业岗位，鼓励学生自主创业，并给予政策和资金支持。

　　最后，大学生"回炉"只是个别现象，我们不必苛责，也不必过分紧张、悲观。作为大学生，应该变压力为动力，努力学习知识，提高自身素质，到最需要自己的地方去，实现自己的人生价值最大化。

例76 如果让你针对市民组织一次倡导"绿色出行"的活动,你会如何组织?

【思路点拨】 组织协调题,重点在于考查考生的组织能力和思维的严谨性,组织活动一定要尽量全面,将亮点放在细节上。遵循计划组织协调题的答题规律,准备阶段、实施阶段、总结阶段,每个步骤的具体细节落实了,答题也就完整了。

【参考解析】 促进节能减排,实现低碳生活,不仅是当今社会的流行语,更关系到人类未来的战略选择。而要实现低碳生活,不仅需要政府、企业做好工作,也需要广大民众树立"低碳生活"的理念,提升"节能减排"意识,从自己的生活细节做起,一起参与到绿色环保行动中。我会认真组织好,达到既宣传国家大政方针,又贴近百姓实际生活的目的。

首先我会参照以前相关工作的经验,制定详细的策划书,包括本次"绿色出行"活动主题、举办的时间段、地点范围、参加人员、各种设备和用品清单、资金预算等,将计划交给领导审批,请领导提出修改意见并作进一步完善。

通过文件、电视、广播、网络等媒体将活动消息向全体市民公布,通知市民我们将举办一次以竞走为主要方式的出行活动,并号召大家踊跃参加。组织工作人员并征集志愿者,对相关人员进行培训,做好活动期间的服务工作。邀请相关领导参加,邀请体育健儿作为活动的形象大使,以调动大家积极性。准备好需要的设备和用品,特别是一些应急药物和姜茶等饮品备用。在行程路上,挂好我们的宣传标语和图片,创造和谐气氛。联系好公安、交管部门、医疗卫生部门等,做好突发事件的应对工作。

在活动开始前,请领导致辞并动员大家。请体育健儿带领大家做好热身运动。竞走出发前通知大家注意事项和寻求帮助的方法等。活动开始后,全程安排志愿者服务。整个进程进行全程拍摄,以便向社会其他民众做好报道工作。活动进行中,确保市民的生命安全和身体健康。行程结束后,对体育健儿和市民发放纪念品,并开展一些文艺表演活动,突出节约资源、绿色出行主题。

本次"绿色出行"活动结束后,做好活动效果的总结,向领导汇报。希望通过这次活动,让市民意识到少开车、多走路、共同建设绿色家园的重要性。在生活细节中做到节约环保、绿色经济,才能建设美丽中国。

例77 有人背后说领导坏话,被领导听见了,大家误会你在"打小报告",你怎么办?

【思路点拨】 人际关系题,考查考生对于人际关系的处理能力。切忌盯住"打小报告"这件事,"说领导坏话"本身就是很恶劣的行为,所以该题答题应当注重与同事沟通,共创良好工作氛围。一句话,工作为重。首先需要表态,要冷静看待同事对我的误会,不要争辩;其次要认真反思同事为什么误会我,找出根源并解决;再次,适当和同事沟通,消除误会,并指明自己立场;最后,认真反思,从这件事中吸取教训,全心投入工作。

【参考解析】 背后说领导坏话、"打小报告"是不好的办公室文化,它会破坏办公室气氛,影响同事之间的感情,我会对这类行为自觉抵制、坚决反对。

针对大家误会我"打小报告",我会冷静看待,同时积极思索,想办法解决。

(1)我会认真反思一下为什么大家认为是我"打的小报告"。如果是因为平时工作中忽视了和其他同事的沟通和交流，我会在以后的工作中注意，通过多参加集体活动、多和其他同事交流，改善同事对我的印象。路遥知马力，日久见人心，相信通过我各方面的努力，同事都能够认识我，与我建立起工作中的友谊。

（2）我会在适当的时候和同事沟通，将这件事说清楚，消除同事对我的误会和偏见。

（3）背后说领导坏话是不对的。我们主张批评与自我批评，目的是惩前毖后、治病救人。而背后议论别人的是非是无助于事情解决的，只能看成是个别人搞小圈子，我会在适当的时候亮明态度，希望其他同事也和我一起共同创建良好的办公室氛围。

良好的人际关系，对于维护正常的工作氛围，提高单位整体的工作效率有着非常重要的意义。我要从这件事吸取教训，在工作中多和同事交流，共同营造良好的单位文化。

例 78　由高速路上的快车道、慢车道，你联想到什么？

【思路点拨】　属于联想类题目，考查考生的语言表达能力、合理想象能力。尤其对考生语言能力要求较高。一般要求由一些普通事务展开联想，重点在于合理联想，但是要回归现实，可以就某个社会问题、政府工作、个人情况进行阐述。

【参考解析】　高速路上有快车也有慢车，这正如我们的社会需要有高智商、能力过硬的高级人才，也需要素质一般的人才。高速路上的快车道和慢车道，启发我们应该为社会各个层次的人才开辟发展空间，引导其进行自我发展，实现自我价值。

我们这个社会既需要尖端的精英人才，也需要普通的劳动者，这二者在很大程度上是无法互相替代的，例如搞科研的人未必能杀猪卖肉，屠夫未必能搞科学发明。如何为各类人才找到适合的位置、引导各类人才根据自身特长来发展，已经成为目前我们人力资源的一个重大问题，在就业形势日趋紧张的情况下，其意义显得尤为重大。

科学设岗，正确认识工作岗位的能力要求，是我们打造"人才快车道"与"人才慢车道"、缓解当前就业紧张局面的重要举措，既不过低要求，也不过高要求，合理地利用每个人才，做到人尽其才。例如目前许多企业出于虚荣或者其他原因，故意抬高用人标准，结果使得招进来的人大材小用，最终也留不住人才，这样不仅影响了企业自身发展，同时也导致了人才资源、社会资源的浪费，严重扭曲了人才供求机制，造成了不良的后果。

所以，我们要根据经济、社会的需要来为每类人才开拓空间，打造好"人才快车道"与"人才慢车道"。同时，政府要营造公平公正的社会环境，使人们都能发挥自身能力，实现自我价值。

例 79　领导要调动你，你觉得自己的知识背景和能力都不胜任，另一个职位比较适合你，你该怎么办？

【思路点拨】　自我认知与职位匹配型题目。重点要考查的是考生对自己的认知，对自己的衡量与评价。同时也能考查考生对待工作的认识深度。

【参考解析】　首先我要感谢领导对我的信任与栽培。自己的工作也得到了领导的认可。

但我个人感觉自己不是很胜任的工作岗位，我会主动找机会向领导说明。请领导点明调动我的工作的原因,并且将自身的优势和特长向领导说明,问是否能将我调到另一个职位上。如果领导是对我的特意安排,对我进行锻炼,我会很感谢领导,并坚决执行领导的安排。

接下来,我会重新审视自己,摆正自己的心态,不能因为遇到工作上的困难就止步不前。即使遇到的职位是我不擅长的,我也要积极向上,学习专业知识,尽自己的努力完成分内工作。要知道,这次的调动是自己锻炼成长的机会,一定不会辜负领导的期望。

当面对新工作时,我会尽快熟悉工作内容、工作条例、工作流程等方面,向老前辈多请教。虽然,在今后的工作中我会出现各种问题,但这不是阻止我前进的绊脚石。我会及时总结工作上的问题。所谓"干一行,爱一行",我会兢兢业业地做好本职工作。同时,我在新的岗位上也会与新同事处好关系,为营造一个良好的同事关系和工作环境做出努力。

例80 某学校校长当着全校 1200 名师生的面,给他母亲洗脚。有些人说,这是校长以身作则向学生传达一种感恩和孝顺的理念;有些人说,这是一场作秀。你是怎么看的?

【思路点拨】 社会现象分析题。答题中表态一定要积极向上,符合社会主流价值观,并能将这一现象的合理之处进行放大,放大到社会的角度予以分析。

【参考解析】 积极看待:更同意第一种说法。

现代社会多充斥浮躁之风,人心趋向于实用主义、拜金主义,对孝道等传统美德忽视,如过年节跟朋友游玩,给家里邮钱,美其名曰父母看见钱比看见自己要高兴等观念泛滥。很多孩子自私、任性,不懂感恩,即使学习再好,掌握再多的本领和知识,对他们的成长和未来也是无益的。校长这般行为用心良苦,通过言传身教,让学生领悟真善美、学会做人之道,是为人师者的第一职责和要义。作为一校之长,能以身作则给母亲洗脚,这种现场直播,能起到巨大教化功能和榜样力量。

反观另一种人的看法,想象为作秀甚至是吸引眼球或为谋取其他利益目的等,是站不住脚的。既然产生这样的想法,更说明我们在传达传统理念方面还做得不够,现代人恰恰需要这样的"作秀"来引发讨论进而沉淀心灵。

例81 大雁总是聚集在一起飞翔,一般都是成"V"字形。"V"字形顶端由强壮的大雁轮流带队,在雁阵中大雁飞翔的速度比单飞高出 **71%**。请谈谈你的看法。

【思路点拨】 寓言故事分析题。寓言故事类题目重在找到其中内涵和重要的启示意义。要善于站在不同角度进行分析。

【参考解析】 这是管理学中著名的"雁阵理论"。它给我们的工作和生活提供了许多启示。

首先,大雁总是聚集在一起飞翔,一般都是"V"字形。这启示我们在具体的工作当中应该注重团队协作,在团队中要加强团结,并能够完善分工合作,完善团队内部的制度架构,从而产生"1+1>2"的效果。

其次，在雁阵中处于"V"字形顶端的大雁任务最为艰巨，要承受巨大的空气阻力，但处于它身后的雁群在飞翔中就变得轻松，进而提高了整体的飞翔速度，虽然这是飞禽类在长期的自然进化中演变出的生存本能，但对于人类社会也有一定的借鉴意义。它告知我们在团队工作中，每个人都要勇于担当，甘于奉献，具有集体荣誉感。

最后，雁阵中大雁飞翔速度比单飞高出71%，这启示我们作为团队中的一员，应该服从领导的安排，以集体利益为重，并能够借助集体的力量来努力提高自身的工作能力，完善自己，提高工作效率。

例82 漫画题。

【思路点拨】 漫画题，主旨鲜明，不容易偏题，但要答得出彩，则需要考生具备一定的热点理论知识。考生要能够联系当前的理论时政热点，如"两型社会""科学发展观""生态文明"等提法。

【参考解析】 下面这幅漫画反映的是经济发展以严重损耗环境作为代价，而这种经济发展一定不会长久持续下去。当环境的"薪"燃尽之时，便有可能是粗放式经济的虚"火"熄灭之日。

首先，经济与环境之间存在着密切的关系。环境是人类赖以生存的空间和必要条件，它为人类的生存和发展、生活和生产提供了不可或缺的原料；从长远看，环境的质量必然会影响人类经济发展的水平。当地球森林被砍伐一空、空气中到处弥漫着刺鼻的味道、土壤被污染、水源枯竭、飞禽走兽灭绝踪迹时，人类生存都面临危机，就遑论发展经济了。

其次，经济的发展应当为环境保护提供更加有利的客观条件。自从有了人类文明开始，地球上每一个角落都留下了人类生活生产的痕迹。与之伴随的是越来越严重的环境破坏。在过去的数千年中，经济发展已经对环境造成了严重破坏；而随着科技的发展与经济的增长，人类越来越具备了保护环境的能力与条件。经济发展应当保护而不是破坏环境。

最后，我们应当认识到环境是皮，经济是毛，皮之不存，毛将焉附。漫画中所揭示的竭泽而渔、杀鸡取卵的错误行为,必将使人类自身付出惨重的代价。人类应当努力行动起来,克服自己的利益冲动,从制度上保障环境不受破坏,共建环境友好型的可持续发展的经济增长模式。而这也正是我国构建环境友好型社会、建设生态文明等工作的应有之义。

例 83 漫画题。

【思路点拨】 解析漫画题时首先要对漫画进行文字性的解释,指出问题所在,旗帜鲜明地提出自己的观点,支持—反对—辩证地看,能够运用国家大政方针和主流意识对此类社会现象进行客观评价,提出解决方案或表达美好的愿望,结合自身升华主题。

【参考解析】 下面的图画给我们展示了当前社会存在的种种愚昧现象,其中有缺乏科学精神与素养的封建迷信思想,违反社会公德、职业道德,法制观念淡泊等情况。

社会上的封建迷信思想残余还是比较多,如题目中的吉祥号码和"大仙说我运气好"等。各种各样的迷信活动或迷信思想在社会的各层面、各地区还比较严重。不良的社会习气和法制观念淡泊也在社会上时有发现,题目中赤膊上阵、蛮干拼命的现象也常能看到,往往是生活中因口角或小的冲突,就要发展至严重的暴力冲突,甚至酿成命案,不但没有解决问题,更给当事人带来了终生的遗憾。此外部分官员的官僚作风严重影响了党和政府的决策,不利于团结队伍、科学决策,甚至导致重大的决策失误,给国家造成巨大的损失。

针对题目中的情况,我们首先要加大科学和法制宣传,使全社会树立科学思想,通过广泛宣传社会主义核心价值体系,树立以崇尚科学为荣、以愚昧无知为耻的思想。利用报纸、电视、网络等多种形式,既讲科学道理又要通过案例分析,破除迷信思想。同样,在我们这样一个法制化思想尚不深入的国家,普法的工作很紧迫。要大力宣传提高全民的法律素养,特别是基层乡镇、街道,农村、社区要结合当地典型案例宣传法律,使人民群众树立依法解决矛盾和纠纷的意识。

其次,强化社会公德教育,并辅之以必要的行政措施,逐步提升社会整体的公共道德。赤膊上街、随口脏话等严重影响了我们城市的形象,广泛的宣传和必要的处罚相结合是化解问题的有效途径。

最后,加强政府决策的科学化和民主化。制度是民主和科学的前提保证,要严格落实执行民主集中制和行政首长负责制相结合的管理决策制度,通过科学论证、座谈会、听证会等多种方式将民主和集中落实到实处,推进决策的科学化、民主化、合理化。

例84 你是新进员工,领导安排你负责组织一项围绕工作作风的活动,给你安排一个搭档。根据互补原则,你认为从性格和能力上你会选择什么样的人?

【思路点拨】 人际关系题中比较小众的题型,同时融合了自我认知。要抓住几个关键词:"新进员工""组织活动""互补原则",这也是本题亮点的源头。

【参考解析】 领导安排我负责组织这次工作作风活动,有利于单位良好工作氛围的形成,有利于单位工作人员工作态度的改善,更利于单位形象的良好展现,取得群众对于我们工作的认可和支持。所以,我会认真准备、精心安排,与同事一起共同完成这次工作。

我作为一名新进员工,对于组织工作作风方面的活动,自身可能存在三个方面短板:第一,对于组织工作缺乏一定经验,对工作环境、人事环境都不太熟悉;第二,对于围绕工作作风开展的活动来说,可能在活动组织过程中难以服众,不容易取得单位同事对我工作的支持;第三,作为年轻人,在做事中难免会出现浮躁、做事冲动等问题。所以,如果要选择工作搭档,根据互补原则,我会选择工作经验比较丰富、工作能力比较突出,而且性格沉稳的老同事。选择这样的老同事作为搭档,一方面能够在工作中借助其经验和威望,保证工作顺利开展;另一方面,也能够在这次工作开展中学习老同事遇事冷静、沉着应对的工作风格。

在这次工作中,我与老同事要制订详细的计划,合理分工,老同事负责统筹整个工作推进的进步和整体安排,我负责配合老同事,做好协调沟通等辅助性工作。我相信,在我与老同事的精诚合作下,这次关于工作作风的活动一定能够组织得有声有色,也能够取得应有的效果。

例85 你在单位中通过竞争上岗,取代了你以前的领导,他从原来你的上级变成了下级,你如何和他共事,共同开展工作?

【思路点拨】 就好像问你中了几千万元的彩票你打算怎么花一样,这是一道阿Q精神很足的题目。给大家的建议是,不要把老领导想得那么差,同时,自己不要一下了以"领导"自居而忽然觉得"高处不胜寒",答题的心态上还是要平常心,因为这是假设。回到现实来答题,就要认识到自己更大的责任,更大的压力。

【参考解析】 我在单位中通过竞争上岗,我会感到很高兴,但是更会意识到自身所担负的责任会更加重大。而且,我也应该意识到,我今天成绩的取得,与以前领导的帮助和指导是分不开的,应该对老领导表示感谢,没有他的引导,就不会有自己今天的成绩。另外,我相信老领导也会替我感到高兴,因为老领导通过自己的努力,证明了自己的领导有方。

在以后的工作中,我依然会向老领导学习请教,毕竟自己上岗之后,对于工作开展的具体经验不足,管理能力不够,这都是比较现实的问题。而老领导在这个岗位上已工作多年,有丰富的工作经验,这都是值得我学习的地方。所以,我在工作中,依然会以虚心的态度主动听取老领导对于工作的意见和建议,根据他的意见来开展工作。对于工作中遇到的问题,及时与老领导进行沟通,也要组织单位同事及时交流,对于每一项工作都要制订详细的计划,调动同事工作的积极性和热情,将单位同事团结起来,共同担负起我们单位的职责。

我相信,通过老领导的帮助以及每一位同事的努力,我们能够形成一个强有力的团队。

例 86 你是环保局工作人员,你所在城市对小区垃圾处理采取了按量收费政策。该政策实施一段时间后,领导让你去调查实施的效果以及居民对此的意见。你怎么开展调查?

【思路点拨】 不能无视"调查"这个字眼,表态、框架全依赖它。难点在于"实施的效果"体现在哪些方面。

【参考解析】 随着经济、社会的发展,居民生活水平提高,垃圾的产生量也随之提高。推广按量收费是非常科学的,能够有效地影响居民的生活方式,形成低碳、环保的生活习惯。这次调查对于我们收集政策实施的效果反馈意义重大,我会认真开展,为领导提供翔实、准确的调查数据。

政策实施的效果,主要是居民对按量收费政策的接受程度,生活垃圾的量是否减少,以及社会上对该政策有什么新的建议。我会根据这一分析来设计调查问卷,深入社区、环卫部门发放问卷,实地走访,收集数据信息。其中,有两个重点:一是要选择我市有代表性的小区进行深入调研,小区的情况要有差异性,既要有普通居民区,也要有高档商业小区。二是垃圾量的增减与否要与往期数据进行对比,既要从环卫部门了解,也要从居民自身的实际感受来了解。调研结束后,我会写成调查报告交由领导。

例 87 你和你的同学毕业后进入同一单位,你们能力相当,但现在你的同学被领导提拔,成为你的上司,你怎么办?

【思路点拨】 人际关系与自我认知融合题。注意挖掘"能力相当"背后的自我反思。

【参考解析】 同学被提拔,我会为同学感到高兴,"见贤思齐",我会向他学习。我要处理好一个"注意"和一个"反思":一个"注意",就是在今后的工作中,要注意与上司的配合,我要注重执行力,不能把角色停留在同学之间,还要注意工作中的上下级隶属关系,工作上要支持、配合他,要服从、要沟通,也要提建议,要做好自己的角色。一个"反思"就是,我们能力相当,但是同学肯定有很多优点是我要虚心学习的,同时反思自己的不足。工作能力相当,但是工作态度、工作方式方法也是影响工作绩效的重要因素,工作中较高的统筹管理能力就能够使工作事半功倍。

不患无位，患所以立。总之，我会向同学学习，提升自己的工作能力，使自己早日成为一名优秀的公职人员。

例88 一个团队中有很多角色，比如执行者、协调者、完善者、决策者等。你喜欢哪种角色？请选择其中两种，并说明理由。

【思路点拨】 如果你参加的是普通公职人员面试，不是竞聘领导岗位和遴选，那就要低调，注意自己的角色、身份，一般不推荐选择决策者，这是领导做的事情。

【参考解析】 我喜欢的角色是执行者和协调者。我觉得自己的选择与我现在的业务水平、能力是匹配的，也正是一个年轻人目前在工作中应该表现出来的状态。团队中有很多角色，但是我们一定要明确自己的位置和角色。作为年轻人，缺乏很多东西，最需要的就是踏踏实实，通过工作锻炼自己，提高自己，从基层做起，逐渐成长。执行者承担着具体实施的任务，是一线工作者，直接面对工作对象，这种实践一线对我的帮助是巨大的；协调者重在配合、协助，或是起到沟通、衔接、纽带作用，这对于锻炼我的沟通、组织、协调能力帮助很大。

同时，我相信我现在的能力可以胜任执行者和协调者角色，因为我具备以下几个优势：第一，较扎实的理论基础。我过去的学习成绩一直不错，我也喜欢学习，专业知识功底比较扎实，这使我具备了较好的职业素养和技能基础。第二，我毕业后的工作经历不仅帮助自己丰富了经验，增长了见识，还使我的职业素养大大提升，组织纪律性强，有集体意识，有较好的执行力。第三，我的性格比较热情大方、积极乐观，能够更好地做好协调者工作。

例89 成都一名公交司机因为行车上的小事，被私家车主打骂不还手，车队为了安抚他，特颁给他"委屈奖"，负责人称，设立这种奖是为安慰受到委屈的员工。之前，武汉女环卫工被扇耳光也获得此奖。对于"委屈奖"的出现，你有什么看法？

【思路点拨】 可采用主体分析法逐个谈，既有条理也能有内容可讲。也可采用属性层次分析法，从思想观念、制度等层面讲怎么解决。考生要能放到社会层面来看这些现象所反映的问题，点出当前社会上"戾气"较重的问题，就会显得比较深刻。

【参考解析】 对这个现象要理性、全面、辩证地看，既要看到单位对员工的人文关怀，也要看到事件背后所反映出的社会性问题。第一，法律意识淡薄，道德自律不够，不文明行为频频发生。车辆剐蹭本来是道德交通法律约束、规范的问题，孰对孰错或是双方都有过失是可鉴定的，但是为什么会大打出手，还有的甚至因为车辆剐蹭闹出人命。本来是小事，保险理赔即可，可是却能酿成大祸，导致家庭破裂。为什么有这么重的"戾气"？这种社会心理是压力所致，现代人的工作压力、生活压力大，加之竞争激烈，又缺少情感宣泄的渠道和方式，易怒、易暴躁。第二，随便动手打人，不仅道德上失礼，也违法。我们应该鼓励大家用法律捍卫人格尊严，随意打人者应该受到法律惩处。第三，公交司机、环卫工人都是社会的服务者，是我们生活中不可缺少的职业，我们的出行便利、生活环境都要靠他们，应该对他们有足够的理解与尊重。第四，对于负面问题，我们要通过思想观念层面的教育引导和宣传,通过制度建设,大力弘扬社会公德、传统美德,提升国民道德水平、法律意识,提升全社会的文明程度。

总之,社会是由一个个人组成的,人与人的和谐才能组成整个社会的和谐。《论语》里讲"四海之内皆兄弟",我们应该加强自身德行修养,包容、友善待人。诚信、友善也是社会主义核心价值观的重要内容,每个人都应该践行。

例90 晚唐著名诗人杜荀鹤曾写过一首哲理诗《泾溪》:泾溪石险人兢慎,终岁不闻倾覆人。却是平流无石处,时时闻说有沉沦。请谈谈对于这首诗的理解。

【思路点拨】 此题乍一看会觉得很难,但沉下心来就发现主旨很明确。按照观点分析题的框架作答:阐述→这要求我们怎么做→举例子→总结。

【参考解析】 这首哲理诗确实给我很大启发,使我获益匪浅。生于忧患,死于安乐。看似惊险,所以大家都谨小慎微,高度重视,最终也没有发生问题;看似平淡平常,于是有人麻痹大意,不提防小心,招致失败。这告诉我们,要树立忧患意识,对可能发生的困难要警惕小心,要树立"凡事预则立,不预则废"的思想,做好应对困难的准备,不能轻视、漠视不起眼的问题。"千里之堤,毁于蚁穴。"一颗螺丝钉就能够造成火箭发射失败。重要的部分、环节,我们平时会高度重视。反而是不起眼的次要环节,往往成为故障灾区。经济社会快速发展,外部环境变化日新月异,这给我们的工作不断提出新的和更高的要求,我们只有与时俱进,不断提升工作水平和业务能力,才能符合社会和岗位的要求,否则就要落后,甚至被淘汰。我们在平时的工作中,就要运用这首哲理诗的道理,防微杜渐,工作要有远见,有备案,完善应急机制,以过硬的业务能力应对纷繁复杂的外界条件。

例91 寒门难出贵子,有人说寒门学子资源少,人脉少,难成功;有人说有些寒门学子勤奋刻苦,能成功,你怎么看?

【思路点拨】 此题作答方式多样,既可采用AB式框架作答,也可采用观点分析题的"界定阐述→这启示我们怎么做→举例子→总结"框架或分论点式框架作答,还可以按照综合分析作答。参考解析采用分论点式作答框架。

【参考解析】 这两句话我们应该全面、辩证地分析。第一,"寒门"是客观外在条件,是外因;能不能成为"贵子"、能不能成功,重在内因。内因是根本,外因通过内因起作用。北宋著名的思想家、政治家、军事家、文学家范仲淹幼年丧父,母亲改嫁,他读书的条件十分艰苦,但范仲淹不懈努力终于苦读及第。他通过自身努力,政绩卓著,文学成就突出,他倡导的"先天下之忧而忧,后天下之乐而乐"思想和仁人志士节操,对后世影响深远。第二,也可以把寒门与个人成才视为先天与后天的关系。先天优势固然有利,但没有后天的持续努力,就会出现"伤仲永"的怅惜。第三,在古代,教育并不普及,私塾求学对寒门子弟是奢望,寒门子弟往往读不起书,所以成为知识分子、成才者少。而今天,我们推动教育公平,普及义务教育,国家承诺不会让一个学生因为家庭困难而辍学。大家都有学上,有书读,都能够通过学习来改变自己的人生。第四,也要看到,掌握更多资源的人、家庭，子女在受教育、发展方面确实会更顺利。这就要求我们政府要创造公平、公正的社会环境，要机会平等，让每个人都能去追求自己的梦想，共享人生出彩的机会。

例92 医患关系问题近年来成为社会热议的话题，谈一谈你对医患关系问题的看法与理解。

【思路点拨】 医患关系问题是近年来公职人员面试的持续性热点，而这个问题预计在近年内也不会有效解决，所以还将热点下去。之所以不好解决，是因为这与我国医改难度大、医疗卫生事业发展水平滞后、医疗资源投入不足等有内在联系，本身就是疑难杂症，不易短期根治。所以考生分析此题要理性，要换位思考，不要一味地批评，不要片面地苛责。患者很苦恼，医生也成了弱势群体，所以就要进行提升，做出宏观分析，不能只进行患者、医护人员的主体角色微观分析。

【参考解析】 医患矛盾问题的确存在，而且一些极端冲突频频见诸报端，影响医患关系，也影响群众幸福感，应该引起全社会的思考。医患关系之所以频出问题，频现不和谐因素，其原因在于：第一，医改未完成，关系机制未捋顺，以药养医的存在，一定程度上逼出了大处方、大检查。第二，个别医务工作者的职业道德缺失，服务态度差，是造成医患矛盾与冲突的直接原因。第三，信息不对称。医疗健康是一个专业领域，患者与医务人员之间鸿沟很大，信息不对称，容易导致沟通不畅，误会加深，很难建立互信。同时，患者自身的观念把就医等同于购物行为，其实，据统计，全世界目前有70%的疾病是无法根治的。可是患者总认为我花了钱，医院就要把我的病治好。第四，这其中的深层原因在于我国医疗资源投入不足，尤其是优质医疗资源不足。同时，医患矛盾也是我国当前医疗卫生事业发展水平、医保水平的另一维度体现。

所以，还需要多措并举。在思想观念层面，要做好医疗健康知识的科学普及，提升群众的医疗健康知识水平，理性看待就医过程。在制度层面，完善医患纠纷仲裁机制，改变过去既当运动员又当裁判员的不合理制度。在投入层面，要加大政府投入，理顺医疗机构投入机制，坚持公办医院的公益性质，吸引民间资本投入医疗事业。提高医保报销比例，减轻民众医疗负担。总之，解决这一问题，关系亿万群众健康，关系万千家庭幸福，关系整个社会的和谐稳定，纵有千难万难，也要迎难而上。

例93 双"十一"后，收货高峰到来，在上百亿元的交易额背后，是包装废弃物的"一地鸡毛"。如今快递业平均每天产生上千万个包裹，按每个用一米胶带算，1年用的胶带能绕地球230圈。对于网购商品过度包装，你有什么看法？

【思路点拨】 综合分析题。与现实联系越紧密的题，我们有时候越怕，因为大家都接触网购，才害怕大家只站在自己的"一亩三分地"上"侃侃而谈"自己的网购经历。此题其实是个宏观话题，看似题干内容很多，其实只需要引入综合分析题中的负面现象题框架"表态→原因→对策→总结"，具体的原因或对策分析可以用到属性层次分析法。

【参考解析】 的确，我国互联网经济迅猛发展，其中，网购的贡献巨大。与此相伴随,快递业发展迅速。由此引起的资源浪费问题也应引起我们的重视,不能一味地只看到经济增长,而忽视资源浪费和环境污染。

快递业中的过度包装问题,有以下成因:第一,消费者喜欢精美包装,其中有好"面子"、讲"人情"的文化观念因素。第二,商家过度包装以获得消费者青睐,精美包装有利于产品宣传。第三,这也是物流业运输上的需要。第四,我国目前尚无相关制度来规范、约束快递业的过度包装问题。

我认为应从以下方面着手解决:第一,做好宣传,让低碳、环保、节约的理念深入人心。习近平总书记强调"反对浪费,厉行节约",我们要建设节约型社会。第二,推进制度建设,出台产品包装、快递业包装的标准和相关规范。第三,从技术层面,促进新材料、新的包装技术的研发推广,提升我国物流业、快递业发展水平。

总之,要站在建设资源节约型和环境友好型社会的高度来看待这一问题,保护环境,节约有限资源,才能实现美丽中国的美好愿景。

例 94 北大学子周浩从北京大学退学,转学到北京工业技术学院,从众人艳羡的高才生到普通技校学生,周浩表示"毫不后悔,很庆幸"。有人说,这是人才浪费;也有人说,周浩勇气可嘉。对此你有什么看法?

【思路点拨】 有"北大"到"技术学院",有"人才浪费",有择业观,有判断人才的标准问题,有职业技术教育发展的环境问题……面对这种可以谈很多方面的问题,我们应该用什么框架?怎样把握重点?要从题型审题上入手,前半部分是综合分析中的社会现象,后半部分是观点分析题。从社会现象里我们可以得到很多启发,但是观点分析题又把我们的话题范围约束了。所以,可以选择"人才浪费"作为切入点来展开分析。

【参考解析】 这个问题我在关注新闻时看到过,当时也引起了我的思考。我认为虽然是个案,有时不必对个案进行过分解读,但是这一个案能够反映出今天社会上的一些普遍性问题,值得我们重视。

第一,什么是人才浪费?这反映出我们的人才评价机制、大众的评价理念有待进步。我认为,只要是对社会有贡献,在自己的本职工作岗位上能体现个人价值,做出成就,就不算浪费,就是人才。个人在进行职业生涯规划时,要结合自身理想、特点、兴趣,方向和努力都很重要,周浩的做法正是择业观转变的表现。从职业发展来看,能够从基层做起,从技术工种做起,这种发展会使自己的根基更扎实。

第二,为什么读技校就会被认为不好?这反映了我国职业技术教育发展的现状。我国要建设创新型国家,我们要实现由"中国制造"到"中国创造"的飞跃,必须有强大的制造业,有高水平、高素质的技工,这就需要世界一流水平的职业技术教育。德国的制造业世界一流,与德国的职业教育水平世界一流是相通的。等到我们的学生上大学还是上技校不再被看成高与低、好与坏,而是看哪个更适合,上技校不会再被歧视,我们的职业教育发展就迎来了春天。

例 95　傲不可涨，欲不可纵，乐不可极，志不可满。怎么理解这句话？

【思路点拨】　如果这四个短句相互之间分野较大，不属于近义词组，就可以采用 AB 式框架的拓展，用 ABCD 式，即讲 A、讲 B、讲 C、讲 D、总结。由此一来，亮点就在于对每一部分的界定阐述了。

【参考解析】　这句话是很有哲理的，给我很大启示。第一，"傲不可涨"是指我们要谦虚谨慎，做出成绩可以欣慰但不能骄傲。要谨记"满招损，谦受益"，同时，如鲁迅先生讲的"人不可有傲气，但不可无傲骨"。第二，"欲不可纵"是指我们不能过度放纵自己的欲望，要加强自我约束，公职人员要注意自律。第三，"乐不可极"是指我们不能贪图悠闲享乐，做出成绩不能沾沾自喜，不能得意忘形，要居安思危，树立忧患意识。第四，"志不可满"是指要不满足，不断对自己提出新的、更高的要求，不满足、不知足，有进取心，坚持奋斗。

这句话既是对做人的要求，也是对做事的要求。不仅强调我们的个人自我修养，也启示我们把握好"度"。总之，要做到这句话，就应以优秀公务员的标准严格要求自己。

例 96　有人说，提出问题比解决问题更重要，提出问题是革命性的，解决问题是技术性的。你怎么看？

【思路点拨】　题干中有两个关键词："提出问题""解决问题"，所以此题可用 AB 式框架法。亮点在于对这两个词语的提炼阐述，以及对这句话的辩证分析。从题型角度看，此题是以综合分析中的观点分析题为核心，包含了自我认知成分——你自己属于哪一类人才？或是你的哪一方面能力高？

【参考解析】　这句话是有一定道理的，但还应该更加全面、辩证地来分析。首先，对于"提出问题"，要能够提出问题，要具备较高的认识水平，需要具有创新意识，敏锐的洞察力，才能及时发现问题并进而提出问题。这就需要我们在工作中注重调查研究，坚持解放思想。其实，对于"解决问题"，要将问题有效解决，把矛盾妥善化解，需要我们实事求是、求真务实，要实干，就是习近平总书记讲的"实干兴邦"。还需要我们具备较强的工作能力，使用正确的工作方式方法，然后，通过脚踏实地，一步一个脚印地开展工作才能收获实效。

总体来说，提出问题和解决问题应该是辩证统一的，我们要将"破"与"立"结合起来，提出问题很重要，具有引导性、前瞻性，但没有得到解决落实，就是空中楼阁。我作为一个年轻人，在工作中重在自身执行力的提高，把问题解决好，在此基础上，要努力积极思考，提出问题。

例 97　单位出台了一项公共政策，一段时间以后，有人反映，在基层执行过程中走样了，领导让你去收集情况，你怎么做？

【思路点拨】　看到"有人反映"就要使用分情况法，要核实是否属实。"走样"是何种走样，哪些环节出了问题？从题型上看，此题是计划组织协调、综合分析、应急题的融合。

【参考解析】　公共政策如果真的走样，会造成很严重的影响，可能会损害公共利益、群众利益，影响单位形象和政府公信力，我一定要认真负责地做好调查，收集翔实、完备的情况交由领导。为了保证收集到的情况客观、真实，我主要采取实地调查的方式开展工作，深入到基层当地走访询问群众、干部，了解政策实施的过程和效果，相关的影响分析可以咨询专业人士，求助于专家。同时，公共政策的涉及面比较广泛，我还会设计调查问卷进行发放，以了解群众和相关工作对象对政策的态度、评价。我会通过数据、意见的收集注重分析有人反映的"走样"属于哪种情况，是政策本身没有考虑到基层实际，没有注重政策制定的科学性，还是执行过程中扭曲了，没有认真贯彻执行，还是群众的误会。

最后，我会将调查收集到的数据、材料、意见等汇总，形成报告，交由领导。

例98 人生存在两个误区，一个是生活给别人看，一个是看别人生活，对此你怎么理解？

【思路点拨】 AB式结构，可采用AB式框架。此题的最大亮点，一是需要做好对A、B的提炼界定，二是要辩证分析。

【参考解析】 这句话给我很大启示，同时，也应该全面辩证地看待分析。第一，"生活给别人看"的误区就在于炫耀、虚荣地生活，或是做表面工作，徒有其表。这是人生观层面的浮躁。第二，"看别人生活"的误区就在于没有自己的追求、目标，消极对待自己的人生，或是一味模仿照搬，东施效颦，邯郸学步。这是人生观层面的虚无。

从另一个角度辩证地看，"生活给别人看"的积极意义可能在于行为示范效应，影响他人的能力。比如，社会精英的公益慈善行为，会对社会成员产生巨大的引导作用。这种高调，是能够弘扬社会正能量的。"看别人生活"的积极意义可能在于学习、借鉴他人经验。总之，我们应该活出自己，坚定信仰，去追求自己的梦想，不断完善自我。

例99 某地景区用钢针直接将活蝴蝶扎死在洁白的裙子上，有些蝴蝶还在颤抖，被人们称为"蝴蝶仙子"。有人说，这是一种"艺术创新"，也有人说，这是"蝴蝶煞星"。对于这个现象，你有什么看法？

【思路点拨】 综合分析题，可以采用关键词，也可采用综合分析题负面问题的框架。此题要站对立场，正确立场在哪里？就在党的报告里，生态文明的理念要求下，我们站在什么立场，是很清楚的。

【参考解析】 这一做法的初衷是为了吸引游客眼球，但我觉得这一做法是不妥当的。第一，景区除了追求经济效益之外，还要注重自身的社会责任与职责，景区作为推动绿色、环保理念宣传的重要窗口，就更应该担负起自身保护动物、维护生态平衡的职责。我们今天大力倡导建设美丽中国，人与自然要和谐相处，推进生态文明建设，而题中这种行为显然与这些理念相悖。第二，艺术创新，也要有伦理底线，不能违反社会公德、生态伦理，艺术要积极健康，才能算人类文明成果，否则就是文化垃圾。第三，景区的这一行为明显具有炒作意味，是商业宣传噱头，受利益驱动。所以，监管部门应该对景区的这一生态不文明行为予以处理，如果涉及国家保护动物品种，就要严肃查处。

五彩斑斓的蝴蝶，就象征着丰富多彩的大自然，生物多样性是地球的宝贵财富，人类作为大自然中的一员，有责任也有义务保护大自然，保护动物，构建生态文明，这才是科学发展观的体现。

例 100 某环卫工人，因拆迁获一千多万元，但是仍然坚持清扫垃圾，挣着每月1400多元的工资，有人说她是"钱奴"，也有人说她这种精神令人感动，你怎么看？

【思路点拨】 综合分析题，难点还是"立场"问题，最保险的做法就是辩证地看，分析其积极层面和消极层面。

【参考解析】 对这个事情应该辩证、理性地看待，既要看到其积极的一面，也要看到其应引起我们重视的一面。首先，该名环卫工能够坚守岗位，有千万资产也不嫌弃自己的环卫工作，这是值得肯定的。一来是为人低调。二来，职业无高低贵贱之分，要爱岗敬业，干一行爱一行。其次，普通的环卫工岗位工资不高，劳动技能简单，对从业者并没有特殊要求，所以，我认为环卫工岗位应带有公益助困助贫性质，应让更加需要的人来从事。该名环卫工既然已经家产殷实，何不把这个岗位让渡出来，让家庭困难的群众能够获得这一工作。或者，她可以开办实业，搞自己的事业，还可以带动就业，为社会创造财富，做出更大贡献。

例 101 为什么有的单位能够有"三个臭皮匠，赛过诸葛亮"的效果，而有的单位则是"三个和尚没水喝"，你怎么看？

【思路点拨】 综合分析题，采用 AB 式框架作答。此题不仅仅是人际关系的问题，还要能从综合分析的角度来分析原因、给出对策。

【参考解析】 此类现象的确是存在的，应该引起我们的思考，分析原因，找到解决对策。首先，单位能够出现"三个臭皮匠，赛过诸葛亮"的效果，说明该类单位能够群策群力，有效发挥员工的积极性、主动性，充分激发大家的才能和创造力。这需要有用人方法上的科学机制，注重团队建设，形成民主风气，以不断激发团结战斗力，形成"1＋1＞2"的强大合力。

其次，单位出现"三个和尚没水喝"的效果，说明这类单位内部权责不明，职责划分不清，员工们没有责任意识，责任心不强，遇到工作则相互推诿扯皮，不积极。员工没有明确自己在集体中的角色，不以集体利益为重，自私，团队内部的人际关系氛围也不好。

所以，要在思想观念层面、单位文化氛围层面、内部制度层面做文章，其中核心是制度建设，用制度来管理人、激励人，形成良性竞争、合作共赢的团队生态，提升员工的职业素养和职业道德。

例 102 卢梭说，人是生而自由的，但社会上存在很多制约。你怎么看这句话？

【思路点拨】 不少考生是第一次见到这句话，如果实在不能理解全句话的意蕴，就利用关键词法，抓住"自由"与"制约"这一对概念来展开分析，同时注意这道题的偏正结构特点，把论述的重点放在后半句。这种题的区分度很大，知道与不知道本句话的真正意蕴，的确会有很大的作答水平差异。框架可采用观点分析题经典框架：表态→阐述界定→这要求我们怎么做→举例→总结。

【参考解析】 著名思想家卢梭的这句话出自其《社会契约论》，这句话对我们很有启示。"人是生而自由的",所以我们要保障公民基本权利,依法保障公民自由。"存在很多制约",说明我们的自由是相对的,不是绝对的自由,是受到各种规范、制度约束的。

所以,我们要有契约精神,树立规则意识,守制度、守规则。在国家和社会层面,要健全法律体系,弘扬道德规范,在宏观上构建好社会成员的行为规范体系。和谐社会是需要完善的法制和健全的制度体系来维系的,正如《论语》里讲的,"知和而和,不以礼节之,亦不可行也"。在单位,要完善规章制度,职工要有组织纪律性。就我们个人来说,要自律、自觉遵纪守法,遵守公序良俗,严于律己。我们要遵守社会公德,讲家庭美德,注重职业道德,提升个人品德修养。

总之,我一定会以一名优秀公职人员的标准来严格要求自己,树立规则意识,自觉遵守制度,在德、能、勤、绩、廉五个方面全面发展。

热点成题：这才是面试热点学习

本讲内容以近年社会热点为主线，每一个社会热点之后按照结构化面试常见题型给出相应训练题目，并进行深度解析。完整的"热点＋习题＋解析"的套餐式学习，在帮助大家有效覆盖热点的同时，也协助考生养成破解面试题目的思维习惯。

热点 1　2017 农历新年刚过，一则关于"济宁城市管理执法支队六大队开展春联福字整治活动"的消息在网上引发讨论。消息称，济宁市城市管理执法支队六大队从正月初三起开展了对辖区春联门贴的专项整治活动，共清理春联、门贴、福字等 450 余处。2 月 3 日，济宁市城市管理执法支队一工作人员证实确有此事。

例 1　针对上述热点事件，谈谈自己的看法。

第一，基于美化城市环境、防范消防事故发生的需要，城管执法本身无可厚非，也是职责所在。

第二，大年初三，论习俗，年未过完；论法律，尚在假期。此时让执法人员上街执法，精神可嘉，但于法不合，是对基层执法人员法定权益的侵害，也有扰民的嫌疑。

第三，贴春联、福字，一般都是在自家门框，为了美观，人人都会谨慎张贴，不至于给市容市貌造成严重污染。假如真有污染，一则可能是张贴太过随意的那部分，二则可能是张贴于公共区域。如清理掉这二者，合情合理，但若不加分别"一棍子打死"，就有侵犯民众权益的嫌疑；且法无禁止即自由，若真是为了创卫的特殊之举，也应该事前说明。

第四，执法者在执法时，既要关注执法目的，更要关注执法程序，执法的目的不是为了政绩，而是为了人民生活幸福。

例 2　在你们单位辖区内，有小商贩自发形成了一个菜市场，有群众举报该市场影响了市容和交通，也有民意代表认为他们是弱势群体，应该多给予关怀。领导让你负责解决此事，你将怎么做？

第一，规范秩序，比如让他们在摆摊时不要过分喧哗，不乱扔垃圾，不挤占正常的道路等。

第二，开展调查。调查附近有无正常的蔬菜售卖场所（如超市、菜场等）以及附近居民的态度。

第三，如没有上述场所，可以考虑让他们长期在此经营，但要规范管理，除第一条外，还可以规定时间和地点,如避开早、晚高峰等,或者在附近选址,新开一个规范的菜市场。

第四,如果附近有上述场所,则考虑让他们进驻。进驻需要的管理费、摊位费等可以减免。

例3 在一次专项整治活动中,有一名执法对象坚决不配合你们的工作,还向领导举报你工作有问题。据了解,他是领导的亲戚,而且在以往的整治工作中,该领导也向其他同事打过招呼,说他生活困难,让对他多予以照顾,你该怎么办?

第一,反思自己在工作时是否有不够严谨的地方,比如态度是否过于严厉、工作方式太过简单等;在自我改正的同时,真诚向他道歉,然后继续做他的工作,尽量说服他依规接受执法安排。

第二,如果他还是不接受执法,可以向领导反映情况,提出工作建议,依照领导指示进行工作。

第三,如果领导指示依法工作,该群众若还不配合,则视情况可以强制执行。如果领导让对其照顾,若规章制度允许,则可以采取变通举措;若规章制度不允许,还是要照章办事,然后向领导汇报。

热点2 近年来,陆续有很多地方政府出台文件,限制甚至禁止民间婚丧嫁娶大摆酒席,2017年1月,贵州、河北、山东等地又陆续出现类似规定,更是将这类事件引发的争议推向了舆论的热点。很多类似规定非常详细,甚至涉及到一些具体的细节。如贵州凯里规定复婚、再婚不得操办酒席;河北磁县规定酒席不得超过20桌,酒的价格不得超过20元,烟不超过10元等。有些地方为了杜绝此类大操大办的风气,甚至鼓励群众相互举报,在核实后进行处理。

例1 针对上述热点现象,你有什么看法?

第一,我国社会由于长期受封建思想的影响,确实存在很多愚昧、落后的民间风俗,虽然经过长期的发展,已经多有改观,但移风易俗还有大量的工作需要做。

第二,政府在移风易俗上不能只做旁观者,要积极地承担责任和采取切实行动,在这一点上,对上述各地政府的作法要给予肯定。

第三,很多涉及风俗的事情,虽然落后,对社会也并无益处,甚至广大老百姓都深以为恶,但尚不足够构成严重的社会危害,法律并没有直接介入其中,很多情形还处于道德调控的范畴,因此,政府的行为不宜太过严厉,而应该更多采取呼吁、号召、党员干部率先垂范的方式,起到引领和榜样的作用。

第四,材料中有些涉及普通群众的规定,涉嫌滥用权力,是对群众权益的不当侵犯。政府的行为要以法律为基础,依法行政才是匡正社会风气,推进移风易俗的根本保证。

第五,对这种不涉及违法犯罪的事情,鼓励群众之间互相举报,会造成人际关系不必要的紧张和不良的社会风气,应该坚决反对。

例2 你们单位所在地区,"随份子"现象非常严重,已经成为人们沉重的负担。你们单位年轻人居多,领导让你做工作,消除单位内部"随份子"的现象,你将怎么做?

第一,在单位内部发出一封倡议信,信中着重表达以下内容:一是当下人们对随份子现象的诸多抱怨与无奈，以及由于随份子而引发的人际矛盾；二是国家对政府机关转变作风的要求，以及现在很多年轻人、国外已经采取的替代随份子的新方法，倡议大家移风易俗，自觉抵制这种落后的现象；三是要求大家在阅读之后以匿名的形式进行投票，表达支持或反对意见，如反对，要在投票时写明理由。

第二，针对反对理由，提出解决思路，比如可能已经有同事之间发生了随份子的事情，那一方觉得就此免除，自己受损，另一方也会觉得欠了别人，则可以动员收礼方退回，借助集体的力量，想必大家也不会尴尬；如果不愿退回，则尊重其选择。

第三，既然单位里大多为年轻人，想必也有年轻的领导层同事，可以选择他们中有人结婚时带头免除礼金，关键要和当事领导沟通好，做到严格贯彻，不讲特殊。考虑到同事之间情谊的维护，可以集体的名义集资购买有品味、有意义的礼品代替，比如书籍、工艺品等，虽然每个人支出的金额较少，不至于像随份子一样对个人造成经济压力，但集合在一起也能买比较高雅的礼品，在不失体面的同时，也维护了集体情谊，还能避免互相攀比、私下行贿等行为。如此只要重复两三次，就会形成新风气、新习惯。

例3 你们地区大操大办之风很盛行，老百姓不堪重负，领导让你负责出台类似规定，请说明你的方案。假如方案施行后，遭到抵制，你怎么办？

第一，针对机关事业单位工作人员，尤其是党员干部，要下发通知，召开主要单位党委一把手会议，明确法纪，严令禁止一切形式、一切事由的大操大办，一经发生，严厉处罚。

第二，针对普通老百姓下发倡议信，呼吁大家移风易俗，树立文明、进步的社会风尚。考虑到大家的生活习惯和观念等，可以提出指导建议，比如简化程序、减少数量和开支等。

第三，重点要动员年轻人，尤其是受过相对较高程度教育的年轻人积极地参与进来，对其中的优秀者予以精神和物质奖励。

第四，要常态化地深入基层进行宣传，在学校开设相关讲座，组织专人进行宣讲，利用小孩影响大人。

第五，如果方案施行后遭到抵制，首先要查明抵制的力量来自哪里，假如是机关事业单位工作人员，要说服教育，有实际行动的，要依据法律、制度予以处罚；如果是普通老百姓，要听取意见，合理的，可以吸收进来完善方案，不合理的，要耐心说服、动员，对其中触及法律的，如造谣、煽动等，要依法严厉打击，并向社会广而告之。

热点3 2016年7月23日，在北京八达岭野生动物园的东北虎园内发生了一起老虎伤人事件。据事发地监控视频显示，当事游客在自驾车过程中，私自下车突遭老虎攻击，最终致使1人死亡1人受伤。时隔不到一年，同样的悲剧在浙江宁波再次发生。2017年农历正月初二，有一名成年男子翻墙逃票进入宁波雅戈尔野生动物园猛兽区，被老虎撕咬，老虎被击毙，该男子最终不治身亡。

两起事件发生后，引起了舆论的激烈争论。一方认为，事件中受害者都存在个人过失,逾越规则,理应自行承担责任;另一方则认为,动物园方管理不当,理应承担更主要的责任。

例1 对于上述热点事件中的争论,你有什么看法?对于事件本身,你的观点是什么?

第一,上述争论允分反映了多元社会,人们面对同一个问题见仁见智的特征,是社会进步的体现。具体到其观点,则都有一定道理,但也都有失偏颇之处,不够公允。这表明人们在探讨问题时,理性、全面的素养还不够,结合事件本身在发生及其后的一系列事实情节,这也是信息不充分、不透明导致的结果。各方只以自己看到的片面信息为依据表达意见,却未能充分顾及可能存在的局限与狭隘。此外,还有些人在面对两起事件时,认为当事人违反规则在先,则其承受这样的结果是"活该""自作自受",则缺乏起码的人道精神,也不是一种理性的态度。

第二,这两起事件的双方当事主体,显然都存在过错。游客一方在动物园有明确告知的情况下,在猛兽区擅自下车或者逃票越墙进入猛兽区,既是对自己人身安全的不负责任,也是对规则制度的破坏,哪怕如其所说,是误以为已身处安全地带,那也是不够谨慎、注意不够的体现。

第三,动物园方的责任则更加明显。首先事件发生后的救援措施极不完备,直接导致事态的扩大;其次,园区建设及附属告示等不够明确,也是导致游客产生误会的原因之一。雅戈尔动物园在此前已发生多次游客越墙的事件,仍未引起重视并采取防范措施,这对于业务有一定危险性的经营者来说,是不应该存在的失误。

第四,安全教育、法制教育、安全生产教育要提升和加强,政府相关机构对经营主体的监管要落实。

例2 你是动物园的工作人员,有几名游客不听你的劝告,要进入猛兽区,其中一名已经爬上围栏,马上就要进入园内,你怎么办?

第一,采取果断坚决措施,阻止翻越围栏的行为,明确告知他和其他人该行为的后果。

第二,迅速通知保安或者园区派出所民警,让他们将这几名游客带离,对他们进行教育,签署保证书,必要的情况下,可以申请退票,并劝离或直接带出动物园。

第三,如果发生劝离或带离动物园的情况,则将他们记入游客信用黑名单,拒绝他们再次购票,并向其他经营者通报。

第四,加强园区安全宣传,通过门票、标牌、广播等途径多方面向游客告知安全注意事项和要求。

第五,加强安全巡查,加固、改建围栏。

例3 一名游客私自进入猛兽区被老虎咬成重伤,作为动物园管理人员,你如何同他情绪激动的家属进行沟通,请把考官当成家属,现场模拟。

第一,发生这样的事情,我们很心痛,也感觉很自责,归根到底,我们也有责任。不管怎么样,现在对伤者的治疗是第一位的。

第二,治疗所需的费用,我们可以先行垫付。不管是用药还是其他治疗措施,只要医生认为必要,都用最好的。

第三,我们第一时间已经报警,警方正在对事件进行完整的调查,相信很快就会查明原因。

第四,查明原因后,我们会召开新闻发布会,到时候还需要你们的参与。

第五,哪怕查明我们没有责任,本着人道主义精神,我们也会对伤者进行救助。

第六,以后我们要改进各项工作,确保安全的游园环境,也欢迎你们进行严格监督。

热点 4 据报道,湖北某银行要求储户去派出所开具"不是人为故意损毁人民币"证明,派出所直指其为"奇葩证明",与国家制度法规要求不合,事件发生后,舆论对派出所的做法普遍表示支持。

例 1 请就上述热点事件,谈谈你的看法。

第一,各类"奇葩证明"的产生根源于相关机构责任意识和服务意识的淡薄。在为老百姓服务的过程中,但凡可能会承担责任的地方,都可以要求一纸证明来推卸掉,这从根本上就与为人民服务的理念背道而驰,也是对老百姓基本权益和尊严的侵犯,以及对民众正当诉求的漠视。

第二,在转变政府职能、转变工作作风持续推进的当下,各级政府机关和服务机构理应自觉履行执政为民、服务为本的理念,积极担当起解决民生疾苦、化解群众不便的责任,而此类"奇葩证明"则恰恰表明,这些机构还是固守着官僚作风和衙门作风不放,这是与党和政府的工作宗旨根本不容的。

第三,要解决这类现象,根本在于转变观念,牢固树立为人民服务的理念,关键在于强化监督,尤其是民众本身对政府和其他机构监督的有效性。

例 2 你是某机关的工作人员,有群众来办事,你让他提供相关证明材料,他情绪激动,认为你这是故意刁难,这种"奇葩证明"他拒绝提供,你怎么办?

第一,回顾和反思先前与他的交流是否存在模糊不清的地方,用诚恳的态度、温和的语气询问他是否真实了解了我刚才所说的内容,以及具体内容是什么。

第二,如果根据他的反馈,我确实表达的不够清晰或有误,要真诚道歉,重新表达清楚。如果我表达无误,就要耐心向他解释提供这些证明的依据和必要性。比如,如果不提供这些证明就能办情,可能存在别人冒名办理的情况,后果也要他自己来承担等。

第三,相信经过我的解释,很大程度上他可以接受提供证明。假如他还是不能接受,则需要寻求领导帮助,帮助对他进行劝说,也可以联系他的家人或村社负责人帮忙解释。

第四,如果他确实无法提供相关证明,在规则允许的前提下,看能否找到替代措施。

第五,如果很多人都存在这样的认识,那就要向领导建议,看是否该项规定确实有不合理之处,有无更改的必要,以便从根本上解决此类尴尬。

第六,无论如何,必须依照规章制度办事。

例3　领导让你负责清理本地区存在的"奇葩证明"现象，你怎么做？

第一，由本地区各部门上报各自在工作流程中需要提供证明的事项和内容。

第二，设立热线、信箱等沟通渠道，接受群众反馈，汇总群众意见，把民众反应较为强烈的各项"奇葩证明"汇总。

第三，对各项证明事项，逐一与相关法律法规对照，给出清理或保留建议，分发给各单位，由他们提供进一步意见。

第四，对各单位反馈可以取消的，确定取消名录，下发通知，严令贯彻落实；对各单位要求保留的，要组织群众、相关领域专家和具体工作单位代表召开听证、论证会议，如果确实需要证明，单位之间可以形成信息共享机制，不能让民众重复提供证明。最终形成统一结论。

第五，各单位要把需要民众提供的证明事项清单化，并通过各种渠道和形式向社会进行长期公示。

热点5　2017年1月22日，备受各方关注的《福建省老年人权益保障条例》经该省十二届人大五次会议表决通过，将于今年3月1日起施行。条例规定独生子女的父母年满六十周岁，患病住院治疗期间，用人单位应当支持其子女进行护理照料，并给予每年累计不超过十天的护理时间，护理期间工资福利待遇不变。

例1　请就上述热点，谈谈自己的看法。

第一，在计划生育政策、城镇化发展、社会经济变迁等多重因素的影响下，我国的家庭结构发生了深刻而巨大的改变，其中之一就是空巢家庭的普遍存在，给社会养老带来巨大压力的同时，也给各自家庭成员的生活造成了深刻的影响，比如老年人的生活照料、情感精神抚慰问题等越来越严重。

第二，在这样的大背景下，我国政府出台了一系列老年人权益保护方面的法律法规，对解决上述问题起到了很大的正面促进作用，但过去传统的作法更多强调子女单向地责任和义务，而对社会的配套责任则强调不够。比如，要求年轻人定期探视老年人，但社会的休假制度却未能提供实现这些要求的条件。

第三，与之相比，福建省的这一规定考虑的较全面，它等于是在为年轻人履行责任和义务铺设道路，无疑是更务实和理性的举措，从而也使政策更富有人性化色彩。

第四，美中不足之处在于，事实上，在很多涉及福利待遇的事情上，企业也是相对的弱势方，在税费制度未能配套改革的情况下，如果只是把责任转嫁到企业一方，则会使企业在用人方面存有估计，最终使政策的效果打折扣。

第五，因此，对于此类政策，不仅要明确个人的责任义务，也要明确企业的责任义务，更要明确政府的责任义务，三方合力才能使政策效果真正落到实处。

例2　你们地区有很多留守老人，重阳节期间，领导让你组织一次关爱慰问活动，你将如何组织？

第一，要全面统计本地区留守老人的数量、名单以及各自具体的生活状况、身体条件、子女状况等信息。

第二,根据上述统计,确定慰问形式及内容,比如是扶贫性物质慰问、医疗关爱慰问,还是情感精神抚慰性慰问,然后根据具体形式及内容准备慰问物资及慰问团队,制定预算,向领导汇报、审批。

第三,如果是物质性慰问,则需要招标采购适合老年人需求的物资,一定要实用、物美价廉。可以以村为单位,统一运送物资到村后,由村委会通知身体条件允许的老人领取物资,年龄较大,身体条件不允许的老人,则由各自的慰问小分队和村委人员送到家里。

第四,还可以组织文艺演出、体检诊疗等慰问活动,这就需要提前与文艺团体、医疗单位沟通协商,共同确定内容和形式。

第五,慰问活动要严格财务登记,随时向领导汇报情况,并照相、摄影,留足材料,以便后续宣传所用。

例3 你所在地区也出台了类似条例,但很多企业认为这是政府在增加他们负担,通过各种手段进行阻挠,不予执行,领导让你负责条例的施行,你怎么做?

第一,要充分、多方听取各企业的反馈意见,详细了解条例给企业生产经营带来的真实影响,了解企业的现实困难;与此同时,也要对企业进行宣传动员,明确国家在有关方面的法律法规和政策,最大程度地调动企业的积极性和自觉性。

第二,对企业反映的情况进行研究、论证,与之结合,对政策进行适当、必要的调整,或对企业提供必要的补贴,报请领导批准后再执行。

第三,设立举报、反馈渠道,接受群众监督、举报。

第四,对于执行态度积极、行动明确的企业要给予公开表彰、奖励,对无合理理由拒不执行或打折执行的企业,要公开处罚。

热点6 包括人民日报、新华社在内的多家主流媒体纷纷发表文章,对"小鲜肉""颜值"等流行热词背后折射的文艺界存在的问题提出批评,认为当前一些表演不够努力的年轻演员依靠外在形象和包装炒作吸引粉丝,尽管没有好作品,也没有好的角色塑造,甚至在表演中严重依赖替身或技术手段来"注水",却依然迅速"爆红"且"身价"不菲,此外,大量粗制滥造的文艺作品也充斥荧屏,这些现象广受诟病。

例1 针对上述热点现象,谈谈自己的看法。

第一,经济社会的发展不能只是物质层面的提高,也需要精神文化层面的提升;人民群众不仅需要衣食丰足,也需要精神滋养。物质文明和精神文明的同步发展,才是我们真正所需要的。

第二,经过几十年的改革开放,我国的精神文化建设取得显著成效,人民群众的精神文化生活比过去丰富很多,这与文化战线各领域工作人员的努力奉献有直接关系。

第三,多年来,我国文艺领域涌现出了一大批优秀的作品,同时也成长了许多优秀的文艺工作者,深受群众的欢迎和喜爱,他们不仅为社会发展和百姓生活做出了贡献,也实现了自我的人生价值。

第四，随着文化产业的发展繁荣和社会生活的日益多元，确实出现了很多负面现象，追求眼球效应、快餐式消费等现象层出不穷，文艺作品的水准也日益分化，层次不齐，很多明星艺人追求快速成名、爆红、赚钱，但对提升自身的业务素养以及承担应尽的社会责任则认识不足。

第五，优秀的文艺作品和文艺工作者是社会的稀缺资源，理应得到更多的认可，但这都得以其确实优秀，确实引领先进文化的前进方向，确实满足人民群众日益增长的精神文化需求为前提，否则就只能是昙花一现。

第六，文艺为民，文艺工作者要勇于承担社会责任，要有高度的使命感，要用优秀的作品和高尚的人格感染人，政府监管也要在知识产权保护、职业道德规范等领域发挥更大的作用。

例2　假如你是一名制片人，面对上述现象，你将如何筹备自己的新作品？

第一，真正优秀的作品应该是兼具经济效应和社会效应的，所以，首先我会充分考虑作品的品质，争取做到既叫座，又叫好。

第二，优秀的剧本是新作品成功的基础，因此，在剧本的打造或选择上要格外慎重。一方面要在版权上清晰、干净；另一方面要价值观正面，具有激励人心、鼓舞人心的力量，也要有打动人心的故事情节和形象鲜明的角色人格。

第三，在导演和演员的选择上，要追溯其过往历史，有道德污点的人坚决不用，比如很多明星有吸毒、出轨、恶俗炒作等行径，一定坚决回避；要选择有口碑、形象正面、业务精熟的演员，大胆启用新人，在专业院校的高年级学生中，由老师推荐选择人选，给他们以成长、实习、锻炼的机会。

第四，资金上，要规避追求短、平、快和暴利的资金来源，选择长线投资且对艺术水准有较高要求的投资方，且不能过多参与创造的过程。

第五，创作出制作精良的作品后，要积极宣传，尽量扩大受众面，为投资人获取合理回报。

例3　请以"明星的社会责任"为题，发表演讲。

近几年，不断有明星因为吸毒、嫖娼、赌博等违法犯罪行为而被捕入狱，网友直呼，"监狱风云"这部大戏已然"星"满为患了。

对明星深涉黄赌毒，舆论批评的声音理所当然占据上风。但也有不同声音，比如"明星同样有隐私权，媒体不宜动辄把他们拉出来'示众'""明星也是普通人，进入娱乐界就是'混口饭吃'，没有义务肩负道德模范、文明标兵的责任"。单论起来，话是没错，明星有法定的权利，应该保护，明星把歌唱好、把戏演好，似乎也算尽了本分。但是，这显然不是问题的重点。

一夜成名，旋即名利双收，为什么？答案就是明星掌握着一种稀缺的社会资源：公众注意力。公众将注意力投注于明星的过程中，媒体提高了收视率、发行量和点击率，明星及其公司兑换了票房和广告收益,投资方和广告商也赚得盆满钵满,似乎是一个多赢的格局。但是,作为一种社会资源,公众付出注意力的收益是什么呢?应该被忽略吗?

客观地说,明星个人付出的艰辛和汗水,未必就比其他行业高,但是成名之后获得的名利收益却远高于一般人。依靠自己的名气,明星收获高出社会平均利润的收益;依照公正的准则,用相应的社会责任对冲之间的落差,不仅顺应公众预期,也有利于明星事业。退一步说,明星们把公众注意力作为筹码置换了实际利益,公众希望你因此承担社会责任,也是公平合理的。

对于娱乐圈,尽管不少网友戏谑"贵圈好乱",但实事求是地说,坚守道德底线、珍惜自身声誉、追求德艺双馨的圈中人不在少数,一些明星还热心公益慈善事业,赢得口碑,产生良好示范作用。把社会责任作为人生规划的重要选项,也许才是明星最该好好算算的一笔账。

(选编自《人民日报》"明星们应算算社会责任这笔账"一文,作者赵强)

热点7 微信几乎成了移动互联网时代的标配,微信红包更是一度点燃了社交世界的激情。然而,微信红包也是一把双刃剑,用得好可以增强社交黏度,用不好就会"伤人伤己"。辽宁一学校的老师就把微信红包用"歪"了。期末考试成绩一出来,老师把成绩表发到了家长微信群里,并留言要求家长发红包,凡是不及格的分数要按照一分一块钱来发,红包标上"惩罚"二字。

例1 针对上述现象,发表自己的看法。

第一,不管以什么形式进行,该老师的行为就是一种罚款行为,而且是非法罚款行为,因为他既没有这种罚款的权力,也缺乏对这种情形罚款的合理性。

第二,这种罚款行为实质是一种利用手中教育权力而进行的腐败行为,应该坚决反对,情节严重者,可以追究法律责任。

第三,教育是一项神圣的事业,因此,对教师来说,既要有过硬的业务技能,又要有高尚的人格素养。学高为师,身正为范。教师的一言一行都会对学生产生深远的影响,因此,不要说这种涉及学生自身的,即便是教师个人的言行,作为一名教育者,也要严要求、高标准。

第四,对于学生的培养,不仅要注重课业成绩的提高,更要注重综合素养的提升。更何况成绩的提高,并不是通过某一次考试的个别分数能完整呈现的。单纯盯着分数,指望以这种带有羞辱性的方式来提高学生成绩,只怕是于事无补的。

第五,教育行政主管机关平时要加强对师德建设的监督,避免此类现象的出现。

例2 假如你是一名老师,你发现很多家长对孩子的学习关心不够,认为学校应该承担孩子学习的全部责任,自己文化程度也不高,无能为力。你如何调动家长的积极性。请把考官当成家长,现场模拟。

第一,作为老师,对孩子的教育当然承担着无可替代的责任和作用,每一名教师也是竭尽全力的,但是,只有老师的努力,对于一个孩子的成长来说,是远远不够的。

第二，上学后孩子有了自己的"社交"，学校成为孩子的重要活动范围，但他们和家长的接触时间和深入程度仍然高于老师。

第三，亲子之间的亲密关系是天然的，更是任何其他人际关系难以替代的，这种建立在血缘亲情基础上的信任感，导致在教育上的作用往往是四两拨千斤的，甚至不夸张的说，学校教育的效果很人程度上还有赖于家庭教育的催化。学校教育提供米和面，量虽多，但若无家庭教育的油和盐，只能充饥，很难可口。

第四，家庭教育给孩子提供的是一种精神上的鼓励、情感上的呵护，更是自觉性地督促，并不一定要在学习内容上下多大工夫（这恰恰是老师可以完全胜任的）。

第五，只有学校、家庭和社会共同努力，才能给孩子一个完整的成长环境，避免给孩子的成长留下空白。终有一天，孩子会离开学校和老师，但他与家庭的关系会伴随终身。

例3 你所管辖地区中小学课外违规补习现象严重，领导让你组织一次相关暗访活动，你将如何进行？

第一，为了保证调查的专业性和隐秘性，可以从其他单位或异地借调工作人员组成调查组，要强调纪律、防止泄密。要对调查人员进行培训，教会大家如何巧妙地与学生、家长谈话，以伪装自己的身份、获得对方的真实信息。调查中要注意细节，详细了解开班的地点、时间安排、课程、主办学校、收费情况等。

第二，调查的方式和对象，可以采取到各个学校门口蹲点查访的形式。看看课外时间，比如周末和假日有没有大量中小学生上学、放学，如果有，可以上前询问是否在参加补习班；还可以在学校门口或一些社区内找一些中小学生家长攀谈，以打听情况的口吻侧面了解，看看他们的孩子是否有参加假期补习班、哪个学校开办的补习班。也可以询问辖区内各类院校，看看是否有中小学租用教室、开办补习班。最后，还可以由调查人员伪装为学生家长给学校打电话，询问是否有假期补习班可以报名，以获得真实信息。

第三，调查过程中要注意取证及证据的保存，调查结束后，对情况进行汇总、分析，并将结果上交领导。

热点8 2016年度国家科学技术奖励大会上，习近平总书记将国家最高科学技术奖亲手颁给屠呦呦，她是我国首位"非院士"获奖者。一个国家的最高科学荣誉，正秉持着"真才实学""真实贡献"的评价标准，激励科学工作者为之奋斗，更启发我国的职称制度，莫要丢了根本、失了方向。《关于深化职称制度改革的意见》中也明确提出"注重考察专业技术人才的专业性、技术性、实践性、创造性，突出对创新能力的评价"，并且不再将论文作为评价应用型人才的限制性条件，对职称外语和计算机考试也不再作统一要求。

例1 针对上述热点，你有什么看法？

第一，"我劝天公重抖擞，不拘一格降人才"，一个国家要想拥有更多的人才，不仅要有健全的人才培养机制，还要有合理的人才考评机制。人才的考评机制要符合客观规律，要有助于人才的成长与发展。

第二，过去很长时间，我国的人才考评机制存在较大缺陷，主要表现为一刀切，过于强调统一性，而缺乏对具体人才的个性化考评，比如应用性领域也要考查理论论文的数量，而且往往重量不重质。又比如过分强调英语和计算机水平的普适性，这样一方面会对某些领域人才的积极性构成打击，另一方面也会在客观上打压和埋没一些人才。

第三，现代社会的特点在于高度专业化、分工化，人才的评价机制也要与此相应。因岗设评，以才嘉奖，方能让包括职称在内的评价机制反映真才实学。

第四，要打通"评"与"用"的衔接，最大程度发挥职称评定对行业发展和社会进步的促进作用，还需构建评价标准与创新能力之间的联系。职称等级不是固化利益格局、守卫思维边界的工具，而是孕育新动能、涵养新思想的沃土。有些地方的学校将教师创新的教学模式纳入考评范围；有的专业技术岗赋予技术创新更高的参评权重，都体现着创新驱动的思维，更凸显出"以用为本"的人才评价理念。

例2 你在单位勤勤恳恳、任劳任怨，领导同事都对你肯定有加，可是因为考核所需的论文数量始终达不到要求，职称一直评不上，待遇也因此提不上去，你怎么办？

第一，不管个人职称和待遇情况如何，兢兢业业工作，完成好自己的本职工作，并不断进步才是最重要的，所以，我还是会一如既往保持工作热情，完成好每一件工作。

第二，对于考核论文数量始终达不到要求这一点，我也会积极反省，说明自己离一名优秀工作者的目标还有一定距离。我会在平时加强理论学习，把自己在实践中积累的经验和心得写出来，然后和其他论文发表比较好的同事和领导沟通，向他们请教，看自己的问题到底出在哪里，然后查缺补漏，争取尽快提高自己。

第三，假如经过努力之后，论文发表的情况有所改观，那我会总结经验，百尺竿头更进一步；如果还是不能发表，那我会将自己写作的论文给其他同事或领导修改，让他们提出修改意见；如果时间和精力允许，我也可以报一些进修课程，专门提高一下写作方面的水平。

第四，不管怎样，工作永远是第一位的，提高自己也是为工作服务，既然领导对我肯定有加，说明我本职工作完成的还是不错的，至于个人的待遇，顺其自然即可，不必太过在意。

例3 你们单位领导是个外语迷，很喜欢学外语，要求单位的同事也要学习外语，还为此制订了与绩效挂钩的考核指标，同事们怨声载道，认为和工作无关，你怎么办？

第一，领导既然制订了与绩效挂钩的外语考核指标，虽然直接看起来可能和工作无关，但或许有间接关系，也可能领导是站在更为长远的角度看问题。更何况，加强学习肯定是一件多方共赢的好事。所以，从我个人的角度来讲，我肯定会积极配合领导的安排，加强外语学习。

第二，随着全球化和改革开放程度的不断加深，每一个人都可能面临与外国人打交道的机会，更别说了解外文资讯，查阅工作所需的外文资料等，这其实对于做好平时的工作，尤其是政府工作，也是不可或缺的。所以，对于有意见的同事，我会尽量在私底下进行开导和说服。

第三，当然了，同事们平时的本职工作也很忙，或许领导因为自己喜欢，所以学习起来并不感到吃力，但并不是所有人的学习能力都那么强，可能领导订的标准有些严格，我会在全面结合工作进行权衡之后，向领导提出建议，反馈同事们的感受和意见。

热点9 2016年12月6日下午，江西省抚州市资溪县鹤城镇泸声村，在副县长吴辉文的指挥下，二十多个城管队员抢起铁镐、铁锹将该县农民徐晓洪家刚建起的屋墙推倒。在面对记者"建筑各方面都有合法批文，为何还遭强拆"的疑问时，县国土局执法大队大队长吴剑说出了下面一番话："不要问我为什么，老板（副县长）说动手我就动手，他说拆我们就拆。""反正一句话说到底，就是权大于法"。

例1 针对上述材料中的内容，谈谈自己的看法。

第一，习近平曾引用古语：欲知平直，则必准绳；欲知方圆，则必规矩。还进一步指出，"国家法律是党员、干部必须遵守的规矩，法律是党领导人民制定的，全党必须模范执行。"党员领导干部必须是执法模范。但现实中，确实有一些领导干部罔顾法纪，以权压法、以权代法，这样不仅损坏了政府在民众心目中的形象，破坏了政府公信力，也使法律尊严扫地，破坏法治建设。

第二，罔顾法纪者的"底气"究竟是从哪里来的呢？首先是被基层权力惯出来的。无视党纪国法、无视群众利益大于天，甚至在记者面前都懒得遮掩，可见拥有如此"底气"不是一天两天，而是由来已久。以至于稍受质疑，甚至只是动问，也会极不习惯，火冒三丈。最高决策层倡导的群众监督、民主监督、舆论监督，在这份十足的"底气"面前，统统碰了壁。而失去监督的权力，必然走向无法无天，必然劳民伤财、民声鼎沸。

第三，治本之策也许仍然要在领导干部的政绩考核中，强化党内外干部群众的参与和监督，特别要加大群众满意度在考核评价中的分量。如果把对官员政绩的考评，甚至领导干部的升迁，让群众也有一定发言权，而不是全由个别上级决定，那么吴大队长们可能就不必总盯着"老板"的脸色与眼风，不是总想着向上邀功，而要时时紧张于老百姓满意不满意、认可不认可。这样，有违法或违背百姓利益之嫌的行为就不会那么明目张胆了。毕竟，贿赂个把有提拔权力的上级容易，想"贿赂"民意民心，真比登天还难。

第四，当然，抱有"权大于法"心态、享受"权大于法"之"福"的基层官员并不鲜见，绝不仅仅是吴剑一人。所以，各式各样的"雷人雷语"才时有"推陈出新"，不仅"雷"伤了群众的信任，也"雷"坏了党风。对此，要发现一起，严肃查处一起，还要公开通报"教育一片"。

例2 领导让你负责辖区内某城中村的拆迁工作，你要如何着手？重点需要注意哪些问题？

第一，学习关于拆迁的法律法规，保证拆迁合理合法；了解拆迁区域的基本情况（范围、面积、拆迁对象种类及人数、所在区域当前的房价等）。

第二，以政策为依据，结合现实情况，制定合理的拆迁方案（拆迁时间、拆迁补偿安置标准）。

第三，下发通知，做好宣传、动员工作。

第四，确定拆迁队伍，要有经验、有素质。

第五，根据拆迁时间、规模确定拆迁的具体计划、步骤，并申请拆迁专项资金。

第六，拆迁结束后，汇总拆迁情况并上报。

第七，注意的问题：拆迁程序的合法性；关于拆迁安置补偿标准与拆迁对象的协调；拆迁队伍的素质与培养；拆迁期限的合理性。

例3　在一次拆迁工作中，有一名钉子户阻挠拆迁，拿着煤气罐爬到屋顶，扬言要同归于尽，领导让你紧急赶往现场处置，你将如何开展工作？

第一，赶到现场后，首先要叫停拆迁，可以让拆迁作业人员先离开现场到附近休息一下，避免激化矛盾，使事态进一步恶化。

第二，诚恳地与他进行沟通，告诉他，拆迁一定会在协商一致的情况下进行，不会单方面推进，如果家里有什么困难，可以帮忙解决，比如推荐就业、申请低保等，让他先下来，回到安全的地方，什么问题都可以谈。

第三，尽快安排其他同事找到他的家人，比如父母或老婆、孩子，做好他们的工作，让他们劝说他先下来。

第四，如果他顺利下来，则耐心听取他的意见，向领导反馈，请示后续处理安排；如果他不下来，则尽量用语言拖延时间，同时报警求助，采取更果断的措施救他下来。

热点10　"只要我们13亿多人民和衷共济，只要我们党永远同人民站在一起，大家撸起袖子加油干，我们就一定能够走好我们这一代人的长征路。"这是习近平总书记在2017年新年贺词中讲的一句话，讲话发出不久，"撸起袖子加油干"就迅速成为了网络流行语。

例1　请就习近平主席的这句话，谈谈自己的看法。

第一，习近平总书记的这句话，最明显的特色就是特别朴实、接地气，这反应了我们国家领导人平易近人，与民众同呼吸共命运的努力和意愿，是转变政府职能、构建服务型政府的生动体现。

第二，这句话生动、形象地向全国人民传达了一个信号，我们的政府正以高昂的斗志和热情在推进社会发展和民生改善的道路上阔步前进，干劲足、心气高，这无形中给人民群众以很大的鼓舞。

第三，这句话还告诉人们，幸福生活需要共同的努力和奋斗，等是等不来的，这更是一种真诚、务实的作风体现，表明我们的政府在面对人民时的坦率和真实。无疑也使我们共同的事业多了几分现实的保证。

第四，这句话之所以能迅速成为网络流行语，表明说出了人民的心声，取得了共鸣，这也是民众对政府的期待得到正面回应的体现。

例2　你们单位老同志比较多，很多同事临近退休，工作积极性不高，纪律涣散，影响工作效率，假如你是新上任的部门主管，将如何改变这一面貌？

第一，作为新上任的主管，首先要取得同事的信任，增进彼此之间的了解。所以，要先组织召开一次全员座谈会,让每个人做自我介绍以及汇报过往的工作业绩、今后的工作安排和目标。我自己则要明确部门总体的工作任务、目标以及相应的工作要求、纪律。

第二,在工作安排上,要分工负责、责任明确,人员的组织搭配上,要新老配合、以老带新、以新促老。

第三,任务考评要精细、及时,主动找他们了解各项工作的进展,多督促。

第四,要严明考勤等各项纪律,违纪情况要严厉处罚,表现好的要及时表彰奖励,自己要做好带头示范。

第五,工作之余,要多找表现较差的老同志谈心,让他们多些责任心,给年轻人起到表率作用。多组织一些联谊活动,尤其是体育比赛等,提高大家的精神面貌及集体荣誉感和归宿感。

例3 单位新录用了一批工作人员,领导让你负责对他们进行入职培训,你将如何进行?

第一,确定培训人员的数量和岗位、培训的周期和要求以及是否脱产培训等。

第二,确定入职培训的内容,一般来说应该包括组织文化、团队精神、业务技能等方面,要根据不同内容设计不同的培训形式。比如组织文化可以以讲座的形式,介绍单位的历史、取得的业绩、获得的荣誉等,一般由单位领导主讲较合适,要提前和领导沟通,确定好内容、时间和地点等;团队精神则可以组织户外拓展运动,加深彼此之间的了解,增进友谊和协作意识;业务技能如果是偏实践性的,则直接实习操作,由老同志进行指导,如果是偏理论性的,则由各领域的业务骨干进行讲座,提前沟通确定,准备资料教具等。

第三,根据培训内容和形式,制订完备的方案和预算,交领导批准。

第四,培训之前要向新员工交待清楚,培训结束后会有考核,结果与绩效评定相挂钩,确保他们的积极性和自觉性。

第五,培训要与正常的工作内容衔接,不能影响其他工作的顺利开展。

例4 在单位的迎新大会上,领导安排你作为新职工代表发言。请你进行现场模拟。

尊敬的各位领导、亲爱的各位同事:

大家好!我是新入职员工刘××。非常荣幸今天能够站在这里代表全体新职工发言,也很感谢领导对我的信任。

今天,我和其他新同事一起,从各自不同的地方来到这个全新的大家庭,站在了一个崭新的起点上,从今天起我们将一同踏上追逐梦想的道路。首先,要感谢单位发现、认可并接纳我们,为我们搭建了如此优越的平台,让我们可以尽情的施展自己的才华。

面对全新的环境,多少有些紧张,因为我们将要担负起更多的责任,为单位的发展、社会的进步和人民的幸福贡献自己的力量。同时,我们也面临着新的挑战。作为新职工,我们愿意接受新的挑战,在工作中学习,在学习中进步!

作为新职工,我们一定会坚守一颗责任之心,勇于担当。在这个大家庭中,立志做大事、立大业、成大器,牢牢把握人生的正确航向,让理想信念的灯塔点亮人生之路,展现青春风采，实现人生价值。当然，我们也要保持一颗淡泊之心，要从小事做起，兢兢业业、踏踏实实，把每一件细微的工作完成好，不计名利得失。我们还会永葆一颗进取之心，追求卓越。今后的道路还很漫长，还有许多新的工作，需要我们携手努力；还有许多新的难关，需要我们合力跨越。我们一定永远保持一颗进取之心，脚踏实地，不断创新，追求卓越。

各位新同事，让我们携起手来，以饱满的热情、高昂的斗志积极投身工作岗位中，齐心协力，共同努力，再创辉煌！希望我们共同珍惜相遇在这里的缘分，燃烧激情，绽放青春，开拓创新，为我们共同的目标而奋斗！

最后，衷心祝愿各位领导，各位同事工作顺利，阖家幸福！

热点 11　陕西省西安市"秦汉新城"的多处项目屡次在不履行报批手续、未进行任何考古发掘的情况下，在国家重点文物保护单位——秦咸阳城遗址保护范围内施工，严重威胁到了这一区域地下文物的安全。日前，西咸新区秦汉新城管理委员会回复，称在秦咸阳城遗址建设控制地带的在建项目立即全部停工，逐项核查相关手续，并按有关规定进行处理。

河南省汝州市百余座古墓葬遭到该市望嵩文化广场项目施工方破坏，引发公众关注。接到群众举报后，国家文物局两次发文督办，并于 2017 年 1 月 4 日就此案约谈汝州市政府主要负责同志。司法机关对相关负责个人和公司也进行了相应处罚。目前，案件正在进一步调查处理中。

例 1　针对上述材料中反映的问题，谈谈你的看法。

第一，拥有不可多得的历史文物资源是一座城市的幸运。面对这些宝贵资源，作为现代人的首要责任就是保护。保护文物就是保护老祖宗留给我们的宝贵遗产，就是保护可滋养我们精神世界的文化源泉，就是保护我们民族自豪感和凝聚力的深厚根基。即便是在合理范围内的开发，也应该以保护为基础和前提进行。这是不可更改的大前提。

第二，现实中对历史文物资源的过度开发甚至毁坏，说明相关人员包括一些地方政府的官员，对于历史文物的珍视程度还未与历史文物资源的价值相匹配。他们普遍认为，文物保护与经济发展是对立的，暗设一种要经济发展就不能保护文物、要保护文物就影响经济发展的错误逻辑。还有一些地方政府管理者认为，文物古迹不过是搭台唱戏的附庸，当经济建设与文物保护冲突，就必须给经济建设让路。

第三，还有一些更直接和现实的原因在于文物保护方面法律法规和执行力的欠缺，导致保护力量的不足。

第四，因此，加强文物保护，文保执法不能"动口不动手"。只有提高《文物保护法》震慑力，让文保执法长出"铁拳"和"牙齿"，让所有损毁文物的行为受到严厉惩罚，才能从上到下树立起对历史的敬畏之心，对文化的敬畏之心。例如，地方文物部门既要有行政处罚权，也要有行政强制措施，要配备更多的专职执法人员，提高文保部门的地位，才能给文物保护以更坚实的保证。

例2 假如你是某地文物保护单位的工作人员,辖区内文物古迹多次发生被游人破坏的现象,领导让你负责处理,你将如何进行?

第一,立即召开各直接运营管理者会议,强调责任。

第二,迅速组织人员查看各古迹所在地具体情况,统计被破坏文物情况以及特征,加强易受破坏和可能受破坏占迹的技术性保护措施,比如架设围栏、在旁边设置警示提醒牌、摄像头等。

第三,加强文物保护的宣传工作,除在景区持续广播提示语外,还要将相应的提示语印制在门票、导游图上。

第四,对本地导游组织培训,加强管理,向其他地方旅游管理部门发布照会,呼吁强化导游管理,尤其要强调导游对游客的管理责任。

第五,修复已损坏文物,追究相关人员责任,并向社会公告。

例3 领导让你在本地区组织一次保护文化遗产的宣传活动,你将如何进行?

第一,调查本地文物的现状,包括数目、等级类型、保护情况等,根据调查结果编制本地文物名录。名录主要内容包括本地文物的历史和现状、代表性文物的历史渊源、文物保护及受损情况说明、文物与本地人民的文化及生活、其他地方保护文物的作法等。

第二,组织一次本地文物公益展览活动,让公众直接感受到本地文物的气息与魅力。在活动现场,以多种方式,将名录发放给游客,比如可以进行本地文物资源知识问答、关注文保单位和文物单位公众号、文物捐赠等。

第三,联系本地学校,进行专题讲座。对讲座参与中表现良好的学生,发放文物名录。

第四,面向社会组织"我与文物保护"有奖征文活动,将文物名录作为奖品之一。

热点12 2016年的平安夜,让一些医生以及"医药代表"失去了安宁。央视以8个月蹲守调查推出的16分钟专题报道"药品回扣泛滥"暗访,指出医生回扣占药价30%～40%,引起全民关注。

例1 结合对目前我国医药管理体制的了解,谈谈你对上述材料的看法。

第一,看病难、看病贵是困扰广大老百姓的一大民生问题,而药品价格虚高、大处方等现象是看病贵顽疾的核心症结所在。这其中,医药公司给医生的高额回扣又是其中的罪魁祸首。能否斩断医药公司与医生之间的这个灰色利益链条是破解看病贵进而缓解民众医疗压力的关键环节。

第二,高回扣和大处方现象的核心原因在于以药养医的医药管理体制,在这种体制下,医生的诊疗服务价格被人为压得很低,要想获得较高的待遇,就只能通过多开药、多开贵药、多开检查等方式来实现。而很多医院甚至还给医生定指标,把医生开药的数目和医生的绩效奖金挂钩,医生俨然成了最终极的药品推销员。其结果必然是导致医生行业整体的荣誉感、自尊心下降,进而也就为职业道德的沦丧埋下了伏笔。

第三,要破解这一难题,根本举措在于医药分离。医生只以自己的医术获得报酬,而与药品的销量无关，而医院则应该坚持药品平价制度；与之相配套的是要大幅提高医生的诊疗费用，提高医生的社会地位。与此同时，也要加强医生的医德监督，转变全体国民的医疗观念，比如过度医疗的冲动等。

例 2 央视的专题报道播出后，在你们当地引起了强烈反响，领导让你负责对本地区相关问题的调研，为后续的整治工作提供依据，你将如何开展？

第一，此类调查必然主要以暗访的形式进行，所以对调查人员的培训以及相关器材的准备不可或缺。除此之外，必须制订严密、周全的调研方案，包括调研采取的形式、潜在的调研对象和范围等。

第二，调研的范围包括本地区几家主要的医院，包括公立医院和民营医院以及相关药品的供应商，还包括制药厂和药品流通企业。

第三，调研的对象包括医院的药品采购部门、患者、医药代表、医生、药商。

第四，调研的形式。对医院的调查，可以以调查药品进货渠道的规范性为由对采购部门进行公开调查，可以从他们这里获得医院药品的主要来源以及进货价格等信息，然后与消费价格作对比，确定利润空间，从中选择价格高、利润空间大的药品作为调查目标，通过医院的信息记录系统查看大量开这些药的医生。

第五，根据这些医生的排班表，安排人在诊室门口监控，看有无非患者类的人员多次造访，若条件允许，可以监听他们的谈话并录音，如无条件，可以尝试联系造访者，侧面打听情况，也可以跟踪他的行程，看他的返回地点是否为与上述药品相关的场所；待上述途径完成后，可以尝试直接联系这些人，亮明身份，承诺保密，直接访谈。

第六，可以责成要求医院纪检部门对有嫌疑的医生个别谈话，直接问询。

第七，将上述各方面获取的信息统计、比对，行程调研报告。

热点 13 2005 年，四川省绵阳市三台县一镇政府把一处水库承包给个人养鱼，水质受到严重污染，下游深井的水不能饮用，灌溉的农田不敢下脚，引起村民公愤。该县环保局多次发函、约谈、处罚，但只有"拉锯战"未有实质治理效果。于是冯勇军等 9 位村民，打算给镇政府和县环保局送去"不作为"锦旗。可还没走多远，没喊口号、没敲锣的冯勇军就被警方以"涉嫌非法游行示威"抓走了。2016 年 8 月，他与 8 位村民因此事而被刑拘，4 个月后，他拿到了撤案决定书，不过，尽管免于刑拘处罚，但依然面临行政拘留的可能。

例 1 针对上述材料，谈谈你的看法。

第一，非法游行示威有其特定的内涵界定，是指举行集会、游行、示威，未依照法律规定申请或者申请未获许可，或者未按照主管机关许可的起止时间、地点、路线进行，又拒不服从解散命令，严重破坏社会秩序的行为。按照上述标准来衡量，冯勇军等 9 人的行为完全不符合，而相关部门以此罪刑拘，实际是随意行使执法权，是以权代法的典型体现。

第二，不论是污染的行为还是污染的事实后果，都是一清二楚的，民众作为利益受损方依法维护自己的权利是正当而合理的,相关部门理应积极履行职责,维护公平正义,此案中环保部门虽有作为,但于事无补,而警方则不解决问题,专门解决有问题的人。前者如果依法履行了职责,则职权太小、法律太松,处罚达不到维护正义的标准,则要么修法要么扩权,这属于体制改革的范畴;后者则显然只是为了表面政绩,对百姓民生非常漠视,于道德,看不出他们有执政为民的情怀,于法律,看不出他们有依法行政的素养,这是最需要解决的问题。

第三,民众缺乏现代权利意识,面对权利受侵害的局面,要么忍气吞声,任人宰割,要么就以极端方式对抗社会。此案中的村民采取和平、理性的方式积极维护自身权益,理应受到鼓励与尊重,相关机关的作法事实上是激化矛盾。转变职能,树立服务型政府的理念,并强化监督、严格落实,是当务之急,也是此案给我们的直接启示。

例 2 因对某历史遗留问题的解决存在争议,某群众三天两头来你单位上访,严重影响工作秩序。这一天,他又纠集了其他几个人一起前来,大吵大嚷,打着横幅堵在单位门口不让其他办事群众进出,作为值班领导,你如何处理?

第一,首先要向他们承诺,依法解决他们的问题,其次要向他们讲明利害,他们的行为如不及时结束,则会构成违法,必须马上终止,派代表或全体人员(如人数较少)去会议室心平气和处理,相信有上述两方面的信息传达给他们,他们理应接受,不会继续妨碍办公。

第二,去会议室后,详细听取他们的情况说明,了解他们的诉求,并找来相关办事人员,佐证对照,确定事实,依法决策。

第三,如果先前的处理合法公正,则耐心向他们解释,可以拿出相关法律、政策文件给他们看,对处理结果给他们带来的不便或者损失,也要详细听取、记录。

第四,如果先前的处理有问题,则立刻依法纠正。先前处理没问题,但确实给他们的权益造成负面影响的,要在政策规则允许的范围内,通过其他途径给予救济。

第五,平时要加强工作人员的培训、监督,确保处理问题及时、合规,对老百姓要负责、热心。另外,也要加强普法教育工作,多向群众宣传国家政策和法律。

例 3 辖区某乡镇,非法集会活动频发,屡禁不止,领导让你负责解决此事,你将如何开展工作?

第一,从两个方面分析非法集会的缘由,如果是维权诉求类的,则主要通过解决权益受损的情况来解决;如果是无正当维权诉求类的,则要依法果断处理。

第二,对于维权诉求类的,要在满足合理诉求的基础上,向村民讲明维权的合法渠道和方式,相信大多数群众会听从建议,对于拒不听从建议,一意孤行的,则要依法严厉处罚,以儆效尤;对于无正当维权诉求的,要一经发现,果断解决,尤其对多次参与、领头组织者要在法律范围内顶格处理,并向社会广而告之。

第三,平时要多向农村地区进行科技、法律宣传,多体察民情,听取民众呼声,在自己职权范围内可以联系更多文化下乡、科技下乡等活动。对相关村干部,要明确职责,让他们积极承担责任。

热点 14 徐玉玉,女,山东临沂罗庄区高都街道中坦社区人。2016 年 8 月 21 日,因被诈骗电话骗走上大学的费用 9900 元,伤心欲绝,郁结于心,最终导致心脏骤停,虽经医院全力抢救,但仍不幸离世。这一事件把困扰公众多年的电信诈骗现象再次推向舆论的焦点。此后,最高人民法院、最高人民检察院、公安部近日联合发布了《关于办理电信网络诈骗等刑事案件适用法律若干问题的意见》,进一步明确打击电信网络诈骗的法律标准,统一执法尺度。《意见》的突出特征是"严"字当头。

例 1 针对电信诈骗频发的现实,谈谈你的看法。

第一,近几年,电信诈骗案件频频发生,受害群众损失惨重,且由最初的经济损失演变到生命安全。诈骗分子面对利益的诱惑真可谓穷凶极恶,毫无人性。然而,我们在痛恨诈骗分子的同时,还有些问题必须要考虑清楚。

第二,为什么面对媒体铺天盖地的相关报道,甚至银行工作人员苦口婆心的劝说,还是有人会上当受骗?为什么我们视为隐私的诸多个人信息会被如此众多的诈骗分子掌握?为什么发生这么多起严重的案件,诈骗分子依然可以如此猖狂?回答了这些问题,电信诈骗的症结或许就可以解开了。

第三,受骗的人无非有这几种情况:贪图占便宜,被利益诱惑,而且这种利益往往是本不该属于自己的,这可以说是价值观出现了问题;或者是被诈骗分子恐吓,慌乱之际连基本的核实都想不起,这是心理素质的问题;个人信息的泄露途径主要有内部人员倒卖、网络入侵、个人泄露等,每一个都需要认真对待。至于打击的问题,材料中提到的"严"字当头恰恰是对过去存在问题的一个反证。过去的打击力度太小,执法程度不够,对违法犯罪行为的惩治和震慑作用不明显。

第四,所以从短期和直接的治理举措来说,必须加大执法力度和处罚力度,要主动出击,严厉惩处,大幅提高诈骗分子的作案成本,这也是于法有据的,刑法的基本原则之一就是根据社会危害性定罪,按照罪刑相适应原则量刑;对于利用职权泄露个人信息的,更要强化监管,严厉惩处,因为这种监守自盗的行为不仅会造成直接的诈骗后果,更会让老百姓失去对公共机构的信任感,其祸无穷;网络安全也是现在网络社会必须要重视的大事,涉及社会生活的方方面面,要严格标准,明确责任,强化监督;从长远来看,必须加大宣传力度,让老百姓知道保护个人隐私以及面对此类违法犯罪行为时有足够的自我保护意识及能力。还要树立积极向上的社会风气,崇尚诚信、公正的价值理念。

例 2 有群众因遭遇电信诈骗,多年积蓄被骗一空,准备跳楼自杀,领导安排你负责解救工作,假如在现场,你要安抚他的情绪,将如何与他交流。请把考官当作那名群众,现场模拟。

第一,根据线索,我们已经锁定了犯罪分子,庆幸的是,他在国内不涉及境外犯罪,所以破案难度不大。新闻上你也看到了,很多在国外犯罪的我国公安都能将他们引渡回来,更别说是在国内犯罪的了,放心吧。

第二,虽然损失的金钱未必能在短期追缴回来,也可能面临一定程度的损失,但是钱财毕竟是身外之物,再怎么样也没有生命珍贵,更何况,你也并不算一无所有,虽然积蓄没有了,但你还有工作,有房子,日子照样过得下去啊。

第三,刚刚有人给我说,你的母亲听说你被骗了,又闹着自杀,已经心脏病发作,住医院了,你哥哥又在外地,母亲身边就你一个人,谁来照顾他?

第四,好在,你儿子还在学校上课,并不知道现在发生的事情,万一让他知道你跳楼,还不急死?赶紧下来,你希望儿子将来做一个坚强的人,就先得给他一个好榜样。

第五,短期如果生活有什么困难,政府和街坊邻居都不会坐视不管的。这不,刚刚有几个邻居听说你母亲生病了,又知道你被骗,都张罗着要捐钱帮你呢。

热点 15 2016 年 12 月,一段"玻璃大王"曹德旺的讲话视频在网络上引起了很多人的关注,其中指出中国税收以及其他经营成本太高,应该大力削减,否则会降低中国制造业的竞争力。此后,宗庆后、董明珠等著名企业家也表达了类似观点。而在 2017 年 3 月召开的全国两会上,联想集团总裁杨元庆则更是认为,企业在市场上的竞争决不是企业之间的竞争,而是国家与国家、国家体制与国家体制之间的竞争。所以,将来的税率要让在我们国家经营的企业比在其他国家的企业更有优势。

例 1　谈谈对上述材料的看法。

第一,税收是公共财政的主要来源,直接决定着国家财政的实力,是国家经济建设、民生改善和基础设施完善的坚强后盾与基础。无论是个人还是企业,纳税光荣应该是共识,且纳税也是一个公民应尽的责任与义务。

第二,税收取之于民,用之于民。但正如俗话讲,君子爱财,取之有道,用之有度。税收也存在这样的问题。基于国家当下建设的需要情况,税收可以有轻有重,但在正常情况下,都不能严重影响到民众的生活和企业的健康运行。

第三,当前我国虽然经历了多轮财税体制改革,税制结构和税负水平比过去合理了不少,但总体而言,税负依然比较沉重,再加上各种名目繁多、不太规范的财政收费,导致企业运行负累重重。国家强调转型升级,但企业若缺乏足够的财力基础,则很难转型,更谈不上升级。这会严重影响企业的国际竞争力。

第四,美国新任总统特朗普上任之初,就承诺并实际减税,以此吸引本国资本的回流和外国投资,对我国而言,这又是一个竞争压力,包括税收在内的投资洼地一旦形成,会导致我国资本外流,对于急需资本支撑的现代化建设来讲是极为不利的。

第五,减税与财政收入是一对矛盾,但要动态平衡,绝不能顾此失彼,因而结构性减税是最合理的选择。在总体税负降低的情况下,要优先选择降低新兴产业和高新技术产业的税负,而提高落后产能的税负,这样不仅能从总体上提升优秀企业的竞争力,也能化解产能过剩,提升国民经济总体的竞争力,也不会因此而影响财政收入。

例 2　在一次本地招商引资洽谈会上,领导安排你发表演讲,向企业家介绍本地投资优势,吸引他们来投资。请现场进行演讲。

第一,区位优势明显,交通便利,不仅有方便发达的公路、铁路运输网络,还依靠得天独厚的地理特征，开了水上运输通道。

第二，各类产业园区种类齐全、设施完善，通信网络发达，有多个国家级、省部级的信息数据中心。

第三，本地高校密集，高水平研究所、实验室众多，具有明显的人才优势。

第四，体制机制灵活，有着悠久的招商引资传统，政府为各类投资项目，尤其是符合国家战略发展方向的投资项目开辟了审批绿色通道，与其他地方相比，政策性成本显著降低。对于在人才引进、项目引进等方面符合相关标准的企业，政府还在贷款、融资、上市等方面提供贴息、补贴等多方面的配套支持。

第五，在用地、用人、税收等方面也是在政策范围内一步到位。

例3 为推动本地经济转型升级，要在一些企业推行节能降耗的新项目，但有很多企业认为这会加重企业负担，短期甚至可能面临亏损，不愿意参与，领导让你负责项目推进工作，你如何进行？

第一，新项目能节能降耗，从长远来讲，对企业和社会都有利，但在短期内或许不仅不能产生收益，甚至加重企业负担，而企业的目标是利润最大化，如果在短期之内不能得到回报，企业就不愿参与，这是可以理解的。但是，新项目的实施对于我们发展资源节约型、环境友好型社会具有重要意义，必须坚持推行下去。

第二，为了政府的新项目能够顺利推行，我会对新项目进行分析，并充分了解企业缺乏动力的内在原因，帮助企业解决障碍性因素，给企业注入参与的动力。我会先找专业人员对新项目进行详细深入的研究和分析，尽量找出可以改进的地方，使企业能尽快得到收益，增强企业动力；如果新项目已没有改进的空间，政府可以在政策上给予企业一定的优惠和扶持，如为了弥补企业短期不能产生收益的缺陷，可以在前期给企业一定的补贴或减免税等，还可以给企业一定的贷款优惠或减免利息等，缓解企业因前期见不到收益，而产生的资金压力。

第三，清查各项不合理的行政性收费，帮助企业减少不必要开支，为新项目推进提供条件。与此同时，对于拒不接受新项目的企业，如果他们存在环境等方面的不良影响，则要依法取消已有的财政补贴、税收优惠等。

热点16 山东省邹平黄山中学搞"平板教学"，高一每个学生要交2800元用于购买平板电脑，引发舆论关注。许多学生不了解，多数家长不自愿，事件发生后不久，学校相关负责人说该项目是学校教学改革的一种尝试，但效果一般，已经停止进行。

例1 请谈谈你对此事的看法。

第一，学校推行教学改革，作为一种全新的尝试，理应给予更多的包容与尊重，但并不能因此对学校的所有作法都无条件认同。改革的初衷固然是好的，但若方法不当、效果不佳，就要接受批评，甚至承担责任。这也要求相关负责人员在事情一开始就要理性、慎重推进，要兼听明判，而不应该在学生不了解、家长不自愿的情况下贸然推进。

第二，教学改革的重点应该在课堂内容和老师的授课方法，而不在于硬件设施。硬件设施固然重要,但是否一定要"2800元的平板电脑",这答案应该不难得出。在国家减免学费、书费,以此减轻学生受教育经济负担的大背景下,该校以如此高的价格向学生硬性摊派平板电脑,至少是与政策不合的,至于是否涉及采购程序的合法以及可能存在的贪腐等行为,就更加复杂了。

第二,但凡改革,必有其承担者。小到一个学校,大到一个地区、国家,面对体制的弊病,既要有改革的勇气,更要有改革的智慧,若无智慧乱改革,则纯粹是一种瞎折腾,劳民伤财而得不到正面的效果,则改还不如不改。

例2 作为教育行政主管机关的工作人员,领导让你负责在本地区推广某项在其他地区已经获得成功的教学改革。工作开始后不久,有些学校的教师产生抵触情绪,很多学生也认为会影响学习效果,颇有怨言,你将如何推进工作?

第一,既然已在其他地区获得了成功,证明这项教学改革本身不存在问题,因此推行它的基础是稳固的,这是大前提。当然,其他地区与本地可能会有一些局部差异,教师与学生的反馈也应该给予足够重视,所以并不能简单复制,贸然推进,而应该仔细调研,慎重推进。

第二,对比两地的实际情况,看有无重大差异,比如是否同属于一种高考制度下、两地经济社会发展状态、两地教师和学生水平等。如果两地在这些方面存在较大差异,就要严格按照本地实际情况,对改革方案进行完善,完善的过程中要多方倾听专家、教师的意见和建议,然后在试点推进,没有问题,才全面铺开。

第三,如果两地的实际情况没有重大差异,那教师和学生的反应或许只是面对变化时的一种犹疑、担心,也可能确实在短期内会加重他们的负担,甚至影响成绩等,所以要理性、平和地做他们工作,尤其是学科带头人、班主任等人的工作要做到位,要向他们讲清楚改革的长远意义。如果教师在能力上存有困难,要安排人员进行培训,帮助他们渡过难关。

第四,对于没有正当理由,就是因为个人私利的计较或者懒惰不愿努力而阻挠改革的老师,要严肃惩处,调离教学岗位;对于相关学生则耐心教育。

热点17 2016年12月,网上流出10G大小的女大学生借款裸条,167名女大学生手持身份证的裸照及视频被公开,舆论一片哗然,校园借贷中介平台及其反映出的网络借贷乱象再次被推上风口浪尖。

例1 关于校园"裸贷"现象,你有什么看法?

第一,这个现象主要反映了两方面的问题,一是大学生自身的问题,即不健康的消费观念和不健全的风险意识、风险认知能力;二是野蛮生长的校园信贷以及与此相关的金融乱象。

第二,大学生是一个特殊的群体,一方面他们刚刚脱离家庭环境,逐步适应独立生活,生活的自由度、自主度都与以往有了较大区别,这就很容易让一部分自律意识不强,又受到社会不良风气的影响而在价值观上出现一些偏差的学生走向歧途,比如这个案例所反映的不当消费问题,不当消费的背后可能是攀比、爱慕虚荣等。既然他们选择了借贷,说明家庭经济能力不允许或者家长不同意,但他们暗度陈仓走出了这一步,这于情于理来说,都是不应该的;另一方面,虽然他们已经是大学生,但也正处在学习成长的阶段,尤其对社会事务缺乏足够的了解,加之我国的教育与社会脱节情况较为严重,导致大学生对一些社会上的风险认识不足,缺乏判断和应对的能力。

第三,随着市场经济的发展,金融在经济生活中扮演着越来越重要的角色,对个人生活的渗透程度也越来越高,但与此相应的监管还很落后,或者至少是跟不上金融创新的步伐,这就给一部分不法分子和不良商家留下了余地和空间,最终使他们将黑手伸向了涉世未深的大学生。

第四,校园贷作为一种特殊的信贷形式,理应符合国家的相关监管规则,如果在此基础之上,作为具备完全民事行为能力的大学生,则应该为其行为承担后果,当然家庭、学校和社会的责任也不可或缺,比如教育引导的责任、风险告知的责任以及规范市场的责任等。而"裸贷"作为一种以人身权益为抵押的借贷形式,显然违法的,理应坚决取缔。

例2 假如让你负责清理整顿本地区几所高校存在的"裸贷"现象,你将如何进行?

第一,首先要根据校园小广告、学生访谈、老师了解等途径摸清本地区高校校园贷的具体情况,重点要搞清楚是否存在"裸贷"现象。如果通过正常途径无法获知相关情况,那可以伪装成大学生,以贷款申请人的身份调查,看"裸贷"现象的存在状态到底是怎样的,顺带要记录相关人员的基本情况。

第二,对于已经掌握证据存在"裸贷"现象的贷款平台,要依法坚决查处、取缔,吊销其金融营业执照,销毁相关照片、视频,情节严重的要移交司法机关处理。

第三,对于不存在"裸贷"现象的校园贷平台要约谈负责人,明确责任和规则。

第四,要联络正规的金融机构,面向学生开展规范、合理的小额贷款项目。

例3 为了保障学生的合法权益和人身安全,校长让你负责组织一次校园消费安全的宣传活动,你将如何组织?

第一,针对校园信贷的各类情况,做一个统计调查,详细了解其形式、风险等,然后就其中可能存在的陷阱列出清单,说明情况,制作成宣传册。

第二,组织一次"我与校园贷"为主题的匿名征文活动,让相关学生将他们有关校园贷的故事写下来,选择其中较典型的案例制作成册,如果有同学愿意现身说法更好。

第二,搜集整理国家有关个人信贷方面的法律法规,与获取到的校园贷相关情况做出对比,指出其中存在的不合理之处。

第四,确定宣传日,以"大学生身边的金融风险"为主题,以个人现身说法、发放宣传册、情景小品演出和广播播报等多种形式进行宣传,并在其后的广播节目中,单列一个栏目,持续性报道,欢迎学生投稿或现身说法。

热点18 自2016年11月21日起,人民法院报上连续5天刊登两篇致歉声明。至此,微博大V@作业本(本名孙杰)与加多宝凉茶公司侮辱革命烈士邱少云事件,告一段落。此前,孙杰发表过一篇微博,说"由于邱少云趴在火堆里一动不动,最终食客们拒绝为半面熟买单,他们纷纷表示还是赖宁的烤肉较好。"加多宝公司则借题发挥,配合炒作。

例1　针对上述材料,谈谈你的观点。

第一,一个没有英雄的民族是可悲的,一个有英雄却不知敬重爱惜的民族更为可悲。当前,我国社会面临社会多元化和商业化的双重影响,再加上一些西方思想的冲击,一些人的价值观念出现了扭曲,对一些基本问题的认知出现了偏差。

第二,革命英雄为了人民的解放,抛头颅洒热血,不惜牺牲自己的生命,承受了常人难以承受的痛楚,才换来我们今天的幸福与光明。他们的生命是伟大的,他们的牺牲是值得永远铭记和尊重的,任何对他们的亵渎都是对全体人民的冒犯,是任何人都不会允许的。

第三,一些人为了一己私利,恶意炒作,肆意诋毁革命烈士和其他英雄人物,这是价值观扭曲、是非混乱的体现,表明我们当前的思想文化教育存在漏洞和薄弱环节,必须要加强相关工作,树立正确的价值观、历史观。

第四,社会主义核心价值观建设、传统道德文化建设、历史观教育必须要提高到更高的层面,予以加强,用正确、科学的理念和思想填补人们的思想真空,引导人们在大是大非面前始终坚守正义准则。

例2　请以"铭记历史,致敬英雄"为主题,发表演讲。

第一,没有无数革命先烈抛头颅、洒热血的奋斗与牺牲,就没有今天的美好生活。抚今追昔,饮水思源,任何有良知的人都应该铭记过往的历史,深刻认识当下是历史的延续,是历史上无数先辈的磨难与痛苦成就了现在的安宁与快乐。

第二,习近平总书记说:"近代以来,一切为中华民族独立和解放而牺牲的人们,一切为中华民族摆脱外来殖民统治和侵略而英勇斗争的人们,一切为中华民族掌握自己命运、开创国家发展新路的人们,都是民族英雄,都是国家荣光。中国人民将永远铭记他们建立的不朽功勋!"他们的精神永远是激励中国人民克服一切艰难险阻、为实现中华民族伟大复兴而奋斗的强大精神动力。

第三,一个有希望的民族不能没有英雄,一个有前途的国家不能没有先锋,如果一个民族不崇尚英雄、不尊重英烈,这个民族将很难再出英雄,更难造就英雄辈出的局面。

第四,今天,中国正在发生日新月异的变化,实现我们的目标需要英雄,需要英雄精神。我们要铭记一切为中华民族和中国人民作出贡献的英雄们,崇尚英雄,捍卫英雄,学习英雄,关爱英雄,戮力同心为实现中华民族伟大复兴的中国梦而努力奋斗!

例3　你们地区依托某历史人物,新建了一处爱国主义教育基地,请你为它策划一场宣传推广活动,以吸引人们前去参观学习。

第一,深入全面了解该历史人物的相关信息,找准定位,如是民族英雄、道德楷模,还是为官清正等,方便与一些节日、社会性主题宣传等结合起来进行宣传。

第二,确定宣传形式,如果主要面向本地民众,则要线下宣传与线上宣传相结合。可以和学校、医院、企业、机关等单位联合举行，吸引相关人群去参观游览。如果是面向全社会，则应该加大网络宣传的力度，可以制作主题突出、内容新颖的微博和微信公众号文章，要求一些有影响力的大号进行转发，比如该历史人物研究的相关专家等。

第三，可以和本地或外地旅行社合作对接，将该基地列入旅游线路。这样一方面可以带来切实的人流量，另一方面在这些旅行社推广宣传其他景点时，也会附带宣传该基地。

第四，平时可以通过在微博编发有关该历史人物及其事迹的灯谜、故事等进行推广，以使宣传效果长期化。

热点 19　有网友在微博上爆料，在陕西汉阴县国土资源局门口的"县委第七督导组两学一做学习教育征求意见箱"一侧，有一个摄像头，摄像头摄像范围正对准意见箱。报道后，汉阴县国土资源局在其官方网站上发布通报称，摄像头先于意见箱安装，但在设置意见箱时未考虑到摄像头这一因素，就工作失误向广大群众作出道歉。

例 1　针对材料中所反映的现象，谈谈自己的看法。

第一，相信材料中该局的解释是真实的，可以说这是个无心之失，但也确实反映了一些问题。比如，在安装该意见箱时，自然应该考虑位置及其附近的情况，该意见箱并未有意设置于摄像头之下，但摄像头会影响其使用效果，表明相关工作人员并没有特别在意工作实效，而只是为装而装，有形式主义之嫌。

第二，以小见大，其实此类问题并不少见，比如有些地方大张旗鼓地设置市长信箱之类的便民联系渠道，但设置后却少有互动，成了"聋子的耳朵"，在一定程度上，它的设置比不设置带来的负面影响还要大。严重破坏了政府形象，降低了民众对政府的信任度，是坚决应该予以纠正的不正之风。

第三，不管是出于倾听意见，还是出于监督、沟通的目的，设置相关渠道都应该名副其实，发挥实效。在设置时要考虑到保护隐私，注重激励；设置后要有专人负责，及时回馈互动。在这一点上企业家董明珠讲的一个自己的故事，就很有借鉴意义。她为了让员工提意见，把意见箱从一个公开的地方，设置进了厕所，这就是彻底打消了提意见人的后顾之忧，真正激发了他们的积极性，使他们知无不言，言无不尽，这才是真诚的、明智的行为。

例 2　领导让你组织一次基层群众对本单位工作的意见交流会，要求做好工作，务必让群众表达真实心声，反映真实问题，你将如何组织？

第一，做好交流会的宣传工作。在人民群众中做广泛宣传，宣传内容要充分，包括本部门职能、与人民群众的关系、本次交流会的意义、交流会召开时间、讨论程序、报名方式等；并且宣传员在宣传过程中要注意让群众放下思想包袱，没有心理负担，勇于提意见，比如会议只记观点，不记人名；宣传工作要持续一段时间，保证宣传到位，同时加强民众信任，让群众言无不尽。

第二，要组织好交流会当天的接待工作。接待环节有条不紊，工作人员对待前来的群众要热情主动,交流会现场布置要正式不失活泼,让群众觉得会议正式,自己的意见受到重视,敢于提出意见。可以适当设计奖励或鼓励机制,对群众提出的好建议,给予奖励,鼓励群众言无不尽。

第三,对群众的意见进行详细的分析讨论,及时采纳,向群众公开,让群众看见自己的意见能落实,提高以后参与讨论会的积极性。

例3 现在很多政府机关都开通了自己的官方微博或微信公众号,加强和群众的沟通,效果非常明显,领导安排你负责本单位的这项工作,你打算怎么做?

第一,先搜索查看其他政府机关微博及公众号,研究它们的运作方式及内容,选择其中情况较好的作为学习、借鉴对象,还可以通过私信、留言等方式向它们的实际管理人员请教。

第二,选择群众欢迎、受众量大的微博平台进行微博注册并进行认证,同时向社会公布。公众号也要认证。

第三,制订微博、公众号管理计划,对发布内容、语言、群众信息反馈等方面做出设计;完善保密、审批、督办等制度;安排专人分别负责,定期进行考核。

第四,单位内部宣传,并动员单位员工注册微博,参与到单位微博中来。

第五,微博开通后,要做好信息记录工作,及时对群众问题进行反馈。

第六,定期汇总微博信息,将微博的运营情况和效果向领导进行汇报,对存在的问题及时改正。

热点20 据媒体报道,云南永胜县为加快全县脱贫攻坚进程,发文向146个扶贫"挂包帮"单位筹资1451万元,向全县干部职工筹资约1180万元。其中,干部职工捐扶贫款最高达到5000元,最低的也有1000元。

例1 请就上述材料中反映的现象,谈谈自己的看法。

第一,脱贫攻坚需要政策、资金、项目等多元支撑,需要靠广大干部群众齐心干。调动群众积极性以强化脱贫内力,调动干部积极性以强化扶贫动力,调动社会积极性以强化扶贫合力,脱贫工作才能获得攻坚而进、克难前行的磅礴力量。然而,无论是发挥干部积极性,还是调动社会扶贫合力,都应循规守法,结合中央要求和地方实际制定方案。这是做好精准扶贫、精准脱贫工作的基本前提,也是全面依法治国背景下地方政府应有的责任担当。就本例中摊派扶贫捐赠任务的做法看,显然超出了合法、合情、合理的范畴。

第二,根据法律规定,县级以上人民政府有关部门及其工作人员,如果存在摊派或变相摊派捐赠任务的情形,应由上级机关或者监察机关责令改正,严重者还将受到处分甚至追究刑事责任。虽然永胜县相关领导就扶贫募捐表示诚恳歉意并承诺退还捐款,但相关法律责任追究问题,恐怕还应给一个明确说法。"法立,有犯而必施;令出,惟行而不返。"违法必追究是对国家法律最起码的尊重。

第三,毋庸置疑,永胜县扶贫募捐的出发点是善意的,但徒有善心不足以为善政。脱贫攻坚不是简单的"均贫富",干部职工支援扶贫事业也不是"薅羊毛"。如果想当然地把脱贫攻坚作简单化理解,如果强迫命令的老思路不纠正,那么不仅干不好脱贫攻坚工作,还会让更多人怨声载道,对打赢脱贫攻坚战造成更大拖累。

第四,政府工作人员也是社会劳动者,也有自己的合法权益。当下有些基层领导,无视基层工作人员的合法权益,随意摊派收费、随意侵占休息日安排毫无必要的值班活动,都是为了政绩不讲规矩、不体恤下属的举动。很难相信这些人为人民服务的口号是真诚的,这种"土皇帝"思维既不被法治大环境所容,也不被转作风小环境所许,应该立即终止纠正。

例2 你们单位和某村是扶贫帮扶结对关系,为了响应国家精准扶贫政策,你们单位计划创新扶贫模式,领导让你负责此事,你打算怎么做?

第一,要对该村和过去的帮扶情况进行全面深入的调查了解。对于该村,要了解它的发展情况,突出的困难及优势,比如劳动力状态、资源状况、产业基础、交通情况等;对于过去的帮扶情况,主要了解帮扶的措施及效果。

第二,根据调查情况针对性开展工作。如果该地有一定的发展基础,则应该主要着力于培育他们的自我发展能力。比如技术培训、创业扶持、贷款、联系销路等;如果自我发展能力比较弱,则主要可以从眼下的转移就业和长远的培育产业基础入手。这就需要充分了解他们的资源禀赋,适合于从事第几产业以及具体的产业模式,比如深加工、粗加工等。

第三,要兼顾眼前和长远,注重提高他们自己的脱贫、发展能力培养,并因地制宜,采取适合当地各种情况的发展思路。

例3 上级领导来视察你们村的扶贫改革试验工作,请做一个模拟汇报。

第一,各位领导上午好,欢迎各位领导莅临我村检查指导,下面我代表村委会向各位领导汇报我村扶贫改革试验工作情况,汇报主要分为三个方面:一是工作进展情况,二是扶贫改革面临的困难和挑战,三是下一步工作打算。

第二,我村被定为扶贫改革试验村后,在镇党委的坚强领导下,在村支部的共同努力下,在全村群众的大力配合下,各项工作取得长足进步。2010 年村人均可支配收入只有5300 元,2013 年增长为 9800 元,2010 年人均住房面积为 7.8 平方米,2013 年为 15.6 平方米,九年义务教育入学率 98%,新型农村合作医疗覆盖率为 95.8%,基本实现了全村村民不愁吃、不愁穿、孩子有学上,看病有保险,住房有改善。

第三,虽然我们在扶贫改革上取得了不少的成绩,但是主要矛盾和深层次问题依然没有得到根本解决,全村 80% 村民人均可支配收入没有达到全省平均水平,仍有特困户50 余个,危房 80 余间。青壮年劳动力多进城务工,留守村里的多为没有劳动能力的老人和儿童,全村仍有 600 多人饮水安全得不到保障,不少村民有病无力就医,已经脱贫的群众因灾、因病返贫问题突出。从根本上改变我村贫困面貌,真正实现脱贫致富,任务还很艰巨。

第四,下一步我们打算改革创新扶贫开发机制,以招商引资、推动就业、吸引劳动力回乡为主要任务,着力解决面临的突出问题。组织实施饮水安全、电力保障、危房改造、产业增收等工作,解决村民迫切需要解决的问题。把扶贫资金落到实处,营造良好环境,积极宣传推广致富先进典型和成功经验,激发群众脱贫致富的信心和活力。

热点 21 在国际旅游界,导游被称为"旅游业的灵魂",一名好的导游会带来一次愉快之旅,否则费钱又费心。不过,现实中导游并没有想象中的美好,甚至一被提及,就"等价于"宰客欺客、强制消费、甩团谩骂等负面形象。近几年来,导游因强制消费而爆粗,大骂游客的事件频繁出现在媒体当中,引起了社会舆论的强烈反应。

例1 针对一些地方旅游市场中的导游乱象,谈谈自己的看法。

第一,当前我国旅游市场总体发展良好,为人民群众的休闲生活带来了巨大的贡献,但一些地方旅游市场的乱象也相当严重,极大危害了市场的健康发展和游客的合法权益,必须严厉打击。

第二,我国早在 2013 年 10 月 1 日就实施了《旅游法》,但至今并未得到很好的贯彻落实,基本形同虚设。这是导致目前旅游乱象的根本原因。另外,受当前商品经济大潮的冲击,伦理道德滑坡现象严重。政府相关监管机构的失职甚至纵容也是主要原因。

第三,整治旅游乱象一要努力提高全民族的伦理道德素质,对于那些道德不良的游客,应该建立"黑名单"制度,记录在案,出国不予签证,国内旅行社拒绝接待等。二要加强法制建设,坚决执行《旅游法》,发现一起案件处理一起案件,绝不姑息养奸。特别是旅游管理部门,应该大力宣传《旅游法》,多建立一些旅游宣传和投诉网站,多公布一些旅游投诉电话;与人民法院紧密配合,积极受理旅游案件;组织不同层次的巡视组,发现问题立马纠正;对于强迫自费、强迫消费、恶意缩水行程的行为,要坚决取缔和打击;对于胆敢违法乱纪的旅行社、导游,应该坚决吊销资格证和严惩;等等。三要政府带头执行《旅游法》,要尽量把祖国的好山好水以最低的价格提供给人民观赏。通过群众听证的方式核定出一个公平合理的价格来,尽量长期不变。

例2 假如你是某地旅游管理部门的工作人员,领导让你负责组织一次本地旅游市场规范性的调研活动,你将如何进行?

第一,针对调研内容的特殊性,本次调查可以采取暗访和设立举报平台相结合的方式进行,以使获取的信息更为真实有效。

第二,调查之前要提前对旅游管理的相关规定学习充分,并对本地重要的景点全面了解,选择比较重大的以及过去曾经有过投诉现象的;对于旅行社的选择,则注意考虑两大类,一类规模较大连锁经营的,另一类是本土规模较小的。

第三,暗访可以直接假扮游客去咨询报团,重点要了解的信息有旅游线路及其价格、导游情况、交通食宿等辅助服务情况、是否存在强制购物、虚假宣传等情况。在了解相关情况的过程中,要注意取证,比如可以用手机录音、录像等。

第四,举报平台可以通过微博或微信公众号发文的形式进行,这样更有利于传播。两类平台调查都要设置全面细致的问卷,并采取积分、送话费等激励措施,可以邀请相关企业赞助。

第五,将两类调查结果汇总比对,确定最终结果,形成调研报告提交领导和执法部门。

例3 黄金周期间,某景点由于导游强制游客消费,引发游客抗议,导游纠结社会闲散人员殴打游客,被其他游客录像发布在网上,引起全国性关注。作为负责解决此事的旅游管理部门工作人员,你将如何进行工作?

第一,此类事件严重破坏本地旅游市场的声誉,影响旅游产业的健康发展,也侵害了游客的合法权益,性质恶劣,所以一定要尽快、严厉处理。

第二,在第一时间向社会公开声明,本地将对相关事件进行全面调查,公布调查组负责人及联络方式,欢迎大家监督并提供线索。

第三,会同公安部门迅速展开调查,根据录像确定相关旅行社及导游,第一时间找到并对其控制,防止逃避;责令其对被打游客进行医治并承担医药费。如果伤势较轻,且人已离开本地,要电话联系,进一步了解情况,并赔礼道歉,承诺维护其权益。

第四,进一步调查导游和购物点之间的关系,依法对购物点做出处罚,在购物点设置明确的举报方式。

第五,事件调查清楚及形成处理结论后,要第一时间召开新闻发布会或者通过文字的形式向社会公告。

第六,对本地所有旅行社及导游要进行约谈、下发通知等,明确纪律和规范,对无证无照的违规旅行社和导游要彻底查处。

热点22 中国有多少"网红"?《2016中国网红经济白皮书》一项调查统计显示,"网红"人数目前已超过100万,八成以上是女性,清一色的锥子脸、高鼻梁、尖下巴。另有调查称,一些"网红"年入百万不是问题,超过54%的受调查的95后称,渴望当主播、当"网红",可见,在年轻一代中,想要成为"网红"已成为群体现象。另一面,"网红"乱象丛生,涉毒、涉暴、低俗、色情、骗局、谣言……,难以言尽,尤以网络直播为甚。

例1 关于上述材料中反应的现象,你有什么看法?

第一,"网红"的井喷主要是在互联网文化迅速发展、传统文化落寞和政府监管缺位的环境下利益驱动的结果,有一定的公众心理需求为支撑。作为网络信息化时代的一种现象,"网红"实际上是当下社会多元化、机会多元化、平等化的一种正面现象。很多有才华的人不用再去挤占有限的传统媒介资源,在网上注册一个账号就可以吸引亿万人的注意,并将才华变现,这给了人们极大的便利。

第二,但是为了迎合普罗大众的审美趋向,难免会出现良莠不齐、千篇一律的负面现象,这是需要通过正面引导和严格监管来纠正的。

第三,"网红"不仅有锥子脸,也有傅园慧,不仅有低俗色情,也有已经故去的布鞋院士,还有"最美妈妈"吴菊萍——当两岁女孩突然从10楼高空坠落,刹那间,身为路人的她毫不犹豫冲过去,徒手抱接,孩子得救,她的手臂被撞成粉碎性骨折。再比如"最美教师"张丽莉——学生差点被撞,生死关头,她奋力一推,学生有惊无险,她却受伤,后被截去双腿,等等。要多从正面宣传他们的事迹,引导年轻人树立正确的人生观和价值观。

第四,当然了,法治社会任何领域都要面临法律规范的严格监管,网络不是法外之地。对于一些情节严重已经涉嫌违法违规的网络行为,要在明确平台监管责任的同时,由国家执法、司法部门广泛介入,维护法律尊严,澄明社会风气。

例2 单位新来的一名同事,刚从大学毕业,年轻漂亮,热衷于网络直播,每天都把自己的工作和生活状态通过手机直播出去,对单位其他同事的工作也造成了一定的影响,领导让你做她的师傅,你将怎么办?

第一,这件事涉及下列几个层面的问题,一是直播是否影响到了她本人的正常工作,二是直播是否涉及泄露不宜或不能公开的工作机密,三是直播是否侵犯其他同事的权益或影响正常工作。如果上述问题的回答都是肯定的,那作为师傅,一定要向她言明纪律,坚决要求她停止在工作过程中直播,并且工作之外如果直播也绝对不能影响到工作。

第二,如果上述问题的答案都是否定的,比如她只是每天把手机开在那里,也不互动,也不出声,只是向观众展示自己的工作状态,也不失为一种主动接受群众监督,展示工作风貌的好方式。那么,我就可以在提醒她注意相关问题的同时,向领导建议,利用这个契机,将直播规范化,作为展示单位工作,接受社会监督的窗口。

例3 为了培养青少年正确的人生观、价值观,领导让你负责在本地区组织一次相关主题宣传活动,你将如何进行?

第一,针对青少年的特征,本次活动最好是以与学校联合举行的方式进行,因为涉及多个学校,所以必须要有教育局的出面,如果我是共青团或者宣传系统等非教育系统的工作人员,一定要以单位的名义,邀请教育局共同举行这次活动。

第二,本次活动的具体形式,可以确定为"我们与核心价值观"为主题的征文演讲比赛。在活动内容介绍上要突出家庭为单位,但由青少年为主力的要求;先从征文中评选出优秀作品,再由其作者进行演讲,进行评比;评审邀请教师代表和文联、团委、宣传等领域的权威组成。

第三,比赛设置奖项,要与学习结合起来,以提高大家参与的积极性。

第四,要对活动进行多维度宣传,比如本地报纸、网站、电视台等。

热点23 为震慑电动车闯红灯违法行为,三亚交警日前创新举措,发现、锁定闯红灯违法行为人,跟踪到家到单位,组织其全家人、单位同事集中学习交通安全相关知识,让违法者意识到行为的错误性。据悉,此举效果明显。但也有意见认为,法无授权不可为,此举超越了法律对交警的执法授权,是越权行为,不应该提倡。

例1 对于材料中这种"连坐式"执法行为,你有什么看法?

第一,法治宣传、法治教育是推动法治、营造法治文化的重要组成部分。在执法过程中,交警对违法公民进行交通法规上的宣传教育是法律有授权的。先哲孔子也说过"道之以政,齐之以刑,民免而无耻;道之以德,齐之以礼,有耻且格。"很多被处罚的当事人表示以后遵守交通法规，不再做让邻居和单位同事"瞧不起"的闯红灯违法行为，也就是产生了"有耻且格"的效果。可以说，通过宣传教育，让违法者知道自己的错误所在，产生羞耻之心，是实现法治的重要手段，也是教育与惩罚、德治与法治结合的行之有效的治理措施。

第二，虽然交通违法有错，但罪责相当、处罚法定是法治社会应有的共识，公民的其他权利，比如隐私权、名誉权并不应该受到侵害。便衣蹲点采用执法记录仪对交通违法行为人进行曝光，有可能侵害违法者的隐私权。组织其全家人、单位同事集中学习交通安全相关知识，在"宣传教育"的层面上并无不可，但如此"以案说法"并不是单纯地知识宣讲，而很可能会影响到该当事人在家庭、单位里的评价，对其造成实质上的负担。更为关键的是，法律并未授予警察类似"通报批评"的处罚权力，所以这样做有越权之嫌。

第三，从法治的角度来说，争论的焦点并不在"宣传教育"，而在于是何种性质的"宣传教育"。发放《电动自行车文明安全出行手册》等宣传单、家庭小范围内的警示教育都没有超越法律授权的内容。以身边事为典型"以案说法"又以亲情为纽带加强法治教育，是法治工作的创新，实践中也取得了良好的效果。但将当事人姓名、单位、违法事例通过公众媒体曝光、在单位、社区等进行大规模宣传，恐怕是超越了法律的授权，侵犯了公民的合法权利的。"一人闯红灯，全家学交规"还需要回到法治的轨道上！

例2 你所在地区有关电动车的交通违法行为非常严重，作为交通安全管理部门的工作人员，领导让你负责进行相关整治行动，你将如何进行？

第一，本次整治活动主要通过三个方面的措施进行，争取做到全面、严格、长效，从源头、长远、彻底地解决电动车交通违法行为，维护广大群众的出行安全。

第二，加强对电动车的文明、安全驾驶管理主要包括对电动自行车销售商进行经常性执法检查，从源头上避免超标车销售或上路，严厉打击如违规代办牌照，甚至提供假牌、套牌等违法行为；加强对于电动自行车驾驶人的执法检查和处罚，做到执法必严，不能只是简单教育了事，要像管理机动车一样来从严管理电动车，可以在电动车行驶较为密集的路口设岗，发现有违法行为的一律进行处罚；组织交通法律宣传和交通文明宣传，加强对电动自行车的驾驶人安全和交通规则的教育，在微博、微信公众号、电视台、电台相关栏目上设立专栏，组织电动车文明驾驶的社会性讨论，曝光违规行为，提倡文明、守法的新风尚。

第三，设立举报渠道，鼓励群众监督举报电动车交通违法行为，动员全社会力量维护交通秩序。市民可于发现电动车违法行为时通过手机拍照或摄像、制作音频视频发布到指定网络，对查证属实的分别给予现金奖励，并对其身份进行保密。

第四，关于超标电动车的淘汰要有序进行，避免一刀切地处理造成资源浪费和更大的抵触情绪。一方面要严禁超标车销售、上牌，确保道路上不再出现新的超标车；另一方面原已上牌的超标电动车上路要实行"限速"，车主要签署限速承诺书，一经发现超速就取缔。

例3　在一次执法过程中,你发现一名妇女骑电动车闯红灯,后座还带着一名小孩,拦停后发现电动车限速装置被拆除,依照规定要对其进行罚款和扣车处罚,该妇女苦苦哀求,不愿接受处罚,孩子大哭,围观的很多群众还拍照录像,纷纷对你进行指责,甚至有人说要把你"仗势欺人"的录像曝光在网上,你该如何应对?

第一,执法行为要兼顾各种要求,首要的是依法执法,然后要兼顾人情和社会影响,处理这件事我觉得也得按照这样的原则来。

第二,所以,我首先会暂扣她的车钥匙,注意用执法记录仪拍摄全过程。在向围观群众做出解释之后,会要求他们疏散、远离,以免造成拥堵和其他事故。

第三,对于该妇女,我会耐心做她的工作,让她缓和情绪,帮助她一起安抚小孩,告诉小孩,我这样做也是为了她们本身的安全。

第四,如果这名妇女认识错误态度较好,且保证不再违法,可以在法律的规定内减免罚款或暂缓缴纳,但车辆必须扣留。如果她始终不肯配合执法,要向领导和其他同事寻求帮助,强制执行。

第五,事后要向社会说明情况,联系到发视频的人,让他自行删除,并给予教育。

热点24　一位毁誉参半的医者,一项颇具争议的疗法,一个吸金无数的产业,一群接受电击治疗的"网瘾"少年……近日,一条名为《杨永信,一个恶魔还在逍遥法外》的朋友圈文章让杨永信和他的网戒中心再次走进公众视线。有媒体调查发现,"电击治网瘾"叫停七年仍受热捧、地方政府为其站台背书……类似网瘾治疗机构乱象,可谓经年未解。

例1　对"网瘾"少年现象和"电击治网瘾"现象,你有什么看法?

第一,所谓"网瘾"少年,指的是对网络依赖程度较高的青少年,情况更为严重的可能表现为对网络游戏的沉迷,这种情况在一定程度上确实不利于其自身的学习、成长,需要纠正、改变,但前提是要找到根源并采取科学合理以及更为人性化的手段。

第二,"网瘾"少年的背后往往与家庭教育的缺陷有关,比如父母长年忙于工作,疏于孩子的教育或与孩子的交流,导致孩子性格孤僻、内向,在现实生活中难以获得情感的抚慰和交流,转而求助于网络去获得满足。

第三,即便是最为严重的网络成瘾,其是否就是一种"病",医学界目前并未形成共识性结论,所以当作"病"来治疗本身缺乏依据,更别说以这种近乎残忍、恐怖的方式来进行所谓的"治疗"。这种行为背后更多的是一种商业驱动,国家甚至明令禁止,但其仍大行其道,或许里面还存在着广义上的权钱交易行为,即它作为一种产业能为地方带来利税,所以地方政府对其也持默许甚至纵容态度。

第四,"网瘾"少年问题的解决最终还得依靠家庭和学校,用更多的亲情、友情去换回失去的亲密与信任,让孩子重新感受到正常人际交往所带来的温暖与关爱,才是从根本上解决问题的途径。电击治疗必须立即结束。

例2　你们当地有家网戒中心因采用电击疗法而导致一名网瘾少年死亡,管理部门拟做出责令关停整顿的处罚决定,却遭到几十名家长的强烈反对,称如果机构关停,无异于将他们的孩子往犯罪的道路上推，作为负责处理此事的政府工作人员，你如何解决？

第一，安抚家长情绪，告诉他们当前事态的严重性、相关的法律规定，以及如果允许该网戒中心继续运营可能给他们孩子带来的极端影响。致死少年就是现实例证。另外根据对该网戒中心相关情况的了解，预判处理结果，如果还有恢复运营的可能性，告诉他们大概的时限，让他们选择等待，或者寻求其他途径解决孩子的问题。如果依法处理后已无恢复运营的可能性，则直接帮助他们寻求其他途径。

第二，详细了解他们孩子及父母自身的情况，重点要请心理专家单独与孩子交流，最终做出全面、科学的研判。如果孩子的情况确实比较严重，可以帮助他们联络更为规范、权威的专业心理矫正专家或机构，协调将已交至被整顿机构的费用退还，并适当进行违约赔偿；如果孩子的情况并不像他们想象的那么严重，则请相关专家给他们提出针对性的家庭、学校引导、矫正建议，重点是对家长提出有关与孩子互动、交流的要求，并给予适当的培训。

第三，后续要对他们的情况进行追踪了解，定期组织回访和集体活动，帮助他们改善亲子关系和家庭氛围，促进孩子的健康成长。还可以通过官方或者私人的途径与有关学校、老师等进行协作，让他们采取更有针对性的教育措施，帮助这些孩子合理使用网络，努力学习。

第四，开展本地区类似网戒中心的普查，对涉嫌违规或不规范运营的机构要提早进行查处，大力宣传正规化心理矫正机构，帮助有需求的家庭做出合理选择。

例3　针对越来越严重的网瘾少年问题，领导让你负责在本地区组织一次健康上网的主题宣传活动，你将如何组织？

第一，本次活动的主题可以确定为"健康上网，快乐成长"，宣传对象主要针对在校的中小学生，活动的形式主要采取发放宣传资料、"网络沉迷的危害"主题讲座、"正确利用网络 对学习和成长的帮助"主题讲座、健康上网承诺签名活动等。

第二，关于宣传资料的制作，可以采取自编和投稿选择两种形式，先向中小学下发通知，进行"我与健康上网"为主题的征文活动，对内容充实、表达精彩的征文给予精神及物质奖励并选为宣传资料的内容；"网络沉迷的危害"主题讲座可以邀请从事网瘾矫正的专业人士选择案例分享，也可以让受害者现身说法，正确利用网络的讲座可以招募志愿者或邀请专家进行，两类讲座在各学校巡回举行。讲座现场举行健康上网承诺签名活动，并明确告知将会对所有内容公开。

第三，安排开设 QQ 群、微信群等，让所有学生加入，或开设微博、微信公众号让学生关注，然后在这些平台上持续进行有关内容的宣传，以巩固主题宣传效果。

第四，将主题宣传活动制成专栏稿件，在社区布告栏等场所张贴，形成一定的社会性影响。

热点25　打开美团、饿了么外卖首页，你以为排名越靠前就是外卖平台的优质商家，殊不知，有些商家是通过竞价排名的方式，直接进入推荐靠前名次。专家称，外卖平台为

无证餐馆提供竞价排名,剥夺消费者知情权并涉嫌违法。竞价排名被坊间视为一种作恶和为虎作伥的商业模式,特别在魏则西事件之后,竞价排名更是臭名昭著。一些订餐平台会引入竞价排名,这种做法看似不可理解,实则符合相关逐利企业的灰色逻辑。

例 1 针对网络竞价排名现象,谈谈自己的看法。

第一,关于网络竞价排名是否属于网络广告,目前法律尚未有明确界定,但从政策导向上来说,基本认定其作为广告的性质,而如果其为广告,那么网络平台依据广告法就要为其承担责任,如果有虚假成分,则属于虚假宣传,涉嫌违法,情节严重的甚至构成犯罪。

第二,从网络竞价排名运行的机制本身来说,平台按照竞价的高低选择商家的展示位置,价高则靠前,更易被消费者搜索到,甚至一些被推荐的商家存在无证经营等严重不合法的情况,这从根本上违反了合法、诚信的商业原则,利用信息不对称,欺诈消费者,这是任何商业伦理及规则都不允许的。

第三,如此明显不合理的机制却在网络世界大行其道,这与我国消费者权益保护机制的不健全、消费者维权意识的薄弱以及对网络平台监管的不足都有关系,只有更加明确平台的监管、审核责任,更加健全消费者维权机制,提高消费者维权意识,才能使这类现象得到根治。

例 2 多名群众举报称,他们通过网络订餐平台订购的食物中有玻璃渣、破布块、塑料绳等杂物,领导让你负责解决此事,你怎么做?

第一,迅速确认是哪家订餐平台以及哪家餐厅,并第一时间组织人员去餐厅进行检查。检查内容包括证照是否齐全、厨房环境、食材等,固定证据。

第二,查看该平台消费者评价及留言,看是否还有类似情况的反映,确定情况后联系该平台,检查其入驻审核手续等是否齐全完备,如果平台在本地没有实体机构,可以请求当地监管部门配合检查。

第三,在检查核实的基础上,对餐厅及平台做出整改通知,整改期间停止经营,对给消费者带来的损失,要求其予以赔偿,如果还有情节更严重情况,移交司法机关进一步处理。

第四,对本地区所有外卖平台及餐厅进行专项检查行动,尤其是小型餐馆,发现有问题的严令整改。设立举报投诉渠道,对查证属实的举报者给予奖励。

热点 26 有媒体近日报道,在北京大医院周边可以找到自称救护车的各种车辆。据知情人透露,这些救护车八成以上没有正规的急救资质和持证医生,有些所谓挂靠在外地医院的救护车,实际上已经多年未经过当地车辆、卫生部门年检审核,属于非法运营。这些救护车和一些医院长期合作,根据送去病人的数量,获取提成。

例 1 请就材料中所反映的现象,谈谈自己的看法。

第一,黑救护车之所以能大行其道、广泛存在,当然与巨大的市场需求有关联,但这种市场需求却未必一定是建立在自愿的基础之上的,其中有多少是出于被迫与无奈,想必不难估量。当一个人生命岌岌可危急需送医院救治时,一边是无法及时到位的正规救护车,一边是没有救助资质的救护车,权衡之间、无奈之下,一定会有很多人选择后者。

第二,即便有市场需求,面对这种无资质且存在严重安全隐患的现象,如果监管部门稍有作为,应该也不至于像现在这样严重,不得不说,监管政策的严重不足甚至空白,是助长黑救护车的重要因素。"黑救护"的监管涉及多个部门,救护人员的资质归卫生部门,改装车辆归公安交警部门,非营运车辆载客归运管部门。一旦涉及"黑救护"营运赢利的具体行为,卫生部门没有执法权,主要是由运管部门来监管。而根据规定,运管部门是对普遍服务对象的营运车辆进行管理,而救护车是提供特殊服务,目前法律法规上对救护车的管理仍属于空白。

第三,此外,即便有市场需求,如果正常、规范的救护车能够满足需求,也不会有"黑救护"存在的空间,因而,黑救护车屡禁不绝的背后,还是救护车的供给不足问题。救护车数量稀缺,与看病难、看病贵等问题一并成为人们就医面临的一大尴尬。

第四,根治"黑救护车",应疏堵结合。不仅要强化常态执法,使其无法上路,更重要的是拓展正规救护资源,从而让"黑救护车"彻底失去市场。只有这样才能让救护车真正回归"救死扶伤"的本色。

例2 领导安排你对本地区救护车运营情况进行一次突击大检查,你将如何进行?

第一,考虑到是突击检查的任务,所以必须要迅速、全面展开,所以要组成多支检查分队,同时在不同地点进行检查,以免违规运营者互相通风报信,逃避检查。

第二,检查地点应该设置于各大医院附近,前期先以暗访的形式假扮病人家属,收取黑救护车主的名片,作为进一步检查的线索和证据,然后就地对运达病人准备离开或暂停的车辆进行证件、资质、挂靠单位等相关情况的核实,对于其中不合规、无资质的,要将相关情况详细登记。

第三,根据前期调查结果,对挂靠违规救护车的医院进行调查,查实其中的具体情况、原因,如果其中存在利益输送、贪腐等情况,要记录线索,向有关部门举报、移交。

热点27 2017年1月24日,上海市交通委、上海市消保委分别约谈网约车企业,要求滴滴在两天内下线网约车的加价功能,不得以任何方式给巡游出租车提供加价信息。

例1 网约车的出现在一定程度上方便了民众出行,还创造了新的就业岗位,可是有很多地方运输管理机关都对其持相对保守的态度,请结合上述材料中反映的现象,对此进行分析,谈谈自己的看法。

第一,网约车的出现为乘客与司机之间提供了更为便利的交流媒介,避免因信息不对称而造成车空驶、人空等的局面,在一定程度上有利于资源利用效率的提升,是一种正面现象。但是,网约车平台属于新型的市场主体,各方面运营机制尚不健全,尤其是对司机资质的审核、监管较为宽松和疲弱,导致发生了一系列侵害乘客权益甚至危及人身安全的事件,从这个角度来讲,运管部门采取保守态度未免不是一种合理及负责任的选择。当然,对于其中由于利益博弈而采取的刻意打压举措,则应该持批判态度。

第二,具体到网约车加价功能,如果是纯网约车平台的新增运营主体,作为一种补充性力量,可以允许其在一定范围内存在,但事实上很多正规运营的出租车司机也下载使用网约车软件,如果他们也坐地起价,要求加价才载客,这无异于打破了作为一种公共交通资源的定价机制,加重乘客的经济负担,显然是一种不合理的现象,所以上海严禁向巡游出租车提供加价信息的政策无疑是合理的。

例2 网约车出现后,对你们当地传统的出租营运行业带来了巨大的冲击,很多出租司机也转而开起了网约车,导致一些不太擅长使用网络约车的老年人打车日益困难,群众意见很大,领导让你负责解决此事,你将如何开展工作?

第一,要通过交通广播向所有出租车司机发出倡议,倡导他们在优先保障线下乘客需求的基础之上,再接线上订单。

第二,要在当地广播、报纸、电视等媒体及社区宣传栏等设置向老年人介绍网约车使用方法的内容,也可以倡议年轻人向家里的老人讲解使用方法。

第三,设立举报平台,对空车拒载的出租车要严厉处罚。

第四,进一步加大老年人乘坐公共交通工具的优惠,增加社区小型巴士的运行班次。

第五,倡议私家车主开展志愿互助行为。

例3 和你在同一科室,经常需要配合工作的小王也利用上下班和周末时间跑起了网约车,甚至有几次在上班时间也由于不忙而假借工作之名出去跑车,领导知道后很生气,批评了他,并责令他马上停止,小王说自己反正也没耽误工作,开的又是自己的私家车,凭什么不让跑,工作态度也变得消极,你怎么办?

第一,领导批评小王,肯定是针对他上班时间假借工作之名去跑车的行为。虽然,车是自己的,工作也不太忙,但工作时间就是工作时间,可以用来钻研业务、学习知识,更何况随时都可能会有工作任务或其他突发情况,理应坚守岗位,而不应假借工作之名办私事,这是原则问题,所以我会耐心开导他,给他讲清楚这个道理,让他虚心接受领导的批评,并主动道歉。

第二,对于周末跑车的行为,也要分情况处理,如果单位并没有工作人员从事经营活动的限制,那只要不影响工作日的正常上班,我觉得也可以允许他继续从事,但若有相关限制规定或影响到了工作日的正常上班,比如过度消耗体力等,那也要劝他停止跑车。

第三,如果小王家庭暂时存在经济困难,可以力所能及地给他借点钱,帮他度过难关。对于他工作态度消极的问题,要好言相劝,自己可以暂时多替他承担一些,但从长远来看,为了工作效率和质量考虑,还是要想办法调动他的积极性。比如开导他,帮助他解决工作难题等。

热点28 辽宁省委副书记、省长陈求发在2017年政府工作报告中首次对外确认,辽宁省所辖市、县2011年至2014年存在财政数据造假问题。消息一出,即引发舆论热议,更有媒体在国新办的发布会上,追问国家统计局局长"全国的统计数据是否真实可靠?"

例1 结合上述材料,谈谈对"数字出官,官出数字"这句话的理解。

第一,统计是用数据反映经济发展、社会进步的的本来面貌。涂脂抹粉的高大上统计数据会直接导致中央和各地对当下经济社会发展形势判断的误差，调控措施也就自然难以到位，最终影响经济增长和发展质量。

第二，统计数据造假是官僚主义和形式主义叠加产生的负面结果，其危害性各级官员都很清楚，但他们为何还会对此"乐此不疲"，表面上看是"唯 GDP 考核马首是瞻"，其根源还在于"数字出官"。官员要提拔重用，需要一定的政绩，而政绩的体现莫过于那些光鲜亮丽的数据了。

第三，政绩观扭曲，统计造假屡禁不绝，损害了政府公信力，而要革除这样的弊端，各地官员必须树立"为官一任，造福一方"的正确政绩观，首要的就是要尊重客观事实，"实事求是"，否则官员敢于在数字上造假，就别提什么称职与否了。因此，上级在对一些地方官员考核时，不仅要看其上报的数据，还需要多关注一下用电量、货运量、税收等指标，以期提高统计数据的准确性。同时，上级部门也不要盲目将地方官员的"乌纱帽"与下达的指标数据挂钩，以免造成地方官员虚于应付，基层统计部门大玩"数字游戏"的把戏。另外，对于数据造假者，纪检监察部门更要对其严厉追责。只有多方努力，"官出数据、数据出官"现象才能减少甚至杜绝。

第四，此外，对上负责、向下监督的官员考核任用机制也是导致数据造假的原因之一，因此要想禁绝此类现象，还需要革新官员考核任用机制，多一些向下负责及向上监督。

例 2 领导让你负责对本地区扶贫资金的发放情况做一个调查，你如何保证调查数据的真实性？

第一，对于扶贫资金发放情况的调查，要想保证其真实性，我觉得抓住首尾两头是关键。首就是要掌握扶贫资金的发放总量及去向，尾就是扶贫资金的具体发放对象究竟落实到位了多少，这二者之间只要不存在差额，数据就是准确的。

第二，基于上述分析，我首先会统计各单位向下发放的所有扶贫项目款项，计算出其总额，同时要详细统计各路资金的具体去向，然后逐级追查。

第三，如果在统计过程中，在哪一级发现差额、缺口，要重点记录，并明确发放、经受负责人。

第四，统计过程中要重点清查收支账目，并要各负责人签字背书。

第五，统计最终结果，将存在差额、缺口的部分重点标识，汇报领导。

例 3 你是某项数据统计工作的负责人，结果发布后不久，有同事发现有一项重要但极其细微的数据统计有误，指出的话单位领导要承担责任，不指出的话，一些企业可能会面临损失，该具体工作是由同事小王完成的。你怎么办？

第一，马上找小王全面了解相关情况，确定具体情形，尤其是可能给企业带来损失的情况，然后立即将调查情况向领导进行汇报。

第二，因为数据重要且不指出会给企业带来损失，我想领导即便需要承担责任，也会果断公布情况，纠正问题。

第三,向领导道歉,请求处分,并根据前期调查结果,对小王进行批评教育,同时要深刻检讨自己工作的失误,既然工作由我负责,不管具体是谁完成,我都应该对结果承担责任。总结教训,以后在工作中涉及重要的内容,在职权允许的情况下,一定要安排互相校对,确保结果的准确无误。

热点 29 据人社部,今年将加快建立异地就医联网结算系统,实现社保卡全国一卡通。同时,一张社保卡就能满足挂号、支付等多种需求。"以前挂号、买药、化验要掏现金,现在都能从社保卡里支付"。据悉,我国社保卡持卡人数已达 9.72 亿人,预计 2017年底将超 10 亿。

例 1 结合上述材料,谈谈对我国社会保障制度的看法。

第一,随着互联网信息技术的发展,地域给人们带来的交流不便几乎被消弭殆尽,但是各种制度"地域"之间的区别依然对人们的生活带来诸多不便,其中有很多甚至是完全不必要的。

第二,我国社保统筹层次一直较低,在人口流动加剧,异地就业和择业更为灵活的大背景下,逐步提高统筹层次是大势所趋、民心所向。信息技术的发展为此带来了难得的契机,社保卡一卡通、异地结算在一定程度上实现了更高层次的统筹。即便尚未实现统筹,也将更多的工作由群众身上转移到了政府身上,这才是执政为民,为人民服务的充分体现。

第三,在我国,电子支付已经在一定程度上得到了普及,政府机构和公用事业理应更快顺应时代潮流和群众需要,积极采用这些技术,减轻群众办事的负担和麻烦,社保卡具备支付功能,极大地方便了群众,是一项利国利民的好事。

第四,希望公共机构能在更大范围内贯彻这种理念和精神,给群众带来更多的便利。

例 2 为了落实国家政策,你们乡镇要将当地农村合作医疗做到全覆盖,领导让你负责推进办理工作,你将如何进行?

第一,全面调查当地合作医疗的普及率,尤其是未能普及的那部分究竟是何种原因所导致,根据调查结果针对性开展工作。

第二,如果普及率还比较低,就要采取一些普遍性的工作措施;而如果普及率已经很高,未普及的只是少数甚至个别,那么采取的工作可能就要更有针对性。

第三,未能普及的原因,无外乎就是不了解情况、不信任或者不方便、无能力等,针对不了解情况的问题,如果普及率很低,就要采取普遍宣传的方式,通过召开村民会议、发放传单资料、电视广播等方式,让更多群众了解这一政策及其好处;如果普及率已经较高,对未普及人员就要采取上门宣讲,定向宣传的方式来进行;如果群众对政策不信任,一方面要拿出国家的政策文件,另一方面可以邀请已经从政策中获益的群众现身说法;对于不方便或者无能力的群众,比如外出打工的或行动不便的,可以在征得他们同意后,让他们所在地的村干部代理办理或上门办理,在政策允许的情况下,可以减免困难户的缴费。

例3 现在我国医疗领域存在的突出问题之一是基层医疗机构无人问津，各大医院却人满为患，为了扭转这种局面，引导患者到基层医疗机构就诊，领导让你组织一次宣传活动，你将如何进行？

第一，患者之所以集中到大医院而不去基层医疗机构，一方面与患者个人的观念有关，另一方面也与长期以来我国基层医疗体系薄弱有很大关系，所以我觉得宣传可以从这两方面入手。

第二，针对患者的观念问题，我觉得主要的宣传内容应该是理性就医。首先，普通患者日常所患的疾病都是一些常见疾病，只要诊断准确，按时用药都可以康复，完全没有必要去大医院。其次，大医院由于集中了太多的患者，医患比例严重失衡，反而导致在排队、取药等事情上耗费太多的时间，去基层机构的话一来离自己较近，免去长途奔波，二来不用排队，可以节约不少的体力和时间；最后，基层医疗机构往往有全科医生，他们可以帮助患者在初步诊疗的基础上给出进一步就医的指导建议，这样即便去大医院，也知道具体去哪家比较好，该看什么科等，避免了患者盲目求医。

第三，针对基层医疗体系薄弱的问题，主要的宣传内容应该是向患者介绍近几年我们国家在基层医疗体系建设上的投入及成效，基层医疗体系的面貌今非昔比，软硬件水平都有了很大提升。尤其是在"医联体"建设政策出台后，更是要将大医院的优质医疗资源下沉，在实质上帮助基层医疗体系提升质量，去基层也完全可以享受到正规、优质的医疗资源。

第四，关于宣传方式，我觉得可以将上述内容印制成宣传册，再配合对基层医疗单位的具体介绍，在大医院附近或者人流量比较大的广场设置宣传展位，进行宣传。也可以进社区开设公益讲座，结合为老年人量血压义诊等方式一起进行。

第五，平时可以通过网络平台编写相关内容进行播发，潜移默化地引导人们。

热点30 今后，守信者将获得更多实惠，失信者将更加寸步难行。国家发改委相关负责人透露，2017年，个人诚信体系建设将掀起高潮。要加快建立房地产中介、导游等14类重点职业人员信用记录。同时，在全国范围建立和完善信用红黑名单制度。

例1 结合上述材料，谈谈你对个人诚信体系建设的看法。

第一，近几年，随着市场经济的不断发展，我国社会的自由度日益提高，与之相伴也出现了诸多负面现象，其中之一就是不讲诚信的现象，且已经严重影响到经济社会的正常运行，给人民群众带来巨大的困扰，必须要采取措施予以应对。

第二，失信行为固然有个人道德水平低下的原因，但也与社会化监督机制的不健全有重大关系。市场经济是信用经济，信用既要靠内在约束，更要靠外在约束。

第三，个人诚信体系建设，将个人的行为纳入征信体系，给所有人的社会化行为都设置了一道红绿灯，可以更加完善地提醒每个人在社会生活中检点自己的行为，否则将会面临寸步难行的尴尬。这必将极大地促进和提升全社会的诚信水平，有利于构建更加和谐美好的社会。

例2 由你负责本地扶贫贷款的发放审核工作，有一名群众前来贷款，项目涉及数十户农民的脱贫工程，领导相当支持，但你查到他曾经发生过较为严重的信用违约问题，你该怎么办？

第一，将该情况向领导汇报，如果领导仍然支持贷款给他，那就要针对他的信用问题做一些专门工作。

第二，领导虽然相当支持，但他支持的是该项目本身对于扶贫的作用，因为我会先要求更换贷款负责人，由信用状况良好的人来负责贷款。如果该项目与他本人关系密切，非他负责不可，那我会要求他提供相关担保措施，比如抵押物、担保人等。

第三，如果他难以提供相关担保措施，我只能拒绝他的申请，并向领导汇报相关情况。

热点31 2017年春节前夕，河南省有关部门下发的一则"全省禁燃"紧急通知，引发网民热议。仅两天后，该部门又紧急收回了这份通知。专家认为，决策出台初衷可以理解，但如何避免"拍脑袋"决策导致的"用力过猛"，更值得反思。

例1 针对上述材料，谈谈自己的看法。

第一，政府决策关系重大，一个小小的决策对于社会、群众而言可能就意味着很大的改变，所以必须慎重、科学进行，而不能随意。

第二，随意决策的背后无外乎两种原因，一是决策的程序不严谨、不科学；二是决策的机制不民主。前者可能是领导专断、独行，既不履行集体决策的规定程序，也不请教专家、数据，而只凭一己好恶随意决策。后者则是在决策时不考虑民意，不考虑社会影响，等到结果出现了，才发现问题。

第三，要解决随意决策所带来的弊端，就必须遵循科学决策、集体决策、民主决策的机制，在决策之前多做事，决策之后就可以少麻烦。

例2 每年春节因为燃放烟花爆竹而频频引发火灾和人身伤害事故，造成巨大的损失，对环境也造成严重污染，有人主张应该对之进行严格禁止，也有人认为这是传统民俗，应该予以尊重，你怎么看？

第一，事故令人痛心，污染让人烦恼，这都是社会发展、民生改善所必须解决的问题，在这些问题上，没有退路，没有弹性，没有商量的余地。传统民俗需要尊重，也需要改变。优秀的、文明的、有利于社会发展的民俗就需要传承与发扬，落后的、野蛮的、不利于社会发展的就需要移风易俗、革除积弊。这是处理这个问题的大前提。

第二，现代社会生活工作节奏非常紧张，有的人过年在休假旅游，有的人可能还在正常加班，不顾情由，不分时段燃放烟花，扰民是必然的。这等于把一部分人"习俗"的自由凌驾于另一部分人休息的自由之上，这是不合理的。尤其是现代城市，高楼林立，不利于声音和烟尘的散播，噪音和污染的问题会更为严重。所以在城市尤其是核心城区理应完全禁止。最大的妥协也应该是限时燃放，比如除夕夜6点到8点之间，其他时间一律禁放。

第三，城郊和农村地区可以适当放宽，但也不应该全然放开。移风易俗是亘古长存的议题，任何社会都需要。文明社会，快乐不应该建立在事故、污染和对他人权益的侵害上。

例3 领导让你对本地烟花爆竹的生产、销售安全状况进行一次摸底检查，你怎么进行？

第一，成立检查组，分工负责。

第二，检查内容主要包括生产销售单位的资质是否合规，生产、存储的流程、条件是否合规，生产、销售人员是否进行过相关培训、生产原料及销售产品是否合规、周边环境是否合规等，要和各单位签订安全生产责任书，明确各单位负责人。

第三，对生产销售场所的安全应急措施进行排查，看是否有安全隐患，比如紧急通道、消防设施等是否完善。

第四，对于一些小作坊、小摊小贩，如果存在资质瑕疵，要在他们完善资质之前，一律停产、封存，相关负责人要组织学习。

第五，对违规产品要妥善安置、运输，定点销毁。

热点32 天津"北方调料造假中心"和莆田"假鞋之都"又一次刺激着人们脆弱的神经。一个是年产值以亿计、造假历史长达十多年、产品流向全国的调料品生产线"北方调料造假中心"。一个是号称"让全世界穿上名牌"，耐克、阿迪达斯、新百伦等知名品牌运动鞋通吃，甚至带动整个城市 GDP 的莆田"假鞋之都"。造假从来就不是一个新鲜话题。但是造假造得这么"高端大气上档次"还是第一次。

例1 请谈谈对上述材料内容的看法。

第一，造假售假除了能为制售者谋得不正当经济利益外，无论是对消费者还是整个社会都百害而无一利，理应加大打击力度，消除这种负面社会现象。

第二，造假售假盛行的根本原因在于监管机制不健全，违法者的成本太低，当这种成本与不当收益显著失衡时，他们就会想尽办法突破底线，谋求利益；消费者对假冒伪劣产品的态度也是助长假冒行为的重要推手。很多消费者的维权意识不高，买了假货后"自认倒霉"而不是积极维权，甚至有人知假买假，购买一些假冒的名牌产品来满足自己的虚荣心，这都是对造假者的变相鼓励。

第三，打击造假售假要严格监管，加大处罚力度，显著提升违法成本，让造假售假者一旦被查处，就不仅失去违法所得，还要承担超额代价，这样才能具有法律的威慑力，从源头上减少造假售假的冲动。此外，要通过加大宣传力度和便利维权渠道，让消费者发现购买到假冒伪劣产品后能很容易地维护权益。全社会也要形成一种低调、务实、节俭的良好风气。

例2 你们当地是远近有名的皮革生产集聚地，皮革产业是支柱产业，不仅是主要的就业渠道，也是主要的税收来源，但生产主体大多是小弱散的家庭作坊，不仅品质难以提升，还有很多人长期存在冒用名牌的问题，领导让你负责制定相关问题的综合解决方案，你将如何制定,请说明方案内容及制定过程。

第一,方案内容主要应该包括检查、整顿和帮助转型。首先要组织全地区范围内所有制革主体的全面突击检查,对其中存在仿冒名牌问题的家庭作坊依法做出处罚,如果其中有证照不全者,要先停产办证,再恢复生产。

第二,对于地区内规模较大,且有自主品牌或为知名品牌合规代工的制革企业,要加大扶持力度,协调他们与规模小的主体的整合,通过技术改造、培训、授权等方式,将众多小规模生产主体纳入大企业的生产链条中来。

第三,方案的制作过程应该以检查和针对性调研为基础,多与各企业主进行沟通,从长远发展、社会利益和国家政策等方面引导他们。

例3 你们办公室有些同事热衷于追求名牌,甚至有人还购买高仿的假名牌,很多人都说你不用名牌显得很土气,慢慢还疏远孤立你,你将怎么办?

第一,购买高仿假名牌的行为肯定是不值得提倡的,所以即便有人说我显得土气,我也不会为此而改变自己,但是对于同事疏远孤立我,我觉得长此以往不利于工作上的协作,还是得想办法解决。

第二,同事们说我土气,我估计也未必全然是因为不用名牌,可能也与我平时不太注重打扮有关,或许因为性格因素,我选择衣服的款式不够新颖、活泼,显得单调、落伍,所以同事们跟我在一起觉得不舒服。我会试着和关系较亲近的同事交流,如果证实是这样,那我会请他给我建议,在服饰选择上尽量注意款式、样式等,在符合职业身份,庄重得体的同时,尽量穿的时尚一点。

第三,对于同事们疏远我的问题,要以平和的心态去面对,在工作中如果有需要沟通交流的还是要正常去进行,工作之余也可以邀请他们一起从事文娱活动等,创造机会多接触,我想应该消除误会,并且适时地告诉他们购买假名牌的社会危害。

热点33 由中办、国办印发的《生态文明建设目标评价考核办法》,发改委、统计局、环保部、中组部等基于此文件制定的《绿色发展指标体系》和《生态文明建设考核目标体系》,在考核体系中对生态环境指标赋予很高的分值和权重。

例1 请就上述材料的内容,谈谈自己的看法。

第一,改革开放之后,我国经济得到了迅猛发展,取得了举世瞩目的伟大成就,当前经济总量已经跃居世界第二位,人民生活有了显著提升。然而,由于经济发展的模式比较落后,为此所付出了生态代价也是极大的,主要表现为资源枯竭和环境污染。尤其是环境污染,已经成为当前主要的民生问题之一,由此带来的健康问题日益严重,必须要采取措施予以解决。

第二,传统的经济发展模式注重经济量的增长,忽略质的提升,发展过于粗放,在一定的历史阶段可以说有其必然性和一定的合理性,背后当然有相应的制度因素作为支撑,比如政绩考核方式。在相应政绩考核方式的作用下,各级官员将经济增量的放大作为主要的追求目标,视GDP为珍宝,这是导致环境问题的重要根源。

第三，中央从可持续发展的战略高度，改变过去的政绩考核方式，将生态环境保护在考核体系中的分值和权重予以提高，其针对性明显，科学性极高，必将对保护生态环境，促进经济转型发展起到重大的积极作用。

例2 你们当地有一条河水今日突然变色，可能是企业偷排污水所致，领导让你负责进行一次摸底调查，你将如何进行？

第一，确定污染原因。对水质进行测试，分别对河水未被污染的上游和污染水域进行采样分析，确定污染物成分。如果污染物危害较大，要及时进行相关通告，并进行应急处置，避免因水污染危害人民群众的生命财产安全。

第二，分析污染来源。根据污染成分初步分析造成此类污染可能的企业有哪些。通过实地走访，询问工商、税务调查企业相关登记等方式逐步确定责任企业范围。

第三，查找确定污染源。联合其他相关职能部门进行实地调查，走访有嫌疑的企业，逐一仔细排查。首先要查企业的生产，重点调查有无新增生产项目，新增的生产项目很可能是造成河水突然变色的原因；其次调查企业的排污处理设备，看企业有无按规定安装相应设备，重点检查排污设备工作记录、维护保养登记、易损易耗零件工作情况等，看企业是否按相关要求真正落实排污处理；最后，详细排查企业有无能绕过排污设备的暗道。

第四，立即处置违规企业。在权属范围内责令其立即停产整顿，并联合执法机构对其依法进行处罚，并向负责区域内其他单位通报情况，惩前毖后。

例3 你们单位存在比较严重的浪费问题，水龙头经常有人用完不关，办公室的灯也总是在没人的时候一直开着，还有纸张、食物等很多方面的浪费现象，领导让你负责解决此事，你将如何进行？

第一，此时的解决主要应该从制定相关规章制度并配合针对性宣传的方式进行，前者主要提供硬性约束和规范，后者主要解决人们的思想观念，两方面同时起作用才能从根本上解决这个问题。

第二，规章制度主要是明确责任，因为关于浪费的道理其实大家都懂，只是由于责任不明确或责任感不强，才落实不到位，所以各部门都必须有相关问题的负责监督人员。向各部门下发关于"厉行节约，反对浪费"的通知，其中重点明确各自的负责人，由他们负责具体责任的分配及落实即可。

第三，宣传可以采取向各单位有奖征集有关宣传口号的方式开始，让所有人参与进来，这样可以在宣传之初就调动大家的积极性；然后将有关口号制成小标语张贴在水龙头、开关等附近；还可以利用节日，组织有关文艺演出，以小品、相声等形式将相关主题形象表达，节目的创意、编排和演练过程其实也是一次自我强化的宣传过程。

第四，对在此过程中表现突出的单位和个人要给予表彰，对表现较差的则要进行适度的惩罚。

热点34 四川的一所高职学校给学生布置一项"特殊"的寒假作业，作业的内容是要求学生在寒假推广该校的官方公众号,并且要求有"点赞",对于"点赞"数量还有特定的要求,"点赞"数不足则视为挂科。对此,网民表示无法理解学校的想法。

例 1 针对上述材料中反映的现象,请谈谈你的看法。

第一,随着我国经济结构的转型,人才需求结构也将发生深刻的变化,职业教育发展的前景广阔,大量高职类院校迎来了难得的发展机遇,在此背景下,学校从招生就业的角度考虑,扩大影响也无可厚非,利用互联网进行宣传更是应该提倡。

第二,该校作法欠妥之处在于一方面给学生施加硬性要求,让学生承担宣传责任,这显然不太合理;另一方面是即便让学生宣传,也不应该将此与学生的课业合格挂钩,这已经涉嫌违法。

第三,打铁还需自身硬。当前如此良好的社会背景下,职业院校只要通过良好的教学水平和结果,自然会赢得社会的尊重与信赖。对于学校公众号而言,应该拿实在内容说话,靠健康、有意义、贴近学生、家长和社会的内容自然可以获得自愿的点赞,又何必强迫点赞,这种强扭的瓜,除了能给一些人带来虚假的业绩之外,只怕吃到嘴里也未必会甜。

例 2 假如你是一所高职院校招生部门的工作人员,领导让你进行一次招生宣传活动,你将如何组织?

第一,宣传方式主要通过网络进行,一方面是普通社交性网络,另一方面是一些有关职业教育为主题的网站、论坛等。

第二,宣传内容除常规性的学校概况、历史、专业设置、师资等以外,重点要介绍近年来学校在学生专业特长和就业等方面的创新性举措及效果,可以通过案例介绍,尤其是以学生、家长、用人单位视频采访的形式来呈现。

第三,将相关内容制作成微信公众文章或者微博在社交媒体进行宣传,可以邀请视频中涉及的相关人员进行转发,也可以给付酬金,寻求一些网络大号的传播支持。将相关内容转载到职业教育相关网站和论坛。

热点 35 2017 年 1 月 9 日,浙江省人力资源和社会保障厅通报了该省医保个人账户活化政策,明确个人账户历年资金可用于支付职工基本医疗保险参保人员配偶、子女、父母的医疗保障费用。浙江省也成为国内率先出台政策允许家庭成员之间医保资金进行共济互助的省份。

例 1 针对上述材料的内容,谈谈自己的观点。

第一,当前,我国医保基金采取"统账结合"模式,即由社会统筹账户和个人账户组成。由于用途不同,资金使用效率也大相径庭。一方面,统筹账户的钱由于要拿出来在全部缴纳社保的人员间进行共济使用,面临收不抵支的困境;另一方面,个人账户的资金却由于只能用于个人,大量沉淀。吃紧和闲置并存,两个账户形成了鲜明的反差。而过去的政策是严禁个人账号的分享,2015 年,浙江一位母亲让女儿用其丈夫的个人账户买药,结果母女双双获刑。这一案件引发了巨大争议。

第二，个人账户存废之争由来已久，尽管观点不一，但为个人账户寻找出路则是基本共识。为此，一些地方进行了探索，比如允许用个人账户里的钱购买商业健康保险甚至健身卡等。但最彻底的做法是将两个账户打通，将个人账户上的资金纳入到统筹账户当中，供所有人共济使用。但在当前，这样做对个人账户资金较多的人很不公平，因为这些钱由他本人或单位出资，拿出来共用显然不合理，即使最终要打通，个人账户上已有的钱也应以某种方式让持有者享有。

第三，比较理想的做法是首先实现"家庭共济"，减少个人账户的资金存量，并降低闲置率。个人账户上的钱用于家人，不仅不会影响公平，更会唤醒个人账户的沉睡资金。而且本身家庭财产就有共有属性，即便在法律上，也有诸如"夫妻共有财产"的说法，个人账户的家庭共济可以说是理所当然的。不管个人账户的资金最终能否实现社会共济，"家庭共济"这一步都应该大胆迈出。

例2 2017年初，有快递企业发生大面积压货现象，部分区域几近"停摆"，媒体报道后，该企业回应是由于春节放假后，很多快递人员未能返岗所致。一名著名企业家在其个人微博中评论说，90%以上的电商从业人员没有或者只有少得可怜的五险一金。现存他们吃的是青春饭，将来谁来养活他们？请谈谈你的看法。

第一，社保的覆盖率一直是我国政府致力的方向所在，从新农合、新农保到城镇非在职人员社保等政策的推出就可见一斑，但大量流动就业人口至今依然存在社保率较低的问题。这对维护劳动者合法权益，降低社会风险埋下了极大的隐患。

第二，大量流动就业人员社保率低的原因可从以下几个方面分析。一是流动性大，尤其有很多人存在频繁跨地域工作的问题，而我国社保统筹层次较低，导致在原工作地缴纳的社保无法转移至新工作地，降低了他们的缴纳积极性；二是劳动监察、劳动维权等机制不够健全，导致企业不能严格贯彻相关政策；三是社保缴费率较高，企业负担较重，也降低了企业为员工参保的积极性。

第三，要解决这一问题，首先要提高社保统筹层次，这样职工无论流动到哪里，原有社保都可以继续使用，而不必大费周章进行转移接续，甚至无法转移；其次要加大政策执行力度，严格监管，确保企业履行相关义务，在此基础上，要适当降低费率，减轻企业负担。

热点36 2017年元旦，郑州市二七区的环卫工人收到了一份节日福利，但面对无论男女都人手一双的女式鞋，而且其中不少还是高跟鞋，环卫工人都无法高兴起来。事情被报道后，网友直呼这是一项"奇葩福利"。

例1 针对材料中的内容，谈谈自己的看法。

第一，制定该项政策的人固然可以说"虽然员工本人是男的，但未必家中没有女的，所以女式高跟鞋也不是没用"，但这多少有狡辩的嫌疑。员工福利的福利对象首先是员工本人，如果福利是培训，是否也可以由家人代替呢？这显然是说不过去的，这种明显带有"奇葩"色彩的福利政策之所以能够出台，背后折射的问题不能不引发深思。

第二,在一些管理者的心目中,根本不重视劳动者权益保护、福利等方面的问题,只是工具性地看待劳动者,对劳动者缺乏基本的人性关怀,即便出台一些福利措施,也只是为了面子工程或应付法律政策的要求,而并未从内心里真正地关怀劳动者,这就是上述材料中奇葩福利出台的真正原因之所在。

第三,当前,我国经济发展迅速,社会财富进一步增加,理应实现由过去的创造、积累到分享的转变,要更加重视职工福利的落实、权益的保障,广大管理者要更具有人文情怀,要尊重、爱惜劳动者,国家的相关法律、政策、制度也要更明确地保障职工权益,并加大日常监督力度。

例 2　领导让你负责组织一次针对农村困难户的慰问活动,你将如何组织?

第一,辖区面积大,人数多,所以此次困难户慰问不可能覆盖到所有人,因而只能是有所选择,有所侧重,对象确定为重度困难户为宜,比如孤寡老人、五保户等。慰问形式以发放生活物资,如衣物、粮油等,以解决他们的实际生活困难。

第二,首先要联系对象村的村干部,确定各村的慰问对象,其次要采购慰问物资,除利用慰问资金直接采购外,想必社会上还有一些爱心人士,也应该将他们的力量汇聚进来。这样一方面可以节约公共资金,用以扶助更多的人,另一方面也能宣传公益,有利于此类事业的可持续进行。所以,事前应该联络辖区内的一些企业和知名的慈善、爱心人士共同参与进来。

第三,慰问活动要有相关领导的参与,以体现政府对该项工作的重视,需要提前和有关领导确定好日程。慰问过程要简单、高效,由慰问人员携带物资直接上门进行,过程中要有专人负责摄像、拍照,以作后期宣传、扩大影响使用。

第四,为了进一步巩固成果,还可以让一些企业与困难户形成结对关系,在后续继续为他们提供一些帮助。

第五,活动后,要将相关内容整理、编辑,进行宣传。

热点 37　今年春运期间,很多网络订票平台又有了新花样,推出了有偿抢票服务。比如携程网提供的 VIP 专人抢票,收费 66 元,号称专人守着电脑,24 小时帮您抢票,成功概率翻番。类似这样宣称可以加价抢票的平台,今年至少有 58 家,价格也不一样,平均收费在 30 元左右。

例 1　针对上述材料,谈谈自己的看法。

第一,从早年间搬着铺盖凌晨睡火车站抢票,到进入信息时代后用各种"刷票神器"寻找漏洞免费刷票,每年的春运抢票大战都有说不完的故事。随着"抢票神器"纷纷遭禁,很多网络订票平台推出了有偿抢票服务。消费者不仅可以选择车次和"抢票套餐",还可以购买"插队券"提升抢票成功概率。一张回家过年的火车票,掏上低至几十元、高至百余元的服务费,抢票概率就立刻成倍增长。

第二,有人认为这种有偿抢票本质上就是一种"黄牛"行为,也有人认为平台收取的是服务费,并且是为顾客个人购买车票,不属于倒票,和黄牛具有本质区别。从市场的角度来看,网络平台推出有偿抢票服务是迎合了购票需求,而抢票服务有成本,收取一定费用也符合市场逻辑。

第三,这种有偿抢票服务值得商榷。一者,由于付钱就可以插队,破坏了购票规则,对没有付费的人而言很不公平;二者,会诱导消费者掏更多的钱,价格存在被炒高的可能;三者,推出这种有偿抢票的网络平台与黄牛党是否真的有本质区别?黄牛的定义就是通过倒卖火车票获取利益。不论是早年间在售票窗口排队倒票,还是近几年通过所谓的"抢票神器"倒票,对乘客而言都是提供了一种高价购票服务。而网络平台推出的有偿抢票,同样是提供了一种高价购票服务,唯一的区别只是穿上了一件"公司运营"的马甲。

第四,有偿抢票服务不是创新,不是为消费者提供多样化服务,而是通过牺牲部分乘客权益,让另一部分乘客多掏钱来获取便利,自己则从中渔利。这可以说是趁火打劫,也可以说是侵犯了所有消费者的权益,并且以金钱购买速度和服务打破了机会公平,致使一些出不起有偿服务费的人丧失了公平抢票的机遇,违背了社会公德。

第五,小小的一张车票,寄托着无限的乡愁,更体现着相关部门服务百姓的责任意识。在回家这件事上,不会使用高科技手段、花不起钱加价购买的人应该与所有购买者享有同样的机会和权利。要维护公平正义,让每位乘客都能顺利回家过年。

例 2　临近春节,突然接到消息称,辖区内某工地有几十名农民工因未能买到回家的车票而滞留,领导让你负责帮助他们解决困难,你将如何开展工作?

第一,迅速赶往民工滞留地,向他们了解未能买到车票的原因以及他们的去向,根据相关信息联系铁路部门,看是否还有余票,如果有余票,只是因为民工不会通过网络购买,则帮助他们网络购票。如果已经没有足够的余票,则先头卜一部分,剩下的另想办法。

第二,确实买不到票的情况下,可以再联络公路运输部门,购买长途汽车票解决他们的需求。如果同一地点的人数较多,还可以协调增开长途客车的班次,专程运送他们。

第三,在网络上通过微博、微信等发布相关信息,联络同程的私家车主,提供顺风车服务。但事前需要将双方的详细信息进行登记,以确保安全。

第四,如果通过各种办法,最终还是无法解决部分人的回城问题,则要妥善安置他们的春节生活,并尽可能帮他们联络到工作机会。

热点 38　在山东青银高速淄博服务区,客运车要想在这里搭载乘客,必须缴纳数额 5 至 20 元的人头费。身穿制服拦车收费的男女自称淄博点站工作人员,但无法提供工作证件。客车司机称,这种现象存在已久。有些甚至强行拦车,殴打司机,恐吓乘客。消息一经曝光,引起舆论广泛关注。对此,淄博服务区 1 月 2 日晚回应称,强收人头费的乱象已经得到根除,可以确保旅客在这里顺利出行。

例 1　请就上述材料内容,谈谈自己的看法。

第一,很难想象,在高速公路服务区内,竟会堂而皇之地上演"要想从此过,留下买路财"的古老桥段。从某种意义上说,这种光天化日之下明目张胆的权益侵犯,已经动摇了公众关于"秩序"与"安全感"的基本判断。其再一次表明,那种近乎疯狂的原始占有欲及其衍生犯罪并未真正被隔离于现代文明场景之外。

第二,这种大规模的、张扬的集体犯案,居然能够存在如此之久而不被制止,其背后必然有着深厚的背景根源。实际中高速服务区的管理结构并不复杂,不仅责任主体高度明确,权责关系也无比清晰。在这种背景下,竟有车匪路霸能经年累月地拦路收钱,难免使人忍不住联想。这其中,高速管理部门是否履行了自己的监管职责?如果说这不在他们的管理权限之内,至少可以报警,是否有过报警,如果没有,这就是责任缺失,如果有,那公安部门缘何不管?

第三,常识是,那些嚣张跋扈的作恶者背后多半会有盘根错节的利益关系网。有人台前逞勇斗狠,有人幕后里勾外连。若管理者急于将权力变现,自然也就顾不上吃相难看了。应该说,服务区里的"抢劫者"更像是被豢养的寄生者,他们作为一条灰色产业链最末端的"恶人",很可能只是冰山的小小一角。当高速公路服务区被某些人视作自己的势力范围,那么任何的公共规则和秩序将无从谈起。从此角度看,现代社会的高速服务区与原始蛮荒之地并无区别。

第四,也许,并不是车匪路霸太强悍,只是相当一部分制度执行者、公共管理者总是人心贪婪不设防。终究要弄清楚的是,服务区里的"抢劫者"是如何成为被养大的"恶",无论如何,相关监管部门都难辞其咎。

例2 据网络流传的消息,你们当地车匪路霸现象非常严重,还曾经出过人命,公安也不管。消息一出,对你们当地的形象造成严重影响,旅游收入急剧下降,假如让你负责处理此事,你将如何进行?

第一,确定该消息是否属于谣言,如果是谣言,一定要向社会及时公布事实真相,并联络相关网络平台,立即删除相关网帖,做出说明,以正视听。

第二,如果该消息所传内容为真,则要尽快联络到原始发帖人,寻求他的帮助,提供线索,协同公安部门及时侦破案件,将有关人员依法处理。

第三,召开新闻发布会,邀请各大主流媒体记者进行报道案件进展。在此基础上开展社会治安综合整治行动,依法严打车匪路霸,加强治安巡逻,维护社会秩序。

第四,通过媒体进行旅游资源宣传,吸引更多游客前来,并和旅行社明确责任,让他们加强管理和引导,确保游客安全。

热点39 据报道,在湖北省郧西县,有村干部谎报低保、退耕还林、粮食直补、公益林等国家补贴名单,并拿着村民的身份证,私刻几十枚村民印章,开办银行存折,十几年来冒领300多万元。有村民身患癌症,还被人冒领了农村医疗救助补助。

例1 针对上述材料,谈谈自己的看法。

第一,近几年我国反腐败工作加大了力度,取得了明显成效,老虎苍蝇一起打,对基层腐败的惩治力度也不小。相比起大老虎,与农民直接接触的基层腐败最容易让人产生怨气,对政府公信力的消耗更甚,基层干部的监督以及基层政务的公开迫在眉睫。

第二，这些小苍蝇掌握着"微权力"，看似不起眼，实则与百姓生活息息相关，他们往往构成民众与政府沟通、感知政府政策的第一道屏障，其状况的好坏直接关系着百姓对政府的评价。因为其微小，所以一直以来，对他们的监督都不是特别到位，很多都是事后监督，事前监督还很薄弱。

第三，国家在近年的扶贫任务中加大了农村的发展投入，旨在让农民能更好的享受社会主义和谐社会的成果，丰富农村的物质和精神生活水平。但是别有用心的人总是盯着这些钱。他们利用信息不对称的空隙，肆意侵害农民权益，破坏国家政策，根源还是在于信息公开的机制和力度。

第四，真正要解决这些问题，一是必须强化对基层权力的监督约束，让老百姓实实在在拥有监督权；二是减少中间环节，将对农民的各项补贴的审批发放权限上移，利用网络、银行等直接发放到农民手中；三是加大信息公开的力度，通过电视、报纸、清单等方式，将扶贫等款项的项目、数额详细公开，避免给别有用心的人留空子。

例2　你是乡镇驻村干部，有群众向你反映说，他们的村干部在工作中存在违法乱纪的问题，经询问，该村干部是你们镇长的亲戚，你怎么办？

第一，向该群众详细了解他所掌握的情况，做好记录，并告知他一定要实事求是，如果表述中存在虚假、夸大等情况，要承担相应责任，而如果他反映一切属实，一定会给他一个合理交代，并替他保密。

第二，根据该群众的表述内容，向其他群众侧面打听相关情况，比如是否发现自己的各项补贴有问题等，如果其中也涉及到了该村干部违法乱纪的问题，要重点记录，尤其是前后能够互相佐证的信息。

第三，向其他村干部了解相关工作的情况，看他们有无对该干部的意见和举报信息。

第四，在前三项的基础上，确定问题的严重性，如果只是一般的违规违纪问题，可以直接找到该村干部，向他求证相关内容，责令他改正、纠正。如果问题性质比较严重，要向领导汇报，在征得领导同意的基础上向纪检部门举报。

热点40　据报道，在湖北省黄冈市黄州区，一位食品药品监督执法人员在执法过程中，从一家小商店一次性拿走了36瓶食用油。面对该店老板的质疑，执法人员口出"依法抢劫"。消息一出，舆论哗然。事后，黄州区委、区政府迅速成立调查专班依规依纪处理此事，并对张某停职作立案调查。

例1　针对上述材料，谈谈自己的看法。

第一，世界上绝不存在"依法抢劫"的说法，因为只要依照法律，任何人都不能实施抢劫，抢劫了就是违法犯罪。法律也的确赋予执法人员一些行政强制的权力，比如查封、没收等。但是依法查封、没收等执法行为必须有违法事实作为前提，必须有明确的法律条款作为依据，必须有严格的法律程序作为保障，这样的行政强制合法而且严肃，不能被无端地作践为"依法抢劫"。

第二，根据我国相关法律法规，监管部门进行抽样检查，必须要购买样品，而绝无随意拿取的可能性,如果随意拿取,那实质就是"抢劫",肯定不是"依法"的。

第三,退一万步讲,即便可以免费拿,作为检测样品,是否需要 36 瓶之多?食品安全无小事,严格执法很必要。可是,执法人员一定要搞清楚,自己到底是为了维护法律尊严、保障人民生命健康而执法,还是为了罚款、没收而执法。严格执法并不代表可以随意处罚,以执法之名搞"吃拿卡要""执罚经济",其恶劣程度与放任违法并无两样。

第四,"依法抢劫"不过是恼羞成怒的抵赖之词,但执法雷语的背后所揭示的却是监管失控的现实。食药监执法人员本是食品药品安全的监管者,但监管者本身也需要严格的监管,否则监管权很容易异化为对监管对象的"合法伤害权"。多起执法乱象被媒体曝光后,并没有相应的问责与追究,也难怪执法人员敢于警告商户。"人在屋檐下,不能不低头"在他们看来,这是自己的地盘下自己的屋檐,所以监管对象必须接受"依法抢劫"才对。其实,在法律的屋檐下,包括执法者在内的所有人都必须向法律低头。

例 2 有一位同事,业务能力很强,单位很多业务上的事都靠他解决。在其他方面,他人际关系广,经常说他认识很多朋友。平时应酬很多,有人找他办事时送点小礼品之类的他也不拒绝,领导对此也不管,作为他的同事,你怎么办?

第一,作为公职人员,必须严格要求自己,清正廉洁是本分,而不是额外的高尚。在这一点上不管是什么人。职位有多高、能力有多强,都一样,没有例外。

第二,这位同事能力强业务精,为单位做出了贡献,该奖励就得奖励,该表彰就得表彰。至于人际关系广,只要是健康有益的朋友,多交无妨,而如果是损友、打他手中权力主意的所谓酒肉朋友,则应该高度警惕。对于收受小礼品的行为,则肯定不妥,应该坚决改正。

第三,基于以上认识,我觉得作为他的同事,有必要提醒他注意、防微杜渐,可以向他举一些贪腐官员的例子,他们都是从小处沦陷,等发现时已经深陷深渊,悔之晚矣。另外,我还要向领导提醒,督促该同事,对下属的严格其实是关爱,更何况,还有组织纪律的存在;除此之外,平时在参加一些文娱活动的时候可以多邀请该同事参与,尽可能减少他参与其他应酬的可能性。

第四,相信通过以上努力,该同事会把更多精力和时间用在钻研业务能力上,而不是人际关系上。

例 3 有一种说法叫做"党纪严于国法,国法高于党纪",还有一种说法叫做"党纪高于国法",结合对这两句话的理解,谈谈你对党纪与国法关系的看法。

第一,党纪与国法都是行为规范,都对人的行为产生约束作用,但约束的主体范围不同。党纪的约束范围限于党员,他们是国民中的一部分,而国法的约束范围包含每一个国民,其中也包括广大党员。

第二,之所以在国法之外还有党纪,就在于广大党员作为国民中的特殊群体,有着特殊的要求和义务,承担着特殊的责任与使命。他们除了要接受国法的普遍约束之外,基于其特殊责任还要接受更严格的党纪约束。只有能够接受更为严格的要求,才能承担更为重大的责任,否则又和普通国民有何区别呢? 因此,党纪严于国法。

第三,虽然党纪从程度上严于国法,但国法却是党纪的基础和根本原则,党纪也得依法、遵法,与国法相冲突的党纪也是非法的。比如国法规定某种行为当处罚款 50 到 100 元,对于普通民众可能实际处罚的通行标准是 60 元,而党纪就会是 100 元,也就是国法的上限。党纪高于国法的观点也是从这个意义上来说的,其实质还是严于国法的意思,并非其效力高于国法,而是严格程度要高于国法。

热点 41 近几年冬季,我国多地迎来雾霾,有些地方在严重雾霾天袭来时做出学校放假的安排,但有些学校却视规定如无物,继续安排上课、考试等活动。2016 年 12 月 20 日上午,河南省安阳市临淇镇一中就冒着严重雾霾在政府已经下发停课通知后,仍然组织几百名初三学生在操场上考试。

例 1 请谈谈你对材料中所反映社会现象的看法。

第一,雾霾现象虽然这几年频繁出现,但是雾霾的危害却并未引起足够的重视,这一方面和政府的管控有关,另一方面也和公众愿意吸收新知识接受新事物的观念息息相关。如果不是几年前美国驻华大使骆家辉捅破了窗户纸,可能国人至今也不知道 PM2.5 这一说法,更不要说其危害了。雾霾会使人心情压抑烦躁,雾霾天气会让可见度低,易拥堵和发生交通事故。最重要的是对人体健康的影响,雾霾含有大量颗粒会诱发呼吸道问题、心脑血管问题,长期被雾霾侵袭,得肺癌的几率大大提高。

第二,但是雾霾的这些危害都是缓慢的,并不是马上就见到结果,所以引不起人重视,就像宣传吸烟有害健康,但是烟民并没减少的趋势一样。雾霾爆表值越来越高,可露天戴口罩的人并不多,戴的基本是年轻人,年长者很少,室内用空气净化器的家庭同样也少,更不要说全国各地的学校了。

第三,学校最关心的是学生的考试成绩和升学率,这关系到他们的切身利益,至于是不是要重视祖国花朵的健康,可能考虑的就没那么多了。

第四,当事校长在教育局已经通知放假的情况下,还顶风安排学生的学习活动,这已经涉嫌违纪,事后也确实受到了撤职处分,但只怕敢于如此顶风的人并不在少数。而背后的根源自然与这种片面重视升学率的考评机制有关,再加上一些人视规则如无物,最后就催生出了这样的现状。

第五,要想改变这种现象,一是必须加大科普力度,让公众掌握相关知识,提高防卫的自觉性;二是要改变片面注重升学率的考评机制;三是要强化法治观念,提高基层干部的规则意识。

例 2 为了减轻中小学生的课业负担,你们当地决定出台一项针对性政策,你作为该项政策的负责人,如何确保其贯彻到位?

第一,要使一项新出台的政策贯彻到位,必须要注重两方面,一是政策出台前一定要深入广泛地开展调研,制定过程要广泛征求意见,确保政策合理、科学、可行,二是政策出台后要严格贯彻,对无正当理由不落实者要严厉查处,追究责任。

第二,基于此,该项政策在制定时一定要广泛征求广大教师、学生和家长的意见,开展广泛讨论,咨询相关专家意见,组织召开听证会等,在此基础上形成草案,再征求各方意见,最终形成确定方案。

第三,形成方案后,要召开有关各方参与的落实大会,贯彻政策精神,传达领导指示,要求各方落实责任人,带头执行。

第四,对于执行中出现的困难,要及时给予帮助,对于无故不执行者,要公开惩处。

例 3 假如你是一所学校的老师,在政府规定的雾霾放假期间,学校出于学生学习成绩的考虑继续上课,导致多名学生发生呼吸道疾病,有几个还比较严重,家长找到学校,情绪十分激动,说要去政府举报,校长让你负责解决此事,你怎么办?

第一,如果目前仍属放假期间,首先要建议校长立即停止上课,执行放假政策。然后找到当事家长,表达对学生的慰问,并承诺解决医药费,安抚其情绪。

第二,待其情绪缓和后,向其承认学校补课的不当,但也要说明是出于学生成绩的考虑,出现生病的情况,学校各方面都很难过,这一点在学生就医的过程中,学校的态度会体现出来。

第三,对于学校违规补课的问题,我会提醒校长主动向主管部门说明情况,承担责任,尽量说服家长不要举报,以免扩大事态。

第四,在后续学校各项决策上要尽量多提建议,避免类似事件再次发生。

热点 42 宜宾学院某教授在选修申论课的学生交流群中发布了一则通知,称凡购买其编写的申论教材的同学,每买一本书期末考试时加平时成绩 5 分,每人最多可以加 20 分。

例 1 对上述材料种的现象,你有什么看法?

第一,"师者,所以传道受业解惑也。"但现在很多老师却忘记了这一古训,枉顾自己身担的责任与义务,而一门心思钻到钱眼里,违规课后补习者有之,利用教育权力谋取私利者有之,利用微信大做微商者有之,像材料中这位教授一样,利用手中掌握的对学生的评判权兜售教材资料者更是不乏其人,简直斯文扫地,且于法不合,必须严格监管,消除此类负面现象,还校园一方净土。

第二,但凡这种违规行为大行其道的地方,必有失控的权力存在。教师看似文弱书生,实则手中掌握着有限教育资源的分配大权,小到教室内一个座位的安排调整,大到课业合格评价乃至学生能否顺利升学毕业,教师的评判都可谓至关重要,这是一种实实在在的权力。没有监督的权力必然滋生腐败,因此,对于这种权力,必须要纳入监督的体系框架。

第三,权力的监督体系无外乎自律和他律两种,自律来自于掌握权力者自己的内在约束,这需要比如签订承诺书、宣誓等方式来进行,他律则需要明确、具体和具有可行性的规则条例作为规范,过去更多是把监督的目标指向国家行政人员,现在看来应该把教师、医生等这些从事社会公共服务行业的人也纳入在内,相关领域的监督规则和机制必须尽快得到落实。

例2 假如你是某政府机关工作人员，你所在的部门，有名同事利用业务技能在业余时间从事兼职活动，有时收入甚至超过正常工资，很多人看到后也跃跃欲试，作为部门领导，你将怎么办？

第一，公务员法及其他有关机关工作人员的纪律要求对机关工作人员从事兼职活动都有明确、严格的限制性规定，即便是因工作需要从事兼职的，也不能收取兼职报酬，因而，对于我所在部门的同事利用业务技能从事兼职的行为，不管是否在工作时间，都是不允许的，这是原则，绝不允许突破。

第二，我会先通过调查确定从事兼职活动的具体人员，然后单独找他们谈话，给他们明确组织纪律和法律规范，提醒他们现在的行为已经可能构成违法、违纪，必须马上停止，并要求他们写下保证书。

第三，对于其他同事，要召开会议，统一思想，集体学习相关法律、纪律文件，防患于未然。

第四，部分同事之所以顶风从事兼职活动，可能是因为年轻人生活开支较大，可以在工作权限内，在奖金、津贴的发放上适当予以照顾。平时更加注重与他们的思想交流，掌握他们的动向。

例3 由于最近媒体曝光了多起因为职业道德问题而引发的负面事件，社会影响恶劣，假如你是某市卫生行政主管机关的工作人员，领导让你组织一次职业道德整顿活动，你将如何组织？

第一，作为卫生行政主管机关的工作人员，职业道德整顿的对象应该是针对医生进行的，在当前医患关系比较紧张，医务工作者因个别害群之马而被整体污名化的背景下，开展此类活动很有必要。

第二，此次整顿的基本设想是抓两种典型，树一种正气。两种典型分别是正面的模范典型和负面的问题典型。首先要深入群众开展大调查活动，设立举报投诉渠道，让群众将他们在求医过程中遇到的有违职业道德的情形反映上来，再根据线索针对性调查，确定事情真相及问题典型，对其进行通报批评以上的处罚；同时让群众将他们遇到的职业道德良好的医生通过投票的形式选出来，确定名次及各自的具体事迹，通报表彰。

第三，确立正面形象后，掀起在全行业共同学习、践行的服务之风。借鉴当前通行的银行评分器模式，并且将其设置于诊室门口医生看不到的地方，定期进行统计，对排名靠前和靠后的均进行通报，并提供申诉机会。

热点43 继全国首个旅游公安局、首个生态环境保护公安分局成立后，又一特色公安局——医疗公安局在辽宁省锦州市挂牌成立，新挂牌成立的特色公安局专门处理涉医相关问题。医疗公安局已于2016年底正式开始接警，并实行24小时值班制度，随时可接受报警。

例1 请就上述材料反映的内容，谈谈自己的看法。

第一，医疗公安局设立的初衷显然是针对医闹行为的。它固然能有效打击"医闹"，但绝非解决问题的根本之策。戒备森严的医院，无疑渲染了医患关系的紧张对立，但这种威慑作用的效果颇为值得怀疑。对于那些感觉利益受损的患者及家属来说，增加医院的安保力量真的能阻止他们发泄不满吗？退一步说，倘若这种措施真的收效显著，普通患者的权益是否还能得到足够的尊重？面对医患纠纷，如果解决问题的方案只是形成一方对另一方的绝对优势，除了加剧彼此的矛盾冲突之外，恐难起到积极的效果。

第二，"医闹"的猖獗，其实也从一个侧面反映出正常法律渠道的受阻，如果能有更为便捷高效的做法，谁会甘愿被"医闹"榨取钱财，甚至是背负干扰医疗秩序的罪名？因此，面对愈演愈烈的"医闹"现象，有关部门更应该减少医疗诉讼环节、降低诉讼成本，从而保障患者的权益真正得以实现。

第三，只有保护患者的正当利益以及确保其维权渠道的畅通，才能从根本上铲除"医闹"得以滋生的土壤。也只有辨明"职业医闹"与维权无门者的差别之后，才能方便有关执法部门对症下药，有针对性地解决实际问题，从而保护医疗机构的正常运行。

例2 大部制改革后，你所在的部门被划分了很多新的业务内容，导致工作量大幅增加，有些内容还很陌生，大部分同事一时都难以应对，同事们叫苦连天，你作为他们中的一员，将怎么办？

第一，大部制改革是精简行政机构及工作人员，提高行政效能的重要举措，首先应该对这种改革持肯定和支持态度。不管当前新增的工作内容究竟如何，先得把手头工作做好，并尽力通过学习完成新增工作任务，这是作为一名劳动者的本分。

第二，不过，既然大部分同事都难以适应，这显然也不是一个个人态度问题，必然有客观原因，必须想办法解决，不然肯定会影响正常的工作进展。所以得马上汇报领导，让他了解相关情况。如果新增内容与我们的原有业务相近，学习成本较低，可以在完成原有工作的同时，附带组织集体学习，或者请原来从事相关工作的同事进行培训；如果新增内容的学习成本较高、难度较大，那就要开展专门培训。

第三，特殊情况特殊对待，这段时间我本人也会适当安排加班，尽快完成原有工作，腾出更多时间学习新增工作，并将学习成果分享给其他同事，相信经过大家的共同努力，新增工作任务也一样可以出色完成。

例3 有一名病人的家属声称医院给他们弄出了医疗事故，纠集了十几个人堵住医院大门，索要巨额赔偿，并让开除涉事医生，作为主管单位的工作人员，领导让你负责解决此事，你怎么做？

第一，立即赶赴现场进行对话，要求他们选出代表到会议室详谈，但必须立刻让开大门，不要干扰医院的正常工作，并告知他们这么做可能会触犯相关法律。如果他们接受建议，停止围堵，则在妥善安置其他人的情况下，同他们的代表进行谈判；如果他们不听从建议，继续围堵大门，则在加强保安，确保事态不扩大不激化的基础上，立即报警，寻求警方的帮助。已经有医闹被行政拘留的先例，相信警察会在必要的情况下采取强制措施。

第二，待围堵的紧急事态平息后，马上展开调查，确定事实情节，调查组组成人员可以有患者一方的代表参与，如果确实属于医疗事故，启动赔偿和责任追究机制，依照规定对相关责任人进行处理，如果不属于医疗事故，则给予适当的人道主义补偿，并让对方在处理结果上签字。

第三，如果对方面对确凿的事实证据，依然无理取闹，则可以通过司法途径，寻求仲裁、诉讼等方式获得最终解决。

第四，加强医护人员相关业务技能和职业道德的培训，确保不出现医疗事故，加强医院安保，维护正常的医疗秩序。

热点 44 2017 年 2 月，一则"武汉一名装修工人不幸坠亡，遗体被几十位业主拒绝从电梯、楼梯运送，最后只能请消防人员从楼上吊下来"的消息在网上热传。业主的行为遭到网友一边倒的质疑和批评。据事发小区业主李先生介绍，事发时他就在现场，拒绝殡仪馆工作人员将遗体通过电梯和楼梯运送出去的人只有两个，是一位老大爷和一位太婆，并不是网上说的"二三十位业主"。更重要的是，并非不准从楼梯和电梯过，而是不让从住户家中过。装修工人坠到 3 楼平台，要运送下来，需要抬上 3 楼其中一户住户家的阳台后，再从该住户家中出来，就是这个原因才让该住户认为不吉利，从而拒绝。

例 1   请就上述材料中反映的现象，谈谈自己的看法。

第一，本来只有两位老人拒绝遗体从电梯和楼梯运送，被传成二三十位业主拒绝，本来只是拒绝从家中经过，被传成拒绝从电梯和楼梯经过，事情经过这一以讹传讹之后，业主俨然成了冷酷无情、蛮不讲理的暴民，而遭到一边倒的批评、指责，甚至漫骂，这其实是当下网络舆论环境的一种缩影。

第二，网络以其自由、开放、便捷而为人们提供了极大的便利，但总有些人对自由的理解和践行过于极端，变成了肆无忌惮，躲在网络的背后对他人稍有不快就恶语相向，随意侵犯他人隐私，甚至造谣诽谤等，这一切都与文明社会的基本规则不相适应，应该加以约束和规制。

第三，网络不是法外之地，必须要纳入法制化的轨道当中来。在网络上发言，其实和在日常生活中并没有本质区别，一样需要承担责任。言论自由也应该以法律和他人的权利为界限；网络实名制提出了很久，至今未能得到落实，固然有技术性的难题，但根本上还是各方责任主体责任感缺失使然。网络平台、政府都应该为此付出更实质的努力。

第四，具体到材料中的这种现象，如果业主只是拒绝从家里经过，实在无可厚非，强行要从人家家里经过的人才是野蛮和粗暴的。社会再发达，人们的一些基本禁忌、信仰都应该得到尊重，这才是文明。

例 2   你们当地封建迷信活动盛行，很多人由于文化程度、眼界见识的局限，甚至有病不医而热衷于请巫师作法驱邪，领导让你负责移风易俗，改善社会风气，你将怎么做？

第一，这件事应该从正反两方面着手解决。正面主要要通过加大文化普及、科普工作等提高群众的思想觉悟与认识，反面应该加大对迷信活动的打击力度，尤其是对带头从事巫术活动的人员应该严令禁止和处罚。

第二，要利用当前信息化社会带来的便利，借助各种网络手段，向弄出地区传播知识，也可以利用支教、志愿者、学校等组织学习班、夜校等，开展扫盲和普及文化知识的活动；要多向农村地区提供科普读物和比较通俗易懂的书籍；还可以利用各种政府工作的窗口和机会向居民宣讲封建迷信的谬误之处；通过典型事例，比如因为迷信耽误病情的恶性案例，启发民众的思维。

第三，对顶风大搞封建迷信活动的人要通报，对以封建迷信活动为专业的巫师要重点对待，比如说服教育、劝导，情节严重诸如蛊惑人心的要依法严肃处理。

第四，从长远来看，经济基础决定上层建筑，封建迷信盛行的地方往往经济比较落后，所以从根本上来说，还是要发展当地经济。

例3 假如你所在辖区发生了上述材料类似的事件，但遗体坠落在十几层高的阳台上，消防吊车根本无法发挥作用，住户坚决反对从家里通行，也没有别的通道，作为现场处理的负责人，你将怎么做？

第一，再和住户进行深入沟通，尽量争取他们的同意，借道通行，比如给付一定补偿金。如果住户同意，一定要将遗体进行全面彻底的消毒，并加固密封，绝对不会因为运送而给住户带来任何健康、环境方面的影响。

第二，如果住户还是坚决不同意，要尊重住户的意愿，另想办法。遗体所在位置较高，直接往下运送比较困难，如果离楼顶已经较近，可以考虑先用绳索吊运到楼顶，再从电梯转移下楼。

第三，如果离楼顶也比较高，处在比较尴尬的中间位置，可以联络建筑施工单位，架设塔吊，或者采用直升机悬吊的方式解决。

第四，无论如何，死者应得到妥善安置，采取尽量人道主义的方式运送，住户的权益也应该得到充分的尊重。

热点45 江苏泗阳县新食堂自2015年建成后，一直是个大众食堂，"我们不分机关干部还是平民百姓，不分你是城里人还是农村人，谁来都可以办卡吃饭。"该机关食堂对社会无门槛开放，且菜价实惠，荤菜一般四五元一份，素菜1.5元到2元一份，大大方便了附近民工和居民。消息一经曝光，点赞者有之，质疑者亦有之。

例1 请对上述材料所反映的情况发表自己的看法。

第一，机关食堂对外开放，这是亲民之举，拉近了官民距离，且相较于某些过于奢华的封闭食堂，敢于对外公开值得鼓励。

第二，但是，从材料中可知，该食堂的菜价显著低于市场价，其中必然存在财政补贴，以全民缴纳的财政来补贴部分用餐者，这有失公平。

第三，机关食堂以财政为根基，却参与了市场行为，对其他饭店的经营造成干扰，有违公平竞争的市场伦理。

第四，机关食堂本是为机关工作者服务，如果能容纳更多社会人员进入用餐，说明规模够大，相对于机关原有人员，显然存在着浪费。此外，如果开放导致人满为患，又会对机关员工用餐造成干扰，影响他们的正常工作。

第五，政府亲民更应该通过提高行政效能，热情接待办事群众，为群众排忧解难。至于吃饭用餐的事，完全可以交由市场去解决。

例2 你单位食堂向社会开放后，附近工地的民工大量光顾，导致用餐时间人满为患，很多同事抱怨说用餐时要排很久的队，用餐环境和饭菜质量也没以前好了，影响工作心情，对食堂意见很大，作为分管食堂的部门领导，你将怎么办？

第一，这件事的处理原则就是眼前要鼓舞士气，克服困难，长远要解决问题，不留隐患。

第二，从眼前来看，既然食堂已经开放，如果再突然终止，会给已经习惯前来就餐的民工带来不便，而且短期也不可能找到非常妥当的解决办法，所以一方面对同事们的抱怨，我深感理解，另一方面要和各科室的领导沟通，让他们鼓励大家暂时克服困难，先忍耐一下，并且要叮嘱他们无论如何都要对民工朋友友好对待。

第三，从长远来看，如果食堂里还有空间，可以增加档口和人员，提高食堂的接待量，以调节目前供不应求的矛盾。

第四，如果还是人满为患，确实严重影响同事就餐及工作，可以给民工采取限额开放的方式，通过提前预约获取名额，以此调节用餐人数量，缓解压力。

第五，可以和附近有管辖权的工商、市政等部门沟通，在附近择取合适地点，开设大排档，招商引进餐饮店，从根本上分流就餐人员。

例3 某天一民工在你所在机关的食堂用餐时，因酒醉而与工作人员发生矛盾，在争执过程中竟倒地猝死，他的几位老乡情绪激动，其他人也纷纷围观，有人还用手机拍照上传网络，说是食堂工作人员打死了农民工，作为解决此事的负责人，你将如何处理？

第一，迅速利用广播、高音喇叭等要求在场的所有人不要激动，第一要务是救人，现场如果有人懂的急救技术，先开展急救，并立即拨打120。

第二，在等待120到来时，立即展开调查。先找到与民工发生矛盾的工作人员，详细了解事件的全过程和具体细节。比如有无肢体冲突、有无特别尖锐的语言侮辱、饮酒量、酒是外带的还是餐厅提供的等，可以找其他员工进行佐证；与此同时，要求拍照上传网络的人员先行删除相关内容，告诉他们，事情没调查清楚之前妄下结论，是要承担法律责任的。

第三，如果该民工经抢救，苏醒过来，先安排入院进行治疗，后续再依照调查结果进行处理。如果经抢救无效，最终确定死亡，第一时间报警，让司法力量介入。在此过程中，要注意保全证据，相关人员要暂行看护，以免逃逸。

第四，事后要加强餐厅管理，在餐厅禁酒或限酒，严格培训及要求员工正确对待顾客的过激言行，时刻保持克制，特别严重的情况要找领导，不可擅自发生冲突。

热点46 中办、国办印发的《关于全面推行河长制的意见》，要求到2018年年底前全面建立河长制。根据《意见》，各省份设立总河长，由党政一把手担任；建立省、市、县、乡四级河长体系，实行生态环境损害责任终身追究制度，对造成生态环境损害的，严格按照规定追究责任。

例1 请就上述材料所反映的情况，发表自己的看法。

第一，"河长制"即由各级党政主要负责人担任"河长"，负责组织领导相应区域内河湖的管理和保护工作。"河长制"最直接的原理就是把河流水质达标责任具体落实到人，这对于长期以来我国江河湖泊的污染治理难以落实责任是非常有针对性的。

第二，"河长制"明确了政府河湖管理的目标和责任，确保了治水的权威性。让地区行政首长担任"河长"，让每条河、每个湖泊都有"河长"管护，让每一位"河长"都明确自身的职责，所以"河长制"能够切切实实地实现河湖长治。

第三，"河长制"可以实现流域环境的协同共治。流域治理一直是一个难题，流域生态环境的整体性与行政区划的碎片性相矛盾，导致在流域治理过程中同一条流域的不同地区单兵作战，只盯着自己的一亩三分地，这就造成地区之间在流域治理上的不配合、不协调。此外，同一地区内治水部门林立，对于同一条河，环保、农业、水利等部门都有部分管辖权，这导致在治水过程中部门之间权责不清、相互推诿扯皮，"九龙治水"而水不治。"河长制"要求的各级政府一把手和涉水各部门负责人担任不同层级的"河长"，能够有效减少地区和部门冲突，从而形成了对水环境跨流域跨部门的协同治理。

第四，"河长制"是落实地方环境保护"党政同责"的有效路径。河长制的相关规定要求党委和政府主要领导成员承担主要责任，其他有关领导成员在职责范围内承担相应责任。环境保护"党政同责"对于推进环境质量持续改善有着重要意义。

第五，"河长制"需要公众参与。尽管"河长制"在流域水环境治理过程中发挥了积极作用，但在具体的实施过程中也存在不少问题。一方面，目前实施的"河长制"主要动员行政系统内部人员参与，缺乏公众参与，企业、环保、民间智库、普通民众等在"河长制"的实施过程中被边缘化；另一方面，一些地方施行的"河长制"还存在对"河长"监督缺位、问责不到位现象。曾有媒体探访了浙江杭州、嘉兴、台州三地30条河道，却只联系上了9名"河长"，"河长"公示牌也形同虚设。为解决这些问题，确保"河长制"的长期有效实施，还需要鼓励公众参与。

例2 有一辆运送化学物品的车在途径你所在辖区时发生侧翻，运输物泄露流入附近河水，流域居民人心惶惶，谣言四起，领导让你负责处理此事，你将如何开展工作？

第一，立即赶赴现场，在赶往现场的过程中，要通知交通、环保、公安等部门力量同时赶赴现场，协同开展工作。

第二，要第一时间确定现场伤亡情况，安排救治，并尽可能通过直接手段，获知化学物品的类型及毒性。

第三，组织相关专家对周围空气和水质进行检测，如果有大剂量毒性，要迅速通知附近居民采取防护措施并有序疏散到安全地带，因为是空气流动，时间应该不会太长，就可以返回，所以可先到附近区域等候，不用携带任何生活物资。

第四，针对水质问题，如果污染严重，要中断以河流为水源的自来水供应，迅速联络消防部门运送清洁水源到各社区，通过一切可以利用的渠道通知居民，政府会提供干净水源，直到自来水恢复供应。

第五，随时发布事态进展，让老百姓持续获取到官方发布的准确消息。发现有不符合实际的谣言，要第一时间辟谣，并追究责任。

第六，后续工作。调查事故原因、责任人，联系媒体，召开新闻发布会，向社会公开事件真相。

例 3 假如你在一窗口单位工作，每天要接待大量群众前来办事，工作任务十分繁重，但为了迎接上级领导的检查，领导让你和其他同事每天把工作环境收拾的井然有条，十几台经常需要挪动的办公电脑显示器还要摆成一条直线，很多同事都有抵触情绪，领导让你负责落实，你将怎么做？

第一，迎接上级检查固然重要，因为它关系着单位的形象、团队的荣誉，但更重要的一点是，我们作为窗口单位，每天都要接待前来办事的人民群众，我们的办公环境代表着政府的形象，影响群众的心情，不需要豪华气派高档，但井然有序是必须的，即便领导不做这样的要求，我认为每一个工作人员也应该自觉做到。

第二，同事们有抵触情绪，可能是与过去管理较为宽松的习惯有关，也有可能与认识不到位有关。所以我要在统一传达领导要求，下发相关通知的基础上，会找个别意见比较突出的同事谈话，将上述道理讲给他听，并充分听取他的意见。

第三，其他没有意见的同事，积极履行配合工作的同事，我要在公开场合多给予表扬，在私下场合表达感谢。

第四，我会每天带头，尽量提早上班十几分钟，将所有的卫生收拾一遍，把电脑统统摆放整齐。工作的间隙，如果发现哪台电脑摆放不整齐，也会随手扶正。后续也要提醒相关同事自己摆放。

第五，工作落实过一段时间后，要对表现较好的同事给予适当的奖励，对表现欠佳的同事要再次谈话，询问原因，提出要求。

热点 47 有杭州的小学生家长向媒体反映，他的孩子在城西一所小学就读，学校在大门（面向西行路）南面的机动车道上画了一条横穿西行路的黄线，黄线内禁止学生家长停车，违反规定将扣除学生班级集体分，并影响学生"三好学生"等考核评定。他觉得家长的行为不应该惩罚孩子。学校相关负责回应称，如果家长违停，以劝导为主，并不会扣学生班级集体分。不过，学校有"最美家长"的评选，如果乱停车，显然不是"最美家长"的行为。

例 1 请就上述材料反映的现象，发表自己的看法。

第一，家长乱停车的行为非常不妥，需要以恰当的方式予以制止，如果有必要，还应该通过法律手段进行处罚。但是，家长行为不妥，却要扣除学生们所在班级的集体分，并且还将影响学生的"三好学生"评定,这样的做法虽然肯定有效,但显然是不妥当的。

第二,在承担责任这个问题上,有两个基本的原则,一是每个人都应该为自己的行为负责;二是监护人应该为被监护人的行为负责。在第一个原则之下,乱停车的是家长不是学生,所以,应该遭到处罚的就不能是学生,而只能是家长。在第二个原则之下,由于小学生还未成年,所以,如果小学生犯了错,尤其是给他人造成了损失,家长必须承担一定的责任。但在这件事情里,小学生根本就没有犯错,相应的板子也就不应该打向小学生们。

第三,从法治思维上来说,这种做法其实是本应被扫进故纸堆的"连坐"思想在当代的死灰复燃。"连坐"的原则就是一人犯错,全家受株连,这家人犯错,街坊邻居也要受牵连。在全面建设法治社会的当下,这种落后于时代的做法所带来的影响,只能是负面的。这种做法很容易让心智不健全的孩子们形成这样的观念,即既然家长犯了错可以把板子打到我身上,那么我犯了错也可以把板子打到家长身上。如此一来,责任意识的培养就无从谈起了。

第四,青少年时期正是价值观形成的关键时期。价值观的培养不仅需要理论的学习、观念的灌输,更需要在一件件具体的事例中让孩子们亲自体会、自然接受,而且就小学生们的身心发育程度来讲,从具体事例中去感知才是最佳的途径。作为教育机构,学校负有向学生们传达正确价值观的责任。家长犯错却让学生负责,这显然不是正确的价值观。而"连坐"的处理方式在让孩子们感到担心、害怕的同时,更会在其心理上留下深深的烙印,从而使其价值观产生扭曲。为了一时的管理方便,出此下策,实属不该。

例2 你是教育局工作人员,领导让你组织一次全县范围内的"最美家长"评选活动,你将如何组织?

第一,本次评选分两轮进行,一轮以学校为单位,评选出第一名,然后再在所有学校间进行第二轮评选。

第二,评选的具体环节包括班级推荐、家长自荐、社会各界推荐、师生评选、学校审核等。

第三,评选要确定考评标准和依据,主要包括有健康向上、科学文明的生活态度,教育子女方法科学,善于与子女沟通,努力为孩子创造良好的家庭教育环境,关心学校发展,支持学校工作,对教师工作、学校工作提出合理化建议,支持孩子参加学校组织的各项活动,教育子女效果明显,孩子校内外表现优异,品行端正,堪为表率等。

第四,评选步骤分三阶段进行。第一阶段先进行为期一周的宣传发动,通过班会、校电子显示屏及家长会等方式宣传评选细则,让每一位师生及学生家长知晓此次评比活动,明确评选目的、对象、条件和步骤,并引导大家积极参与评选活动。第二阶段进行评选推荐,各校通过家长自荐、社会与其他家长推荐,班主任及任课教师举荐相结合的方式推选出第一名。然后将这些备选对象的所有资料编制成微信公众号文章,由官方渠道统一进行宣传、投票和个人拉票相结合的方式选出最终的前三名。在拉票环节,一定要严格技术手段的监督,杜绝刷票行为。第三阶段表彰奖励,对最终决出的前三名进行物质和精神奖励,并广为宣传。

热点 48 为激励子女经常到护理院探望父母长辈,苏州一家护理院别出心裁地推出了"奖孝金"管理制度。这项制度规定:子女两个月内到护理院探望父母长辈超过 30 次,就可获 200 元现金抵用券,"奖孝金"现金抵用券可以在缴纳老人相关费用时抵用。护理院工作人员表示,新制度推出后,子女看望老人的频率明显增加。

2012 年 12 月 28 日,全国人大常委会表决通过新修改的老年人权益保障法明确,家庭成员应当关心老年人的精神需求,不得忽视、冷落老年人。与老年人分开居住的家庭成员,应当经常看望或者问候老年人。用人单位应当按照国家有关规定保障赡养人探亲休假的权利。

例 1 请谈谈你对上述两则材料内容的看法。

第一,百善孝为先,没有孝,也就没有了基本的人伦。行孝道,最大的动力应该是子女对父母天生的依恋与牵挂以及后天感受到的、对父母养育之恩的回报之心。简言之,孝是一种美好的感情,是一种责任感的体现,更是和谐社会不可或缺的正能量。这里需要强调的是,孝顺这种行为应该具备富贵不能淫、贫贱不能移、威武不能屈的性质。如果为了达到某种目的而尽孝,那么,这种行为无疑会辱没了孝字的真意。

第二,不可否认,养老院推出这样的规定,用心是好的。但是,从事人性关怀的养老院,恰恰忽略了一点:人的感情一但与"利"字挂钩,多半会立刻变质。也许 200 元钱的奖励不是个大数目,但是,不管是 200 元钱还是 2000 元钱,它的本质都是"利诱"。政策推出后探望老人的人次暴增,院方能保证这些人当中肯定没有为利尽孝的吗?那些看上去温馨和睦的会面,会不会有一部分只挂了一层温情脉脉的面纱呢?

第三,同时,这项规定有可能伤害到平时就孝敬老人的儿女们。这些人尽孝与利无关,也不用人提醒。但是极有可能,他们会被动地与一些谋利之徒混为一谈。此事恰有一比:某地曾经对在公交车上给老人让座者予以现金奖励,有位自觉让座的年轻人气愤地说:"看来我不能再让座了,我不想让别人看到我是为了几块钱而行善。"

第四,"有心为善,虽善不赏。"意思是说,有的人故意去做好事,虽然是做了好事,但不应给他奖赏。200 元钱的"奖孝金"无疑是在提醒人们去"有心为善"。因为,不论多少钱都不太可能唤醒早已丧失的道德自觉。

第五,相比较而言,国家通过法律的形式,一方面明确子女精神赡养老人的义务与责任,另一方面又通过给用人单位以责任,为年轻人实际履行义务提供便利。这更能从思想深处明确人们的责任感,提高人们的责任意识,是一种更为科学的作法。

例 2 领导让你组织一次空巢老人关爱活动,你将如何组织?

第一,本次活动一定要本着让老年人老有所养、老有所依、老有所盼、老有所乐,努力在全社会形成关爱老人、尊重老人的精神进行。

第二,基于这一精神,本次活动将以志愿服务的形式进行,对象选择为日常生活不能完全自理的"空巢老人"为重点,解决他们最关心、最需要的现实问题。然后尽量选择离"空巢老人"就近就熟的志愿者为主进行结对,开展志愿帮扶活动。

第三,活动要根据空巢老人的具体情况,采取不同服务形式,优先为困难空巢老人提供关爱志愿服务。活动实行"一对一"或"多对一"的服务模式,以社区为依托,组织志愿者与老人结对,签订帮扶协议,为老人提供包户、定期、接力式亲情服务。

第四,服务的主要内容有生活服务:定期到老人家敲门问候,了解老人需求,帮老人买菜、做饭、做家务、陪老人洗澡等,为老人捐赠生活用品和资金,照顾老人的日常生活;精神服务:定期陪老人聊天交流,给老人讲故事、读书读报,陪老人散步、游览,参与适宜老年人的文化娱乐活动,丰富老人的精神文化生活;法律服务:听取老人有关问题的反映,并及时向有关部门反馈,使涉老纠纷得到依法调处和解决。

第五,活动要分步骤实施。在辖区内进行详细的调查,掌握老年人的基本情况和需求动态,建立健全老年人信息库;在此基础上健全关爱空巢老人志愿者注册和管理系统,招募符合条件的志愿者,并实现志愿者与服务对象的有效衔接;随时跟踪活动进展,查缺补漏,总结经验。

例3 假如你通过了这次考试后,要被分配到离家较远的外地工作,工作非常忙碌,需要经常占用休息日下乡走访,但你父母年纪也比较大了,而且只有你一个子女,向你诉苦说很孤单,希望你多陪陪他们,你将怎么办?

第一,肯定服从工作安排。一方面作为年轻人,去基层工作,更有利于接受锻炼,了解社会,为以后的发展奠定基础;另一方面越是基层的地方,越需要我们政府投入力量去进行帮扶工作,我作为一名公职人员,责无旁贷。

第二,人非草木,孰能无情。父母养我长大,供我成才,如今年龄较大,自然也需要我的关心与照顾。生活上面,我自然会尽己所能,让他们衣食无忧,如果身体不好,可以请一个保姆或者钟点工代为照顾,把家里的家务都分担了,比如做饭、洗衣服之类的;情感照顾,我对于他们来说,正如他们对于我来说一样,肯定是无可替代的。面对这种时间和精力上分身乏术的困境,我一方面要通过更加高效率的工作,尽量提早完成工作任务,然后回家陪伴他们。实在腾不出身的情况下,我也会多给他们打几个电话,早晚都问候一声;另一方面我也会做好准备,照顾好自己,让他们放心我的生活和身体。

第三,如果刚好遇到他们生病或者什么突发情况,而我又需要去工作,我也会向领导直接汇报、请示,希望由其他同事暂时替替我。如果可以,我会回去照顾他们,等到情况好转再投入工作;如果其他同事也都比较忙,我会请家里的亲戚、朋友、同学先替我照顾父母,等回家了再向他们表达感谢。

第四,总之,自古忠孝难两全,这是一个让所有人都为难的问题,但只要我们以积极乐观负责的态度去面对,办法总是多于困难,总能处理两全的。

热点49 2016年11月30日,深圳白血病女童罗一笑事件引爆网络,其父罗尔称因负担不起女儿每天高达3万元的医疗费,"卖文"筹钱,随即有人曝出孩子生病是真,但

"卖文"筹钱疑似网络营销,这起微信募捐是一家 P2P 公司策划的营销事件。随后,罗尔本人信息也被网民挖了出来,比如,罗尔家境不差,有三套房、两辆车,还开了一家广告公司,该事件引起网络善举被骗的舆论漩涡。

例 1 谈谈你对上述材料的看法。

第一,利用公众的爱心而大搞网络营销,甚至骗捐,虽然最终网民的捐款被原路退还,但依然给社会带来了严重的伤害。这种伤害主要体现为两个方面,一是对本已脆弱的社会信任又给了致命一击,二是对那些真正需要救助的人,因为这种营销欺骗行为而被无辜殃及,人们在无法确定真伪时,或多或少都会迟疑。

第二,同时,我们看到,仅依靠个人和一家没有慈善资质的公司发布的两篇微信文章,就在几天内募集到 200 多万元捐赠款。这让人见识到国内网络捐助的蓬勃力量。如果将这股力量通过合理、正规的渠道加以引导,必将对我国公益慈善事业的发展起到重要的推动作用。

第三,"罗尔事件"之所以遭遇舆论围剿,是由于部分重要信息未向公众披露。互联网时代,网络慈善最怕信息失实失真。比如关键信息披露不充分、无中生有说假话等。

第四,家有难事向社会求助无可非议,但前提是信息披露必须真实。"罗尔事件"表面上看是信息不对称、沟通不畅通等问题,实则暴露了现有募捐体系缺乏必要的信息证实机制,仍待规范。网络募捐突破了传统募捐的时空限制,传播快、影响大、互动强、效率高,可及时有效地为受助者排忧解难。但网络的虚拟性和开放性使募捐信息真假难辨,这就需要提供空间服务的网络平台具有较高的甄别募捐信息真伪的能力,在信息发布前进行核实验证,让受捐者尽量披露更多的个人真实信息资料,并及时公布资金的使用情况。如果网络平台出现诈骗、诽谤等事故,平台未能提供溯源用户的实名信息,要承担相应责任。

例 2 假如材料中的这起事件发生在你们当地,造成了非常恶劣的社会影响,领导让你负责追查责任、消除影响,你将怎么做?

第一,根据网络流传的文章找到首发平台,根据后台注册信息迅速锁定发文人的真实身份,清查其接受的捐献金额及明细,如有必要可通知银行冻结其银行账号。

第二,迅速找到发文人进行调查,如果其背后还有组织性营销行为,要追查组织负责人,确定营销所得情况。根据其行为的严重程度,依法做出处理决定,如涉及刑法,要及时向公安机关报案。

第三,将调查结果形成详细报告,通过网帖的形式向社会公布,必要的情况下召开新闻发布会。

第四,组织大规模、长时间的网络捐助知识普及宣传活动,让广大群众理性转贴,涉及捐助等利益性的转贴要注意查证。引导个人求助行为更多通过正规渠道进行,落实发布平台的责任。

例 3 辖区内有一名儿童不幸得了白血病,但其父母都没有稳定的工作,靠打零工维

持生计,经济拮据,昂贵的医疗费用成了巨大的困难,你作为一名社区干部,将如何帮助他们走出困境?

第一,向儿童父母本人及医院、社保多方详细了解孩子的病情、治疗所需费用及社保的具体情况,然后针对性采取措施。

第二,如果他们已经为小孩办理了社保,先了解可支付比例及机制,如果需要先付款后报销,可以做医院工作,开通绿色通道,先进行垫付,等报销后直接补缴。

第三,如果可以直接抵扣,了解资金缺口。依据缺口情况,申请社区救助或其他政府性救济资金,可以在政策允许的范围内,适当放宽限制条件,特批加急办理。

第四,如果还存有较大缺口,考虑社会性捐助。先联系红十字会、青少年基金会等官方组织,争取一次性解决资金缺口。

第五,如果要通过网络募捐,则要通过主流的、正规的网络平台,并且要尽可能详实介绍相关情况,并出具医院、政府的证明材料,公布账号及监督办法。

第六,对每一笔费用都要采取监督措施,及时向社会公开。

热点50 有网民微博爆料称,温州一民办中学斥资近800万元奖励高一新生。该举引发不少网民围观。对此,校方回应,奖金是按中考成绩分为10万、5万、4万、3万和2万五个级别,共有239位同学获得;希望通过奖学金吸引更多品学兼优的学生。

例1 请谈谈你对上述材料的看法。

第一,学校给学生奖学金是非常正常的现象,也是一种很好的激励、减负举措,值得鼓励和提倡;而且该校对学生发放奖学金是写入招生政策中的,积极履行承诺,也是诚信的体现,可以说是以身体力行的方式教会学生诚信。

第二,但是学习的动力更应该来自于学生本人的内在需求,该校奖学金大幅超过在校总学费,数额巨大,确实有失妥当,除正常的激励之外,这已经演化为一种过度的金钱诱导,容易给学生歪曲的金钱观,这是应该引起警惕的。

第三,教书育人,事关重大,应谨慎从事,稍不留神就会对受教育者产生不当的影响,每一项政策的推出都应该充分考虑各方面的影响。相比起这种纯金钱、现金堆成山的奖励,更应该重视对学生的精神鼓励,即便是以现金的方式发放奖励,形式上也更应该规范一些。

例2 假如你是某民办中学的招生负责人,你将如何吸引更多的优秀生源选择就读你们学校?

第一,吸引学生的主要指标还是教育教学质量,比如师资水平、升学率、升学主要去向、学校的管理制度等。因此在招生中,我会着力、客观宣传我们学校在这些方面的优势所在,以吸引更多的优质生源选择我校。

第二,宣传资料中我会充分借助往届优秀毕业学生的评价以及学校老师自己的语言介绍学校,还可以邀请一些录取了我校毕业生的著名高校的老师对我校毕业生进行评价,以更直接的方式去感染考生。

第三，除了面向考生的普遍宣传外，我也会争取老师的推荐。平时要让我校的优秀教师参加一些教学研讨会，多发表一些高质量的教育学术论文，增进外界对我们的了解。

第四，积极地利用网络、新媒体推广学校，比如微信文章，向外界介绍我校学生丰富多彩的文娱活动以及我校在学生素质拓展上的重要特色。

第五，当然，也要向社会介绍我校在对优秀学生奖励、扶持上的优越政策，打消优秀但家庭经济较为困难学生的顾虑，让他们义无反顾地选择我校。

例3 假如你是一所民办学校的校长，为了改善办学条件，需要获得企业家的资金捐助，你将如何动员企业家捐资，把考官当成企业家，现场模拟。

第一，当前我国政府对于教育事业的发展非常重视，连续出台各项扶持政策。特别值得一提的是，关于教育产业发展的政策也是历史上最好的时期，这也才有了我们这样一所民办学校蓬勃发展的基础。

第二，我们学校虽然历史较短，但起点高，从一开始就树立了创办一流学校的理念和目标，近几年的发展成果也证明我校的选择是正确的。我校的升学率比区域内公立学员的升学率高5个百分点，学生被重点院校录取的比例更是比他们高出了近10个百分点。这都与我们在师资、软硬件设施上的人力投入密不可分。也正因为如此，我们的经费开支也比较大，虽然每年都能从政府及社会各界拿到不少资金，但依然难以满足发展的需要，希望社会各界继续支持。

第三，百年树人，各位企业家在办企业的过程中应该都感受到人才的重要性，支持教育，造福全社会，最终也会造福自己。另外，我们学校会给每一位捐助者详细登记，并编制捐款名录，永久存放于校史馆，这是彪炳千秋的义举。此外，企业家捐款设立的奖学金、修建的校舍都会以企业家或企业的名称来命名，对企业本身也是一种长期、稳定的宣传。而这种宣传是其他广告宣传所无法比拟的。

热点51 "我们送孩子上学，为的是学知识，不是去洗厕所的。"福州晋安区站北外口小学家长刘先生向媒体反映，学校安排学生扫厕所，他认为不妥，应由保洁人员来打扫。对此，校方回应，此举是为锻炼学生的劳动能力，有助于学生养成良好习惯。

例1 请就上述材料内容，谈谈自己的看法。

第一，现在家庭独生子女居多，父母疼爱孩子，在家中各种宠爱、呵护固然无可厚非，但其中隐含的问题也确实不少，最突出的就是孩子过度依赖父母，动手能力差，付出意识单薄等，学校教育理应在知识普及的基础上补上这一环节的缺失。从这个意义上来说，学校的作法并无不妥，倒是家长的说法有失片面了。

第二，德智体美劳全面发展才是素质教育的要求。虽然我们现在的教育还是应试为主，但兼及素质至少是可行的。让孩子在学校做一些力所能及的体力劳动，不仅不会有害，反而是有很大益处的。且不说心智成长等方面的作用，即便是身体本身的发育，也需要适度的体能锻炼，劳动便是其中一种。很多父母在家不做家务，而通过以保姆、钟点工代替，其实未必是给孩子一种好的示范。

第三,当然了,小学生的特点就是无论体能还是心智发育都尚不完善,所以学校在安排体力劳动时也得适度。第一不能超负荷或者有明显的危险性,第二不会因为小孩子自控、玩耍等性格的正常发挥而导致过于严重的负面后果。这都是学校在安排时应该尽量考虑的。

热点 52 早就说好做伴娘的闺蜜,在自己婚期前一个月突然请辞,家住武汉汉阳杨泗港附近的王女士,在谈论起自己订于"五一"期间的婚礼时,显得很无奈:"闺蜜说看到柳岩被'闹伴娘',怕自己也被整,非要我签一个'禁止闹婚协议',我和婆婆还为此大吵一架"。众所周知,"闹伴娘"一事,媒体已曝光过多次,但这一次因为女星柳岩"被闹",演变为一起网络公共事件,引起网民普遍关注。

例 1 网络上不时地就会流传全国各地"闹婚"的视频,有些行为显得非常过分,甚至涉嫌违法、犯罪,请结合上述材料谈谈自己的看法。

第一,国人"婚闹"的习俗古已有之。古时候,老百姓结婚多是盲婚哑嫁,很多人都缺少婚前交往,为了缓解新婚夫妻间的尴尬氛围,帮助他们更快进入夫妻角色,于是便逐渐有了"婚闹""闹洞房"之说。但随着时代的进步,"婚闹"的实际作用早已不复存在,婚礼上让客人们与新人喜乐一堂、图个喜庆,成了"婚闹"作为一种仪式和风俗的寓意,低俗"婚闹"甚至情节更为严重的已经演化为违法、犯罪,这与其本来寓意已经大相径庭。

第二,对于一些"婚闹"中存在的猥亵妇女、暴露侵犯隐私的行为,绝对不能以风俗的名义再允许其存在下去。政府在面对民间习俗时要有鉴别与担当,对此类违法犯罪行为,理应以法律为准绳,做出严肃处理,给社会一个清晰明确的标准与界限。

第三,婚礼上的风气也反映出宾主双方的文明和修养。大喜之日,欢乐要有,涵养更须有。尤其在全国城镇化迅速推进的当下,城市居民人口增加,老百姓生活水平提高,精神文化水平是否能跟得上物质生活的提升,已成为中国社会下一步发展的时代需求。全面建成小康社会的进程中,精神文化的小康是其中应有之义。婚俗的文明化、去低俗化是老百姓日常生活中的一小步,却也是提高全社会精神文化水平、实现精神文化小康的一大步。

例 2 在一次举行婚礼的时候,发生了严重的"婚闹"事件,有人报警,你作为民警去处理,要将当事人带走调查时,现场有很多人围住说你是小题大做,不让你把人带走,你将如何处理?

第一,首先要规范执法行为,出示警察证、执法证等证件,打开执法记录仪,明确告知现场群众有配合调查的义务,并提醒干扰执法的后果最重可能会触犯刑律。

第二,进一步向现场人员了解事件的全过程及其细节,如果有人拍下视频,要仔细查看视频,结合现场口述,确定"婚闹"行为中究竟有无涉嫌违法、犯罪的情节。如果其中的情节虽然过分,但尚不能构成违法、犯罪,则要在向报警一方讲明相关情况的基础上,对"婚闹"者进行批评教育,必要的情况下,还可以让其写下书面保证。为了尽量减少对婚礼的负面干扰,在条件允许的情况下,尽量避开婚礼现场进行。

第三，如果经过调查了解，"婚闹"行为已经涉嫌违法、犯罪，则必须依法做出处理。这时，在尽力看住嫌疑人的同时，再次要向围堵群众严厉说明"婚闹"行为和围堵行为的严重性，告知其法律后果，并寻求报警方的支持，让他们劝说围堵者放弃、协助看管嫌疑人。如果这些努力奏效，就将嫌疑人尽快带到单位进一步调查及依法处理，如果这些努力难以奏效，则要迅速向领导汇报，寻求帮助。在等待后援力量到来的过程中，要持续同各方进行沟通，晓以利害，尽量控制事态，不激化矛盾。

第四，如果嫌疑人行为虽然构成违法、犯罪，但情节不是非常恶劣，考虑到婚礼现场基本都是亲戚、朋友，可以在处理时优先考虑调解，如果原告一方不接受调解，再严格依法做出处理。

第五，在平时的工作中，除完成基本的工作任务外，一定要多做普法宣传工作，提高群众的法律意识和素养。

热点 53 2017 年 1 月 25 日早上 8 点半，甘永荣的银行卡里打进来 5.8 万元。这是李克强总理帮这名农民工"讨"回的工钱。从最初听到这件事到讨回欠薪，仅隔了 48 小时！

例 1 请就上述材料谈谈自己的看法。

第一，48 小时"讨"薪成功乃"神速"。一国总理能够为一个个人的事责成地方政府和相关部门，帮助这位震区农民工依法讨薪，可见，李克强总理的对人民群众的真情真意，让人暖心。

第二，暖心的同时，也让人痛心、反思。其一，按劳取酬不仅天经地义，而且于法有据，为什么却要落到让总理去讨的地步？民工自己不能正常拿到工资的症结究竟在哪里？其二，总理发话，为什么就能 48 小时"讨"薪成功？以前不成功的症结又在哪里？

第三，外出务工的农民工个个是家中"顶梁柱"，寄托着一家老小的希望。他们或许工作地点不固定，工资的标准也不统一。但是，这并不意味着他们的工资没有"保障"。正如李克强总理所言，"欠薪不仅违背市场规则，更违背道德良心。"就是这样，每一笔薪水账的背后，不仅是一笔"诚信账"，更是一笔"良心账"。该给农民工发的工资不发，无论何种借口都是难以容忍的。不抓不管，"欠薪"戏就会年年上演。

第四，治理农民工欠薪并非是多难的事儿。48 小时"讨"薪成功就是最好的证明。企业的良心不缺失，政府的责任不缺失就是农民工工资不拖欠的有力保障。关键还是要一方面提高农民工等弱势劳动者的讨薪能力，比如集体协商制度、严格的劳动合同制度等。另一方面，一定要加强监管，给所有用工者都明确保障劳动者合法权益的义务，比如用工保证金制度等。

第五，法治社会需要遵法而行。我们的合法权益维护不能总寄希望于总理、省长、市长等。而一些部门及企业不能总"看人下菜碟"，只听得进"高官显爵"的"支言碎语"，却听不进"普通百姓"的"万般诉求"。要知道，法治社会里，不厚道、没规矩终归会在这个社会里站不住脚。

例2 某建筑工程中途突然停工，项目负责人失踪，数十名农民工尚被拖欠数月工资，农民工围堵政府门口要求帮助解决。领导让你负责处理，你怎么办？

第一，马上赶至现场同民工当面沟通，向他们表明负责解决问题的态度，但也要明确告知他们，围堵政府涉嫌扰乱公共秩序，会触犯法律，要求他们必须立刻结束围堵，请他们选出代表到办公室反映情况，其他民工要妥善安置。

第二，详细向民工代表询问有关情况，比如项目负责人个人信息、各自的工期及拖欠工资数量，眼下的生活困难等，详细进行记录并互留联系方式，承诺解决，让他们先回去等待，并随时配合我们的工作。

第三，通过施工项目的管理机构了解该项目负责人情况，迅速追踪其人、冻结其资产。如果能找到，要求他马上解决工资问题，如果找不到人，则可以以冻结的其个人财产来解决问题。

第四，如果其没有可供冻结的个人财产或者暂时找不到其人，先启用政府专项资金垫付，而后再通过司法途径追诉。

第五，日常工作中要做好劳动监察和劳动普法工作，提高用人单位的自觉性以及劳动者的维权意识和能力，落实好国家有关用工备用基金的相关工作。

例3 你的直属领导，为人仗义，乐于助人，经常利用自己的工作职权替一些弱势群众解决困难，有些甚至是越权或轻度违规的，经常有群众"慕名"来找他，他也乐此不疲，还经常交待你负责处理一些相关事情，你怎么办？

第一，对于领导交派的工作任务，理应保质保量完成好，更何况这些事情还都是替弱势群众解决困难，作为政府工作人员，本身义不容辞，也是职责所在。但是我们的工作都必须在法律、法规和国家政策的框架范围内进行，这是底线，不容丝毫突破。

第二，如果领导交待给我的工作中确有越权但不违规的情况，那我要立刻向领导提醒，然后根据他的进一步安排来工作；如果这些工作中有违规情况，则在完成非违规工作的情况下，向群众说明情况，停止工作进度，并向领导进行汇报，建议他采取另一种合规的处理方案。如果领导不采纳我的建议，而一意孤行，那我有必要向上级领导汇报相关情况，而不能盲目听从领导指示做出有违法纪的事情。

热点54 中国传媒大学招生办相关负责人向媒体证实，该校2017年将在数字媒体艺术专业中，新设数字娱乐方向，旨在培养电子竞技管理与游戏策划方面的人才。2016年9月，教育部公布的13个增补专业中，"电子竞技运动与管理"赫然在列。亦即是说，打游戏也已成为一门专业课程。可即便处在电竞蓬勃发展的时代，这项决策也难免会招致舆论的一片哗然。

我国第一份《未成年人网络保护条例》将于2017年正式出台，该条例第23条规定，网络游戏服务提供者应当建立、完善预防未成年人沉迷网络游戏的游戏规则，对可能诱发未成年人沉迷网络游戏的游戏规则进行技术改造。限制未成年人连续使用游戏的时间和单日累计使用游戏的时间，禁止未成年人在每日的0：00至8：00期间使用网络游戏服务。

例1 现在,沉迷电子游戏的青少年越来越多,很多家长对此深恶痛绝,甚至主张让国家禁止网络游戏,请结合上述材料谈谈自己的看法。

第一,网络游戏本质上也是游戏,任何游戏都有沉迷其中的可能,"玩物丧志"这个成语的存在就能说明问题。从这个意义上来说,禁止网络游戏就像禁止游戏一样,显然是不合理的。而且,作为人来讲,无论成年还是未成年,在不违背法律和道德的前提下,有工作学习的权利,也有游戏的权利,这也应该得到尊重,从这个角度讲,对于主张禁止网游的观点,我显然是不认同的。

第二,但是,网游给部分青少年身心健康以及学习带来的负面影响也确实不容否认,作为一个问题,甚至已经是一个社会性问题,确实需要直面并加以解决。解决的途径我认为还是应该从国家制度、游戏平台、家庭学校、青少年个人等方面考虑。

第三,国家虽然不能禁止网游,但可以进行规范约束,引导游戏行业健康运行和发展。比如不能设置诱导情节、实名制参与等,这样从根本上可以规范游戏本身的状态,避免给青少年造成不当的引导。

第四,从游戏平台本身的角度来讲,要承担基本的社会责任,首先要开发健康的、有利于青少年心智发展的游戏,然后在具体运行中也要遵纪守法,避免成瘾的形成。

第五,从家庭和学校的角度来讲,面对这一问题,应该是疏导而不是堵截,不能武断、生硬地禁止孩子游戏,而应该告知孩子过度沉迷的危害之后,积极引导、监督,另外在其他方面多给予孩子以关心和陪伴。

第六,从青少年来说,要树立正确的思想观念,把时间和精力更多放在学习中来,要培养自制力、自控力,而不能放任自流。

例2 领导让你负责组织一次青少年"健康游戏,拒绝成瘾"的主题宣传活动,你将如何组织?

第一,本次宣传活动我准备以主题签名活动的形式进行,以学校为单位,由心理健康专业机构牵头,在各校依次举行。

第二,活动环节主要包括向学生介绍网络游戏成瘾的危害、发放宣传图册、学生代表带头集体宣誓和共同签名活动构成。

第三,向学生宣讲的内容由专业的心理老师进行,提前需要确定好案例、素材等,相关内容可以进一步制作成宣传图册。重点要向学生介绍成瘾危害极深的案例,如果条件允许,可以让相关人员现身说法,学生不适合的话,家长也可以。宣讲活动结束后,由学生代表上台,带领全体学生进行健康游戏、拒绝成瘾的宣誓活动。最后进行签名,全程拍摄,活动后在布告栏等进行后续宣传。

热点55 2017新年伊始,芬兰正式开始了一项"无条件基本收入"社会实验:从领取失业保险和收入补贴的群体中随机选取2000人,每人每月从政府领取560欧元(约4000元人民币)。实验为期两年,旨在促进就业,改善低收入者生活状况。如果实验成功,这一项目可能会扩展到全部芬兰公民。

例1　结合我国的社会保障建设，谈谈你对芬兰这一政策的看法。

第一，社会保障是最基本的一项社会福利制度，因为是福利制度，所以是无条件提供给社会成员，因为是最基本，所以水平不高，只能使享受者满足基本的生存所需。从这个意义上来说，芬兰政府目前针对领取失业保险和收入补贴的居民来发放补贴金，无可厚非，但如果扩展至全体国民，则可能存在问题。

第二，支持这一主张的观点认为，它可以导致社会公平性的提高，也可以给个人以更多的选择权，从而实现更大的个性发展。但是，公平与效率是相辅相成的，过度福利往往会加重公共财政的负担，进而传导到社会中，会加重企业的负担，降低企业的创新发展能力，创造财富的能力下降，分享财富的能力提升，社会整体的可持续发展会面临考验。

第三，我国社会保障的基本原则是广覆盖、保基本、多层次、可持续，这在确保社会弱势群体的基本生存权的同时，更有利于促进社会发展的效率，从而在根本上提升社会福利的水平和能力，是一种更为科学、合理的政策安排。

第四，芬兰的这一做法对我国的扶贫工作颇有启发。从国际经验来看，"直接给钱"似乎是一种最为有效的扶贫手段，但我国过去这方面的工作做的仍然不够。

例2　你负责对口支援某贫困村，该村产业结构单一，农民基本以种粮食作物维持生计，农闲时便过着闲散的日子，很多人甚至拿到扶贫贷款后全部直接消费掉，对于帮助这个村，你有什么建议？

第一，农民习惯过闲散的日子，一方面是习惯使然，另一方面也可能是无计可施，没有其他有价值的替代途径，归根到底还是自我发展能力比较弱，对于帮助这个村，我觉得可以从这方面寻找突破口。

第二，该村产业机构单一，要调查其原因，充分掌握其资源、地理、人力等方面的禀赋和条件，如果存在可供挖掘和利用的空间，可以重点在这些方面考虑，比如帮助引入投资、发展特色种养殖业、深加工等；如果确实没有可利用空间，就可以考虑劳动力转移，则技能培训就是最重要的问题。

第三，扶贫资金的利用要在尊重农民意愿的基础上多做引导，也可以设定用途，专款专用，给有自我发展意愿和能力的人适当倾斜，发挥示范带头效应。

第四，丰富农村文化生活，业余时间组织集体文娱活动、体育比赛等，移风易俗，改变社会面貌。

热点56　神秘围棋账号 Master，自 2016 年岁末到 2017 年年初，连续在弈城围棋、腾讯围棋两大跨国对弈平台中，挑战各路顶尖职业棋手，最终取得 60 连胜无一败的"玄幻"战绩，中日韩各国第一高手尤其是世界第一柯洁也已多次被斩落马下。最终，Master 承认，自己就是 2016 年 3 月和多名高手对弈的 AlphaGo。时隔不到一年，它已经从当时与人类的互有胜负，发展到现在令人恐怖的所向披靡，告诉了我们人工智能在征服一项领域或职业时，究竟速度有多快。理解这一点，对于人类乃至每一个人，都非常重要。

例1 请谈谈你对上述材料反映内容的看法。

第一，阿尔法狗在围棋领域的压倒性胜利表明当前人工智能技术的发展取得了质的飞跃，远远超出了人类过去的认知经验，也说明当今世界科技进步的速度之快、程度之深是过去任何时代无法比拟的，科技必将在推动世界进步方面发挥更加重要而显著的作用。

第二，面对包括人工智能在内的科技在近年的突飞猛进，人类首先应该感到欣喜。科技成果哪怕在一定领域表现出超越人类脑力的水平，也总归是人类的创造，是人类创造力和智慧的结晶。科技的飞跃表明人类智慧的同步提升，表明人类认识世界、改造世界能力的提升。

第三，人工智能将为人们生活带来各种便利，并以气候建模、复杂的灾难分析等手段破解医疗、环境等方面的世界难题，在国防、医疗、工业、农业、金融、商业、教育、公共安全等领域得到广泛应用，"人工智能＋"将成为创新时尚。人们现在司空见惯的多种工作岗位将被人工智能替代，如工人、服务员、教师、司机等。

第四，当然，随着人工智能的迅速发展，也应不断提升相应的"警惕感"，对人工智能带来的伦理问题要有充分认识。一旦人工智能出现自我意识，就会成为人类创造出来的新物种。正如克隆技术、核技术一样，任何科技成果都有可能具有两面性，人类在利用和享受其正面成果的同时，也要警惕和防范它可能带来的伦理困境和负面影响。科技永远是为人的，而不是为科技而科技。

例2 一边是人工成本日益高企，企业经营日渐困难，一边是人工智能技术速进，经营良好的企业"机器换人"盛行，一边又是就业压力巨大，请你谈谈如何化解这其中的矛盾？

第一，网络购物在减少传统线下购物场所的就业量的同时，也创造了更多其他就业岗位，比如快递物流、众多淘宝卖家等。所以，虽然短期来看，人工智能技术的发展或许会导致"机器换人"的出现，但从长远来看，它必然又会催生出更多新生的就业岗位。所以，面对这一表面上的矛盾，首先应有的态度和理念应该是推动其发展，而不是反其道而行之。

第二，企业在此背景下要积极谋求转型升级，占据更为有利的竞争地位，提升技术水平和核心竞争力、利润率，从而谋求长远发展。

第三，在"机器换人"的大背景下，新出现的就业岗位也应该是具有一定技术含量的，因为社会整体的技术水平都得到了提升，因此，解决这种背景下就业问题的根本举措在于提高劳动者的整体素质，职业教育、技能培训的发展就是必然的要求。

第四，随着机器的更大程度普及和应用，社会的生产效率必然出现较大幅度的提高，这就为完善社会保障、增加就业补贴等提供了坚实基础，因此，需要进一步完善社会制度，加大对暂时就业困难人群的扶助力度，甚至对全体民众都应该提供必要的生活补贴，这也是社会发展进步的根本目的之所在。

热点 57 因所摆射击摊上的 6 支枪形物被鉴定为枪支,天津市 51 岁大妈赵春华以非法持有枪支罪被判处有期徒刑三年六个月。内蒙古农民王力军因无证无照收购玉米,被巴彦淖尔市临河区法院一审判决犯非法经营罪,处有期徒刑 1 年,缓刑 2 年,并处罚金 2 万元。这一判罚引起社会各界关注。就在这起案件从争议到决定再审的过程中,2016 年 11 月,国家粮食局在公布了《粮食收购资格审核管理办法》,其中明确规定,农民、粮食经纪人、农贸市场粮食交易者等从事粮食收购活动,无需办理粮食收购资格。这也就意味着,当时让王力军蒙受罪名的相关规定已经废止,在现行法律法规框架下,王力军的行为已经不再违法。

例 1 请就上述材料,发表自己的看法。

第一,法律是规范社会关系、维护社会制度的规则体系,是社会发展和稳定不可或缺的制度保障,但法律不是只要有就能发挥作用,尤其是正面的作用,不科学、不合理的法律给社会带来的负面影响甚至大于无法。

第二,刑法作为最为严厉的法律规则,最高甚至可以剥夺人的生命,因而其各种界定务必严格、合理,且不可轻率、随意。从维护社会治安的角度,加强对强制、管制刀具等的管控是非常必要的,但杯弓蛇影、草木皆兵只会给社会和民众带来更多不必要的困扰和麻烦。

第三,可以公开销售的物品,如果其生产的各个环节都于法有据,说明法律本身就是允许其进行销售的,此时却将销售者绳之以法,这种前后矛盾的法律行为,恰恰是对法律威严的损害。

第四,当然,历史地看待问题,有些行为在某种特定的社会和时代背景下对社会有害,因为被法律所禁止或限制,但随着时代变迁,其社会危害性消失,此时法律就要及时跟进,做出调整,如果还固守传统思路,就有刻舟求剑、削足适履之嫌。

热点 58 一篇题为《每对母子都是生死之交,我要陪他向校园霸凌说 NO》的文章刷爆朋友圈。该文以一个母亲的视角,讲述了自己在名校中关村二小读书的孩子长期遭到同班同学的霸凌,更被同学用厕所垃圾筐扣头,然而,学校却并未妥善处理,只是将其定性为"过分的玩笑"。文中情况有待核实。但是熊孩子霸凌现象引发了家长的广泛共鸣。孩子不说,家长不知,学校不管,家长们极其担心这"三不"也出现在自己孩子身上。

例 1 结合上述材料,就校园霸凌现象,谈谈自己的看法。

第一,校园霸凌近几年在我国频繁上演,甚至有愈演愈烈之势,其范围之广,情节之重,超出了很多人的想象,一经媒体报道,引起了极大的关注和震惊。

第二,青少年是人生发展的重要转折期,思想认知水平不高,心理情绪状态不稳定,此时发生霸凌现象,无论对施害者还是对受害者都会造成深远而严重的影响,必须动员全社会的力量,从源头上、根本上彻底去解决这一问题,给青少年以更为健康的成长环境。

第三,探究校园霸凌背后的根源,最为深刻的是法治观念的缺失和人文观念的淡薄。

学校教育偏重知识的传授，而疏于在人格成长、心智发育方面的培养，导致很多青少年在身心发育上存在严重偏废，对自己的行为缺乏认知，尤其是对其结果没有基本的预判。课业负担沉重导致一些孩子存在精神高度紧张、心理压力过大甚至精神焦虑等问题，若长期得不到合理疏导，难免滋生心理问题，这也为霸凌行为的发生埋下了伏笔。

第四，解决霸凌现象，首先要注重青少年心智身体等各领域的全面发展，尤其要将法治教育在更大范围、更深程度上进行普及，让他们认识到自己行为的后果及代价。同时要减轻课业负担，更加注重人文精神的培育，促进他们的全面发展，增加彼此友谊和关爱。

例 2 你所在的中学发生校园霸凌事件，有人还将霸凌的过程拍成视频发布在网上。视频显示，几名学生朝另一名学生的头上淋脏水，强迫他吃蚯蚓。家长获知后，一方家长坚持认为这只是小孩子之间在开玩笑，不必小题大做；对方家长则认为，性质严重，坚决要求开除那几个学生，并要报警，用法律武器严惩施暴者。校长让你负责解决此事，并叮嘱你一定要控制事态，避免给学校的声誉造成更大影响。你将怎么做？

第一，先跟被欺凌小孩家长见面，向他们说明视频反映的只是一个侧面，并不能够完整地体现所有信息，先请他们缓和缓和情绪，给我一点时间进行调查，如他们认为必要，可以和我一起进行调查，等调查清楚后，一定给他们一个满意的答复。

第二，迅速找有关学生进行调查，先找到发布视频的学生，要求他将网络上的视频删除，并出示原始视频，详细说明事情的全过程；然后找到被欺凌学生，告诉他学校领导及老师都很重视这个事件，一定会依照法律和规定严格处理，让他不要害怕，实话实说，让他自己对事情进行定性，究竟是玩闹还是恶意欺负，并询问详细过程以及此类事件以前有没有出现过；分别找施害方学生调查，告诉他们事情的恶劣影响以及可能的处理结果，让他们说明事情的原因及详细过程；并要求写出保证书，承诺以后不再出现类似行为；找相关学生所在班级的班主任、任课老师及其他学生，了解这些学生平时的表现及相互关系。将上述几方面信息进行汇总对比，确定事情的最终情况。

第三，如果只是如视频所显示的这些行为，而且确实是偶发性的玩闹行为，则严厉批评教育，让施害方学生及家长给对方公开道歉，承诺以后绝不出现类似行为；如果除视频中显示的以外，还有更为严重的情节，比如殴打，或者除此次行为以外，还有其他类似行为，则要根据情节，给相关学生尤其是起带头作用的学生恰当的纪律处分，构成违法行为的，要报警移送司法机关进行处理。

第四，向社会说明情况，诚挚道歉，并承诺加强管理和教育，欢迎各界监督；在后续的教学活动中，要更加注重对学生在法治文化、同学友爱等方面的教育，并强化老师尤其是班主任在学生安全方面的责任。

热点 59 在第四个"世界厕所日"到来之际，住房城乡建设部发布了《城市公共厕所设计标准》，该标准将女性厕位与男性厕位比例提高到 3∶2，人流量较大的地区提高到 2∶1，以缓解女性厕位紧张。中国男女厕位比例严重失衡，提高女厕比例本是件好事，但一些人对此无法理解,认为这是借"平权"之名行特权之实。

2014年,韩国首尔投资约1亿美元,推出更长更宽而且接近购物中心出入口的女性专用停车位,打上亮粉红色轮廓和穿裙装女性的标志。

在国内,合肥、大连也有商场设置了粉红色标识的"女士尊享"车位,车位较宽也易停。长沙一间写字楼也设置了比普通车位要宽50厘米的女性专用车位。上海一家商务楼的地下车库设置了四个女性专用停车位,均靠近出入口,刷成亮粉色,比起普通车位,长宽各增加20厘米,还增加了灯光以及紧急呼叫设备。

这些举动引发一些有关性别歧视的批评,但也有许多人表示赞同。

例1　针对上述材料,谈谈自己的看法。

第一,当下社会在性别权利方面的明显特征是偏向于男性,对女性或多或少都存在着一些或明或暗的"歧视",这种歧视并非来自于故意,而是一种男性视角下的思维惯性。比如公共场所女性厕位的明显偏少、公交车扶手明显偏高等。社会公平不是绝对意义上的"一视同仁",而应该是各得其所。

第二,男女性别存在着一些基于生理因素的显著区别,作为公共政策或设施,必须正视这种区别并有所体现,才是公平的。比如劳动法规定不能安排女性从事高空、深井等高危险系数的工作,这显然不是基于对女性或男性的歧视,而是一种理性、科学、人道的矫正。同样是繁衍后代,但怀孕的是女性,而非男性,如果要追求绝对的平等,那解决这种差异及其带来影响的唯一办法,就是女性不再怀孕,而这显然是不合理的。

第三,社会公平,除了考虑性别差异的针对性安排外,还要体现对弱者的相对宽容与照顾。女性基于性别差异,在体力上明显处于不利状态,比如身体普遍更为娇弱、力量普遍更为弱小等,在公共政策和设施上,基于安全、方便的考虑做出适当的照顾,也并非是性别歧视。

第四,当然,相关的公共政策在出台时也应该更为科学、合理,比如停车位,就不宜直接叫做"女性停车位",而应该叫做"方便停车位"但女性优先,会显得更为合理。

例2　你所在的城市,停车难问题非常严重,群众意见很大,领导让你负责解决,你将如何开展工作?

第一,充分进行调研,掌握当前停车难问题的现状、全市停车场所的总体情况和汽车保有量,据此开展后续工作。

第二,开展规范停车专项行动,对违规乱停乱放现象进行整治,确保所有车辆停放规范。

第三,全市所有现有停车场所安装智能信息系统,在街口、路口等设立标志和显示器,方便群众找车位。

第四,对有条件的停车场进行改建、扩建,设立立体停车装置。

第五,对公共空地进行规划,开辟更多停车位。

第六,新建停车场尽量建成立体车位甚至停车楼。

第七，新开工建筑物审批时必须明确配套停车场标准。

例3 你们办公室同事大部分都是女性，男性只有两名，领导安排工作后，经常有女同事以"男人就要有担当，理应照顾女人"的名义，把工作推给你俩，但在领导面前，也表现出很忙的样子。另一名男同事好像很乐意这样，你将怎么办？

第一，努力提高工作效率，尽职尽责将手头工作完成好。如果工作实在忙不过来，可以明确告知她们情况，要求她们分担一部分，以免耽误工作进度，相信她们也不会置工作任务和集体利益于不顾。

第二，平时工作中一定要维护好同其他同事的关系，在领导面前可以适当表扬她们对工作的贡献。

第三，可以向领导建议，分配工作任务时更加注重明确分工。

热点60 不少司机都有一个感受：一到年末，交警的执法力度和罚款数额都明显高于其他月份，关于交警罚款拿提成的传闻也会随风传播。最近非常火爆的一则"河南南阳交警抢开罚单"的视频，则让很多人确信交警年底猛开罚单，背后一定有猫腻。在这段视频中，河南南阳的两名警员的对话很有意思。车内的警员对车外的年轻警员"抢地盘"的行为非常不满，并告诉对方，此前在某地执勤时，对方警员已经有"撬活"行为，自己并未吱声。年轻警员则依旧不愿意退让"你开你的（罚单），我开我的，谁能拦住（违章车辆）是谁的本事，谁也不影响谁，都把任务完成了。"还称因被领导"老马"所逼，如果开不来罚单，回去会挨骂。

例1 请就上述材料，发表自己的看法。

第一，很多不正常的罚款背后往往存在着以罚代管的问题，而以罚代管的背后又往往存在着执法行为的部门利益化问题。

第二，交通罚款按照规定应该全额上缴国库，但各地在实际执行的过程中却大多是一笔糊涂账，罚了多少、缴了多少都说不清楚，甚至有地方存在着执法者个人从罚款中提成的问题，这已经不是部门利益化，而成了个人利益化的问题。而大量事实反复证明，一旦执法行为与个人利益不当挂钩，违规执法、钓鱼执法几乎是必然的。

第三，执法行为的利益化本质就是腐败。法律是国家公器，是维护社会公共利益的制度保证，不能作为任何个人利益的工具。执法部门如果不能恪守这一底线，则执法行为不仅不能维护社会秩序，甚至会危害社会秩序。

第四，要避免此类事件重现，不仅要强化对执法个体行为的监督，更重要的是对部门执法行为的监督，剥离执法权和执法者个人、执法部门的利益关系是根本。

例2 你们当地发生了几起比较严重的火灾，政府组织消防安全大检查、大整改工作，你所在部门被下达任务指标，对检查出的事故隐患和整改家数都有确切的数量规定，完不成指标要受处罚。有同事认为这样安排工作不合理，假如被检查对象各项都是合规达标的，那工作任务怎么也无法完成，有同事为了完成任务，甚至造假凑数。你怎么办？

第一，严格履行检查职责，根据分工一丝不苟地进行检查、排除隐患，对存在隐患的情况及需要整改的情况在法律、规则允许的范围内从严执行,按照实际情况汇报工作。

第二,如果没有达到任务指标,在接受处罚的同时,向领导建议改变工作机制,提醒领导下达此类指标是违规的。

第三,如果领导不采纳建议,可以向上级部门反映情况。

例3 你有次检查执法的时候,有群众认为你工作有问题,把你工作的部分内容录像并传到了网络,还到纪检部门举报你,你怎么办?

第一,首先要配合纪检部门的调查,全面检视、反思自己的工作全过程,看里面是否有不太妥当之处。如果有,则严格改正,并诚挚地向群众道歉,接受群众监督。

第二,如果我的执法过程没有问题,向群众解释说明情况,发布澄清信息,在后续工作过程中进一步严格要求自己,做到执法过程无瑕疵。

热点61 广西一名男子写信去某区食药监局等三个部门投诉某雪饼的广告涉及虚假宣传,其广告语说的是"天天吃旺旺,运气会变旺",然而,该男子"运气并没有变旺、变好"。过了几天,男子的投诉信被人原封不动地放到了网上,人们以看奇葩的心态嘲讽他。一个月后,中国青年报和北京青年报相继以"泄露隐私"为主题进行了报道,并且披露了该男子不堪骚扰和嘲讽,已经辞职的事实。这下,舆论纷纷变为谴责,要求追查到底,找出泄露个人信息源头。

例1 请针对材料所反映的问题,谈谈自己的看法。

第一,个人信息的保护面临着来自两方面的重要威胁,一是不法分子通过入侵网络等行为非法获取信息,另一方面是政府机构、企事业单位的相关工作人员监守自盗,靠出卖个人信息渔利。

第二,材料中泄露个人信息的情况还有所特殊,它涉及对举报投诉权利的保护问题,比一般的信息保护更为特别,它影响的不仅有个人信息的保护,还关系着举报投诉权的保障。相关机构或个人如果利用职权泄露信息,就存在告密的嫌疑,这是非常恶劣且丑陋的社会现象,其社会危害性比一般的信息泄露更甚。

第三,保护个人信息需要完善制度,通过立法、执法、司法手段全方位行动,给泄露个人信息尤其是从中渔利的人以严厉的处罚,才能提高他们的违法成本,进而威慑其行为。而对于有告密嫌疑的人员,则应该从重处罚,坚决刹住这种歪风邪气。

例2 领导让你和另一名同事紧密协作完成一项工作任务,该同事是单位里出了名的"大嘴巴",热衷于议论和传播同事的各种小道消息。你每次和她讨论工作时,她都有意无意打听你和其他同事的个人情况,甚至隐私,影响工作讨论。你将怎么办?

第一,出于工作顺利推进的考虑,还是要处理好和该同事的关系,对于我个人的信息,不涉及隐私的情况下,可以满足她的好奇心,但绝对不能因为聊私人话题而耽误工作的正常推进,时刻要提醒她工作进展。

第二,对于其他人的事情,则以不知情为由拒绝讨论,也可以半开玩笑地批评她,侧面提醒她注意讨论的分寸。

第三，如果通过这些比较间接的方式，她还是不知道收敛，继续这样且影响工作，那我觉得有必要和她正式谈一下这个问题，告诉她工作之余可以无话不谈，但工作时间一定要集中精力工作，免得影响工作。

第四，如果通过我的各种努力，还是无法解决她的问题，则要尽早向领导说明情况，要求更换工作搭档。

热点 62 2016 年 10 月 10 日凌晨，浙江温州发生一起塌楼悲剧。该地鹿城区某"城中村"4 幢民房发生坍塌，导致 22 人死亡，6 人不同程度受伤。时隔不到半年，2017 年 2 月 2 日上午 8 时 02 分，温州市文成县百丈漈镇外大会村 4 间四层半民房又发生粉碎性倒塌，造成两户家庭 9 名群众被埋废墟中，最终 7 死 2 伤的悲剧。楼房坍塌事件近年时有发生，不过像温州这样的却并不常见。

例 1 你们单位在危房摸底排查活动中发现一处危旧平房，墙体开裂，随时可能倒塌，但里面居住的一对失独老夫妻拒绝搬迁，说他们的儿子经常回来看他们，一旦搬走，怕他就找不到他们了，你怎么办？

第一，先进一步检测，看有无加固维修的可能。如果有，则优先考虑加固维修，让他们暂时居住，后续再做他们工作，让他们彻底搬离；如果没有加固维修的可能，则一定要想办法让他们搬离。

第二，可以请他们的邻居或亲戚帮忙劝说，给他们看检测的数据和预测结果，告诉他们随时可能发生的危险，向他们说他们的儿子也希望他们平平安安。

第三，等他们搬离后，要尽快将房子拆除，免得他们再次返回遇到危险。有空的时候，多去他们的新居看望陪伴他们，给他们带去温暖。

例 2 现在有很多居民在新房装修中都存在改变内部结构的问题，有的甚至连承担房屋支撑作用的承重墙都进行改造，你认为应该如何规范装修行为，确保房屋安全？

第一，要有装饰装修相关的明确规定，最好是法律，并做好普法教育工作，在新建小区入住时，由物业管理部门直接发送到居民手中。

第二，全面清理和整顿装修行业，从事装修的主体必须是有相关资质的机构或个人。

第三，装修行为开始前，应该到物业部门备案，物业部门要对装修主体的资质及设计方案进行审核，审核通过后，要在全过程进行追踪监督，装修结束要进行比对检查，如有差异，要报送相关机构，追究责任。

第四，设立举报平台，民众可对发现的装修违规行为进行举报，给予奖励。

第五，对于装修中存在违规行为的居民及装修施工主体要进行严厉处罚。

热点 63 据媒体报道，一种心脏外科手术的必备药——鱼精蛋白注射液全国缺货，多家医院暂停手术，病人只能重金求助黑市。鱼精蛋白的短缺影响很大：成都一家市级公立医院的心外科专家说，现在心脏手术已经没法正常进行了；去年，浙大一院共消耗鱼精蛋白 9600 支，平均每个月要用 800 支，而目前存货只有 200 多支。短缺的不仅是鱼精蛋白。他巴唑、新斯的明、放线菌素 D、平阳霉素等药品都出现了全国断货的情况，而它们是手术、治疗神经系统疾病、肿瘤必不可少的常见药物。

为什么常用的鱼精蛋白这么紧俏？原因并不复杂，药品定价过低，导致愿意生产的企业非常少（全国只有2家），即使生产出来，也不一定通过正规渠道输送给病人。据一位大型医药公司的销售介绍，黑市里流出的真药绝大部分是黄牛通过一些医药公司、医院的渠道弄出来的。一些紧缺药物甚至形成了黑市"反哺"医院的奇特景象。

例1　请就上述材料，谈谈自己的看法。

第一，药品是特殊的商品，医药行业是特殊的行业，可以朝着市场化的方向改革与发展，但要有合理、健全的监管为前提。救命药短缺的根源在于药品定价过低，在成本抬高的情况下，企业在相关生产过程中难以获得利润，从而减少或者停止生产，我们固然可以从道德上指责企业，但从市场经济、法治经济的大背景去考量，企业这么做似乎无可厚非。

第二，根源还是在于一方面市场化，政府无法干预企业的生产过程，生产某种药品或者不生产某种药品，完全企业说了算，但上市销售的价格却是政府说了算，定价机制一旦不合理，企业当然会通过停产来对冲风险。

第三，必须药的产销监控体系也不健全，导致对相关产品的检测不及时，只有等到大规模断货才被发现，医疗风险被如此抬高，这不仅是医疗体系不能承受之重，更是患者难以承受的。

第四，要进一步改革医药管理体制，完善和健全药品名录，适当放开药品价格，利用市场的力量调控企业的生产行为；政府只需要监管明显不合理的定价行为即可。与此同时，也要完善监控，及时反馈相关药品供销信息，让医院和患者有所准备。

热点64　2016年5月中旬，国家工商总局对外发布消息，称此前积压的商标注册证，已经全部发放。为什么会积压呢？原来从2015年8月开始，工商总局就因为"没纸了"而没有对外核发过一张商标注册证。"商标注册证"对很多人来说非常重要。它是商标权的证明，也是一些法律维权时的证据。由于工商总局迟迟不核发商标注册证，直接导致部分电商和实体超市将一些品牌下架，不少商标侵权案件也不得不搁置下来。

2016年1月14日，国家工商总局发布"商标注册证采购项目采购公告"，表明要采购300万张专用纸。但是，纸是2015年8月就没了，几个月后才开始着手采购，这中间的时间都在干什么？直到媒体4月份曝光，工商总局才赶忙回应和道歉，并在一个月内，处理了积压的60万份申请。

类似的事情还有，2014年5月，工商总局商标局内部系统瘫痪，这一瘫，就瘫到了当年的9月。从5月到9月，至少有70万件申请因"网络故障"无法及时受理，至少数万小微企业因此蒙受损失。

例1　请谈谈你对上述材料所反映问题的看法。

第一，国家工商总局办事效率如此之低，虽然有一定客观原因，但归根结底还是主观原因占主导。商标的注册对于工商部门来讲只是一项寻常的工作，可对于相关企业来讲可能意味着生死存亡。本质上为企业服务的工商部门以"缺纸"为由，竟然将一项如此重要的工作搁置长达半年之久，暴露的是对企业利益和自身职责的漠视。

第二，这件事说明，当前我国推进的转变政府职能、构建服务型政府工作，不仅必要而且非常紧迫。一些政府机构及其工作人员，还是停留在过去管制型政府的思维模式，习惯对社会主体的管控、授权，而不适应服务，这种官僚主义的思维早已经与时代趋势格格不入。

第三，在当前转作风的政策背景下，依然存在这类问题，说明在我们很多政府干部的思想中，依然没有主动转变思维，而是把这些转变当成一种外在的限制和要求，缺乏内在的主动性和自觉性。

第四，构建服务型政府需要每一个政府机构，每一个政府工作人员从自身做起，真正树立起为人民服务的自觉意识，想群众之所想，急群众之所急，发自内心地尊重群众诉求，为人民群众服务。要做到这些，转变作风的思想教育不可或缺，而更为根本的还是要将政府工作的评判权交给群众，把人民的满意与否作为衡量政府业绩的重要标尺。

例2 近几年，很多政府部门都开通了官方网站、微博、微信公众号等网络平台，但有些却只是摆设，并未发挥实质性作用。假如你是县政府工作人员，领导让你开展一次下属单位网络平台检查整顿工作，你将如何做？

第一，统计、盘点下属单位设立网络平台的现状，看他们都开了哪些种类的平台。所以，我会先在各类网络平台上利用下属单位的名称为关键词进行搜索，尽可能全面地统计出网络平台开设情况。如果有没认证的平台，要和相关网络经营者取得联系，确认注册者的真实身份，以防冒名开设的情况。

第二，利用几天的时间，在这些平台上留言、评论等，看是否有回应、互动的情况，并将相关信息逐一进行登记。对于没有及时回应的，可以匿名打电话过去催促，看对方的反应情况。

第三，将回应及时、回应不及时和根本不回应的进行分类；对于回应及时、有效的，要通报表扬，回应不及时和无回应的要通报批评，且要求他们说明情况和原因，责令他们对后续工作做出明确安排，并跟踪其进展。

第四，要求所有下属单位的网络平台进行实名认证，对于确实因为人员紧张或业务特征而导致的平台更新缓慢甚至无回应的情况，要注销相关平台，将信息发布的权限上移，采用上级部门统一开设平台、下级部门提供信息的方式进行运作。

例3 有一天，你所在窗口单位的网络系统发生故障，正常的工作内容无法开展，可是来了很多办事的群众，有些还是从外地专程赶过来的，维修人员也不知道多久才能修好，有些不耐烦的群众觉得你是故意拖延工作，吵着要见你们领导，可是领导碰巧出差了，你怎么办？

第一，向群众诚挚道歉，并耐心说明情况，出示领导出差的证据，并解释清楚网络通畅对于工作办理的必要之处，相信群众听完之后会谅解并配合我们的工作。

第二，但是群众也有自己的事情，时间也很宝贵，不能就这样等待、耽搁，所以我会统计群众所需办理工作的情况，比如有些事情无需群众本人在场，只要提供相关材料就可以办理。对于这些工作，我会留下群众的材料，并分别做好标记，相关群众就可以先行离开，而无需继续等待，后续如果有需要回馈的材料、证件等，可以下班之后送过去或者快递送达；对于确实需要群众本人当场办理的，我可以利用等待时间，先和他们沟通好办事程序、填写相关表格、复印相关证件等，然后分门别类存放，网络一修好，马上着手办理。

第三，在后续工作的工程中，一定要制定好相关预案，向领导建议开设备用网络等，以免耽误正常工作，给群众带来不便。

热点 65 魏则西事件让"莆田系"成为一个众人惧怕、人人喊打的术语。当然，并非民营医院都可怕，给一个界定的话，利用花样百出的手段招揽病人，夸大或者扭曲病情和治疗手段，骗取高额检查、治疗费，这样的医院是"莆田化"的。而《新京报》的一篇调查报道发现，除了通过搜索引擎进行推广外，有的"莆田化"医院竟然还利用公益救助基金会的名义来吸引病人。

例 1 请针对上述材料所反映的问题，发表自己的看法。

第一，至今，民营医院在我国整个医疗体系中依然不具有主流地位，公立医院始终还是主体，这与我国对医院的定位有关。医疗卫生作为社会公共服务而非产业的基本认识，决定了不管是老百姓还是政府，都始终无法将医院与"盈利"直接挂钩，虽然公立医院也赚钱。

第二，大量的民营医院正是在这样的背景下存在着。在医疗卫生产业的改革方向中，政策确实给了民营医院存在的机会，但由于改革不彻底，导致始终未能配套性地设置较健全的监管体系。还有很多"莆田系"医院更是利用公立医院外包的机会，披着公立、权威的外衣，粉墨登场，实际背后运作的都是一些民间资本，有些医生甚至连行医资格证都没有。

第三，医疗卫生行业可以产业化，医疗设备和药品无所谓是花公共财政购买还是民间资本投资，医生的工资也无所谓是财政开支，还是老板买单，老百姓最终需要的是物美价廉的医疗服务。公立医院之所以让人放心，在于以政府为背书的信誉体系中有着对医院和医生严格的监管体系，从工资、奖金、津贴到职称评定的各项指标中既有业务能力的考量，也有医德状况的监督。而"莆田化"医疗主体恰恰是在失去了政府信誉背书的约束之后，却没有配套、科学、健全的社会化约束，从而导致野蛮生长。

第四，市场经济是自由经济，也是法治经济、信用经济。在给民间资本以与公共资本平等地位与权利的同时，也要给予平等的责任与监督，如此才能确保其健康发展。

例 2 如果让你组织一次有关不规范医疗行为和机构的调研活动，你将如何组织？

第一，先通过走访查看、上网搜索等，搜寻各类医疗机构的广告、宣传材料和患者反馈信息，建立数据库。尤其对于其中存在患者负面反馈的要重点关注。

第二,根据上述整理的数据库,以患者的名义进行电话咨询或实地挂号问诊,进一步确定情况,看看其中是否存在误导就医、夸大疗效、过度检查、大处方等现象。

第三,同时,可以开设网络举报平台、热线电话等,接受群众举报,并会同相关部门进行明察,对有群众举报和前期暗访中有违规迹象的要重点检查。

第四,将几方面所得信息汇总,进行详细比对,确定结果,形成报告。

热点 66 一个女儿带着年过 80 的老母到成都看病,没有买到全程坐票,在她们占据一个女生的座位后,女生上车,要求让出座位,老人女儿交涉无果后,这位女儿态度很不友好。而广大网友,基本都支持拒让座女生。

河北保定的一位老人乘公交车时,因认为一名年轻乘客没给自己让座,而"公交司机不管",便与同行的一名妇女站在马路中央用身体拦住公交车,后在警方调解下收场。因为没给自己让座,一些老人打人、辱骂,甚至上演"今天谁也别想走"的撒泼拦车闹剧,在多地不时发生。

例 1 对上述材料中的现象,你有什么看法?

第一,尊老爱幼是我们的传统美德,在条件允许的情况下,年轻人给予老年人尽力的照顾本属应该,但这无论如何都只能出于自愿,而不能是一种外在的硬性要求,尤其不能是受助者的要求。硬性要求的前提是法律义务,而尊老爱幼在很多情形下都只是出于道德。所以,如果在公交车上,一个年轻人只要没有坐在老弱病残孕专座上,而拒绝给一个老人让座,你也只能谴责他,而绝对不能施以强力,无论是老人自己还是第三人。

第二,如果说在公交车上尚且可以给年轻人让座施以一定义务,因为这种行为毕竟还算是一种全社会倡导的道德风气,在火车上仍然倡导这种义务,就有些不太妥当,因为这种义务性的要求既缺乏社会风气的大前提,也没有合理性基础,义务人的成本太高了。这种情况下,要求别人给自己让座,就显得太过任性和自私,事实上已经侵犯了别人的合法权益。

第三,无限拔高道德标准,最终所催生的绝对不是一个道德良好的社会,而最有可能出现的是一个虚伪、野蛮泛道德社会,任何都可以以道德的名义肆意侵犯他人的合法权益,最终整个社会的规则体系就会瓦解。现代法治社会,还是应该先以法律规则为行为的前提,在此基础之上再谈道德,这样的道德才是真实的,可持续的。

例 2 你们单位要求凡是手持老年证的乘客上车,都必须要有座位才能开车。如果你是公交车司机,碰到有老人上车可是没人让座,而你不开车又遭到了其他乘客的抗议,你如何处理?

第一,给老人让座不仅是一种良好的道德风尚,事实上也有更为现实的安全考量。因为老年人身体弱,腿脚不便,遇到急刹车、拐弯等情况,极有可能摔倒,所以公司出台这样的规定有其合理依据,我肯定要遵照执行。

第二,遇到没人让座的情况下,我肯定不能开车。首先会利用广播呼吁方便的乘客让座,如果没有人让座,碰巧老弱病残孕专座上有年轻人就坐,我会针对性规劝他们让座,甚至可以要求他们让座。

第三,如果更巧的是这些座位上坐着的也都是老年人或者明显不方便让座的人,比如抱着小孩或带着大量行李等,我会劝老人下车,改乘其他车辆,或者自己出钱给老人打车。

第四,事后要在车里多贴一些宣传性材料,建议公司在车上设置更多的照顾专座。

常用经典引用

除了塑造深度分析能力和良好的形象、举止外，还需要有精彩的表述内容。这就需要考生做扎扎实实的储备，要进行针对性识记。下面，我们推荐面试必备名言警句和经典表述、引用，希望大家借助这些句子增加答题中的"亮点"。

一、名言警句与经典表述

（一）修身

1. 修养篇

（1）不患无位，患所以立。（《论语》）

（2）要守得住清贫、耐得住寂寞、稳得住心神、经得住考验。

（3）古人云：人心齐，泰山移。我们也常说：团结就是力量。我们应该用宽容的态度和博大的胸怀去对待同事，把工作放在第一位，时刻注意团结同事，时刻注意维护团队形象，这样才能形成一个和谐的团队，最大限度地发挥大家的合力，顺利完成工作。

（4）对待分歧，要换位思考，大事讲原则，小事讲风格，要能够换位思考、多听他人的意见。

（5）见贤思齐，见不贤而内自省。（《论语》）

（6）富与贵，是人之所欲也。不以其道得之，不处也。（《论语》）

（7）满招损，谦受益。（《尚书》）

（8）鸦有反哺之义，羊知跪乳之恩。

（9）桃李不言，下自成蹊。（《史记》）

（10）胜人者有力，自胜者强。（《道德经》）

2. 诚信篇

（1）生命不可能从谎言中开出灿烂的鲜花。（海涅）

（2）人无德不立，国无德不兴。

（3）人而无信，不知其可也。（《论语·为政》）

3. 勤奋篇

（1）业精于勤荒于嬉，行成于思毁于随。（韩愈）

（2）宝剑锋从磨砺出，梅花香自苦寒来。

（3）天才就是百分之九十九的汗水加百分之一的灵感。（爱迪生）

4. 细节篇

（1）细节决定成败。

（2）天下大事，必作于细。天下难事，必作于易。（老子）

（3）合抱之木，生于毫末。九层之台，起于累土。千里之行，始于足下。（老子）

（4）一屋不扫何以扫天下。

（5）不积跬步，无以至千里。不积小流，无以成江海。（荀子）

（6）好事办实，实事办好。

（二）治国平天下

（1）关注民生、重视民生、保障民生、改善民生是我们党全心全意为人民服务宗旨的一贯要求和传统作风，是人民政府的基本职责。

（2）政之所兴，在顺民心；政之所废，在逆民心。（管仲）

（3）为政之道，在于安民。安民之要，在于富民。

（4）只有做好群众的贴心人，才能当好群众的带头人。

（5）民惟邦本，本固邦宁。（《尚书》）

（6）立党为公，执政为民。权为民所用，情为民所系，利为民所谋。

（7）苟利国家生死以，岂因祸福避趋之。（林则徐）

（8）制度好可以使坏人无法任意横行，制度不好可以使好人无法充分做好事，甚至会走向反面。（邓小平）

（9）知和而和，不以礼节之，亦不可行也。（《论语》）

（10）党员领导干部一定要绷紧拒腐防变这根弦，坚持立身不忘做人之本、为政不移公仆之心、用权不谋一己之利，坚持慎独慎微，始终记着"不以恶小而为之"，不该做的事情坚决不做，自觉拒腐蚀、永不沾，始终保持共产党人清正廉洁的政治本色。

（11）为群众服务，为民做实事，要有"马上就办，办就办好"的工作风格与要求。

（12）凡事预则立，不预则废。要注重预防，中医理论中有"上医治未病"的说法，讲的是真正高明的好医生在病未发之时就把病根祛除，预防疾病的出现。

（三）综合分析题经典语句

1. 科学发展观

要增强大局意识，要按照"五位一体"总体布局和"四个全面"战略布局，坚持以新发展理念为引领,积极适应把握引领经济发展新常态,着力推进供给侧结构性改革,抓好去产能、去库存、去杠杆、降成本、补短板五大任务。

今天,站在新的历史节点上,"两个一百年"奋斗目标前景可期,中华民族伟大复兴的中国梦曙光在前。实现美好愿望,事业伟大,任务艰巨。推动如此空前伟大的事业,完成如此异常艰巨的任务,没有(缺少)科学发展观是不可想象的。

2. 收入差距、民生问题

"天地之大,黎民为先。"民生是人民幸福之基、社会和谐之本。做好保障和改善民生工作,事关群众福祉和社会和谐稳定,事关全面建成小康社会的顺利推进。

当前,无论网上还是网下,收入差距都是人们最为关注的热点话题。因为它涉及我们每个人的"钱袋子",关系千家万户的"好日子"。中国特色社会主义是全体人民共同为之奋斗的事业,也是为全体人民造福的事业。只有在做大"蛋糕"的同时分好"蛋糕",让全体人民共享改革发展成果,才能切实维护公平正义、促进社会和谐。

国内外发展的实践证明,收入差距过大,会损害社会公平正义,挫伤低收入群体的劳动积极性和社会认同感,影响社会阶层间的关系,既不利于经济健康运行,也不利于社会和谐稳定。必须引起高度重视,切实加以解决。

收入乃民生之源。"不患寡而患不均"贫富差距太大不仅拖慢全面小康进程,甚至还影响社会稳定。事实上,也只有缩小收入分配差距,才能提高人民的消费水平,扩大消费需求,增强经济发展的内生动力。

民生连着民心,民心牵着国运。经验和教训告诉我们,如果只盯着经济数据的起伏涨落,忽视社会进步和人民群众真实的幸福感、获得感,就会透支社会发展潜力,发展就难以持续。

如何做到精准扶贫、精准脱贫? 关键是提高脱贫攻坚成效,找准路子,构建好的体制、机制,在精准施策上出实招、在精准推进上下实功、在精准落地上见实效。

为政之道,在于安民;安民之举,在于富民。缩小收入差距、共享发展成果,是人民群众的热切期盼,也是我们党的庄严承诺。在经济社会不断发展和收入分配制度改革不断深化的过程中,这一目标会逐步成为现实,全体人民必将共沐公平正义阳光,共享幸福美好生活。

我们必须牢固树立共享发展的理念,多谋民生之利,多解民生之忧,让发展更有温度,让全体人民有更多获得感。

通过持续不断的努力,逐步建立以权利公平、机会公平、规则公平为主要内容的社会公平保障体系,搭建更多平台,疏通上升渠道,让人们的创造活力迸发出来,使大家共同享有人生出彩的机会,共同享有梦想成真的机会。

必须顺应人民过上更美好生活的新期待,认真倾听群众呼声,深入了解群众所思所想,使出"洪荒之力"解决群众实际困难,促进社会公平正义,保障人民安居乐业。

"天下大同,和谐小康。"只有让人民群众共享发展成果,社会主义中国才能在现代化道路上稳健前行;只有让人民幸福安康,才能凝心聚力全面建成小康社会;只有坚持共享发展,让发展更有温度、让幸福更有质感,不断增强发展动力,才能让 13 亿多中国人朝着共同富裕目标稳步前进。

3. 住房与房地产市场

保障房作为住房市场的必要补充,是政府履行公共服务职能、使人民共享发展成果的重大举措。保障房建设推进得好,既能够满足符合条件困难群众的基本住房需求,也有利于政府更有针对性地开展调控,促进房地产市场健康发展。

无论是实现群众住有所居目标,还是保持经济平稳较快增长,都离不开一个长期稳定健康发展的房地产市场。我国房地产市场是在发展社会主义市场经济的大背景下形成和发展起来的,过去的十几年间,房地产市场几起几落,调控一轮接着一轮,有成效,问题也不断出现。越来越多的人都在考虑,如何才能实现市场长期、稳定、健康发展?

住房,不仅是一个居住的空间,更承载着每个家庭对美好生活的向往和期盼。毋庸置疑,随着我国住房制度改革的不断深化,市场必将逐渐规范,保障必将逐步到位,百姓"住有所居"的美好愿望,也必定能逐步实现。

4. 创新

创新驱动发展战略是国运所系、大势所趋、时势所为。在当前新一轮科技革命和产业变革兴起时,国际产业分工格局和竞争态势正在加快演化。对于我国来说,既是实现赶超跨越的重大机遇,也面临着差距进一步拉大的风险,必须加快创新驱动发展,让创新成为新常态下经济发展的新引擎,为实现中华民族伟大复兴的中国梦作出新贡献。

创新是应对问题的"良方",更是推动发展的"引擎"。

5. 医疗卫生事业

……目前看病贵仍然突出,群众反映强烈,社会高度关注。解决好看病贵这一问题,关系亿万群众健康,关系万千家庭幸福,关系整个社会的和谐稳定。

可见,看病贵是由多种因素造成的,是医疗卫生领域诸多问题的集中反映,必须高度重视,综合施治。为此,需要开一副复方药,既要"降虚火",切实把虚高的医药费用降下去;又要"补元气",提高群众医保水平,更好地保障人民群众的健康权益。

"没有保障,生病硬扛;有了医保,有病就瞧。"百姓朴实的话语,道出了对基本医保的认可和欢迎。基本医保,就是利用政府、社会、个人三方力量,构建社会互助共济的医疗保障制度。这对于个人抵御疾病风险、减轻医药费用负担具有重要意义,是一把护卫公众健康的保护伞。

6. 教育

一项对全球 21 个国家的调查显示,中国孩子的计算能力排名第一,想象力倒数第一,创造力倒数第五,引起了人们对教育现状的担忧和反思。大力推进素质教育,破除应试教育的弊端,是教育改革发展必须解决的重大课题。今天,我们正处于从教育大国迈向教育强国的进程中,切实推进素质教育、培养全面发展的高素质人才,是建设创新型国家的迫切需要,也是办好人民满意教育的必然要求。

素质教育是时代发展的呼唤。当今时代,科技进步日新月异,知识经济迅猛推进,经济社会发展日益转向创新驱动。只有高度重视和发展素质教育,大力培养创新型人才,才能抢占发展主动权和制高点,才能在激烈的国际竞争中立于不败之地。

素质教育决定着国家的未来。兴国必先兴学,强国必先强教。现在我们与发达国家在经济和科技上的差距,说到底是人的素质的差距。只有全面推进素质教育,打造大批一流的人才,才能加快实现发展方式的转变,提升发展的质量,为国家发展和民族振兴奠定坚实的人才基础。

素质教育关系亿万家庭的幸福。在很多父母心中,子女是整个家庭的中心,特别是现在的孩子大多数是独生子女,寄托了几代人的希望。只有通过素质教育,才能让青少年成为身心健康的人、人格健全的人、学有所长的人,每个家庭的幸福生活才真正有盼头。

教育是家事,更是国事;是今天,更是明天。全社会都应积极行动起来,共同推进素质教育的落实,给每个孩子一个健康快乐的童年,给亿万家庭一个幸福美好的希望,给国家民族一个更加光明的未来。

7. 诚信、道德、文化建设

人无德不立,国无德不兴。道德的血液在我们这个泱泱大国的血脉里流淌了五千年。然而,在经济快速发展、取得历史性进步的今天,却遇到了"道德的困扰",道德问题又一次成为人们关注的焦点。整个社会都在思考:在改革开放和发展市场经济的条件下,如何认识和看待我们的道德状况,如何构筑和坚守我们的道德家园?

可见,我们正经历道德的进步,也承受着道德的阵痛;我们身边处处演绎着浓情大爱的"最美"事迹,也不时出现令人寒心的失德行为。因而,要全面、客观地认识社会道德的"全貌",对存在的问题不能视而不见、粉饰太平,也不能从一些失德败德现象简单推定出"道德滑坡"的结论。

我们既要增强道德建设的紧迫感和责任感,不断推进社会风气的改善,也要以理性、平和的心态来看待,对中华美德的传承光大充满信心和希望。

人们常说,"道德是最高的法律,法律是最低的道德"。这也说明,在抑恶扬善上,道德与制度、与法律是根本一致的。提升社会道德风气,既要靠良知、靠教育,也要靠制度来"保驾护航"。通过完善法制、强化监督、惩治败德等一系列制度手段发出强烈信号,让善者无后忧、让恶者不敢恶。

"人而无信,不知其可也"。诚实守信是公民道德的基石,是对每个人最起码的道德要求,同时也是一种经济道德、社会公德。"诚招天下客,誉从信中来",诚信是市场经济的本质属性,是企业宝贵的无形资产。诚信也是社会和谐的纽带,如果不能在公民中普遍地培育起诚信意识,人与人就难以融洽相处,整个社会就难以安定有序。

古往今来,文艺巨制无不是厚积薄发的结晶,文艺魅力无不是内在充实的显现。凡是传世之作、千古名篇,必然是笃定恒心、倾注心血的作品。那些创作出脍炙人口作品的文艺大家,也无不有着心无旁骛、沉潜稳重的品质。广大文艺工作者要以创作叫得响、传得开、留得住的文艺精品为己任,避免急功近利、粗制滥造。文艺工作者要拿出孜孜以求、精益求精的精神,才能打造出好的的文艺作品。

文运同国运相牵,文脉同国脉相连。实现中华民族伟大复兴,是一场震古烁今的伟大事业,需要坚忍不拔的伟大精神,也需要振奋人心的伟大作品。

"厚德载物""德行天下"。只要我们共同努力,一定能够汇涓流而成江海,积小善而成大德。一个拥有五千年优良传统的礼仪之邦,一定会以更加自信、更加文明的形象屹立于世界民族之林。

8. 食品安全

民以食为天,这句话深刻道出了食品对人类生存和发展的重要性。食以安为先,食品安全关乎每个人的健康和生命。能否保障食品安全,让人吃得健康、吃得安全,对老百姓来说是"天大的事"。

总之,对食品安全现状要全面、辩证地分析。既要看到问题不少,也要看到总体稳定可控;既要对问题零容忍,也要对举措有信心。稳步提高食品安全水平,任务十分艰巨,需要标本兼治、统筹推进。

俗话说:"众人拾柴火焰高。"保障食品安全,是政府的责任、企业的责任,同时也需要社会公众积极参与。

改革开放以来,我们用30多年的时间解决了人民吃得饱的问题,我们也一定能够解决人民吃得好、吃得安全的问题。随着各项法律政策的完善和监管力度的加强,从田间到餐桌,从牧场到厨房,食品"进口"安全之路会越走越顺畅。

9. 生态文明问题

绿色是文明,生态环境是最普惠的民生。2017年年初,我国出现了持续的大范围雾霾天气,引发人们的强烈关注。如果经济发展了,但环境恶化了,人们整天生活在雾霾中,见不到蓝天白云,那也算不上幸福,是得不偿失的。"绿水青山就是金山银山"必须牢固树立绿色发展理念,自觉推动绿色发展、循环发展、低碳发展,实现人与自然的和谐发展,使中华大地呈现出天更蓝、山更绿、水更清的美丽景象。

环境是人的生存之本、发展之基。让百姓喝上干净的水,呼吸清洁的空气,在良好的环境中生产生活,是关乎社会发展和人民福祉的大事。现阶段,环境问题不仅是经济问题、发展问题,而且是政治问题、民生问题。

环境是人的生存之本、发展之基。让百姓喝上干净的水,呼吸清洁的空气,在良好的环境中生产生活,是关乎社会发展和人民福祉的大事。现阶段,环境问题不仅是经济问题、发展问题,而且是政治问题、民生问题。

党的十八届五中全会把"绿色"上升为经济社会发展的基本理念,强调坚持绿色富国、绿色惠民,协同推进人民富裕、国家富强、中国美丽。可以说,坚持绿色发展,是保持我国经济社会坚持健康发展的必然选择,是全面建成小康社会的题中应有之义。

由于历史积累的问题较多,我国资源环境形势严峻,存在环境质量差、生态受损严重、风险隐患高等问题,已成为全面建成小康社会的突出短板和瓶颈制约。

人们常说,治污要治本,治本先清源。加强环境保护、遏制环境污染,如果只注意治理已经出现的污染,不从源头抓起,往往是按下葫芦浮起瓢,陷入防不胜防的恶性循环。因此,防治环境污染,必须从源头上抓起,才能起到釜底抽薪的作用。

从根本上遏制环境污染,必须坚持以科学发展为主题,以加快转变经济发展方式为主线,促进环境与经济的协调融合,降低经济发展对环境的破坏。

必须把解决损害群众健康的突出环境问题摆在环境保护的重要位置,进一步强化环保为民的理念,积极回应人民群众的关切,认真抓好水、空气、重金属污染等防治工作,切实改善环境质量,增进人民群众的福祉。

"生态兴则文明兴,生态衰则文明衰。"十八大以来,生态文明建设摆上了中国特色社会主义五位一体总体布局的战略位置。绿色发展作为新发展理念的重要组成部分,在引导绿色生产的同时,也在倡导一种绿色生活方式。

10. 服务型政府建设、腐败问题

当前,我国正在经历经济社会的深刻变革。历史经验表明,这一时期往往是腐败高发期,诱发腐败的原因十分复杂。一是体制漏洞。在发展转型过程中,不少领域的体制机制还不健全、不完善,为腐败的滋生蔓延留下空间。二是利益诱惑。面对社会和他人财富增长,一些党员干部心理失衡,经受不住不法分子的拉拢、腐蚀,陷入权钱交易的泥沼。三是权力失控。一些地方和部门对权力的监督存在缺位和弱化问题,难以有效防范权力滥用和腐败现象的发生。四是官德失守。一些党员干部放松世界观改造,在封建主义思想残余和资本主义腐朽观念侵蚀下,思想防线溃败,跌入腐败深渊。

对当前的反腐败斗争形势,看不到取得的显著成绩,就会丧失信心,认为腐败无法根治;看不到目前的严峻形势,就会盲目乐观、放松警惕,使腐败现象更加猖獗。因此,我们既要坚定必胜信心、加大工作力度,又要防止"急躁症""速胜论",深入持久地把反腐败斗争进行下去。

俗话说,攥紧的拳头力量大。反腐败也是一样,只有综合施治、多措并举、整体推进,才能给腐败行为以沉重的打击,取得最好的反腐效果,而不能寄希望于"一招制胜"。

全面从严治党,关系党的先进性纯洁性,关系人心向背,关系国家民族的兴衰,关系党的生死存亡。

走好新的长征路,需要继续推进全面从严治党,坚持思想建党和制度治党相结合,既注重加强理想信念教育,补足精神之"钙",坚守共产党人精神追求,又注重各方面制度建设,扎紧扎牢制度的笼子,用制度管权管事管人,筑牢思想根基和制度防线,推进党的建

"千仓万箱非一耕所得，干天之木非旬日所长。"只要我们一步一个脚印，积小胜为大胜，就一定能够切除腐败这个毒瘤，使缕缕清风吹拂我们生存的这块净土，让"廉花"盛开。

一个冤假错案的负面影响，足以摧毁 99 个公正裁判积累起来的良好形象。这就是"100－1＝0"的道理。司法肩扛公正天平、手持正义之剑，关乎公民的名誉、财产、自由乃至生命。在司法活动中，守好保障人权的屏障，让百姓在每一个案件中都感受到公平正义，是司法机关的天职。

11. 学习

"问渠那得清如许，为有源头活水来。"学习是成长进步的阶梯，也是通往信念之巅的通途。学以启智，学以增信。理论上加强学习，思想上才能坚信不疑，意志上才可坚忍不拔，行动上才会坚定不移。

习总书记曾在讲话中强调，在农耕时代，一个人读几年书，就可以用一辈子；在工业经济时代，一个人读十几年书，才够用一辈子；到了知识经济时代，一个人必须学习一辈子，才能跟上时代前进的脚步。如果我们不努力提高各方面的知识素养，不自觉学习各种科学文化知识，不主动加快知识更新、优化知识结构、拓宽眼界和视野，就难以增强本领，也就没有办法赢得主动、赢得优势、赢得未来。

二、面试金句之习语点睛（习近平语录）

（1）各级领导干部都要既严以修身、严以用权、严于律己，又谋事要实、创业要实、做人要实。

（2）雷锋精神是永恒的，是社会主义核心价值观的生动体现。

（3）空谈误国，实干兴邦。

（4）反对浪费，厉行节约。

（5）自力更生是中华民族自立于世界民族之林的奋斗基点，自主创新是我们攀登世界科技高峰的必由之路。

（6）做实际工作，情商很重要。

（7）要加强对权力运行的制约和监督，把权力关进制度的笼子里，形成不敢腐的惩戒机制、不能腐的防范机制、不易腐的保障机制。

（8）领导干部要多读书、读好书、善读书。

（9）每个人的工作时间是有限的，但是为人民服务是无限的。

（10）要以踏石留印、抓铁有痕的劲头抓下去，善始善终、善做善成，防止虎头蛇尾。

（11）公款姓公，一分一厘都不能乱花；公权为民，一丝一毫都不能私用。

（12）良好生态环境是最公平的公共产品，是最普惠的民生福祉。

（13）我们既要绿水青山，也要金山银山。宁要绿水青山，不要金山银山，而且绿水青山就是金山银山。我们绝不能以牺牲生态环境为代价换取经济的一时发展。

（14）以猛药去疴、重典治乱的决心，以刮骨疗毒、壮士断腕的勇气，坚决把党风廉政建设和反腐败斗争进行到底。

（15）生活从不眷顾因循守旧、满足现状者，而将更多机遇留给勇于和善于改革创新的人们。在新一轮全球增长面前，唯改革者进，唯创新者强，唯改革创新者胜。

（16）思想上松一寸，行动上就会散一尺。

（17）人民对美好生活的向往，就是我们的奋斗目标。

（18）一个政党，一个政权，其前途命运最终取决于人心向背。

（19）生活在我们伟大祖国和伟大时代的中国人民，共同享有人生出彩的机会，共同享有梦想成真的机会，共同享有同祖国和时代一起成长与进步的机会。

（20）要利用各种时机和场合，形成有利于培育和弘扬社会主义核心价值观的生活情景和社会氛围，使核心价值观的影响像空气一样无所不在、无时不有。

（21）低俗不是通俗，欲望不代表希望，单纯感官娱乐不等于精神快乐。

（22）理想信念是共产党人的精神之"钙"，必须加强思想政治建设，解决好世界观、人生观、价值观这个"总开关"问题。

（23）干部业绩在实践，干部声名在民间。要多到基层干部群众中、多在乡语口碑中了解干部，既要在"大事"上看德，又要在"小节"中察德。

（24）有的下基层调研走马观花……坐在车上转，隔着玻璃看，只看"门面"和"窗口"，不看"后院"和"角落"，群众说是"调查研究隔层纸，政策执行隔座山"。

（25）面对歪风邪气，必须敢于亮剑、坚决斗争，绝不能听之任之；面对急难险重任务，必须豁得出来、顶得上去，绝不能畏缩不前。

（26）我们党来自人民、植根人民、服务人民，党的根基在人民、血脉在人民、力量在人民。

（27）风云变幻，最需要的是战略定力；竞争激烈，最重要的是激流勇进；迎接挑战，最根本的是改革创新。

（28）领导干部要坚守正道、弘扬正气，坚持以信念、人格、实干立身；要襟怀坦白、光明磊落，对上对下讲真话、实话；要坚持原则、恪守规矩，严格按党纪国法办事；要严肃纲纪、疾恶如仇，对一切不正之风敢于亮剑；要艰苦奋斗、清正廉洁，正确行使权力，在各种诱惑面前经得起考验。

注：下面的经典语句为习近平总书记讲话中引用的我国传统经典名句，大家在答题引用时不能讲"习近平总书记说"，而要讲"习近平总书记曾引用《……》中的……"。

（29）学者非必为仕，而仕者必为学。（引用，出自《荀子·大略》）

（30）善禁者，先禁其身而后人。（引用，出自东汉荀悦《申鉴·政体》）

（31）尚贤者，政之本也。（引用，出自《墨子》）

（32）取法于上，仅得为中；取法于中，故为其下。（引用，李世民）

（33）凿井者，起手三寸之坎，以就万仞之深。（引用，出自刘昼《刘子·崇学》）

（34）天下之事，不难于立法，而难于法治必行。（引用，张居正）

（35）物之不齐，物之情也。（表达文明、体制或观点的多元性时使用。引用，出自《孟子》）

（36）天视自我民视，天听自我民听。（政府的重大工作和公共决策必须坚持群众路线，将公众意见纳入决策过程，政府工作要与民情民意对接。引用，出自《尚书》）

（37）聪者听于无声，明者见于未形。（工作要有前瞻性，要着眼于长远，谋划和考虑到未来的趋势。引用，出自班固《汉书》）

（38）宰相必起于州部，猛将必发于卒伍。（强调基层工作经验的重要性。引用，出自《韩非子》）

三、常见效应原理

对应知应会的常见效应原理进行储备，一是为了应对这些效应原理作为综合分析题出现，二是作为自己答题论述的素材。习近平总书记就曾在参加全球核安全峰会上引用了"木桶原理"（或说"短板理论"）。

1. 手表定律/手表法则

手表定律是指一个人有一只表时，可以知道现在是几点钟，而当他同时拥有两只或更多表时却无法确定。两只表并不能告诉一个人更准确的时间，反而会让看表的人失去对准确时间的信心。

启示：每个人都不能同时挑选两种不同的行为准则或者价值观念，否则他的工作和生活必将陷入混乱。每个人在行动时都必须树立正确的目标，并朝着这个目标为之奋斗，不能设置两个不同的目标，左顾右盼，否则只会适得其反，得不偿失。如大学生在就业时必须结合自身特点，明确个人的职业方向，只有这样才能朝着这个方向，寻找到适合自己的就业岗位。在工作中，一个团队必须由一个指挥者统一来指导工作，保证大家行为方向一致，不能由两个指挥者同时指挥，否则将使这个团队或个人无所适从。这让我们想到行政管理中的多头管理问题，机构臃肿、职能交叉，必然会使工作处于无序的状态,不能高效地解决问题,遇到问题互相推诿,这正是职能部门不统一、职责划分不明确造成的无章可循的必然后果。

2. 森林效应

一棵树如果孤零零地生长于荒郊,即使成活也多半是枯矮畸形;如果生长于森林丛中,则枝枝争抢水露,棵棵竞取阳光,直到参天耸立、郁郁葱葱。此现象称为"森林效应"。

启示:说明一个人只有在社会、集体中经历竞争、比较和相互之间的评价才能有助于个人的成长,才能在激烈的社会竞争中立于不败之地;反之亦然。为了提高公务员队伍的整体素质和整体水平,就要完善相应的绩效考核机制,进行相应的评比,建立起良性的竞争关系,只有这样,才能让大家端正工作态度,投入工作热情,树立正确的思想,坚持不懈地努力工作。才能为国家打造一支高素质的干部队伍。企业中的管理也是如此,有了规范的考核选拔和激励制度,才能激励员工努力工作。

3. 从众效应

从众效应是指当个体受到群体的影响(引导或施加的压力),会怀疑并改变自己的观点、判断和行为,朝着与群体大多数人一致的方向变化,也就是通常所说的"随大流"。

启示:说明一个人在面对众多反对声音时,容易失去主见,失去自己的立场和原则,随波逐流。从另一个角度看,可以规范人们接受良好行为的模式,有助于让人们形成良好的行为习惯。从一定层面上讲,也会致使一部分极具个性的人,由于立场不足,进而阻碍了其创新性。因此,积极的从众效应可以互相激励情绪,做出勇敢之举,有利于建立良好的社会氛围并使个体达到心理半衡。

4. 青蛙效应

青蛙效应是指把一只青蛙扔进开水里,它因感受到巨大的痛苦便会用力一蹬,跃出水面,从而获得生存的机会。当把一只青蛙放在一盆温水里并逐渐加热时,由于青蛙已慢慢适应了水温,所以当温度已升高到一定程度时,青蛙便再也没有力量跃出水面了。于是便在舒适之中被烫死了。

启示:青蛙效应强调的便是"生于忧患,死于安乐"的道理。人天生就是有惰性的,总愿意安于现状,不到迫不得已多半不愿意去改变已有的生活。若一个人久久沉迷于这种无变化、安逸的生活时,就忽略了周遭环境的变化,当危机到来时就像那只青蛙一样只能坐以待毙。青蛙效应也揭示了一个道理,就是凡事都是从量变到质变的发展过程。

5. 木桶原理/短板理论

木桶原理是指一只木桶能盛多少水,并不取决于最长的那块木板,而是取决于最短的那块木板。

启示:木桶原理告诉我们,每个人都有自己的优势与劣势,我们要正确面对自己的优缺点,短板是制约我们成长、发展的重要因素,要能够及时发现自己的短板,补足短板。要注重团队协作,团队中有一个人没有尽到全力,就不能把事情做好。要善于去帮助别人共同进步,只有整个团队的整体水平提高了,才能把工作做到最佳状态。

6. 刺猬法则

两只刺猬相互取暖,可因为各自身上都长着刺,离得太近会刺到对方,离得太远又冷得受不了,于是又凑到一起。几经折腾,两只刺猬终于找到一个合适的距离。

启示:强调了人际交往中的"心理距离效应"。例如领导和下属、学生和老师、父母与子女等,只有保持良好的心理距离,才能够取得良好的交往效果。也启示我们凡事要讲求一个"度",把握适度原则。再者,不经历风雨怎么见彩虹,为了达成目标,就要有碰壁、经历挫折的准备,并且不怕挫折、不怕困难。

7. 鲶鱼效应

挪威人喜欢吃沙丁鱼,尤其是活鱼。市场上活鱼的价格要比死鱼高许多。所以渔民总是千方百计地想办法让沙丁鱼活着回到渔港。可是虽然经过种种努力,绝大部分沙丁鱼还是在中途因窒息而死亡。但有一条渔船却总能让大部分沙丁鱼活着回到渔港。船长严格保守着秘密。直到船长去世,谜底才揭开。原来是船长在装满沙丁鱼的鱼槽里放进了一条以鱼为主要食物的鲶鱼。鲶鱼进入鱼槽后,由于环境陌生,便四处游动。沙丁鱼见了鲶鱼十分紧张,左冲右突,四处躲避,加速游动。这样沙丁鱼缺氧的问题就迎刃而解了,沙丁鱼也就不会死了。

启示:引入竞争,让成员感觉到竞争越来越激烈,如果不努力提升自己的能力,就会被淘汰。也用来说明新机制、新制度、新观念能产生巨大的涤荡作用,盘活整体。

8. 破窗效应

一个房子如果窗户破了,没有人去修补,隔不久,其他的窗户也会莫名其妙地被人打破;一面墙,如果出现一些涂鸦没有被清洗掉,很快墙上就布满了乱七八糟、不堪入目的东西;一个很干净的地方,人们不好意思丢垃圾,但是一旦地上有垃圾出现,人们就会不觉羞愧、无所顾忌地抛扔垃圾了。

启示:任何一种不良现象的存在,都在传递着一种信息,这种信息会导致不良现象的无限扩展,同时必须高度警觉那些看起来是偶然的、个别的、轻微的"过错",如果对这种行为不闻不问、熟视无睹、反应迟钝或纠正不力,就会纵容更多的人"去打烂更多的窗户玻璃",就极有可能演变成"千里之堤,溃于蚁穴"的恶果。就如刘备那句话,勿以善小而不为,勿以恶小而为之。

9. 投射效应

投射效应是指以己度人,认为自己具有某种特性,他人也一定会有与自己相同的特性,把自己的感情、意志、特性投射到他人身上并强加于人的一种认知障碍。即在人际关系交往过程中,人们常常假设他人与自己具有相同的属性、爱好或倾向等,常常认为别人理所当然地知道自己心中的想法。

启示：投射效应的最大的启示就是感情投射，即认为别人的好恶与自己相同，按照自己的思维方式理解别人的心理和行为，这就容易导致人际关系障碍。因此我们在与人交往时，不能只从自己的立场出发，要学会换位思考。第二，说明认知缺乏客观性，认为自己喜欢的人或事是美好的，自己讨厌的人或事是丑恶的。人际沟通中失去了认知的客观性，就容易导致主观臆断并陷入偏见的泥潭，会影响自己对事物的判断。

10. 蝴蝶效应

这是系统论的著名效应原理，蝴蝶在热带轻轻扇动一下翅膀，遥远的国家就可能造成一场飓风。蝴蝶效应是指在一个系统中，微小的变化能带动整个系统的长期的巨大的连锁反应。

启示：揭示了"细节决定成败"的重要道理。要有"防微杜渐"的忧患意识。强调的是一种关联性和联动性，指的就是"牵一发而动全身"的道理。

11. 冰激凌哲学

卖冰激凌必须从冬天开始，因为冬天顾客少，会逼迫你降低成本，改善服务。如果能在冬天的逆境中生存，就再也不会害怕夏天的竞争。

启示：工作生活中要经历逆境与顺境。逆境与顺境是相对而言的，两者在一定条件下可以相互转化。逆境和顺境都是外因，要强调内因，强调主观能动性。在逆境中向目标前进，犹如逆水行舟，要付出更大的努力和更多的艰辛才可能成功。每个人都不可能时时与环境相宜，都会有遇到逆境时。当我们无力改变环境时，就应该设法改变自己，使自己尽可能去适应环境。要不因顺境而故步自封和壮志自满，不因逆境而一蹶不振、颓废丧志。乐观的心态，是战胜逆境的精神动力；积极的行动，是走出逆境的有效途径。

12. 蘑菇管理原理

蘑菇管理原理指的是蘑菇长在阴暗的角落，得不到阳光，也没有肥料，自生自灭，只有长到足够高时才开始被人关注，可此时它自己已经能够接受阳光了。

启示：蘑菇管理是大多数组织对待初入门者、初学者的一种管理方法。"蘑菇经历"是一件好事，它是人才蜕壳羽化前的一种磨炼，对人的意志和耐力的培养有促进作用。让初入门者当上一段时间的"蘑菇"，可以消除他们不切实际的幻想，从而使他们更加接近现实，更实际、更理性地思考问题和处理问题。

13. 酒与污水定律

如果把一匙酒倒进一桶污水中，你得到的是一桶污水；如果把一匙污水倒进一桶酒中，你得到的还是一桶污水。

启示：在团队中，难免会有污水，而污水又总会给团队带来各种各样的矛盾和冲突，这就要求团队领导者要掌握酒与污水的冲突与协调的技巧。酒和污水在一个团队中也存在着相互博弈的过程。发现人才、善用人才,在人才大战中占得先机,是精明的领导者引领团队走向成功的重要砝码,要有效运用酒和污水定律,组织一个高效团队。一个优秀的领导者的一项带有根本性的任务,就是对团体中的人才加以指引和筛选,剔除具有破坏力的"污水",使合格者的力量指向同一目标,这就是人才的运作。

14. 零和游戏

一个游戏无论几个人来玩,总有输家和赢家,赢家所赢的都是输家所输的,所以无论输赢多少,正负相抵,最后游戏的总和都为零,这就是零和游戏。

启示:零和游戏原理正在逐渐为"双赢"观念所取代,人们逐渐认识到"利己"而不"损人"才是最美好的结局。实践证明,通过有效合作,实现皆大欢喜的结局是可能的。领导者要善于跳出"零和"的圈子,寻找能够实现"双赢"的机遇和突破口,防止负面影响抵消正面成绩。要思考批评下属如何才能做到使其接受而不抵触,发展经济如何才能做到不损害环境,开展竞争如何使自己胜出而不让对方受到伤害。

15. 磨合效应

在群体心理学中,人们把新组成的群体相互之间经过一段时间磨合而产生更加协调契合的现象,称为磨合效应。这一效应来自:新装机器通过一定时期的使用,把摩擦面上的加工痕迹磨光而变得更加密合的现象。这一现象在新的自行车、汽车等使用上都会发生。

启示:新组成的群体,其中每一个个体相互间都是陌生的,互不了解对方的特点,因而在新的群体中难免会产生一些磕磕碰碰的事情。经过一段时间的摩擦冲突,相互间得到了了解,得到了谅解,并逐步适应了对方,也适应了新的群体,配合就会越来越默契。一个人到了新环境,就必须通过一定时间适应新环境,通过磨合使自己的工作方法、处事方式及性格达到新环境(新单位)的要求。

16. 马太效应

马太效应指强者越强、弱者越弱的现象,广泛应用于社会心理学、教育、金融以及科学领域。反映的社会现象是两极分化,富的更富,穷的更穷。

启示:从积极的方面来说,一个人只要努力,让自己变强,就会在变强的过程中受到鼓舞,从而越来越强。从消极的方面来说,这社会上大多数人并不具有足以变强的毅力,马太效应就会成为逃避现实拒绝努力的借口。

马太效应理论的缺陷主要在于缺乏辩证思维,只看到事物发展的短期趋势,只反映了数量方面的变化,忽视了性质的变化,不能用于分析事物发展的长期趋势。事实上,在客观世界,任何事物都遵循发生→发展→成熟→衰老→灭亡的规律,没有什么是永远不变的。

17. 劣币驱逐良币/格雷欣法则

"劣币驱逐良币"意为铸币时代人们习惯将法定重量和成色的"良币"收藏,而将低于法定重量和成色的"劣币"流通,导致出现"劣币驱逐良币"现象。当前,将此现象喻为非正常规则和现象的出现,会逐渐挤压正常规则的存在空间,最后导致情况恶化。

在同一单位,由于旧人事与薪酬制度惯性等,一些低素质员工薪酬超出高素质员工,从而导致低素质员工对高素质员工的"驱逐"。由于单位在薪酬管理方面没有充分体现优质优价原则,高素质员工的绝对量尤其是相对量下降。这一方面表现为对自己薪酬心怀不满的高素质员工另谋高就;另一方面也表现为单位外高素质人力资源对单位吸纳祈求的消极回应。这一般会导致单位低素质员工绝对量尤其是相对量上升。

四、典型事迹举例

1. 华罗庚

蜚声中外的"人民数学家"华罗庚,少年到青年时期经历坎坷。中学毕业后,他因交不起学费被迫失学。回到家乡,一面帮父亲干活,一面继续顽强地读书自学。不久,又身染伤寒,病势垂危。在床上躺了半年之后,病虽然痊愈,却留下了终身的残疾——左腿的关节变形,瘸了。当时,他只有 19 岁,在那迷茫、困惑、近似绝望的日子里,他想起了失去双腿后著兵法的孙膑。"古人尚能身残志不残,我只有 19 岁,更没有理由自暴自弃,我要用健全的头脑,代替不健全的双腿!"于是华罗庚就一直顽强地和命运抗争。1930 年,他的论文在《科学》杂志上发表,惊动了清华大学数学系主任熊庆来教授。清华大学聘请华罗庚当了助理员。在名家云集的清华园,华罗庚一边做助理员的工作,一边在数学系旁听,还用四年时间自学了英文、德文、法文,发表了 10 篇论文。到他 25 岁时,已是蜚声国际的青年学者了。他一生硕果累累,是中国解析数论、典型群、矩阵几何学、自导函数论等方面的研究者和创始人,其著作《堆垒素数论》更成为 20 世纪数学论著的经典。2009 年,华罗庚被评为"100 位新中国成立以来感动中国人物"。

2. 杨善洲

杨善洲同志 1951 年参加革命工作,从事革命工作近 40 年,曾担任保山地委领导近 20 年。工作 37 年来,始终保持艰苦朴素的本色,两袖清风,廉洁奉公,忘我工作,全心为民,为保山经济社会发展做出了突出贡献。为了兑现自己当初"为当地群众做一点实事不要任何报酬"的承诺,退休后,主动放弃进省城安享晚年的机会,扎根大亮山,义务植树造林,一干就是 22 年,建成面积 5.6 万亩,林场林木覆盖率达 87% 以上,建成价值 3 亿元的林场,且将林场无偿上缴给国家。他带领群众把昔日的荒山秃岭变成了生机勃勃的绿色天地,使当地恶劣的自然环境得到明显改善。不仅如此,他还带领群众修建了 18 公里的林区公路,架设了 4 公里余地输电线路,使深居大亮山的村寨农户通电通路。2011 年杨善洲同志荣获全国敬业奉献模范称号,2011 年度感动中国人物。

3. 贝多芬

伟大的音乐家贝多芬 28 岁时,由于疾病,听觉就开始减退,到了 48 岁,再优美的歌声他也听不见了。他只能用书写的方式来和别人交流。即使这样贝多芬仍进行着创作。他的很多不朽名作都是在失聪的情况下完成的,其中的第三、第五、第六和第九部交响曲被认为是永恒的杰作。他的不朽传奇源自于他的坚持、毅力和不懈追求。他用敏锐的观察力来感受人类、社会和大自然。为了起草一部曲子,他经常花几个月甚至几年的时间反复推敲,精心锤炼。例如第五交响曲的创作,他就花了八年的时间。贝多芬在困境中曾大声疾呼:"我要扼住命运的咽喉,它不能使我完全屈服!"为了艺术,他牺牲了平庸的私欲,战胜了一切不幸。

4. 最美系列

最美司机吴斌:杭州一名驾驶员吴斌在开车行驶过程中被突如其来的铁块砸中,忍着剧痛完成一系列完整的安全停车措施后,最终瘫在座位上,后经抢救无效身亡。在自身身体受到巨大的打击之后的吴斌仍旧平稳地将车停住,保证了车内其他乘客的人身安全,堪称"最美司机"。

最美教师张丽莉:2012年5月8日,在黑龙江省佳木斯市,正当佳木斯市第十九中学一群学生准备过马路时,一辆客车突然失控冲了过来,与前方停在路边的另一辆客车追尾相撞,被撞客车猛力冲向正要过马路的学生。危险瞬间,本可以躲开逃生的女教师张丽莉奋不顾身去救学生,自己被卷入车轮下,双腿粉碎性骨折,高位截肢。交通事故是偶然的,但张丽莉老师舍身救人的事迹却不是偶然的。那情急之下的壮举,是本能,更是责任、爱心、无私和崇高。

最美战士高铁成:当面馆发生爆炸时,他完全可以保命外逃,但他却选择了与别人相反的方向,三次勇闯火海,奔向后厨去关闭煤气罐阀门。等他和餐馆员工一起排除险情后,高铁成立即被呛得晕了过去。在被送往医院抢救的途中,他一再拒绝戴上氧气罩,而要求医护人员先抢救别的伤员。谈到事发当天自己的行为,高铁成说:"我是一名军人,军人的天职和使命就是保家卫国,保护人民群众生命与财产的安全。快要爆炸时,我真的什么也没想,就是要去关掉煤气罐,避免伤及更多无辜的人。无论是我也好,是其他军人也好,我相信每一个军人都会挺身而出,我的战友周波为了救落水儿童,把生命都献了出去,我虽被烧伤了,但我不会后悔,这是我们军人应该做的。"当有人问起,当时你身穿便装,而且离门口只有4米,而着火的厨房却离你有6米远,你为什么不能像普通顾客一样跑出去逃生呢?即使那样也没有人知道你是军人啊?高铁成的回答斩钉截铁:"我不能这样做,我是一名军人,不能辜负了部队的厚爱和栽培,这件事我觉得自己只是做了该做的事,我不后悔。如果再碰到类似情况,我还会做出同样的选择。"

最美妈妈吴菊萍:杭州滨江区的一住宅小区,一个2岁女童突然从10楼坠落,在楼下的吴菊萍奋不顾身地冲过去用左臂接住了孩子,受到巨大的冲击力造成手臂骨折,孩子经过抢救已无生命危险。经诊断其左手臂多处骨折,受伤较严重。当被问及救人动机,吴菊萍回答说:"这是本能,是作为一个母亲应该做的事情。"她也是一名母亲,事件发生时孩子只有七个月大,还在哺乳期。在坠楼女孩生死关头的瞬间,明知巨大的冲击力会造成伤害,她还是毫不犹豫地伸出手去,这样的牺牲精神让人感动,被称为"最美妈妈"。在之后的宣传、表彰以及各类报道中,吴菊萍及其家人始终保持低调的态度,她淡淡地说:"我是个普通人,终究还要回到普通的生活中去。"

5. 爱迪生

发明大王爱迪生,他的发明有一千多项,电灯、留声机、电影机等都是他发明的。然而童年的爱迪生因为家中贫穷,只上过几年学,他十二岁便到火车上去卖报了。不能去学校读书,他就自学。他非常热爱学习,一边卖报一边看书看报,抓紧时间学习和做实验。他对知识的浓厚兴趣和持之以恒的钻研使他成为伟大的发明家、科学家。

爱迪生在1877年开始了改革弧光灯的试验,提出了要搞分电流,变弧光灯为白光灯。这项试验要达到满意的程度,必须找到一种能燃烧到白热的物质做灯丝。爱迪生先是用碳化物质做试验,失败后又以金属做灯丝试验,后者就做了1600种不同的试验,结果都失败了。回到碳化物质上后,仅植物类的碳化试验就达6000多种。他的试验笔记簿多达200本,共计4万余页,先后经过8年的时间。到1880年的上半年,终于发明白热电灯——竹丝电灯。这种竹丝电灯继续了好多年。直到1908年发明用钨做灯丝后才代替它。爱迪生在这以后开始研制碱性蓄电池,困难很大,他的钻研精神更是十分惊人。这种蓄电池是用来供给原动力的。他和助手苦心孤诣地研究了近10年时间,经历了许许多多的艰辛与失败,大约经过五万次的试验,写成试验笔记150多本,才达到目的。

6. 周月华

尽管她自幼左腿残疾,但依然凭着对党和父老乡亲的热爱和对卫生事业的执着,在其当地地理位置最为边远、自然环境最为恶劣的村卫生室毅然坚守了二十余年,以实际行动忠实履行着一名白衣天使的神圣使命,深受当地群众爱戴。工作中,周月华同志始终保持乐观向上的积极心态,从不把身体障碍作为一种负担,她利用丈夫的肩膀和自己的右腿,行走在方圆20公里范围内的乡村,始终如一地履行着一名乡村医生的公共卫生和基本医疗职责,经年累月,从未懈怠,被评为"最美乡村医生"和中央电视台2012年度感动中国人物。

7. 刘伟

"我的人生中只有两条路,要么赶紧死,要么精彩地活着。"这是无臂钢琴师刘伟的励志名言。刘伟10岁时因一场事故而被截去双臂;12岁时,他在康复医院的水疗池学会了游泳,2年后在全国残疾人游泳锦标赛上夺得两枚金牌;10岁他学习打字;19岁学习钢琴,一年后就达到相当于用手弹钢琴的专业7级水平;22岁挑战吉尼斯世界纪录,一分钟打出了231个字母,成为世界上用脚打字最快的人;23岁他登上了维也纳金色大厅舞台,让世界见证了中国男孩的奇迹。被评为中央电视台2011年度感动中国人物。

8. 屠呦呦

屠呦呦作为中国首位获得诺贝尔科学奖的本土科学家,她和同事们受到中国古代药典《肘后备急方》的启发,将重点放在了对青蒿的研究上。在失败了 190 次之后,项目组终于成功提取出青蒿素,并在反复试验中得出了青蒿素对疟疾抑制率达到 100% 的结果。在没有先进实验设备、科研条件艰苦的情况下,屠呦呦带领着团队攻坚克难,面对失败不退缩,终于胜利完成科研任务。

9. 黄旭华

中国核潜艇之父黄旭华是中国核潜元勋。作为共产党员,当"国家需要"与"家庭需要"同时摆在面前时,他毅然决然地选择了国家需要,30 年放弃亲情,隐姓埋名身居荒漠之中,倾心竭力于核潜事业。30 多年中,8 个兄弟姐妹都不知道黄旭华搞核潜艇,父亲临终时也不知他是干什么的,母亲从 63 岁盼到 93 岁才见到儿子一面。黄旭华带领团队研制出我国第一艘核潜艇,使中国成为世界上第五个拥有核潜艇的国家。黄旭华曾亲自下潜 300 米,是世界上核潜艇总设计师亲自下水做深潜试验的第一人。

注:13 亿中国人中的好人好事、感人事迹非常之多,书中的有限列举无法穷尽。所以我们把方法告诉大家,大家做一些书本之外的功课,继续积累一些典型事例。主要是,每年的感动中国年度人物、全国道德模范,报考公安岗位的考生要关注评选出的"我最喜爱的人民警察",从中选取适合你所报考职位的先进人物,记住其事迹。

面试礼仪与候考室手册

招录工作在面试阶段及后续的流程为：公布面试名单→资格复审→报道抽签→候考→进入考场→考官导语→答题→退场→公布成绩→通知体检→政审→公示。有的考试还有体能测试、心理测验。

以前参加过面试考试的考生都知道，不论自己之前准备得多么充分，面对庄严肃穆的考场、考官，联想到自己的职业生涯也许即将改变，难免会很激动，十分紧张。在实际中，严重的还会导致面部、手部、腿部肌肉颤抖，声音发颤，这都会严重影响考生的面试发挥。建议大家树立理性、正确的心态：面试备考练习，并不是让人家不紧张，因为考场上不紧张是不可能的。而是要大家能够提升能力，在紧张的状态下答好题目。

我们推荐给大家两个小练习：

（1）平时备考练习中，一定要每天模拟面试答题至少一次。但是在模拟前，应原地跳 20 次或高抬腿 30 次，也可在楼梯里上下走动热身，等到感觉自己心跳明显加速时再坐下答题。

（2）面试考试时的候考室练习。当快到自己入场时，应该深呼吸，全身肌肉放松，让身心休息 3～5 分钟，然后开始热身：就是自己给自己回答一道已经非常熟悉的面试题。保持这种热身状态进考场，也就是要让自己兴奋起来，思维活跃起来，把自己年轻有才、朝气蓬勃的一面展现给所有考官以及记分员、计时员等工作人员。要坚信：我是去争取一个为人民服务的岗位！我要好好地表现，做一个优秀的公务员！我是最棒的！

入考场后要有礼貌，但是行为举止不能拖沓烦冗，一切表现以"干练、大方、有气质"为标准。面试作为一种直接的、面对面的交流，考生需要注重很多方面，下面就介绍一下我们让考官们"耳目一新"中的"目"这一部分，也就是形象、着装。这部分为什么显得重要呢？一方面，得体的着装和良好的形象不仅体现出对场合的尊重，也展现了自己的素养；另一方面，国内大学对大学生的公共礼仪培训是很缺乏的，使得很多考生在待人接物上表现得很不成熟，对公共场合应遵守的礼节很陌生。考生能够获取面试高分，除了一流的答题内容，良好的形象和举止也是得到考官认可的重要方面。

大家可以对着镜子，参见表 1 和表 2，来看看你现在的样子是否符合面试要求，有没有出现"警情"！并且把你自己常常会出错的地方拿笔标注出来，一定要打造出一个更好的自己。

表1　面试仪容仪表自我检视

项目	要求	特 别 注 意
一、面部——核心		
眼	清洁	女生修眉形,眉清才能目秀
耳	保洁	不要戴耳坠、耳环等饰物
鼻	干净	及时修剪鼻毛,男生要特别注意
嘴	清洁	避免异响、拌嘴,不说话时不要老张着嘴
须	剃须	不要留胡子,哪怕很有型
脖	清洁	护肤,不能脸白脖子黑
二、手部——很重要		
手掌	干净,健康	修剪指甲,尤其避免小拇指长指甲
肩臂	保密	肩部不能裸露,避免无袖装
三、腿部——很重要		
脚	不裸露	女生不穿露脚趾凉鞋
腿	清爽,美观	男生不露腿;女生不能让丝袜给腿部分节、露出袜边;建议腿部线条不优美的女考生选择修身裤装
汗毛	清爽	女生腿部汗毛过重时不穿短裙
丝袜	只限女生	包脚趾脚跟的鞋配丝袜,露脚趾脚跟的鞋和凉鞋绝对不穿丝袜。丝袜必须是肉色水晶丝袜,不能是质地厚且带颜色的
四、头发		
女生发型	清爽,干练 长度合适	1. 可在睡觉时给枕头铺上丝巾,以避免前一天做好的发型变形 2. 面试时坚决抵制用手去捋头发 3. 前不遮眼,侧不掩耳,长发不披肩
男生发型		1. 考试当天或前一天一定要洗头 2. 前不覆额,侧不掩耳,后不抵领
五、化妆——女生必看		
规则	清淡	淡妆为主,避免妆面残缺
内容次序	—	打底、眼影眼线、眉毛、腮红、唇彩

表2　面试着装自我检视

项目	要　　求
一、职业男装——西装	
颜色	1. 西装:单色,藏蓝色西装是首选,灰色或黑色亦可 2. 衬衣:柔和的纯色,白色最佳,竖条纹亦可 3. 领带:讲求与西装的颜色搭配,暗红色、深色系亦可
样式	西装以两颗、三颗单排扣为首选(不扣最下面一颗)
着装要求	1. 合体(外套袖长不盖衬衣边、裤长遮盖皮鞋面) 2. 衣兜、裤兜不装物,保证无凸起感 3. 衬衣所有纽扣都扣,长度要求高于外套领口,长于袖口 4. 领带必须打正,领带结大小与自身脸型大小成正比 5. 领带长度以刚好盖住皮带扣为准

项 目	要　　求
其他	1. 三一定律：皮鞋、皮带、皮包一色，首选黑色 2. 三色原则：全身颜色不超过三种 3. 三大禁忌：黑鞋白袜、不成套、标签不拆
二、休闲男装	
颜色	冷色系的纯色、规则条纹均可
样式	1. 上衣：带翻领的短袖（绝对不能紧身） 2. 裤装：休闲长裤，不能穿西装裤或牛仔裤、运动裤 3. 鞋：与裤装颜色同色系的休闲皮鞋，忌运动鞋、球鞋
着装要求	1. 上衣下摆要求整齐地收入裤腰 2. 皮带是必需品 3. 体现出整齐、清洁、稳重、大方的职业感
三、职业女套装	
颜色	1. 外套：结合个人情况选择（中性色） 2. 衬衣：与外套形成一定色差 3. 鞋：浅色套装选同色系，深色套装选黑、褐色
样式	1. 短上装搭配裙装或裤装 2. 时尚衬衣 3. 船式皮鞋或不露脚趾的皮质凉鞋
着装要求	1. 总要求：合体、修身不紧身 2. 裙装：不能过长或过短，裙边在膝盖上下10厘米范围内 3. 裤装：有裤缝，挺拔 4. 丝袜边不外露
其他	1. 不戴首饰，轻装简行 2. 妆容得体，清爽大方
四、衬衣女装	
颜色	1. 上衣：冷色系的纯色 2. 下装：与上衣有色差即可 3. 鞋：与下装同色系
样式	1. 上衣：时尚衬衣或衬衣型短袖 2. 裙：质地挺括，长度与套装同 3. 裤：挺拔、能够修饰腿型 4. 鞋：船式皮鞋、皮质不露脚趾凉鞋 5. 袜：水晶丝袜，抵制黑丝
着装要求	1. 上衣长度不要过长，不包臀 2. 对身材有自信可以选择将衬衣下摆收入裤腰或裙腰 3. 内衣不显型，不露色 4. 丝袜不能出现脱丝

很多考生平时是不习惯于着正装的，所以要重视自己的着装效果，提前确定好面试着装。

我们要在面试中打造出一个干练大方、礼貌亲善的公职人员形象，让考官眼前一亮。起到考官"目新"效果的同时，再结合问题做出逻辑清晰完整、分析重点突出、表述亮点很多的回答，让考官"耳新"。做到这耳目一新，成功就属于你！

你我携手，共续公考传奇

走过千山万水，怅然思绪万千；阅尽公考宝典，嗟叹智慧无穷；踏遍点兵沙场，领略万马齐喑！一路走来，感受过"欲与天公试比高"的豪迈，体验了"金戈铁马"的壮烈，也品味了平淡无奇的人生杂陈。这就是传说中的公考之路……

"荆棘密布""浅尝辄止""深不可测""难以捉摸"……这是面对公考不同的声音。在通往成功彼岸的征途中，多少"英雄豪杰"骤然马失前蹄，被掀落马下；多少"仁人志士"意外痛失好局，被无情翻盘；多少"豪门劲旅"无端仓皇失措，被碎梦击破。

公考竞争的惨烈，昭然若揭。而在笔试的筛选过后，再次来临的面试鏖战尤为重要，却也令人不再悸悸而为。

面试，一道公考英豪的分水岭。一侧是成，一侧是败；一侧是喜，一侧是忧；一侧是璀璨夺人，一侧是黯然失色。你，就在分水岭的中间，时刻抱着跨界的担忧。

百舸争流千帆过，万花丛中一点红。面对这一分希望，抛却心中的疑虑和懦弱，重拾战斗的勇气。用必胜的信念支撑起灿烂的笑容，昂首走向成功的角斗场。鲁迅先生说过："不怕的人，面前才有路。"

面试，很简单！走进考场，用淡雅的微笑，用犀利的语言表达，用独到的思维，分解每一个问题，征服每一张打分表，成功属于你自己！

面试，很简单！走进社会，用关切的情怀，用真诚的沟通交流，用得体的举止，化解每一个细节，融化每一个考官的心，希望就在眼前！

面试，很简单！走进角色，用合理的方法，用高调的职业修养，用低调的谦和，溶解每一滴晦涩，赢得每一个精彩，胜利号角为你吹响！

这本书，让面试变得简单！你还在犹豫什么……

炫舞的青春，我们一起走过，不留一点遗憾；嘹亮的歌声，我们一起传递，不留一点迟疑；希望的火种，我们一起汇集，不留一点黯淡；成功的喜悦，我们一起分享，不留一点青涩……

这是你我的传奇，是成功的传奇，是唯美的传奇，是奉献的传奇，是责任的传奇，更是公考的传奇。

作 者

2023 年 5 月